从竞争力到核心竞争力 第二版

中国企业集团国际化的理论与实践

杨永胜◎著

中国发展出版社
CHINA DEVELOPMENT PRESS

图书在版编目（CIP）数据

从竞争力到核心竞争力：中国企业集团国际化的理论与实践/杨永胜著．—第二版．—北京：中国发展出版社，2016.3

ISBN 978－7－5177－0472－0

Ⅰ．①从…　Ⅱ．①杨…　Ⅲ．①企业集团—跨国经营—研究—中国　Ⅳ．①F279.244

中国版本图书馆CIP数据核字（2016）第026542号

书　　名：从竞争力到核心竞争力——中国企业集团国际化的理论与实践（第二版）
著作责任者：杨永胜
出 版 发 行：中国发展出版社
（北京市西城区百万庄大街16号8层　100037）
标 准 书 号：ISBN 978－7－5177－0472－0
经　销　者：各地新华书店
印　刷　者：北京市密东印刷有限公司
开　　本：700mm×1000mm　1/16
印　　张：24
字　　数：393千字
版　　次：2016年3月第1版
印　　次：2016年3月第1次印刷
定　　价：68.00元
联 系 电 话：（010）68990625　68990692
购 书 热 线：（010）68990682　68990686
网 络 订 购：http://zgfzcbs.tmall.com
网 购 电 话：（010）68990639　88333349
本 社 网 址：http://www.develpress.com.cn
电 子 邮 件：121410231@qq.com

产、学、研各界权威专家推荐

郑金洲

中国浦东干部学院副院长、教授、博士生导师

国际视野与中国立场相结合，案例分析与理论探讨相联系，战略谋划与高效执行相统一，“走出去”与“请进来”相辉映，杨永胜博士的著作展示了一幅中国企业尤其是中央企业国际化的恢弘画卷，以中国交建为例，生动诠释了国有大型企业由竞争力走向核心竞争力的发展历程。

董大海

中国大连高级经理学院常务副院长、教授、博士生导师

本书是一部恰逢其时的力作。言其恰逢其时，是因为中国企业正在沿着“一带一路”大步走向世界，我们需要立足于中国企业跨国经营实践的理论总结。言其是力作，是因为作者是中国交建高级管理人员，而中国交建又是中央企业国际化发展中的翘楚，因而该大作最贴近实践，最接地气。该力作不仅对正在“走出去”的企业具有借鉴、指导意义，而且对研究该主题的专家、学者也是宝贵的一手研究素材。

曹和平

北京大学环境、资源与产业经济学系主任；北京大学数字中国研究院副院长；教授、博士生导师

一本中国企业集团走向世界所需理论的戮心力会之作，一册中国企业集团海外建功立业的明晰对标图解；一张中国企业集团助推国家“一带一路”战略的创新路线图；一纸中国企业集团与普罗大众一起承诺中国梦的决心书。

武常岐

北京大学光华管理学院教授、博士生导师；光华－思科领导力研究院院长

经济改革开放过程中锤炼了一批有国际竞争力的中国企业。杨永胜博士通过中国交建的典型案例，分析了中国企业国际竞争力的建立和发展，对中国管理学界和企业界有重要的理论贡献和参考价值。

井润田

上海交通大学教授、博士生导师

当前，中国经济进入新常态的形势正在考验和改变着很多企业对其竞争优势的定义与设计，而杨永胜博士关于"从竞争力到核心竞争力"的再度思考正是为以上发展问题确立的最佳航标。

孙子宇

中国交建党委常委、副总裁、总工程师

在全球产业链到价值链，再到价值网络演变日益深刻和中国经济发展已成为世界经济增长最强动力的背景下，此专著揭示了企业国际化与经济全球化的内在联系，为我们展示了中国企业国际化的昨天、今天和对明天的预期，极富理论资鉴和实践资照价值。

陆红军

上海国际金融学院院长、国际金融中心协会主席；教授、博士生导师

《从竞争力到核心竞争力》的再版，从供给侧改革的角度探索了我国央企改革在共享经济大趋势中的最佳实践，展现了作者独特的研究成果和严谨的治学态度，是进入全新时代的中国企业家和各级管理人员的必修教材。

王　进

国家发改委国际合作中心国际能源研究所所长、美国 EMORY 大学经济学博士

杨博士具有很深的理论功底，又在建设企业一线长期从事企业经营和管理工作，他的专著对国内企业尤其是建设企业全球化战略具有重要的指导价值，必将成为新生代企业负责人闯荡全球江湖的重要参考。

赵占波

北京大学教授；互联网普惠金融研究院执行院长

本书向世界展示了一个成功占领国际市场的中国标杆企业。在"一带一路"、供给侧改革以及“互联网＋”产业国家战略的背景下，对于中国传统大型企业如何应对日趋复杂的国内外形势具有重要参考价值。

文　岗

中国交建总裁助理、中国路桥董事长

该书提炼了作者近两年来亲身参与推动中国企业走向国际的成功实践经验，结合学术前沿理论，对国家“走出去”战略和企业培育国际化核心竞争力进行了深刻阐述和实务剖析，是中国企业“走出去”和赢取核心竞争力的指南式“红宝书”。

陈　重

中国交建海外事业部总经理

该书围绕集团国际化核心竞争力的培育和锻造，比对国际知名企业的发展之路，剖析典型企业案例。作者视野开阔，分析深入全面，实为企业国际化发展与核心竞争力构建之难得参考，也必将为推动企业国际化提供强有力的理论基础。

林懿翀

中国港湾董事长

该著作内容丰富，数据详实，既有理论高度，又有实践例证，对有志于从事企业国际化业务的人才大有裨益。

朱连宇

振华重工副董事长、党委书记

本书通过深入挖掘国家“一带一路”战略领头羊——中国交建的国际化生动实践，创新性地提出并诠释了中国建筑企业八大类国际化模式，谱写了工商相融、产融双驱以及与企业文化、“互联网＋”深度交融的企业国际化壮丽篇章！

黄庆丰

振华重工总裁

本书在宏大的世界经济变革背景中，以中国交建的国际化战略实践为鲜活样本，探索中国企业在国际化道路上熔铸核心竞争力的要义，丰富了新时代卓越企业的管理理论，意义超越了书籍本身。

陆建忠

中交国际（香港）总经理

该著作从一般企业国际化战略理论出发，全面系统地分析了以中国交建为代表的一批全球知名建筑企业集团实施国际化战略的路径选择，生动展示了一幅历史、现实和未来的巨型画卷，具有重大的指导意义和实践启迪。

卢　山

中国路桥总经理

杨永胜博士不断探索企业前沿理论，结合自身在企业实践中的深刻体验，整合企业战略理论和中国“走出去”实践，梳理出了当今中国企业从竞争力到核心竞争力华丽转身的历程。

唐桥梁

中国港湾总经理

这是一本建筑类企业发展集大成宝典，结构严谨，理论强大，案例详实，分析透彻，企业家可以从中看到自己，更能放下发展企业的焦虑之心，期望成为企业家的年轻管理人员则可从中找到知行合一的参照！强力推荐！

任鸿鹏

中交海外房地产有限公司总经理、临时党委书记

中国交建从发展工程承包为主的产品竞争力，到“专业化+区域化，工商相融、产融双驱”的战略竞争力，今天，又在“一带一路”“互联网+”背景下全力打造“管理、人才、科技、文化”的核心竞争力，体现了中国企业国际化之路的精神内涵：由产品自信到战略自信，最终迈向文化自信！

刘日明

北京基业长青管理咨询公司总经理

未来眼光，全球视野；诗人情怀，学者风范——杨永胜博士的专著将成为传统大型企业转型升级、实现全球化抱负的思想坐标。

两个需要深入思考的问题

几年前，杨永胜博士的大作《从竞争力到核心竞争力——中国企业集团国际化的理论与实践》首次出版时，曾邀我作序，我当时正好也在关注中国企业海外投资的事情，于是，就把我个人一段时间的一些思考写了下来，权且作为一个序言。近期，永胜博士又有了一些新的研究，并修订了专著，希望我再写几句话。实事求是地讲，近几年我对这个问题的关注不够，也没有太多新的成果，但盛情难却，我也就不揣冒昧，借这个机会以“两个需要深入思考的问题”为题目，对当前与中国企业对外投资直接有关的两个热点问题做点简单的评论，既作为序言，也一并就教于大家。

最近这几年，与之相关的大事至少有两件值得一提：一是2015年，中国的对外投资总规模将超过吸收外资的规模，这意味着什么？二是“一带一路”倡议的提出，对中国企业的海外投资意味着什么？

先来看第一个问题：2015年，中国的对外投资总规模将超过吸收外资的规模，这意味着什么？

改革开放以来，中国一直是一个资本的净输入国，在过去的社会经济发展中，外国公司的资本、技术和管理等都发挥了积极而重要的作用。据统计，占中国企业总数不到3%的外商投资企业，多年以来实现的进出口额一直占全国半数以上，2015年上半年，这一比例仍高达45.3%。但是，过去十年来，中国的对外投资开始快速增长。自2003年中国发布年度对外直接投资统计数据以来，已经连续12年实现增长。2014年，创下1231.2亿美元的历史最高值，同比增长14.2%，中国对外直接投资（ODI）与中国吸引外资（FDI）仅差53.8亿美元，双向投资首次接近平衡。2015年，中国的对外投资总规模超过吸收外资的规模，应该没有问题。那么，这一拐点对中国来说有何重要含义呢？

对外直接投资实际上是生产国际化的产物，伴随着经济全球化的发展，传统的国际分工格局已逐渐从贸易主导型转向投资主导型。长期以来，我们更多关注的是发达国家的对外投资，一般认为，这些国家的对外投资是资本过剩的产物，是在其国内产业结构高度发展的基础上进行的，投资领域相对集中于高附加值、高技术含量的产业。发达国家企业对外直接投资的动机主要包括：获取原材料、降低成本、占领市场、规模经济等。国际经济学中也有比较优势理论、产品周期理论、寡头垄断行为、市场内部化理论及国际生产折中理论等多个旨在解释跨国公司对外直接投资行为的理论体系。

对外投资接近或者超过吸收外资的规模，也反映了中国经济发展进入一个新的阶段后，比较优势发生的变化。中国目前是全球第二大经济体，2014年GDP现价总量为636139亿元人民币，超过10万亿美元；中国拥有世界上最为完整的制造体系，是世界上唯一拥有联合国产业分类中全部工业门类（39个工业大类、191个中类、525个小类）的国家；截至2015年11月，中国的外汇储备总额为3.4万亿美元；中国在公路、桥梁、隧道等基础设施方面的建设能力和水平在世界上居于前列。但是，如果与发达国家相比较，中国开展对外投资的基础条件并不与之完全相同。比如，中国并不存在普遍的资本过剩问题，而且每年引进外资的规模仍然巨大，多年来一直是全球吸引外资最多的国家之一；中国虽然有少数产业领域如核电、高铁、移动通讯设备等在国际上具有一定优势，但整体产业竞争力仍然不够强，产业结构转型升级的任务还很艰巨；中国早期对外投资的主要目的是获得更加稳定的资源能源供给，现阶段很多对外投资的主要目的是通过建立国际研究开发体系、生产体系，帮助国内产业结构从价值链中低端升级到中高端。

所以，我们一方面要抓住全球金融危机以来经济结构深度调整带来的新机遇，另一方面，不能简单认为中国已经进入了一个全面大规模对外投资的阶段。既要支持对外投资，还要继续吸引外资。当然，在引进外资的数量、质量和方式上也要有新的调整，要改变过去许多地方普遍把有多少家外资公司特别是多少家“世界500强”公司投资作为主要指标的评价体系，改变过去不惜代价地招商引资的策略，更加注重外资的公平准入和国民待遇，更加注重外资与当地产业的协同效应，更加注重跨国公司在中国的科技研究与开发投资。

再来看第二个问题：“一带一路”倡议的提出，对中国企业的海外投资意味着什么？

2013年9月和10月，习近平总书记分别提出了建设“新丝绸之路经济带”和“21世纪海上丝绸之路”的战略构想，强调相关各国要打造互利共赢的“利益共同体”和共同发展繁荣的“命运共同体”。这一伟大构想，融通古今、连接中外，赋予了古老丝绸之路以崭新的时代内涵。

“一带一路”沿线国家的政治制度、社会经济发展水平等情况非常复杂，这里仅就其投融资的问题谈点看法。

总体上看，“一带一路”沿线国家在基础设施建设、公共服务体系、产业发展等方面都存在着极大的投融资需求。亚洲开发银行曾经在2010年有一个报告提出，从2010年到2020年，亚洲各经济体的基础设施要达到世界平均水平，内部总投资需要达到8万亿美元，也就是每年有8000亿美元的资金缺口，区域性基础设施建设另需3000亿美元。根据国务院发展研究中心一个研究报告的初步统计，在沿线65个国家中，只有18个国家人均国民收入超过12615美元（这是2012年世界银行划分高收入国家的低线标准），还有7个国家的人均国民收入低于1035美元。另外，在“一带一路”沿线国家中，收入比较低的国家主要是一些大国。比如，2014年，在人均收入最低的10个国家中，有印度（人口10多亿，人均国民收入5640美元），越南（人口近1亿，人均国民收入5530美元），巴基斯坦（人口有2亿，人均国民收入5110美元)，孟加拉国（人口1.6亿左右，人均国民收入3300美元）。也就是说，“一带一路”沿线收入比较低的国家同时也是人口比较多的国家。据此，从总体上说“一带一路”绝大多数国家的工业化和城市化还是远远没有完成的，这就意味着投资需求空间很大。

与此同时，“一带一路”沿线国家社会经济发展的金融供给严重不足。从公共部门投资来说，有些国家因财政收入有限而长期投资不足，特别是近年来沿线一些国家的财政收入受能源、资源等大宗商品价格波动的影响，更加难以保证持续、稳定的投入。在私人部门投资方面，虽然“一带一路”沿线国家，尤其是东亚国家居民储蓄率较高，但基础设施建设项目具有资金需求量大、融资期限较长、未来收益不确定等特点，再加上部分国家市场环境不稳定、融资机制不完善，导致私人部门投资者先期介入意愿较低，民间存量资本缺乏进入这一领域的积极性。因此，打通“一带一路”基础设施互联互通的融资瓶颈不仅需要加大资金投入，更需要行之有效的融资机制和平台。

解决这些问题，既需要多边金融机构、商业金融机构发挥积极的作用，也需要大量的企业直接投资。

商务部的有关统计分析显示，自2014年以来，中国企业在“一带一路”沿线国家的投资已经开始呈加速态势。这些投资主要集中在采矿业、交通运输业及制造业。同时，对基础设施建设和信息传输及计算机服务的投资也有明显增长。2015年上半年，中国企业对“一带一路”沿线的48个国家进行了直接投资，投资额合计70.5亿美元，同比增长22.2%。中国企业在“一带一路”沿线的60个国家承揽对外承包工程项目1401个，新签合同额375.5亿美元，同比增长16.7%；完成营业额297亿美元，同比增长5.4%。目前，中国在“一带一路”沿线国家共有70多个在建合作区项目，建区企业基础设施投资超过80亿美元，将带动入区企业投资近100亿美元，预计年产值超过200亿美元。

随着越来越多沿线国家对“一带一路”认识的加深，随着亚洲基础设施投资银行（AIIB）和丝路基金的全面运营，可以预期，未来一段时间中国企业在这一区域的投资将会有更大的增长。当然，由于历史、文化、法律、政治和发展阶段等因素，中国企业在“一带一路”沿线国家的投资，也必须选择好投资领域和重点，必须控制好风险。

以上认识，只是个人的初步思考，有些意见还很不成熟，不对之处请大家批评指正。如果不会因此而影响永胜博士的书的质量，我将非常感激。永胜博士的书具备较强的前瞻性和创造性，在当前大背景下出版，可谓正当其时，祝愿阅者皆有启迪和收获。

赵昌文①

2015 年 12 月 12 日

① 赵昌文，国务院发展研究中心产业经济部部长、研究员，中心学术委员会委员。兼任四川大学商学院教授、博士研究生导师，四川大学金融研究所所长等。国务院特殊津贴专家；国家哲学社会科学基金项目评审专家；重大项目首席专家；教育部新世纪优秀人才等。

We are very pleased to write this Preface to the second edition of Dr. Yang Yongsheng's book "From Competitiveness to Core Competitiveness: A Theoretical and Practical Analysis on Internationalization of Chinese Corporation Group". His first book was very well received by the academic and managerial communities and has offered new insights into the globalization of large construction companies especially in what concerns the formulation and implementation of internationalization strategies. The theoretical part of the book was illustrated with specific examples of Chinese construction companies entering in Africa, specifically in Angola and Kenya.

In this second edition Dr. Yang Yongsheng has further developed theoretical entry modes applying them to the analysis of specific cases such as China Communications Construction Company's (CCCC) merger with Friede Goldman United (F&G) and its acquisition of the Australian company John Holland. Large projects such as the construction of the Monbasa Nairobi Railway and the Hong Kong – Zhuhai – Macau Bridge have also been studied. Dr. Yang Yongsheng's work shows that large Chinese construction companies have already entered a new stage of their internationalization strategy in which, to be successful, they need to master the entire value chain and not only parts of it. They need indeed to be global firms operating anywhere in the world and gathering diverse types of resources, tangible or intangible, wherever they are. Through these entry modes of mergers and acquisitions Chinese enterprises will be able to incorporate qualified foreign workers the lack of which has long been their weakness.

The domination of the entire value chain will bring efficiency to those companies that wish to operate in the global market, which is fundamental for Chinese firms to compete in the challenges that the new "One belt, one road" development strategy is already bringing. Undoubtedly, in the years to come Chinese construction companies will be called to participate in this project in the midst of fierce competition.

By combining theoretical perspectives with the practices of a large Chinese company this book gives also a valid contribution to the development of an endogenous Chinese management model which is useful not only for construction companies but for all of those that participate in the global economy. We hope that Dr. Yang Yongsheng will keep in this vein and will continue to bring new and important reflections into the subject of management incorporating theory and practice weaved on the canvas of Chinese culture.

Nelson Santos António①

Virginia Trigo②

Oct 10th, 2015

---

① Nelson Santos António，里斯本大学管理学院企业战略管理专业系主任，教授，博士生导师；原澳门大学管理学院院长。

② Virginia Trigo，里斯本大学管理学院教授，博士生导师；澳门旅游学院创办人；原澳门大学管理学院教授。

非常荣幸能够继续为杨永胜博士所著的《从竞争力到核心竞争力——中国企业集团国际化的理论与实践》第二版作序。此书第一版以全新的视角阐述了大型建筑公司的全球化问题，特别是国际化策略的制定和执行问题，系统梳理了相关理论研究，并辅以中国建筑公司打入非洲，特别是安哥拉和肯尼亚市场的具体实例，内容翔实，深入浅出，备受学术界和管理界的好评。

在第二版中，杨永胜博士进一步研究了国际市场进入模式，并将其用于分析中国交通建设有限公司与 Friede Goldman United 的合并案例和对澳大利亚公司 John Holland 的收购案例中。在本书中，杨永胜博士还研究了若干基础设施建设类大型项目，如蒙巴萨－内罗毕铁路和香港－珠海－澳门跨海大桥等。杨永胜博士指出，中国的大型建筑公司已经进入国际化策略的新阶段，要想在市场中取得成功，必须掌控整个价值链，而不仅仅是参与到其中；需要成长为在世界各地运营的全球化公司，并在各地聚拢各类有形和无形的资源。例如通过收购、兼并、重组等进入模式，中国企业能快速获取优质海外资产、品牌、技术、渠道和客户等资源，扩大和提升进入高端市场的步伐。

中国“一带一路”发展战略将为中国企业国际化发展带来新的契机，面向全球的资源整合与组织能力成为竞争优势培育的关键，先进的商业模式、组织架构、产业链整合能力可以显著提升中国企业在国际市场上的核心竞争力。

本书提供了理论视角，并且结合大型中国建筑企业的实例，阐述了中国企业的国际化发展模式，为该领域的研究做出了重要的贡献。这种模式不仅适用于建筑公司，也适用于所有参与到全球经济中的企业。我们希望杨永胜博士再接再厉，在中国文化的大背景下，继续结合理论与实际，就管理这一主题提出全新、重要的观点。

Nelson António

Virgínia Trigo

2015 年 10 月 10 日

中国交通建设股份有限公司的杨永胜博士即将出版其专著《从竞争力到核心竞争力——中国企业集团国际化的理论与实践》，约我写一个序言。杨博士是我的朋友，其为学如其为人一样，诚实认真，一丝不苟。他多年来虽一直在企业工作，但仍对读书学习情有独钟，而且，喜欢思考问题。再者，中国企业国际化已经成为一个越来越受关注的话题，最近几年我对此问题正好也有一些思考，所以，借此机会，就其中两个重要问题谈一些个人的看法，以求教于大家。

第一个问题是，中国企业为什么要“走出去”？

近些年来，中国企业“走出去”的步伐逐渐加快，具有多方面的原因。有主动、积极的原因，也有被动、压力的原因。

一是随着中国经济发展进入到新的阶段，企业规模越来越大，对资源、市场、技术和品牌等战略性资产的需求也越来越大，需要在更大范围内优化资源配置，获取先进技术，开拓市场渠道，提升品牌的国际影响力。

二是随着中国对外开放进入到新的阶段，企业国际化的形式已经越来越多地从原有的贸易开始转向贸易和投资相结合，按照新的比较优势配置各种资源。根据国际经验，发展中国家一般是人均 GDP 超过 3000 美元时开始进入对外投资的快速增长阶段。我国 2012 年人均 GDP 已达到 6100 美元，按照一般的规律，应该开始进入对外投资扩张的阶段。但实际上，我国海外投资的总体水平仍大大低于发达国家甚至一些发展中国家。剔除GDP总量因素，我国企业海外资本规模仅相当于日本的31.5%，美国的13.2%，英国的7.2%，韩国的36.4%，巴西的61.9%，印度的91.2%，俄罗斯的26.4%，转轨国家的31.9%。所以，中国企业国际化既是中国企业自身发展的需要，也是符合国际贸易和投资规律的；促使企业“走出去”，务实审慎地参与经济全球化进程，既是企业战略，也是国家战略。我们应从国家整体利益出发，完善“引进来与走出去相结合”的新型国际化经济模式与战略设计；要从此前更多关注贸易利益转向贸易与投资利益并重，加强对作为经济战略实施主体的企业“走出去”的政策支持和管理；要将企业海外投资纳入全球化背景下国家经济战略的全局考量与总体设计之中。

三是无论人们如何认识和评价，近些年来全球化的程度的确在不断加深。在此背景下，世界上任何一个国家都相互密切地被联系在一起，任何一个区域市场既是本地市场，也是全球市场的重要组成部分。而且，实践对许多传统的理论也提出了挑战，甚至国际化程度最高的企业并不仅仅只是具有全球竞争力的企业。如国际新企业模型认为，国际新企业是指“那些起初就通过利用多国资源和市场寻求竞争优势的企业”，这些企业不需要“走出去”就已经是国际化的企业。

此外，中国企业“走出去”还有一个非常重要的现实原因。随着中国经济的发展，包括钢铁、石化、建材、船舶、光伏等在内的许多传统和新兴产业出现了比较严重的产能过剩问题。产能过剩导致企业之间恶性竞争、效益下降。不少企业认为，“走出去”是化解当前产能过剩矛盾，提高企业整体盈利能力的一个现实选择。

第二个问题是，如何看待中国企业“走出去”正面临的各种越来越多的争议？

近年来特别是金融危机发生以来，国际社会比较密集地出现了针对我国企业对外投资行为的争议。从目前出现的各种争议看，有的是基于经济和商业利益的考虑，有的属于对政治和军事因素的关注，有的反映了对中国崛起的不安心态，也有的则折射了中国企业自身存在的诸多问题。

第一类是关于“能源和资源安全”的争议。主要担心我国政府通过大型国有企业来控制“目标企业”所在国的资源或能源，从而影响该国资源或能源安全，并声称“欢迎中国资本，但不要中国政府的控制”。2005年中海油竞购“优尼科”公司、2009年中铝收购力拓股份中都出现过此类情况。

第二类是关于“军事安全”的争议。主要担心中国企业的并购会影响“目标企业”所在国或所在国所属军事集团的军事安全。如2010年民营企业天津鑫茂科技公司以13亿美元竞购荷兰光纤电缆商Draka Holding NV时，欧盟就曾公开表示，担心这家为多个西方国家军队提供光纤电缆的公司被中国控制。

第三类是关于“技术安全”的争议。主要担心中国企业的并购会抢走“目标企业”的技术，特别是与军工有关和涉及关键基础设施（如通信）的技术，进而使“目标企业”所在国丧失技术优势。2007年华为公司拟收购美国3com公司、2010年华为公司拟收购美国三叶（3Leaf）公司被否决的案例中就存在类似争议。据《华尔街日报》报道，欧盟以及西班牙、意大利等一些南欧国家的官员表示他们担心中国公司收购欧洲企业就是为了获得关键技术。

第四类是关于是否影响公平竞争环境的争议。主要担心中国国有企业会得到政府不透明的支持（优惠贷款、补贴、税收优惠等），对其他竞争对手带来不公平。尽管绝大多数中国国企的经营已经非常市场化，但在西方国家政府和公众看来，却并非如此。如美国国务院副国务卿罗伯特·霍马茨（Robert D. Hormats）于2011年9月13日在洛杉矶市政厅就“美国经济政策和亚太地区”发表演讲时，指出“在一些情况下，国有企业和国家扶持的企业能够赢得国内和国际市场份额的大部分原因在于它们享受私营部门竞争对手一般得不到的财政支持、税收优惠、监管优待和反托拉斯法豁免等”。

第五类是关于就业、环境和当地习俗方面的争议。主要担心中国企业裁员，导致工人失业，无视劳工权利；污染、破坏环境；不尊重当地风俗习惯、宗教信仰等。如将中国人或企业在非洲、东南亚和南美一些国家开农场、经营采矿业和开发水电视为实施“土地殖民主义”和“新殖民主义”。此外，还出现过巴布亚新几内亚关于地权的官司等现象。

第六类是由泛化的“中国威胁论”引致的争议。主要体现为对中国逐渐显示出一个全球贸易和投资大国的地位感到不安，将明显无关的商业行为套上政府行为的帽子。如2007年，中信证券与美国贝尔斯登公司签署互相持股协议，拟购入贝尔斯登6%股权，美国马上表示将对此交易展开审查。

上述争议的出现在所难免并将长期存在，只要中国企业的对外投资不断增多，这种争议便有可能出现。从已有经验看，类似争议在其他国家的企业身上也出现过。如美国1988年设立海外投资委员会的主要目的就是为了应对外国企业特别是日本企业在美国的大范围收购，以国家安全的名义，对海外投资进行审查。2006年，“迪拜港口世界”接管美国六家港口经营权通过了美国海外投资委员会的审查后，遭到了国会的强烈反对，主要理由是阿联酋反恐不力，最后，“迪拜港口世界”被迫放弃交易。从中国企业“走出去”的历史看，类似的争议也发生过，只是当时中国企业与国际市场打交道主要是通过贸易方式，因此争议主要出现于个别率先走出去的中国企业身上。如从1990年到1998年，就有中航技术进出口公司、中国有色进出口公司、中远集团、海尔等公司对美国公司的收购先后被否或引发重大争议。

从未来看，中国企业对外投资大幅度增加的必然趋势，将使这些争议长期存在。近年来，随着中国经济的快速发展，中国企业“走出去”的深度和广度均有大幅度增加，海外直接投资和并购发展快速。今后五年和更长的一个时期，中国海外直接投资和并购必然会有更大的发展。一方面，中国海外投资现有的总规模并不是很大，有进一步发展的巨大空间；另一方面，中国企业有能力、有动机不断增加对外投资。首先，中国企业经受了经济全球化和金融危机的考验，积累了一定的经验和资本，在欧美等世界其他国家经济复苏缓慢的情况下，中国企业具有相对较强的资本实力，从而可以主动寻求资源优化配置。其次，过去多年的发展造成了能源、资源和环境的巨大压力，通过对外直接投资及并购获得资源、技术对中国企业的生存发展和中国经济长期的转型发展都至关重要。

中国企业走出去遇到的各种争议，既有短期的原因，也有长期的原因，既有经济原因，也有政治原因。

（1）中国作为一个崛起的社会主义大国融入全球体系，史无前例。

一是近些年来，伴随着中国政治、经济实力的不断增强，世界普遍认识到，中国作为一个大国正在重新崛起。在全球利益格局重构的过程中，各种争议随之而来，这是“大国崛起”的正常碰撞。五百年来，在人类现代化进程的大舞台上，每一个新的世界性大国崛起之时，都会对既有的政治经济利益格局形成挑战；而既有大国也绝不会轻易放弃已有的地位和利益，于是无一例外的都在遏制与反遏制的过程中通过战争来最终确立新兴大国的地位。尽管我们一再表示，中国要“和平崛起”，不谋求霸权，但客观上构成了对全球霸主美国和其他一些政治经济大国的挑战。

二是中国在意识形态、政治体制与文明起源方面都与西方世界显著不同，这种差异也使得西方世界普遍对中国有着不解、疑虑，从而在一些事情上有先入为主的偏见。在政治制度方面，西方及拉美、非洲等很多国家实行的是民主选举制，而中国实行的是中国共产党领导的多党合作和政治协商制度。中国是东方文明的代表，有着5000年灿烂的历史文化，在文化传统、生活习惯乃至思维方式等方面都与西方文明显著不同，因差异而导致的不理解也往往引发争议。例如中国企业在海外通常要求员工努力工作，节假日加班本来在中国国内就是常态，但在海外往往被视为不尊重人权；再如中国人很多是无神论者，也让普遍信仰宗教的海外世界很难接受。

三是金融危机以来全球经济普遍疲软与中国经济一枝独秀形成鲜明对比，加之长期的贸易失衡，不排除一些国家有嫉妒的心态。

（2）20世纪80年代的日本与今日的中国十分相似，也是争议不断。

今日的中国，在经济地位与企业“走出去”面对的争议上都与20世纪80年代的日本颇为相似。在20世纪80年代，日本成为仅次于美国的世界经济第二强国，在“广场协议”后日元升值的背景下，日本企业大举走出去，在海外持有的总资产增长了25倍，其在对美FDI中的比例从1980年的19%增加到了1987年的31%。1989年秋天，所有的新闻头条都围绕着日本收购了哥伦比亚电影公司和洛克菲勒中心两大并购案，美国舆论一片哗然，惊呼“日本将买下美国”。

美国以国家安全理由反对国外并购的事情也曾发生在20世纪80年代，针对的是身为美国亲密军事盟友的日本。从国家安全角度来说，最具争议性的交易是日本企业富士通在1986年试图收购美国仙童半导体公司（Fairchild Semiconductor）的案例，然而具有讽刺意味的是，当时该公司已经由法国的斯伦贝谢公司所控制。究其原因，20世纪80年代末日本并购活动之所以引起那么大的争议，不仅仅是因为交易的数量和规模，而且包括一些令人瞩目的并购案件，再加上十多年的贸易失衡及互惠问题。

尽管中日两国具体情况差别很大，美国对两者的抱怨却是极其相似。正如2007年美国国会研究服务（CRS）的一份报告所指出的那样：“从许多方面来说，人们对中国经济力量崛起的看法，与20世纪70、80年代时对日本经济崛起及其对美国经济影响的看法相似。”

（3）中国企业自身存在的一些缺点和不足也值得检讨。

第一，部分中国企业过于“功利化”，未将企业自身利益与东道国国家利益、所在社区利益有机结合，从而引发争议。这种“功利化”表现在两个方面。一方面，相当多的中国企业“走出去”，主要盯着自身所缺乏的资源和技术，要么投资海外大宗商品领域，以保障长期稳定的资源供应，要么直接收购海外知名企业，获得先进的技术、管理与品牌，而在当地投资建厂较少。这样的做法对中国企业虽然有利，但对于东道国而言，在选举政治的背景下，对外资是否能够创造就业十分关注，因此，一般更欢迎能够给当地带来就业机会并且拉动投资和消费增长的绿地投资。另一方面，部分中国企业在海外没有履行好企业社会责任，特别是一些中小民营企业，社会责任意识普遍不强。尽管在当地投资建厂，但不注重招聘当地员工、无视资源的可持续开采和环境保护以及与当地社区缺乏交流等等，从而引发当地民众不满，爆发争议。这样的事例在非洲等一些地方时有发生。

第二，海外投资争议频繁也暴露出中国企业整体公关与协调能力的不足。其一，中国企业“走出去”，往往是企业自己单打独斗，或是简单几个企业松散联合，势单力薄，缺乏行业组织、半官方组织和官方组织同行，当因各种原因发生争议时，则无力应付；即便寻求国内官方帮助，也因为各相关部门间缺乏协调，难以得到实质性帮助和服务，从而无法化解本可化解的一些争议。其二，中国企业“走出去”，缺乏一定的协调机制，往往是某个行业或资源看好，就有一大堆企业蜂拥而至，相互恶性竞争，“窝里斗”，给东道国以负面印象。

作为“走出去”的主体，企业能否成功地“走出去”，虽然关键在其是否能够不断提升“走出去”的能力，但也取决于政府、半官方机构以及各类民间机构能否有效地协力企业一起“走出去”，为企业“走出去”创造有利的投资环境。

(1) 要继续大力开展经济外交，创建和维护合作共赢的大环境。

要将助力中国企业“走出去”作为我国外交特别是经济外交的重要战略。在推进我国实现和平崛起的过程中，我国经济外交的重点正由重视“引进来”向突出“走出去”转变。构建并保持与东道国良好的双边关系，维护合作共赢的大环境，是对企业“走出去”最有力的支持，也是消除对中国企业“走出去”诸多误解和诋毁的根本途径。

(2) 要推进半官方机构和民间机构与企业一同“走出去”，发挥润滑作用。

要重视半官方机构和民间机构在企业“走出去”中不可替代的作用。在政府不宜直接采取措施的领域，半官方机构和民间机构（以下简称“走出去”机构）是重要的政策载体和着力点。在出现矛盾和纠纷时，由这些机构代替政府直接出面能够获得伸缩空间。在我国扩大开放、吸引外资的过程中，国外许多非官方机构都发挥了积极作用，为外企在华投资提供了各种服务和支持。中国美国商会已连续13年公布《美国企业在中国》白皮书，总结在华美国企业的经营经验，同时表达企业的各种诉求。当日本扩大在美投资时，在美国代表日本利益的私人和公共组织也加强了公共关系上的努力，这里面既有美国的组织（如国际投资协会），也有日本的组织（如日本外贸组织、日本经济社会联合会等）。应当借鉴国际经验，高度重视并发挥“走出去”机构在企业“走出去”过程中的作用。我国的一些经贸类半官方机构，如中国贸促会、国际商会及各行业协会等，虽然已开始关注企业“走出去”，但资源投入和工作安排仍偏重于“引进来”。中国贸促会在国内有600多家地方和行业分支会，在海外仅在17个国家和地区设有代表处，而我国境外企业已分布在全球178个国家和地区。因此，要大力发展现有“走出去”机构，加大资源投入，推动其在海外设立代表处；鼓励企业与所在国各种机构加强联系；鼓励中外双方建立交流合作组织，扩大社会接触面，多种途径为企业营造良好投资环境。

（3）要吸收更多企业参与双边或多边国际战略与经济对话，增加企业对外直接投资议题。

首先，要不断完善国家战略经济对话机制。目前，中国与美国、英国、印度等国家已建立起战略经济对话机制。随着战略经济对话的推进，中方除了关注对话内容和对话方式外，还应关注议题本身，提出更符合自身需要且双方都关注的议题。对于尚未建立战略经济对话机制的“走出去”重要目标国，我国应尽早建立相应的战略经济对话机制。

其次，要增设企业对外直接投资议题，增强企业参与的主动性。随着经济全球化和跨国公司实力的不断发展，企业成为国际交流的重要角色和推动力量。根据形势变化和中国企业“走出去”的需要，在中国与其他国家的战略经济对话中，中方应提议适当增加有关企业对外投资的议题，突出中国企业对外投资和海外经营取得的成绩与面临的问题，增加企业诉求。在对话中，应积极吸收更多企业参加，强调企业的参与性，不断探索中国企业参与国际交流的创新机制。

(4) 建立更广泛的部委协调机制，服务企业“走出去”。

一是建立更广泛的部委协调机制，优化“走出去”程序。在“引进来”的过程中，许多地方推出各种政策优惠和便捷措施，成立了专门的对口部门或“一站式”服务中心。而目前企业在“走出去”过程中，从投资立项到企业核准再到外汇使用，面临繁琐程序，这些程序都是事前的，分散在国内许多部门。过多的行政性审批制约了企业“走出去”的积极性，也使企业对外投资的市场和商业行为被政府行为遮掩，使原本的商业行为染上过多政府色彩。

二是大力推进政府对企业“走出去”服务机制的转变。企业是“走出去”的商业决策主体，承担相应的市场风险；政府机构不应以风险为由代替企业进行商业决策，更不应制造各种不便。相反，政府机构应千方百计为企业提供服务，建立风险分担机制，应当尽最大可能减少坐在家里的各种审批，建立更广泛的部委协调机制，为企业“走出去”提供资源支持，协助企业在境外建立良好投资环境。

(5) 要督促并激励企业履行社会责任，成为承担“大国责任”的有机组成部分。

中国应当承担与国力匹配的大国责任，但大国责任并不全是政府责任，企业履行社会责任，尤其是在对外投资中履行社会责任，树立良好企业公民形象，对东道国的经济社会和环境协调发展做出积极贡献，就是承担大国责任的一种具体表现。此外，企业通过其产品和服务以及在社会中的表现，无所不在地传递着母国价值观和文化影响力，促进了交流和理解，是展示大国风范、消除误解和摩擦的重要途径，这一点在我国的开放进程中得到了充分体现。应敦促“走出去”企业，无论是投资发达国家还是投资发展中国家，都要迅速融入当地社区，遵守当地法律和公序良俗，体现给当地带来的利益；应当与地方政府建立良好关系，尽量通过民间渠道进行“润物细无声”式的宣传和传播。

以上认识仅仅为个人观点，不对之处请各位批评指正！

在国际化程度较高的中国企业中，交通、基础设施建设是非常重要的一个部分。当然，与制造业等其他产业不同的是，在建设领域企业的国际化经营与合作的主要形式是工程承包。近年来，虽然受到了国际金融危机的巨大影响，但国际工程承包市场仍然保持了持续增长。中国交通建设股份有限公司是中国国际工程承包领域的龙头企业，多年稳居国际工程承包的第一位，并入围全球前十强。所以，对建筑企业国际化产业经营环境及中国交通建设股份有限公司的全球战略进行深入分析，不仅深化了我们对于特定行业国际化理论与实践的一般认识，同时有助于了解一个具体的企业是如何通过国际化发展成为具有全球竞争力的企业的。从这个意义上讲，本书不仅具有宏观上的价值，也具有微观上的价值。

是为序。

赵昌文

2013 年 9 月 10 日

For long forgotten and adjourned, Africa has recently raised a new and sharp interest in the main world powers. This sudden interest, which has intensified in the last couple of years, is driven by the vast energy and mineral resources of the African continent and by its potential for development. As more and more countries set foot in the region there is a new attention on China's role and engagement in that part of the world and there is no lack of recent literature on the subject. The approaches are very diverse and if some are more skeptical, others praise factors that particularly shape China's current move to Africa such as a focus on development cooperation and on establishing strategic partnerships. These would also add that China has had a very positive and influential role in Africa through aiding many countries to solve imminent problems and to assist with knowledge transfer.

For sure there is not a single motive to this relationship and to address the many angles through which it can be judged as a contribution to understanding not only the African continent but the nature of the many interests that interplay in the region. In fact, it is not only China that is interested in Africa. Beyond Europe and the United States of America, there is Japan and emerging countries such as Brazil and India, all of them with growing political and economic interests in the continent.

This book is therefore of great help to all those who seek enlightenment on the complexity of these issues. Approaching the subject through the perspective of the internationalization of Chinese enterprises, the book synthesizes the main related theories and describes how China Communications Construction Company (CCCC), a large - sized Chinese company, operationalizes such theories to enter the African continent and in particular Angola and Kenya. In a clear and engaging prose the author describes not only the process of formalizing these entry strategies as he also presents the problems that emerge when of their implementation and how these problems have been overcome. Entry modes are given a particular attention as well as the tools that CCCC uses in its SWOT analysis as it adjusts to China strategies of "bringing in" and "going out". This book is of special interest to all companies wishing to internationalize especially in what concerns the use of the analytical hierarchical process (AHP) that the author describes in great detail.

Further on, the book guides the reader through a theoretical and practical framework that explains the entry modes of CCCC in Angola and Kenya. Entering African countries is not an easy task for Chinese companies since there are considerable cultural differences and China's experience in the business landscape of Africa is still recent. Nevertheless with the penchant for experimentalism that characterizes China's approach to solving problems, companies are willing to compromise in looking for the best solutions to serve the market. In the construction field, for example, although Chinese construction companies dominate in Angola, when realizing that their customers prefer European design, they do not hesitate to hire Portuguese interior designers for cultural proximity and to better suit the preferences of the market.

It is precisely this down - to - earth approach, which can be perceived throughout the book that is so helpful for sustainable entry strategies in the African continent. After centuries of strong links with Europe, African countries are now also in search of their own model of management. As one African leader recently said, “let us stop looking to the West where the sun sets and look instead to the East where the sun rises” . This is also the feeling of a Tanzanian national we interviewed in Guangzhou: “before coming to China when I thought of a company, let's say a textile company for example, I visualized a large building with complex equipment and specialized staff and I thought it would be difficult, perhaps impossible, to have many of such companies in my country. But in China I saw, and I learned, that a textile company can also be on a fifth floor of a building, run by five or six members of the same family and then I thought it is possible, that this is a company too.”

It is also a range of possibilities that this book offers the reader not only by analyzing the particular case of one company but then, in Chapters 6 and 7, by presenting and comparing the cases of several international companies thus providing us with ample material for thought.

For all the above, this is a book that will be of interest not only to companies seeking to enter international markets and the African market in particular but also, due to its sound theoretical background and research method, it will be of use to academia and policy makers.

Nelson Santos António

Virginia Trigo

Aug 10th, 2013

在长期的遗忘和延宕之后，非洲再次引起了世界各大国的浓烈兴趣。这突如其来的兴趣在过去几年里愈演愈烈，原因在于非洲大陆丰富的能源、矿产资源及巨大的发展潜力。随着越来越多的国家涉足这一地区，中国在这里的角色和参与同样受到了新的关注，相关研究也逐渐增多。中国进入非洲的方式是多样化的，有些人对此持怀疑态度，另外一些人则盛赞中国当前参与非洲的发展，比如专注于发展合作和建立战略伙伴关系。这些进一步说明，通过帮助许多国家解决迫在眉睫的问题和知识转移，中国在非洲已经成为一个非常积极和有影响力的角色。

无疑，确立这种关系的动机并非单一，从不同的角度判断这种关系不仅有助于理解非洲大陆，还有助于理解这一地区互相交织的众多利益的性质。实际上，不仅中国对非洲感兴趣，除了欧洲和美国，还有日本和新兴国家，如巴西和印度，它们在这片大陆上也都有着日益增长的政治和经济利益。

因此本书对在这些问题上寻求启迪的人大有裨益。通过中国企业国际化这一主题，本书综合了主要的相关理论，阐述了一个大型的中国国有企业——中国交通建设股份有限公司（以下简称“中国交建”）运用这些理论进入非洲大陆，特别是安哥拉和肯尼亚的实践过程。在本书清晰且吸引人的叙述中，作者不仅描述了这些进入战略的形成过程，更提出了实施过程中出现的问题及解决之道。本书特别探讨了国际化进入模式和 SWOT 分析的详细过程，中国交建在响应国家“引进来”和“走出去”战略过程中所采用的手段。本书对于所有希望国际化的公司有特殊意义，尤其是作者在分析过程中详细地描述了层次分析法（AHP）的运用。

而且，本书通过理论和实践相结合的框架引导读者，该框架解释了中国交建在安哥拉和肯尼亚市场的国际化进入模式。中国企业进入非洲国家并非易事，因为既存在相当大的文化差异，而且中国在非洲的商业实践也是近期发生的事情。但是偏好经验主义的做法是中国（公司）解决问题的特点，中国公司愿意在寻求服务市场的最佳解决方案上妥协。例如在建筑领域，尽管中国建筑企业主导安哥拉市场，但当意识到客户更喜欢欧洲设计时，它们便毫不犹豫地聘请文化相近的葡萄牙室内设计师，以更好地满足市场的偏好。

正是这种在全书中都能感受到的务实方法，非常有助于在非洲大陆实施可持续性的进入战略。经过与欧洲几个世纪的紧密联系，非洲国家现在也在寻找它们自己的管理模式。一位非洲领导人最近说：“让我们停止遥望太阳落下去的西方，转而朝向太阳升起来的东方。”这也是我们在广州采访一个坦桑尼亚人的感受：“来中国之前，我想象一家公司，比如纺织公司，应该是拥有复杂设备和专业人员的一栋大厦，在我们国家拥有多家这样的公司是很困难的，也许是不可能的。但是在中国，我看到一个纺织公司也可以是在某个大厦的五层，由五六个家庭成员经营，现在我认识到这是可能的，这也是一个公司。”

本书也为读者提供了一系列的可能性，不仅通过分析一个公司的具体案例，而且在第六、七章通过展示和比较几家国际公司的案例，进而为大家提供了充足的思想材料。

综上所述，本书不仅有益于寻求进入国际市场尤其是非洲市场的公司，而且，基于其坚实的理论背景和研究方法，本书对学术界和政策制定者亦有帮助。

Nelson Santos António

Virginia Trigo

2013 年 8 月 10 日

目录

第一章 企业国际化理论概述

本章结构图

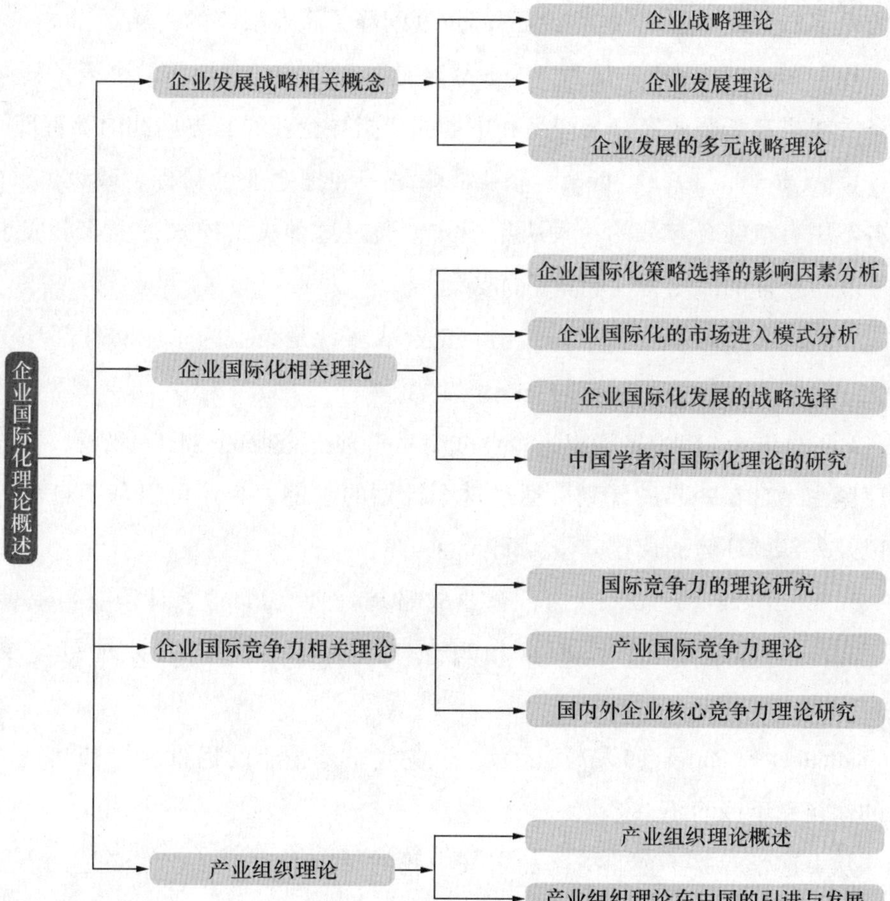

第1节 企业发展战略相关概念

一、企业战略理论

1. 企业战略的概念

企业战略是一个内涵很丰富的概念，目前理论界对其尚无统一的定义。一般认为，企业战略是处于动态发展环境中的企业对其未来总体目标和行动的一种规划，企业战略制定对于企业持续、稳定发展有着非常重要的作用。西方众多研究战略管理的学者从不同角度阐释了企业战略的内涵。

H. I. Ansoff（1965）认为，企业战略是关于企业经营性质的决策，其作为一条主线贯穿于企业经营与产品和市场间，指导企业经营方向和内部管理。

K. Andrews（1972）指出，企业战略是一种把企业的目标、政策、计划、业务范围有机结合起来的一种决策模式，通过这种决策模式，企业形成了有别于其他企业的战略特性和竞争优势。

Willian F. Glueck（1977）指出，企业战略就是企业为了应对外部环境的变化，利用自身优势所制定的一揽子方案。

J. B. Quinn（1980）指出，企业战略是一种把企业的目标、政策、手段按顺序紧密结合在一起的计划。通过这个计划的制定，企业可以基于自身的条件以及外部的环境而优化其资源配置。

H. Mintzberg（1990）认为，企业战略是计划（Plan）、计策（Plot）、模式（Pattern）、定位（Position）和观念（Perspective）这五种规范定义的组合。

Michael E. Porter（1997）认为，企业战略是企业的远景目标和达到该目标的途径和手段的统一体。

从上述学者关于企业战略的定义中我们可以看出，企业战略是一个复杂而多面的概念，任何试图对其进行准确定义的努力，都只凸显了战略的某个方面而有所偏颇（H. Mintzberg，1980）。

2. 企业战略理论的发展

一般认为企业战略理论的发展经历了早期战略思想、传统战略理论和竞争战略理论三个阶段，每一个阶段都产生了不同的观点和理论体系。

早期的战略思想虽没有产生完整的理论体系，但经过法约尔、巴纳德、安德鲁斯等学者的发展已经产生了一些精辟的观点。法约尔对企业内部的管理活动进行了分类并提出了管理的五项职能，着重强调了计划职能的重要地位；巴纳德从管理理论和战略理论中分离出了组织理论，明确了领导人的工作重点，首次提出了内部组织和外部环境相匹配的观点，成为现代战略分析的基础；安德鲁斯分析了战略的四个构成要素——市场机会、公司实力、个人价值观与渴望和社会责任，主张应该通过企业内部的资源优化配置来形成其独特的竞争优势。

此后，战略理论的发展逐步从关注企业内部因素过渡到对企业组织与外部环境关系的研究，在这个阶段产生了大量的研究企业战略理论的文献，并形成了以下几种重要的学术流派。

（1）设计学派

该学派的观点始于 Selznick，经过 Chandler 和 Andrews 的发展而日趋成熟。Chandler 在《战略与结构》一书中提出了著名的“结构跟随战略”观点，认为组织结构、企业战略、外部环境应该相互适应。Andrews 认为，企业战略的形成过程是企业内部因素和外部环境因素的匹配过程，并以此为基础提出了基于机会、威胁、优势和劣势四种分析要素的 SWOT 分析模型。设计学派强调了企业领导在战略设计中的核心作用，并认为战略设计应该以精心为要，遵从简明扼要、易于执行的原则。

（2）计划学派

该学派起始于 Ansoff（1965）的《企业战略》一书。Ansoff 认为，企业战略应由产品与市场范围、增长向量、协同效应和竞争优势四个要素构成。计划学派追求战略决策的正规化、条理化，认为战略形成应该以受控、详尽、全面为原则，形成了一个严谨的战略分析框架。

（3）定位学派

该学派以 Michael E. Porter 为代表，强调了企业战略定位的重要作用。在企业战略的研究过程中引入了产业组织理论，实现了企业战略和产业组织理论的创新性兼容，认为企业在战略形成过程中应该聚焦于其和企业经营环境的联系；企业在制定战略的过程中要考虑行业的结构和企业在行业中所处的相对竞争地位这两个重要因素，因此战略制定要首选潜在利润比较高以及企业拥有比较优势的行业。Micheal. Porter（1980）同时提出了五力模型、价值链分析模型等方法来分析企业的竞争环境和优势。António（2006）也进一步提出由战略定位再到行动的逻辑思路，再次强调了战略定位的重要性。

（4）学习学派

学习学派认为由于组织外部环境的不可预测性、偶发性，企业按照规范流程提前设计的企业战略可能在企业的发展过程中并没有实现，反倒是一些自然形成的观点和思路在企业的发展过程中得到了很好的体现。因而 20 世纪 70 年代的计划观点备受批评，学者更加关注组织的有限理性、权利和文化以及企业在不确定环境下的适应性。经过 Lindblom、Quinn、Bower 等学者的研究，逐步形成了自然选择、逻辑渐进、文化和政治等主要观点。

（5）核心能力学派

核心能力又称为核心竞争力，由 Prahalad & Hamel（1990）在《企业核心竞争力》一文中首次提出。他们认为核心能力是企业能够迅速适应外部环境的技术和生产技能，是企业的累积性知识，是企业运用自身资源的独特能力，是企业能力中的核心部分，具有外向辐射效应。企业的核心能力必须具备价值性、不可模仿性、不可替代性、延展性等条件。该学派认为企业只有具备了核心能力才能够适应不断变化的市场环境和消费需求，从而形成自己独特的竞争优势。

（6）战略资源学派

该学派认为企业是一系列资源和能力的集合体，在同一行业中的企业基于自身独特的资源和能力而形成了有别于其他企业的竞争优势，企业的目标在于培育其战略资源和资源优化配置能力。Cool & Schendel（1988）通过对许多制药企业的研究指出，企业的特殊能力是造成其业绩差异的主要因素。

3. 国内企业战略理论研究

战略管理理论于 20 世纪 80 年代被引进中国，一直成为学术热点。从 1982 年 6 月到 2015 年 12 月，在中国知网数据库以战略管理作为主题，被收录的文章有 19430 篇。在中国，战略管理的研究不但延续了“战略管理基础理论”“多元化战略”“资源基础的战略研究”“基于复杂性科学和系统理论的战略研究”等西方理论的精髓，同时还具备自身特色，尤其是围绕中国经济社会和中国企业的现状而展开的。例如，张明玉（1999）提出了技术创新战略，他认为技术创新战略是企业在市场竞争中利用技术创新获取竞争力的方式，技术创新战略主要分为领先创新战略、跟随创新战略、技术创新战略；林建（2003）指出战略网络是网络经济时代新的战略思想，它与传统的战略思想有本质的区别，因此需要将战略网络思想整合于战略管理之中，他强调基于核心能力的企业战略网络管理模式；蓝海林（2007），则是以提高动态环境下企业战略管理的有效性和效率为目的，提出了新的战略管理模式——“动态模式”，强调速度与创新在动态竞争中的作用，关注战略管理三个阶段之间的内在联系与交叉影响。

近五年，随着竞合、双赢、平台等互联网理念的植入，国内战略管理研究及应用更加宽泛，从战略管理到战略平台管理，品牌战略、蓝海战略、云战略、开放式战略等，战略管理可统筹的领域越来越多。

二、企业发展理论

企业发展理论又称为企业成长理论。企业成长的概念来源于生物学，主要指生物体从小到大的一个过程。最先引入生物成长来描述企业发展的是古典经济学家马歇尔，其在著作《经济学原理》中用森林中树木的成长来比拟企业的发展。自从亚当·斯密关于企业成长的古典经济学论述诞生以来，企业的成长理论得以不断演化和发展，逐渐形成了一些比较有代表性的观点，使得人们对企业成长的目标、动因、条件和路径的认识不断深化。

1. 企业成长的资源论

最先提出企业成长资源基础论的是英国学者 Penrose，她在《企业成长理论》(1959) 中以单个企业为考察对象研究了企业成长的因素和机制，认为企业成长不是由市场均衡力量决定，而是取决于企业内部所拥有的资源和能力；企业多元化经营选择取决于企业所掌握的资源，成功率和企业专长领域相关，多元化经营进入领域的数目和行业跨度受企业内部资源①和专长领域的约束，企业要成长必须大量培育其独特的资源和专长优势。Penrose 主要从企业内部资源角度来考察了企业成长问题，并没有考虑企业外部环境的变化对其成长的影响。20 世纪 80 年代以后，Wernerfelt、Barney 等学者对 Penrose 的理论进行了进一步扩展。

2. 企业成长的产业结构论

Micheal Porter 首次把产业组织中的结构—行为—绩效 (SCP) 范式引入了企业的成长研究过程中。他指出，产业结构是企业获得竞争优势和潜在利润的决定因素，企业成长的因素和条件主要取决于企业要进入的产业的结构和自身在该产业中所具有的竞争优势，当选择进入潜在利润率比较高的产业时，企业能够获得比较高的投资回报率；企业的成长表现为企业多元化规模的扩大，并且要以外部的市场环境和机会为依托。

3. 企业成长的核心能力论

Prahalad & Hamel 认为企业成长来自于企业的核心能力，而企业“积累性学识”是企业核心能力的主要来源。企业的核心能力包括了组织内部的学习、价值观的传递、对知识和技能的积累和共享。这两位学者强调了企业的内部要素，但忽视了企业外部环境的刚性以及内外部因素的适应匹配性。基于以

① 企业内部资源包括人力资源和管理资源，人力资源是企业扩张的智力性和限制性因素，企业管理资源不足则会影响企业的持续成长。

上认识，Teece 等学者提出了动态能力说，指出企业成长路径就是企业内部组织能力和外部环境相适应的过程，通过这种动态的匹配来维持企业持续的竞争优势。

4. 企业成长的制度演化论

Chandler 认为企业成长的主体是现代的工商企业。随着企业层级管理制度的确立，企业出现了两权分离。两权分离是企业规模进一步扩大的基础，当企业规模扩大时，企业必须进行必要的组织和制度变革，这些内部因素的变革又会进一步促进企业的成长。从组织制度演化视角，Chandler 提出了企业成长的三个动力：组织结构、行政协调和组织能力。

5. 企业成长的生命周期论

在企业成长理论的发展过程中，有一些学者把企业比作生物体，企业的成长就和生物一样要经历生命周期的不同阶段，每一个阶段都有不同的特征和条件，并且企业作为个体处于企业的生态群落中。

三、企业发展的多元战略理论

1. 企业发展的多元战略理论的演化

H. I. Ansoff（1957）在《多元化战略》中研究了美国 1909～1948 年间最大的 100 家企业的发展和变化，提出了企业成长的四个方向：现有市场内增长，开发新市场，开发新产品和多元化，并进一步指出只有用新产品去开发新市场才属于多元化战略的范畴，第一次对多元化给出了明确的界定。

Penrose（1959）在《企业成长理论》一书中认为，企业在成长过程中不断积累着内部资源，并且有把这些内部资源运用到其他领域中的冲动，因而多元化就成为企业发展到一定阶段的选择。她认为企业的多元化就是在保留原有生产能力的同时，扩展新的生产能力、开发新产品的过程，这包括了垂直一体化程度的增加和生产领域的扩大。

Chandler（1962）在其著作《战略与结构》中提出了著名的“结构跟随战略”理论，认为企业成长必须经历四个阶段，每个阶段都有与之相适应的组织结构形式。这四个阶段分别为数量扩大阶段、地区扩展阶段、垂直一体化阶段和多元化经营阶段。他进一步指出了和企业多元化发展阶段相适应的公司事业部分权管理结构，这种组织结构被很多美国公司采用。

M. Gort（1962）第一次以数量分析为基础来研究企业的多元化，并以《美国标准行业分类和代码》中的四位数行业分类为依据，测度了企业多元化程度的大小，并认为企业的多元化就是企业经营的行业数目的增加。

L. Wrigley（1970）在其博士论文中提出了多元化程度的测量方法和类型划分，把企业的某类产品占总销售额的比重定义为专业化率，并根据专业化率由低到高把企业分为单一产品型、主导产品型、相关产品型和无关产品型四类。

R. P. Rumelt（1974）进一步研究了企业多元化程度的测度，并在 Wrigley 的基础上提出了相关率①的概念。他以 1949～1969 年美国的大企业为样本对各种多元化形式的绩效进行了研究，结果是相比无关多元化而言，以企业自身的特有技术和能力为核心的主导集约型和相关集约型多元化的绩效最好。

Micheal Porter（1987）通过对 1950～1986 年间美国 33 家企业的多元化历程进行统计研究，指出通过混合兼并进行的无关多元化的失败率是最高的，企业进行多元化发展时必须通过行业吸引力、进入成本和互益性三项测验。

2. 企业多元发展的动因分析

（1）市场势力说

市场势力说主要是以市场的竞争结构为出发点来考察企业多元化发展的动因，这种观点重点关注的是企业混业经营的反市场竞争的效果。学者一般认为，多元化发展的企业之所以能取得比较好的经营业绩，不是因为和单一经营的企业相比效率较高，而是因为混业经营所带来的市场势力。Hill（1985）进一步明确了这一看法。

Edwards（1955）提出，企业集团在某一个市场拥有势力的大小，不单取

① 相关率是指企业最大一组关联业务的销售额占总销售额的比重。

决于其本身在该行业中所处的地位，而且取决于其他行业活动的范围和特性。通过利用这种异于传统垄断思想的策略，企业可以进一步延伸和巩固其市场势力。随后的研究对 Edwards 的观点进行了扩展，并强调了反市场竞争的三种方式：

①交叉补贴：是指企业通过在一个行业所赚取的超额利润来补贴其在另一个行业的掠夺性定价行为。

②协商共谋：当两个竞争者在多个市场的同一产品领域发生竞争时，他们发现通过协商等方式达成互动、妥协对双方都有利，这样可以形成企业共谋，从而进一步降低行业的竞争强度。

③互惠性购买：混业经营的厂商通过互相采购，不断加强他们之间的战略联盟关系，对一些小型竞争者造成了排斥，这样会导致竞争强度减弱，行业集中度提高。

（2）分散风险说

H. M. Markowitz（1952）提出了资产组合学说，并奠定了现代投资理论的基础。该学说的主要观点是：企业在市场经营过程中面临系统性和非系统性两类风险。系统性风险或者市场风险是不能够通过投资组合来规避的，而非系统性风险可以通过企业的多元化投资来消除。企业可以在给定投资回报率的情况下，通过多元化的资产组合来达到风险最小化；或者在给定风险水平的情况下，通过多元化的资产组合来达到收益最大化。企业投资项目的相关性越小（不同产业有不同的风险），企业越能规避非系统性风险，获得较高的收益率。这也就是我们常说的不要把鸡蛋放在同一个篮子里的原因。

企业的多元化发展也是同样的道理，企业希望通过进入不同的产业领域来达到规避风险的目的。比如有的产业发展是顺经济周期的，有的产业发展是逆经济周期的，企业可以通过进入这两个互补的产业领域来获得稳定的现金流，从而增强其在不断变化的市场环境中的抗风险能力，创造持续的竞争优势。但另一方面，随着企业多元化经营的扩展，企业的内部管理成本和经营风险也会增加，这些是无法通过分散行业风险来解决的。

（3）委托代理说

现代公司治理机制的核心是企业所有权和经营权的分离，这种两权分离模式产生了许多问题，学者争论的焦点主要集中在企业多元化发展的合理经营范围上，并从委托—代理的角度对其进行解释。

如 Mock、Shleifer 等学者认为，当企业的股东分散而经营者仅持有少量的股份时，股东对经营者缺乏必要的监督，经营者很可能追求的是其自身利益而不是股东价值最大化。因此，企业的混业兼并多元化往往是企业经营者追求自身利益的便利途径之一，因而企业的多元化现象是所有权和经营权分离所造成的委托代理问题的主要表现之一。

从委托代理理论的角度来看，企业的多元化一般是出于以下两种考虑：一是通过企业的多元化经营来规避非系统风险，增加企业的收益和经营者的效用；二是股东可以通过投资决策来分散企业的经营风险，但却不能降低经营者的职业风险，因而经营者多有通过多元化来降低自身风险的倾向。通过多元化可以扩大企业的规模和市场影响力，提升经营者个人的声誉。同时，经营者可以向自己比较熟悉的专业领域发展，这样有利于发挥自身专业优势，凸显个人在企业发展过程中不可或缺的价值，从而提高其与股东之间的议价能力。

（4）范围经济说

范围经济说认为企业从事多个产品的生产活动的成本会比单独的企业从事单一产品的生产所产生的总成本要低，因为在这个过程中会产生资源共享和协同效应。范围经济会产生于技术研发、生产、销售、售后服务等不同的价值增值环节。

范围经济的产生一般基于有形资源和无形资源两类。企业的有形资源一般包括企业的技术研发系统、生产能力、营销网络等。通过有形资源在不同业务之间的共享可以产生协同效应，降低单位产品的成本。但是其前提是资源必须具有一定的通用性，否则范围经济的优势不会明显。企业的无形资源一般包括企业的商标、声誉、管理技能等，其可以以较低的成本在企业的不同业务之间转移，其中经理人的管理经验和知识可以用于不同的产业领域，只需要比较小的边际改变成本，其从某种意义上来说具有公共物品的特征。

从本质上来说，范围经济更多体现的是一种协同效应而不是规模经济，是以资源的通用性为基础的，所要转移的业务之间必须有一定的关联性，而且关联性越高，单位产品的生产成本越低。但是范围经济也只是企业进行多元化发展的一种考虑，至于其在多元化决策中所发挥的作用有多大，仍是一个需要实证的问题。

第2节　企业国际化相关理论

一、企业国际化策略选择的影响因素分析

企业国际化是一个动态演进的过程，要成功地进行国际化经营，必须对制约企业国际化的一些基本因素有清楚的了解。随着中国政府“走出去”战略的实施，中国企业在国际分工过程中的参与程度不断加深，但在走出去的过程中，企业的国际化在产业选择和区位选择等方面仍存在盲目性和随机性，对东道国的客观环境缺乏认识，造成了一些不必要的损失。那么，如何降低企业国际化所面临的风险，避免不必要的损失？我们需要把握以下几项影响企业国际化策略选择的关键因素。

1. 地理位置

目标国与其他国家之间的地缘关系就是所谓的地理位置。地理位置表示了本国企业国际化发展所能利用的周边国家的资源，以及和其他国家之间的政治、经济、文化的相互影响和趋同。企业的国际化一般都是以本国市场为基础向周边地区辐射和渗透，企业可以选择直接投资进入的方式，在当地设厂并销售，以充分利用环境的趋同性和东道国的比较优势。

2. 地表环境

地表环境主要指东道国的地形和地貌，如山川、河流的分布等。这些地区表面的自然形态会把一个国家分割成为不同的市场，这些市场有不同的地理和文化特征，形成了不同的优势产业和投资环境。一般而言，沿海地区交通便利，会形成有代表性的港口货运和海外贸易产业，而平原地区公路、铁路纵横交错，更适合设厂。

3. 气候条件

气候宜人的地方，自然灾害少，人口密度大，会形成一些大的城市和社区，市场规模和潜力比较大，更适合高风险、高控制程度的直接投资方式进入；而在一些气候比较恶劣、人口少而分散的地区，企业国际化一般采取风险相对较小、控制程度较低的代理商出口或直接出口等市场进入模式。

4. 自然资源

一个国家的自然资源在某种程度上决定了该国的要素禀赋和比较优势，资源寻求型是众多企业国际化的战略动因之一。例如近20年来东南亚地区逐渐成为欧美发达国家的主要对外投资地，它们在这些地区采取合资或独资设厂的方式，利用当地丰富而廉价的原材料和劳动力以降低生产成本。

5. 社会文化环境

社会文化环境主要包括东道国的生活习俗、宗教信仰、价值观念、语言文化、社会结构等多个方面。以企业的外向国际化而言，面对东道国不同的社会文化环境，其所采用的国际化策略也会有所不同。

首先，东道国的教育体系越发达，整个社会的人力资本存量越高，越有助于跨国企业本地化生产效率的改进，企业更可能选择直接进入的模式。

其次，不同的宗教信仰会对企业的国际化产业选择产生不同的影响。例如基督教提倡努力工作、节俭、储蓄，佛教宣扬精神价值和节欲，伊斯兰教禁止吃猪肉和酗酒等，这些差异会影响所在国消费者的价值观、消费观。

最后，语言和文化背景越相似的国家，企业的进入壁垒和障碍越小，其和东道国的“心理距离”越近，越有可能采取直接进入的模式。

6. 经济发展环境

企业国际化就其本质来说是指企业与其他国家之间直接或间接的经济联系，涉及到对东道国经济因素的开发和利用。这些经济因素包括如下三类：一是生产性要素，如劳动力、原材料和土地的供应；二是需求性要素，如国民生产总值、人均收入、收入分配等；三是发展性要素，如产业结构、经济平稳性、对外开放度等。

这些因素可以进一步细化为如下六个方面：

①经济发展水平。经济发展水平体现了一个国家的发展程度及民众的社会福利水平，从而也决定了其市场容量和消费潜力。许多企业的国际化动因为市场寻求型，为的是扩大自己的国际市场份额。不同的经济发展阶段存在着不同的市场机会和风险，企业需要制定不同的国际化市场经营策略。

②经济稳定程度。经济稳定程度是对一个国家经济可持续性发展的一种描述，包括金融环境是否稳定、政府的经济政策是否具有持续性和连贯性等。此种稳定性会影响企业国际化的预期收益和风险的对比，从而影响企业国际化策略的选择。

③基础设施状况。基础设施状况包括工业基础设施状况和城市公共服务基础设施状况。基础设施的好坏体现了该国基本的投资环境，基础设施越好企业则更会选择以直接投资的方式进入该国市场，享用其带来的便利、高效和低成本。

④对外经济政策。对外经济政策体现了东道国政府对外来投资的规定和限制，也体现了其经济开放程度。如果该国制定针对外国企业投资在税收和其他方面的优惠政策，相当于对外资的一种隐性补贴，就会吸引外商投资的大量进入，企业进入该国市场所面临的不确定性风险也会相应地降低。

⑤政治环境。政治环境的好坏关系到企业国际化投资的安全性。由于企业的直接投资一般都具有周期长、投入大、收效慢的特点，因而投资的安全性和保障性很受企业的重视。为了降低企业国际化的风险以及制定适宜的国际化策略，进行政治环境分析是相当必要的。其分析要素主要包括政治稳定

性、政府的对外形象与政治体制三个方面。例如，政治稳定性越高，企业预期收益越确定，也更倾向于选择控制程度更高的市场进入模式；政府好的对外形象会对投资者产生一种正向的激励作用，反之会降低投资者对该国的投资欲望；在集权型政治体制下，企业往往需要投入大量的资源来构建和维持与政府的关系网络，企业国际化更倾向于通过贸易等风险小、控制程度低的方式进入市场，而在民主型政治体制下，企业的产权受到严格的保护，因外部性而产生的损失也很小，在市场机制下企业发展自由度相对较高，进入市场的欲望强烈。

⑥法律环境。法律是调节社会各项活动的基本准则，是和本国的政治环境和社会文化环境相适应的，特别是一些法律是直接针对外国企业和投资的。企业国际化更关注的是法律执行过程中的严格性和公允性，法律执行越公允，对企业的吸引越强烈。一般来讲，发达国家法律比较完善，执行比较严格，对企业很有吸引力，但是市场成熟度比较高，难以进入；发展中国家虽然法律不是很完善，执行不是很严格，但是市场机会多，进入成本相对较低。

二、企业国际化的市场进入模式分析

上述企业国际化的影响因素分析主要解决了企业在国际化过程中要考虑哪些因素的问题，对企业所面对的客观环境有一个综合的评估。企业国际化要解决的另一个问题就是应该在哪种条件下选择什么样的市场进入模式。那么，了解不同市场进入模式的特点，是企业有效利用自身资源与条件，正确选择市场进入方式并赢得市场的前提。

1. 贸易型进入模式

贸易型进入模式主要是指产品在本国生产、在目标国销售的进入模式，形式上分为间接出口和直接出口两类。间接出口是指企业通过国际进出口贸易公司把自己的产品销往外国市场，企业并不参与具体的商品销售和外国市场渠道拓展。按照企业国际化的阶段理论，当企业规模较小、实力较弱、刚处于国际化的初级阶段时，该市场进入方式是风险比较小、资源投入比较少的一种适宜选择。直接出口是指企业直接参与海外市场销售渠道建立的市场进入模式，其销售渠道主要包括以下几种类型：

①设立海外独家经销商。海外独家经销商主要是指目标国企业与本国企业签订商品的买卖合同，在合同有效期内，海外经销商从国内企业处购买商品，然后作为该商品在本区域内的唯一指定经销商承担此商品销售。

②设立海外独家代理商。海外独家代理商主要指国内企业和海外代理商签订代理合同，并且在合同授权下代表国内企业和海外市场的客户直接签订购买协议，其中代理商只是充当中介商的角色，根据销售量的大小收取一定的佣金。和海外独家经销商相比，由于海外独家代理商涉及到第三方，所以违约风险比较大。

③设立销售办事处。设立销售办事处是指在某些国家或地区直接设立管理这个区域商品销售的直属机构。本国企业通过这种方式直接进入外国市场，可以更好地了解目标国的市场环境和需求。

④设立海外销售子公司。设立海外销售子公司是指在海外设立独立的直属于母公司的法人机构，该机构拥有和海外贸易公司相同的法人待遇，在海外市场上直接销售本国企业的产品，是企业在海外拓展销售渠道的一种有效方式。

⑤组建联合出口组织。组建联合出口组织是指本国同产业内的多个企业联合起来组成一个出口组织，该组织有统一的组织规则和章程，以组织的名义开拓海外市场，同时各企业之间存在相互独立性。

贸易型进入模式是企业进入海外市场的一种比较保守的方式，安全、高效、低成本，特别适合企业国际化初期，该阶段企业规模小、资金少，缺乏国际化的实践和经验以及控制风险的能力。不过，贸易进入模式也有一定局限性。例如，由于信息的缺乏，企业对海外市场需求的变化不敏感；对产品销售的控制程度下降；进入目标国时面临关税壁垒和配额限制等。这些都会增加企业的经营成本。

贸易型进入模式的各种类型的特征分析和比较如表1所示。

表1　贸易进入型模式各种类型的特征分析和比较

	出口模式	特征	优势	劣势
间接出口	出口商（Export Houses）	出口商有不同类型，最常见的出口商是从制造商购买产品然后用自己的账户向国外销售产品	能够处理出口所有事项	无法控制海外市场和信息；销售量有限
	出口委托商行（Confirming Houses）	代表国外委托人向制造商订货，只收取佣金；同时，出口委托商承诺支付	能够处理有关出口的所有事项并担保支付	同上
	购买商行（Buying Houses）	代表客户入百货店直接向制造厂订货	能够处理有关产品出口的所有事项，但制造商仅在购买上接触，按照要求提供订货，不参与任何出口事宜	同上
	“挂拖车”出口（Piggybacking）	制造商通过综合商社的海外销售网络将其产品销往海外	与有实力的贸易公司合作，贸易公司也扩大了产品种类和销售量	要找到合适的伙伴；产品销售容易因现有的销售关系而受到影响
直接出口	代理商（Agents）	代理商有不同类型：有的代理商只买一个公司的产品，有的代理商销售不同公司的产品；以佣金的方式收费	与间接出口相比，加大对海外市场的控制能力和信息的掌握；在同一市场有续存性；代理商的成本与产品销售挂钩	有可能同时代理不同公司的产品；如果终止与代理商的协议会比较困难，且代价高
	经销商（Distribution）	经销商将使用产品的名称，经销商的收入不以佣金的方式收费	比较了解当地市场，并能够提供售后服务；制造商也能够控制海外市场	与经销商终止合同的代价高
	直接销售（Direct Selling）	从本国直接派销售代表到国外	对公司和产品有深入的了解；对海外市场和信息的控制能力高	缺乏当地市场知识；语言文化障碍；交易成本相对高

续表

	出口模式	特　征	优　势	劣　势
直接出口	专卖店（LocalSales Offices）	专卖店职员既可以从本国派，也可雇用当地人员	下决心发展海外市场；使国外公司更容易与制造商合作；灵活性和适应能力强	选择合适的销售人员会遇到一定的困难；当地的销售代表缺乏对母公司和产品的了解

资料来源：Stephen Young；James Hamill；Colin Wheeler；Richard Davies：International Market Entry and Development：Strategies and Management，pp. 80 ~ 81，Harvester Wheatsheaf and Prentice Hall，1989。转引自鲁桐主编的《中国企业跨国经营战略》，经济管理出版社 2003 年版。

2. 契约型进入模式

契约型进入模式是一种在国际间逐渐流行的市场进入模式。作为一种非股权安排，其重要性在企业的国际化实践和理论研究中得到凸显，它又可以进一步细分为许可证方式、特许经营方式、交钥匙合同经营模式等子模式。

（1）许可证方式

许可证方式是本国企业和外国企业达成转让协议，本国企业按协议向外国企业转让其自身无形资产使用权，例如专利、商标、企业名称等，并收取一定转让费用。

①许可证方式的优势。首先，许可证方式转让的是自己无形资产的使用权，可以看作是出口商品的一种替代模式，企业自身不用投入大量的资源，不用面对海外贸易壁垒和市场风险，有着预期的固定收益。其次，随着全球化竞争的加剧，产品的生命周期缩短，技术创新已成为跨国企业提升其竞争优势的关键因素，但技术创新伴随着巨大的人力、物力投入和科技转化风险，而通过许可证方式，企业之间可以相互授权，以低成本方式获取对方的技术，从而加速技术创新速度，快速进入国际市场。

②许可证方式的劣势。首先，许可证方式进入国际市场一般都面临着其产品的本土化问题，要满足当地消费者的消费习惯和文化传统，这个过程需要一定的转化成本。各国之间产品差异度很大，导致许可证方式的实现难度加大。其次，由于信息不对称和目标国市场环境的不确定性，技术转移双方

对技术的内在价值存在不同的评估，并且与直接投资和出口等方式相比，许可证方式的收益水平比较低。最后，在该方式中授权方对受权方的经营策略的控制程度很低，直接影响了授权方根据企业经营绩效而能获得的预期收益，而且在长期的技术移转过程中容易出现技术外溢导致严重的外部性，为企业自身培养了潜在的竞争对手。

(2) 特许经营方式

特许经营方式是契约进入模式中最常见的一种，IFA 给出的关于特许经营的定义为：特许经营是一种扩展产品和服务销售渠道的手段，其包括两个层面的内容：一是特许者向受许可方转让商标、技术、标准的商业运营模式；二是受许可方按照合同在支付使用费和加盟金的条件下从事特定的经营活动。

①特许经营方式的优势。首先，特许经营方式具有投入少、见效快的特点。特许者只需要按照合同转让商标等无形资产给受许可者。受许可者是企业的出资者和拥有者，其在特许者帮助和指导下建立标准的商业运营模式，因而特许经营不受企业自有资金规模的限制，企业可以迅速扩展进入国际市场。因此，特许者在全球建立起来简单化、标准化、专业化的特许系统，易于扩展和学习，实现难度相比许可证模式而言比较小。此外，特许者需要对加盟企业进行生产和管理方面的指导和帮助，相比许可证模式其对受许可企业的控制程度更强。如果受许可方不按协议要求经营的话，企业有权终止双方之间的合同。而且，特许经营面临的经营风险比较小，可以绕过贸易壁垒和对外国企业的政策限制，更有利于其产品销售渠道在东道国的延伸和拓展。

②特许经营方式的劣势。首先，由于特许经营有着标准统一的商业运营模式，如果一个加盟企业出现问题，会对特许者和其他加盟者的形象和声誉产生严重的影响。同时特许者要对受许可方进行资金融通、员工培训、流程设计等方面的帮助，在交流和沟通过程中会不可避免地产生技术外溢风险。其次，特许经营有着全球统一的特许系统，在进入不同的国家时会由于限制

条件不同而产生本土化的问题，利益双方形成复杂的博弈关系，从而影响其经营绩效。

（3）交钥匙合同经营模式

交钥匙合同经营模式是指企业为目标国的工程项目进行设计、建造、运营，并且在试运营一段时间以后，把该项目的所有权和经营权整体转让给目标国的一种市场进入模式。交钥匙合同经营模式可以进一步细分为 BOT 和 EPC 两种方式：

①BOT（Building，Operate，Transfer）是主要用于承建目标国公共基础设施建设的一种市场进入模式，主要涉及到项目投资方、目标国政府、项目融资银行和工程承包商四个利益相关方。目标国政府为项目提供特许经营协议以作为企业融资的基础，项目投资者进行融资、工程设计、建设，并在工程完成后进行一段时间的经营，然后把项目的所有权和使用权转让给目标国政府。

②EPC（Engineering－Procurement－Construction）是 BOT 模式的延伸，不仅包括 BOT 模式的所有流程，而且还包括了整个项目前期的策划和管理。目标国政府只要大致说明自己的意图和要求，其余的一揽子工作都由企业完成（材料和设备采购也在内），雇主只需要给出承包项目的固总价。由于 EPC 几乎包括了项目的所有环节，所以标准的过程控制和专业的分包商对其相当重要。

交钥匙合同经营模式在每一个环节都体现了系统性、有效性的原则，专业分工明确、资源配置优化，并且组织结构灵活。一般都采用工作组模式，项目完成后组织即可解散，可以使企业内部资源得到优化配置。但是在众多的市场进入模式中，这种模式风险性也是最高的。交钥匙合同涉及到项目的每个环节，建设周期长，政治、市场环境的不确定性大，作为一个系统工程，交钥匙合同的利益相关者很多，协调起来难度很大。

3. 投资型进入模式

投资型进入模式是指企业通过直接投资方式在目标国对生产性实体拥有

控制权的一种市场进入模式。和其他市场进入模式相比，投资式是一种股权投资，企业能够直接参与目标国的产品生产和市场营销等过程，对企业的控制程度很高。但同时企业也需要投入大量的人力、物力资源，面临着很大的市场风险，需要对经营后果承担责任。投资型进入模式主要包括新建和并购两种形式。

（1）新建

新建是指企业在目标国直接投资建厂，是和目标国企业具有相同法人地位的经营实体。从组织架构、制度设计、人员配置、设备采购到组织生产，全由企业自身承担。企业以市场价格获得所需的投入，和并购相比具有比较精确的市场估值。新建公司的整体设计可以完全按照企业本身的战略规划和市场需求来进行，灵活性比较高。但新建的时间周期比较长，投入成本比较大，不可控因素比较多。新建同时又可以细分为独资和合资两类。

企业是否选择新建方式取决于如下因素：

①企业拥有的技术优势。企业拥有的核心技术等专有资源越多，企业越倾向于选择新建方式进入，以避免技术外溢所造成的损失风险。

②企业所处发展阶段及国际化实践经验。国际化初始阶段，企业一般更倾向于新建方式以控制经营风险，而跨国经营经验丰富的企业通常会选择并购方式。

③企业对国际化发展速度的追求。企业国际化的后来者，要想在短期内赶超竞争对手，最便捷的方式就是通过并购来获得其他企业的专有资源，从而增加自己的核心竞争力并加快国际化发展速度。

④目标国对新建方式的支持态度。无论是发达国家还是发展中国家，往往都对新建方式持比较鼓励和欢迎的态度，因为它可以为东道国提供就业岗位，增加当地收入。但是对跨国并购则多会设立很多政策限制，企业要面对严格的调查和审批，很容易陷入法律纠纷。

（2）并购

并购是指企业通过付出一定的代价而获得目标国企业控制权的一种市场

进入模式，是企业所有权和经营权的让渡过程，一般分为吸收合并和股权置换两类。吸收合并是指一家企业被另一家企业兼并，被兼并企业作为独立法人的地位已不存在，兼并后的企业以兼并者的法人身份继续经营。股权置换是指企业之间互换股份，建立一个新的法人主体，是新设合并的一种形式。从产业链的视角来看，并购可以分为横向并购、纵向并购和混合并购。横向并购是具有相似业务范围的企业之间的并购，纵向并购是位于产业链不同环节的企业之间的并购，混合并购是以多元化经营为目标的企业之间的跨行业并购。

企业发生并购行为一般是出于以下几种考虑：

①发展规模经济。在某些行业存在规模经济，企业单位产品的成本会随着企业规模的扩大而下降，从而形成先进入者的垄断优势。特别是在能源和电信行业，并购是达到此目的最便捷、高效的手段。

②巩固垄断势力并提升核心竞争力。随着经济全球化和资本市场的发展，国内宏观经济波动性加大，在经济衰退的情况下，上市企业可能会出现资产估值过低的情况，此时正是实现并购的最好时机。企业可以通过并购来巩固自己已有的市场垄断势力，提升自己的核心竞争力。

③绕过目标国贸易壁垒。在目标国政府对新建方式有诸多产业政策限制的情况下，并购成为有效进入市场的一种替代方式，使企业可以在全球范围整合自己的战略资源。

三、企业国际化发展的战略选择

1. 企业国际化的区位选择战略

企业国际化的区位选择战略是指企业利用和发掘目标国的区位优势，并和自身的要素结合，构建企业竞争优势的一种方式。企业的区位选择受限于目标国的区位优势因素和企业自身的国际化动机两个方面。

（1）目标国的区位优势因素

随着时代的发展，企业国际化的区位优势因素也处于一个动态的演化过程之中。传统的区位优势理论侧重于对运输成本、劳动力成本等因素的分析，而最近的理论发展更多地关注目标国的制度、交易成本、信息成本等因素的制约。一般而言，区位优势因素包括成本、市场、产业集聚和政策等四个方面。

①成本因素。在古典的区位理论中，成本最小化是企业区位选择的唯一标准。J. H Von Thunen（1826）和 Alfred Weber（1909）分别研究了运输和人员工资等传统成本对农业和工业区位选择的影响。John H. Dunning（1973）进一步扩展了区位选择成本因素的范围。同时关于成本最小化的内涵也在不断深化，Caves（1982）提出了区位选择的绝对成本优势论，Webster（1995）提出了以目标国的潜在优势为前提的区位选择论，认为随着经济全球化、贸易自由化的发展，企业会选择机会成本最小的地区进行投资。当前除了对传统的成本因素的考虑外，理论和实证研究更多地关注交易成本和信息成本等因素。和本土化企业相比，外国企业进入目标国存在巨大的信息成本，这源于它们之间的信息不对称。本土企业掌握了关于经济、社会、文化、法律等方面的大量信息，外国企业获取这些信息的成本极高，因而企业在国际化的过程中会选择交易和信息获取成本比较低的区位进入。

②市场因素。市场因素主要包括市场规模、市场增长潜力、政府对市场的干预程度等因素。市场规模大意味着企业进入该市场可供选择的战略伙伴多，本土化成本低，而且市场潜在和有效需求大；市场增长潜力大意味着企业盈利的持续性强；政府对市场干预程度大意味着市场的扭曲程度大，企业面临的市场环境恶化，从而影响企业的预期成本和收益。Joseph Friedman（1992）和 Krugman（1991）分别分析了市场增长潜力和市场规模对企业区位选择的重要影响。

③产业集聚因素。国际化产业集聚是指同一类型的企业在同一地域进行集中，达到一定的规模，比如美国的硅谷、印度的班加罗尔等。产业集聚对外国直接投资区位选择的影响，源于产业集聚本身的特性。马歇尔曾经指出：企业的集聚是由于外部规模经济所致，大量企业的集聚会导致配套企业和熟

练的劳动力市场的产生，降低企业的搜寻成本，企业之间可以进行知识共享和扩散，从而加速技术创新。Krugman（1991）进一步把劳动市场共享、专业性配套行业的产生和技术外溢解释为马歇尔企业集群理论的三个关键因素。Dunning（1998）则分析了产业集聚对跨国企业区位选择的影响，指出在企业的跨国区位选择决策中产业集聚的作用越来越大，而不仅仅是传统上的要素禀赋。

④政策因素。政策因素主要是指东道国的国际政策和国内政策。国际政策主要是指对外国直接投资的态度、外资管理制度、对国际贸易争端解决机制的认可度等外向型的政策；国内政策是指国内的税收、产业、金融管理等政策。东道国的政策设置反映了该国经济的自由度和开放度，而这些指标是企业国际化区位选择的重要考虑因素。Fox（1986）通过 1974～1989 年的数据分析了美国各州的政策设置对外国直接投资的区位选择的影响，结果证实其影响是显著的。Mudambi（1995）和 Tatoglu（1998）分别通过实证研究论证了政府政策变量在跨国企业国际化区位选择中的重要性。因此，政策因素在企业国际化区位选择中不容忽视。

（2）企业国际化的战略动因与区位选择

企业的区位选择是由东道国的区位优势因素和企业自身的条件共同决定的，不同的企业性质和国际化动机对其区位选择的影响不同。企业按其性质一般分为生产型、贸易型和研发型三类。生产型企业海外投资的区位选择主要考虑政治环境、政府的国际国内政策、经济环境以及目标国的要素禀赋等；贸易型企业主要考虑东道国的市场规模和潜力、可供利用的销售网络、政府的贸易政策等；研发型企业主要考虑东道国的人力资本、高新产业的集聚度等。

学者关于企业国际化动机的分类主要有以下三种观点：

①K. Kojima（1987）把企业的国际化动机分为三类：自然资源导向型、市场导向型和生产要素导向型。

②Patrie（1994）把跨国直接投资动机分为：市场诱发型投资、生产诱发

型投资和贸易诱发型投资。

③Dunning（1998）把企业对外投资动机分为四种：资源寻求型、市场寻求型、效率寻求型和战略资产寻求型。一般而言资源寻求型的企业倾向于选择自然资源丰富的区位，例如大部分发达国家在中东的石油开采，在巴西和澳大利亚的铁矿石开采等；战略资产寻求型企业倾向于选择具有战略价值的区位进入以获取有价值的信息、技术来强化自身的战略优势，因而企业不同的战略动因会导致其不同的区位选择。

2. 企业国际化的产业选择战略

（1）国际产业发展趋势分析

随着经济全球化的发展，贸易的自由度和开放度大大加强，资源要素在全球范围内进行流动和配置，国际间产业发展的布局和模式也出现了一些新的趋势，主要表现为以下三个方面：

①产业结构的技术依存度提高。传统的产业多呈现出高投入、高消耗、低产出的特点，主要依靠要素的不断投入扩大生产规模，纺织、钢铁、冶金、化工等是这类传统产业的代表。随着全球新一轮的产业结构调整，以航空航天、生物医学、新材料、新能源等行业为主的新型产业在全球产业结构中所占的比重越来越大，同时高新技术对传统产业进行了渗透，带动了传统产业的改造和升级。

②产业转移梯度化。随着产业结构的变化，发达国家逐渐把一些劳动密集型和自然资源密集型的产业转移到发展中国家以降低自己的生产成本，而专注于技术研发、品牌营销、制度设计等高附加值领域。不同产业间的垂直分工日益显著，而且在很多产业内，同一产品的不同生产环节也出现了国际间的分工转移，产业外包成为一种现象。

③产业发展集群化。在产业发展过程中，在一个特定的领域出现大量相关联的企业在地理位置上的集中称之为产业集群化，产业集群通过创造外部规模经济、技术外溢效果来降低企业成本，加速其技术创新，强化企业的竞争优势。

（2）中国企业国际化的产业选择标准

中国企业国际化起步比较晚，投资规模增长迅速，涉及的行业相当广泛，但是行业结构不够合理。从对外投资的行业分布来看，主要集中在商品零售、采矿等行业，而制造业所占比重比较小；在一些具有高附加值的高科技领域，投资仍然比较缺乏；从事初级产品进出口贸易的企业过于集中，而在服务业的投资明显不足；产业协同效应比较弱，对国内产业起不到明显的转型促进作用。

中国企业国际化的过程中，其产业选择应遵循以下标准：

①产业要有自己的比较优势和竞争优势。和发达国家相比，中国在劳动力密集型产业方面具有比较优势，和非洲一些发展中国家相比，则在资本、技术密集型产业方面具有比较优势。中国企业应该积极发挥自身的优势，主动参与和发达国家、发展中国家之间的垂直和水平分工，例如中国在纺织、家电、轻工等方面有很丰富的经验，主要的出口对象是发达国家，可以在发达国家或者发达国家不设限的发展中国家设厂以规避贸易壁垒；对道路、桥梁、水利水电等接近世界先进水平的行业，可以在国际市场上积极竞争，并首选非洲等国家进行市场拓展。

②产业关联度要强。中国企业国际化要选择和国内产业关联度强的部门，这样可以对国内的产业部门产生强大的波及效应，使得国内企业可以分享其外溢效应。

③要有助于国内产业结构的升级。目前中国的传统产业普遍存在产能过剩、竞争激烈的情况，通过对外直接投资，可以释放一部分产能。企业在国际化的产业选择方面，要以国内产业结构升级为出发点，从资源依赖型向技术密集型投资转移，逐步形成具有高附加值的产业链。

四、中国学者对国际化理论的研究

中国企业国际化研究主要围绕某一个关键点展开，其中包括：

张庚淼等（1996）提出了企业国际化经营的定义，建立了企业国际化经营决策的综合优势评价理论及应用这一理论进行企业国际化经营决策的基本程序。

钟平昌（2001）认为中国企业国际化的顺序应是由比较优势强的产业向比较优势弱的产业依次进行。中国的对外直接投资的顺序应为：高科技产业、传统制造业及国际工程承包等服务业、劳动密集型产业。中国的高科技企业是国际化的重点，即中国的高科技企业在未来的20年里可以占领并控制大部分发展中国家市场。中国的劳动力密集型企业不应进行国际性的移动，而可以从中国的发达地区向落后地区移动等的结论。

李海舰（2001）认为企业国际化是指其销售国际化、生产国际化、融资国际化、服务国际化和研发国际化。广义的企业国际化，不但包括对外投资，而且包括对外贸易，不仅包括境外合资，还包括国内合资。根据中国具体国情和现实运作，中国的企业国际化战略可分为两大层面：一是“引进来”的企业国际化战略，二是“走出去”的企业国际化战略。

鲁桐（2001）提出了“国际化蛛网模型”，从跨国经营方式、财务管理、市场营销、组织结构、人事管理和跨国指数考察企业国际化程度。他认为，对企业国际化发展的衡量仅仅用个别综合性指标是不够的，应该对国际化经营进行数量化的结构性分析，这样才能进一步揭示不同企业国际化的不同特征。

何文成（2008）提出了企业国际化战略控制能力关键要素概念模型，从5个维度即全球资源配置能力、国际市场运作能力、全球化反应能力、国际化组织变革能力和跨文化融合能力来考察分析企业的国际化战略实施与控制力度，旨在构建一个具有实用性和可操作性的国际化战略控制模型，为企业国际化战略的实施与控制提供有效的分析工具。

总的来说，国内学者越来越认为中国企业的国际化应该有自己独特的模式。

第3节　企业国际竞争力相关理论

一、国际竞争力的理论研究

1. 国外学者对国际竞争力的研究

国际竞争力原指国家的竞争力，之后随着学者的研究拓展才衍生出来产业国际竞争力、企业国际竞争力等理论。关于国际竞争力的定义，从20世纪60年代到今天一直在不断地演进。

其中基于比较优势理论分析方法进行定义的有三个代表。一是美国竞争力政策委员会（1992），它认为国际竞争力是一国既能提供满足国际市场检验标准的产品和服务，又能长期持续地提高国民生活水平的能力；二是瑞士国际管理发展学院（2003），它认为国际竞争力是一国创造与保持一个能够使企业持续产出更多价值、人民拥有更多财富的环境的能力；三是经济合作与发展组织（2005），它认为国际竞争力是一国能够在自由公正的市场条件下生产产品和服务，而这些产品和服务既能达到国际市场的检验标准，又能使该国人民的实际收入保持不变并有所提高的能力。

而突破各种比较优势理论分析方法来研究国际竞争力的典型代表，则是被誉为“竞争战略之父”的迈克尔·波特（MichaelPorter）。他在1980~1990年出版的《竞争战略：分析产业和竞争者的技术》《竞争优势：创造和维持优良绩效》《全球产业中的竞争》和《国家竞争优势》中，从管理学的角度认为，国际竞争力是一个国家能否创造一个良好商业环境、使该国企业获得竞争优势的能力，其决定因素包括生产要素，需求条件，企业战略、结构和竞争对手的表现，相关产业和支持产业的表现等四个内生变量，以及政府、机遇两个外生变量，这就是为分析国际竞争力提供新范式且具有奠基意义的“单钻石模型”。基于此，众多学者又依据不同侧重点和研究对象，考虑更多的新因素，使其不断演变和拓展，以更科学地解释国际竞争力，并衍生出国际化钻石模型、北美钻石模型、一般化的双重钻石模型、九要素模型、双重双钻石模型等。

无论学者们如何界定国际竞争力，我们都可以看出它是由多重因素构成的，因此如何评价国际竞争力又成为研究的重点。目前应用比较广泛的评价体系主要包括IMD国际竞争力评价体系、WEF国际竞争力评价体系和联合国工业发展组织（UNIDO）工业竞争力评价体系。其中IMD国际竞争力评价体系由四个因素构成，分别是经济运行竞争力、政府效率竞争力、企业效率竞争力和基础设施竞争力；WEF国际竞争力评价体系由增长竞争力指数和企业竞争力指数两大指数系统组成；而联合国工业发展组织（UNIDO）工业竞争力评价体系则是由人均制造业增加值、人均制成品出口额、制造业增加值中高技术产品的比重、制成品出口中高技术产品的比重等指标构成。随着学界对国际竞争力影响因素认识的不断拓展，国际竞争力评价体系的模型仍在持续地改进。

2. 国内学者对国际竞争力的研究

从20世纪90年代起，国内学者开始对国际竞争力进行研究，研究主要聚焦于国际竞争内涵、评价体系。

王与君（1999）认为，国际竞争力 = 竞争力资产 × 竞争力过程。对国家而言，无论是其长期增长的基础，还是对企业创造价值提供的环境支持都可以包括在方程的含义中；对企业而言，无论是在国际市场上均衡地生产出比竞争对手更多价值的能力，还是将现有资产成功地运用于创造增加值的转换过程，也都能够纳入方程之中。

李京文（2001）等认为，国际竞争力是由多种因素相互作用而构成的，经济实力、国际化程度、政府作用、金融环境、基础设施、管理程度、科学技术、人口结构素质是影响国家国际竞争力的重要因素。从生产要素的状况、需求状况、相关及辅助产业的状况、企业要素状况、中国文化及发展环境看，目前我国社会发展领域中众多“软指标”仍处于落后状态，中国的国际竞争力还存在一些劣势因素。

张金昌（2001）从竞争主体、竞争对象和竞争结果三个角度分别讨论了国际竞争力的各种定义，说明了不同学者在国际竞争力定义、评价理论和方法方面存在差异的主要原因，揭示了国际竞争力概念的本质特征。

裴长洪等（2002）认为，从经济学视角看，关于各类竞争力的讨论分别对应着微观、中观和宏观层次。在产业竞争优势理论框架下设立的经济分析范式既可以用于分析以国家为主体的产品国家竞争力，也可以用于分析企业国际竞争力。

余红胜（2002）认为，企业国际竞争力能够帮助企业获得优于竞争对手的竞争优势，它具有价值创造性、内生主导性、外部依存性、独特性、动态发展性、持久性等。

卢进勇（2003）认为，应将企业国际竞争力分为企业国际贸易竞争力和企业国际投资竞争力两个方面，国际投资竞争力与国际贸易竞争力的侧重点不同，前者侧重展示企业的项目投融资、技术、管理和品牌方面的竞争力，而后者主要代表的是产品、价格、质量、服务、营销和品牌等方面的竞争力。

金碚等（2003）将产业国际竞争力定义为，一国某一产业能够比他国同类产业更有效地向市场提供产品或服务的综合素质。

刘林青等（2006）将产业国际竞争力研究的焦点转移到企业，考察不同类型企业的竞争力贡献，据此构建了全球价值链背景下评价产业国际竞争力的二维评价模型，进而分析产业国际竞争力的典型模式和演化轨迹。

二、产业国际竞争力理论

产业国际竞争力，亦称产业竞争力，指某国或某一地区的某个特定产业相对于他国或地区同一产业在生产效率、满足市场需求、持续获利等方面所体现的竞争能力。产业国际竞争力是国际竞争力研究领域的一个重要分支，其两大理论支撑分别为比较优势理论与竞争优势理论。

国内对产业国际竞争力的研究活跃于20世纪初期，从2000年到2001年，召开了“中国产业国际高峰会议”、产业国际竞争力研讨会；2001年国家计委宏观经济研究所课题组完成了“我国主要产业国际竞争力评价理论与方法研究”的课题报告；2001 年中国社会科学研究院工业经济研究所完成了“WTO 与中国工业竞争力问题研究”的课题。

王丽萍等（2005）对产业国际竞争力的理论和模型进行了汇总和回顾，认为国内对产业国际竞争力的研究主要集中在对我国各产业的国际竞争力综合评价和试图构建产业国际竞争力评价指标体系，研究范围包括我国产业国际竞争力的竞争结果、竞争态势、竞争构造和竞争评价等多个方面，特别是有关产业国际竞争力影响因素上。

同时，对于产业国际竞争力和企业国际竞争力，学者普遍认为产业国际竞争力与企业国际竞争力之间存在着微妙的博弈关系，企业竞争力是产业国际竞争力的基本表现形式和重要组成部分，产业国际竞争力反映了除企业竞争力以外的其他方面的产业特性，如企业结构、企业集中度、产业政策等，因此，产业国际竞争力并不等于产业内所有企业竞争力的合力。

三、国内外企业核心竞争力理论研究

核心竞争力概念最早是由 Prahalad 等（1990）提出的，他们指出核心竞争力的基本特征主要体现在三个方面：一是应反映客户长期最看重的价值，对客户的核心利益有关键性的贡献；二是必须具有独树一帜的能力，并且难以被竞争对手所模仿和替代；三是应具有延展到更广泛市场领域的能力。

LeonardBarton（1992）认为，核心竞争力是识别和提供优势的知识体系，它有雇员的知识和技能、物理的技术系统、管理系统、价值和规范四个尺度，前二者构成重要的知识储备库，后二者组成整理和控制知识系统。

Coombas（1996）认为，企业核心竞争力是企业能力的一个特定组合，是企业、市场与技术相互作用的特定经验的积累。

Javidan（1998）从资源、能力、竞争力与核心竞争力的四个层次来论述，认为核心竞争力是各个事业单位的竞争力的协调与整合。

冷绍升（1999）指出，企业核心竞争力是企业核心要素、核心流程、核心产品的集合，是三者相互联系、综合作用的结果，能否有效地识别这一结果对企业至关重要。企业核心竞争力的识别标准包括：具备充分的用户价值，具有独特性，对企业一系列产品或服务的竞争力都有促进作用，能够实现范围经济。

蓝海林（2000）指出，核心竞争力的大小不仅在于拥有多少资金、人才、设备和原材料资源，更加重要的是这些资源是否集中于关键环节或领域；同时，核心竞争力还应该具有很高的保持性。

李品媛（2002）认为，核心竞争力是积累性学识，是企业行为的特点，如边际搜寻倾向和路径依赖性对核心竞争力的培育与开发特别是核心竞争力的更新具有一定的影响。

王智慧（2007）指出，应该通过建立核心竞争力的博弈均衡模型，来制定并分析最优的核心竞争力发展战略对各个企业的核心竞争力的影响，并基于最优的核心竞争力发展战略，合理组合企业的各项资源，设计核心竞争力的发展模式。

罗福周等（2010）将企业核心竞争力的研究聚焦到建筑企业，并应用 BP 神经网络对竞争力指标的重要性进行分析，确定出能够成为建筑企业核心竞争力的指标，以此构建建筑企业核心竞争力识别表。

吉毅等（2011）认为，在分析企业系统复杂性影响因素的基础上，企业可以通过合理配置复杂性、组织设计、文化建设等方面降低不合理的复杂性，提高个体认知和处理复杂性的能力，为增加有效复杂性提供空间，形成企业核心竞争力。

国内外不同学者对于企业核心竞争力研究关注点各有不同，正是由于这种多视角的研究，才将核心竞争力推向了研究的高峰。

第4节 产业组织理论

一、产业组织理论概述

产业组织理论（Industrial Organization）是微观经济学的一个重要分支，它是研究产业内企业关系结构的状况、性质及其发展规律的应用经济理论，其主要研究方法有博弈论、实验经济学、案例研究、计量经济学方法等，而博弈论的应用最为广泛。

传统的产业组织理论是由以贝恩为代表的学者在20世纪60年代提出的。其代表观点是强调市场结构对行为和绩效的影响作用，被视为“结构主义”，不过该理论局限于厂商之间经济行为和关系。新产业组织理论则出现在20世纪70年代后期，该理论通过拓展分析内部组织和外部关系，进一步考察了产业行为的多重复杂关系，同时还引入了大量新的分析方法，包括可竞争市场理论、博弈论、新制度理论、信息理论等。80年代，实验的研究方法又被广泛地应用到产业组织领域。国外经济学家通过实验考察了重复性古诺博弈均衡结果的适应性和收敛性问题，使得产业组织理论与现实更好地结合起来。1988年泰勒尔的《产业组织理论》一书集中反映了该领域的主要研究成果，泰勒尔认为非合作博弈为分析策略冲突的标准工作，给这一领域带来了统一的方法论。

新产业组织理论彻底打破了传统产业组织理论只从技术角度考察企业的研究模式，而是把分析重点由垄断与竞争的结构转向行为主体之间的博弈。新产业组织理论的范畴包括策略性行为理论、可竞争市场理论、新制度学派的交易费用理论、企业代理理论、企业产权理论等，新产业组织理论侧重于分析企业内部的产权结构、组织形式等对企业行为的影响，与传统产业组织理论视市场机制为唯一的资源配置方式，企业只是由技术水平决定的规模不等的生产单位的处理方式截然不同。

在当代的新产业组织理论研究中，让·梯若尔最具代表性，他荣获了2014年诺贝尔经济学奖。他开拓了一种新的研究思路，在1988年出版的《产业组织理论（The Theory of Industrial Organization）》中，对当时的“新产业组织理论”进行了全面总结。这本书采用严格的博弈论范式，通过数学模型研究企业的经营策略。在之后的研究中，他还用博弈论和机制设计理论拓展了产业组织理论和新规制经济学研究，并提出了新产业组织理论和新规制经济学，将新产业组织理论的研究提升到了新高度。这一系列新成果对我国产业组织理论研究与应用的影响非常大。

二、产业组织理论在中国的引进与发展

产业组织理论在中国的引进与发展主要分为三个阶段。

第一个阶段是该理论发展的初期阶段，即改革开放初期后的十年，从计划经济向市场经济过渡的转型期。这个阶段国内学者既对国外研究成果进行了研究，又站在中国市场的角度提出了自己的一些观点，其中包括：杨伟民等（1987）指出，产业机制的严密理论研究需要包含一些内容，例如经济体制如何体现产业组织、资源分配的主体由谁承担、市场的缺陷及失败如何去填补、校正等等；陈小洪（1987）指出，应当重视国外产业组织理论和产业组织政策的研究，享受“理论、制度、政策的后发性利益”；金祖钧（1989）认为，对产业组织的深入研究应该考虑到各种因素及它们之间的影响，注意作用与反作用（如市场结构和企业行为之间的关系），以产业或企业为单位的分析以及加入体制方面的分析，在产业组织的研究中不是相互排斥的，而应该是互为补充的。

此后的10年间，即产业组织理论发展的第二阶段，我国该领域研究者开始不断增加，其理论研究与实际应用的联系也更加的紧密。尤其是1991年《产业组织与有效竞争——中国产业组织的初步研究》的出版，弥补了我国该领域研究的空白，被称为我国产业组织理论研究的奠基性著作。该书在分析产业组织问题时，始终结合我国历史的和现实的各种产业组织政策来研究，

分析政策的效应、原因及其应该吸取的经验、教训，并根据规模经济和竞争的兼容状况对产业的市场结构分类，明确了不同产业合理的集中程度和类型，对产业大中小企业关系类型进行分类，明确了企业协调发展的基本模式。同时，我国学者也将产业组织理论尝试应用到地方经济和企业发展实践中。沈霖（1993）认为，我国产业组织中企业之间联系微弱，各自进行“大而全”“小而全”的封闭式生产，如何调整大中小企业之间的关系，促进资源在大中小企业之间的有效配置，将是产业组织合理化的又一对策；谢地（1998）认为，应该将用产业组织理论指导企业外部资本运营；邵德刚（1999）通过现代产业组织理论的 SCP 循环，来分析中国石油系统两大企业的重组。

从 2000 年开始，随着我国学者对西方经济理论的研究越来越深入，加上理论与实践应用的广泛结合，产业组织理论进入第三个发展阶段。其主要特征是：产业组织理论的研究被推向高潮，数理推导大量运用于产业组织理论的研究，博弈论、计量分析逐渐成为该领域的常规研究方法；同时，许多产业开始呈现柔性化与模块化趋势，用以往的产业组织理论并不能很好的解释这一趋势中的一些问题，模块化理论逐渐成为产业组织理论一个前沿领域，产业组织理论也有了更加广泛的创新与发展空间。

第二章 建筑企业国际化经营模式分析

本章结构图

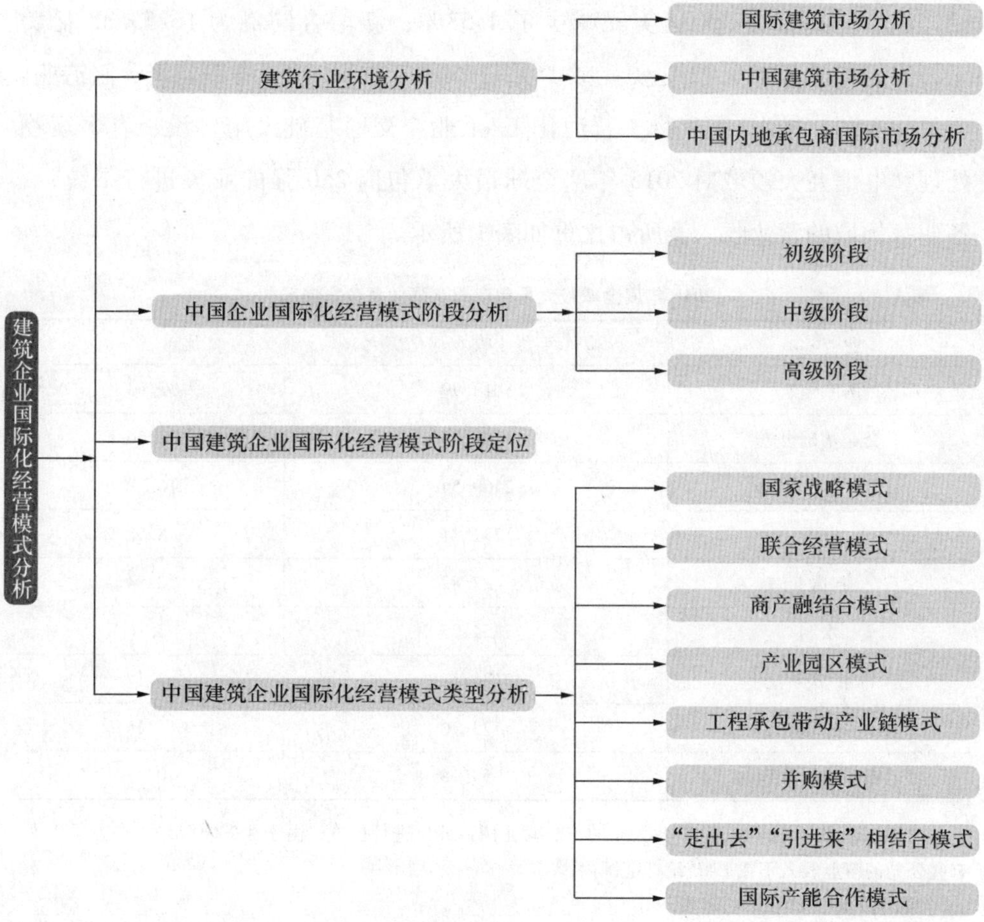

第1节 建筑行业环境分析

一、国际建筑市场分析

近几年《工程新闻记录》（ENR）公布的全球最大承包商250强的总营业收入波动较大，尤其是2015年9月发布的排名数据变化更为明显。根据ENR发布的数据，2015年度全球承包商250强营业收入总和为15069.54亿美元，比上年的15013.54亿美元增长了0.37%；国际工程收入总和为5030.44亿美元，比上年的5269.28亿美元减少了4.53%；新增合同额为16253.82亿美元，比上年的18428.92亿美元减少了11.80%。ENR按照房屋建筑、制造业、电力、水利、排水/废弃物、石油化工/工业、交通基础设施建设、有害废物处理和电信九大领域对2015年度全球最大承包商250强的业务进行了统计，各业务领域的营业收入及所占比重如表1所示。

表1　2015年度全球最大承包商250强业务分布情况

业务领域	2014年营业收入（亿美元）	比重（%）
房屋建筑	5112.99	33.93
交通基础设施	4303.73	28.56
石油化工/工业	2469.54	16.39
电力	1232.81	8.18
制造业	427.82	2.84
水利	354.95	2.36
排水/废弃物	176.52	1.17
电信	173.76	1.15
有害废物处理	53.18	0.35

注：各领域营业收入按ENR公布的占总营业额百分比进行折算，由于业务领域分类方法不一致，有些公司的营业收入不在ENR统计范围内。

数据来源：ENR，Aug. 30，2015。

从表1中可以看出，2015年度全球最大承包商250强的业务领域主要分布在房屋建筑、交通基础设施建设和石油化工/工业三个方面，分别占营业收入的33.93%、28.56%和16.39%，三者合计达到了78.88%。

2015年度全球最大承包商250强的区域分布情况见表2。从营业收入来看，该年度全球最大承包商250强主要集中在亚洲、欧洲和北美洲，亚洲公司的营业收入占全球最大承包商250强总营业收入的57.82%，欧洲占23.48%，北美洲占14.39%，三者合计达到了95.69%。从公司数量来看，2015年度全球最大承包商250强主要分布在亚洲、北美洲和欧洲，各有108家、84家和46家，分别占43.20%、33.60%和18.40%，三者合计达到了95.20%。

表2　　2015年度全球最大承包商250强区域分布情况

区域	国家（地区）	营业收入情况		上榜情况	
		营业收入（亿美元）	百分比（%）	数量（个）	百分比（%）
欧洲	法国	1129.84	7.50	4	1.6
	西班牙	846.45	5.62	9	3.6
	德国	392.41	2.60	4	1.6
	意大利	350.85	2.33	13	5.2
	英国	82.27	0.55	3	1.2
	瑞典	176.87	1.17	1	0.4
	荷兰	122.38	0.81	2	0.8
	希腊	80.83	0.54	3	1.2
	俄罗斯	43.56	0.29	1	0.4
	葡萄牙	33.42	0.22	1	0.4
	比利时	27.74	0.18	1	0.4
	奥地利	210.53	1.40	2	0.8
	丹麦	14.40	0.10	1	0.4
	卢森堡	27.15	0.18	1	0.4
	总和	3538.70	23.48	46	18.4

续表

区域	国家（地区）	营业收入情况		上榜情况	
		营业收入（亿美元）	百分比（%）	数量（个）	百分比（%）
北美洲	加拿大	85.24	0.57	3	12
	美国	2083.51	13.83	81	32.4
	总和	2168.75	14.39	84	33.6
南美洲	巴西	198.05	1.31	3	1.2
	智利	14.23	0.09	1	0.4
	秘鲁	16.46	0.11	1	0.4
	总和	228.74	1.52	5	2.0
亚洲	中国	6367.38	42.25	48	19.2
	日本	908.32	6.03	14	5.6
	韩国	850.21	5.64	14	5.6
	土耳其	291.28	1.93	18	7.2
	印度	151.70	1.01	3	1.2
	阿联酋	34.08	0.23	1	0.8
	卡塔尔	19.85	0.13	1	0.4
	中国台湾	16.33	0.11	1	0.4
	黎巴嫩	10.48	0.07	1	0.4
	科威特	11.24	0.07	1	0.4
	以色列	19.64	0.13	1	0.8
	伊朗	9.10	0.06	1	0.4
	哈萨克斯坦	14.04	0.09	1	0.4
	印度尼西亚	9.49	0.06	1	0.4
	总和	8713.14	57.82	108	43.2
非洲	埃及	60.66	0.40	3	1.2
	总和	60.66	0.40	3	1.2
大洋洲	澳大利亚	360.57	2.39	4	1.6
	总和	360.57	2.39	4	1.6

数据来源：ENR，Aug. 30，2015。

2011~2015 年全球最大承包商 10 强营业收入构成如表 3 所示。表中数据显示，历年来 10 强的主要业务集中在交通基础设施建设和房屋建筑两大领域，2015 年交通基础设施建设领域继续保持了增长态势；房屋建筑领域近三年来相对稳定；石油化工/工业领域自 2013 年以来一直处于衰退状态；电力领域在 2013 年出现爆发式增长后，近两年又回归常态。

表 3　　2011~2015 年全球最大承包商 10 强营业收入构成　　单位：%

业务领域	年度					平均
	2015	2014	2013	2012	2011	
交通基础设施	43.69	41.66	26.98	44.74	51.03	41.62
房屋建筑	29.91	29.03	30.25	25.81	21.99	27.40
石油化工/工业	4.24	8.68	19.73	7.80	7.86	9.66
电力	5.93	3.77	8.96	4.28	4.72	5.53
制造业	2.80	3.85	2.89	2.87	1.68	2.81
水利	2.70	1.09	2.10	1.60	1.51	1.80
电信	1.30	1.45	1.52	1.77	1.81	1.57
排水/废弃物	0.83	0.95	1.32	0.79	0.97	0.97
有害废物处理	0.14	0.38	0.50	0.36	0.35	0.35

数据来源：ENR，Aug. 30，2011~2015。

2015 年度全球最大承包商 10 强营业收入构成如表 4 所示。主营业务在交通基础设施建设领域的有：中国中铁股份有限公司、中国铁建股份有限公司、中国交通建设集团有限公司、法国万喜公司、西班牙 ACS 集团和法国布依格公司；主营业务在房屋建筑领域的有中国建筑工程总公司和德国霍克蒂夫公司，主营业务在电力领域的有中国水利水电建设集团公司，主营业务在石油化工/工业领域的有中国冶金科工集团公司。

从业务领域来看，德国霍克蒂夫公司和西班牙 ACS 集团涉及了 8 个领域；法国万喜公司和法国布依格公司涉及了 7 个；中国建筑工程总公司和中国冶金科工集团公司涉及了 6 个；中国铁建股份有限公司、中国交通建设集团有限公司和中国水利水电建设集团公司涉及了 5 个；中国中铁股份有限公司涉及了3个。

表4　　2015年度全球最大承包商10强营业收入构成

企业名称	国际营业收入（亿美元）	不同业务领域营业收入占比（%）								
		房屋建筑	制造业	电力	水利	排水/废弃物	石油化工/工业	交通	有害废物处理	电信
中国中铁股份有限公司	54.64	19	2	0	0	0	0	59	0	0
中国建筑工程总公司	72.39	79	2	1	0	1	1	15	0	0
中国铁建股份有限公司	24.50	13	11	1	8	0	0	65	0	0
中国交通建设集团有限公司	158.27	2	0	1	2	1	0	93	0	0
法国万喜公司	196.80	15	0	12	2	0	4	39	1	6
西班牙ACS公司	387.08	27	1	10	3	5	13	22	0	5
中国水利水电建设集团公司	116.53	8	0	53	10	2	0	26	0	0
法国布依格公司	142.01	40	0	4	1	0	3	47	1	1
德国霍克蒂夫公司	292.99	40	2	2	2	1	12	18	0	7
中国冶金科工集团公司	26.69	38	3	1	1	0	40	11	0	0

数据来源：ENR，Aug. 30，2015。

从国际营业收入占比来看，最多的是德国霍克蒂夫公司，占到营业总收入的94.15%。从新增合同额与营业收入比来看，比值最大的是中国交通建设集团有限公司，达到1.74；最小的是法国万喜公司，为0.78。

二、中国建筑市场分析

根据住房和城乡建设部计划财务与外事司、中国建筑业协会发布的《2014年全国建筑业发展统计分析》，2014年，我国建筑业稳中有进，发展质量不断提升。全国建筑业企业[①]完成建筑业总产值176713.40亿元，增长10.2%；完成竣工产值100719.51亿元，增长7.5%；房屋施工面积达到

① 指具有资质等级的总承包和专业承包建筑业企业，不含劳务分包建筑业企业，下同。

125.02 亿平方米，增长 10.4%；房屋竣工面积达到 42.31 亿平方米，增长 5.4%；签订合同额 323613.77 亿元，增长 11.8%；实现利润 6913 亿元，增长 13.7%。截至 2014 年底，全国有施工活动的建筑业企业 81141 个，增长 2.8%；年末从业人数 4960.58 万人，增长 10.25%；按建筑业总产值计算的劳动生产率为 320366 元/人，下降 1.38%。

1. 区域分布

从建筑业总产值区域分布来看，2014 年，江苏、浙江两省依然领跑全国各地区建筑业，建筑业总产值继续双双超过 2 万亿元，分别达到 24592.93 亿元、22668.19 亿元，两省共占全国建筑业总产值的 26.7%，比上年提高了 0.5 个百分点，进一步巩固了行业龙头地位。

除江、浙两省外，总产值超过 7000 亿元的还有湖北、山东、广东、北京、四川、河南和辽宁共 7 个地区。上述 9 省市完成的建筑业总产值占全国建筑业总产值的 60.6%，占比与 2013 年相当。

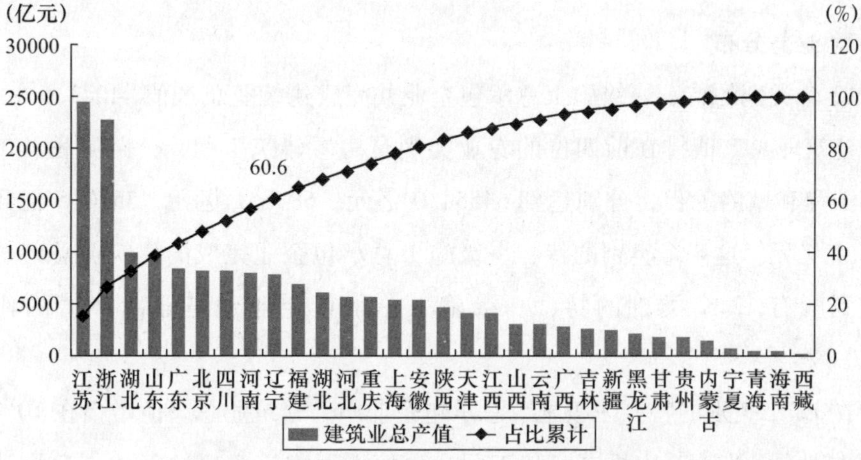

图 1　2014 年全国各地区建筑业总产值排序

从各地区建筑业总产值增长情况看，增速总体趋缓，有 26 个地区增速不同幅度地低于上年。福建以 22.5% 增幅位居第一，低于上年的 23.4%；贵州以 18.9% 的增幅位居第二，比上年的 31.3% 下降了 12.4 个百分点；湖北、江西以 18.8% 的增幅并列第三，湖北的增幅稍高于上年的 18.5%，江西则比上年的24.0%下降了5.2个百分点，增幅连续两年下降。黑龙江、内蒙古、辽宁、西藏和海南五省区出现负增长（2013年只有西藏负增长），其中，西藏连续三年出现负增长，黑龙江、内蒙古也出现了超出10%的负增长。

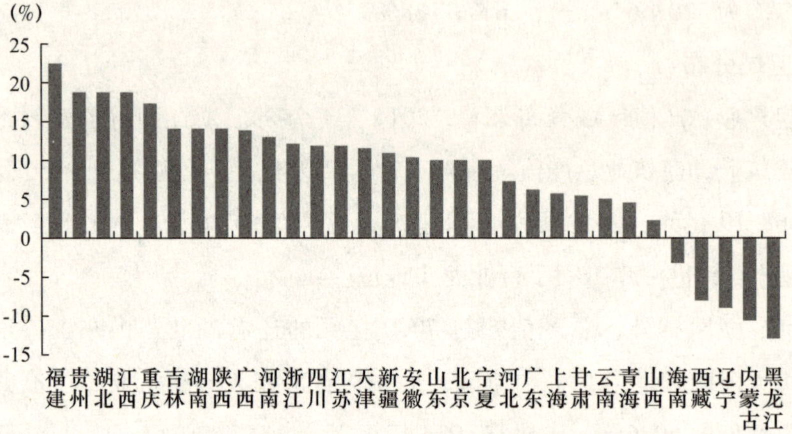

图2 2014年各地区建筑业总产值增速排序

2. 业务分布

12个类别的特、一级施工总承包企业共完成建筑业总产值94077.6亿元，其中建筑业总产值排在前四位的专业类别是房屋建筑工程、公路工程、市政公用工程和铁路工程，分别达到64554.0亿元、6848.1亿元、5520.5亿元和5425.1亿元。这4个类别的特、一级施工总承包企业完成的建筑业总产值之和占到所有12个类别的特、一级施工总承包企业建筑业总产值的比重为87.6%。

在12个类别的特、一级施工总承包企业中，建筑业总产值增幅在10%以上的类别占一半，其中机电安装工程和通信工程增长率超过20%，分别达到41.8%和27.8%；机电安装工程类企业建筑业总产值增长最为显著，增速比上年提高30.2个百分点；矿山工程类企业总产值增长率则出现明显下滑，由上年的10.1%转而出现负增长，为-3.2%。

表5　2014 年各类特、一级施工总承包企业建筑总产值情况

专业分类	建筑业总产值（万元）		
	2014 年	2013 年	同比增长（%）
合　计	940776183	847174117	11.0
机电安装工程	21324365	15033986	41.8
通信工程	4260985	4260985	27.8
水利水电工程	23176226	20136654	15.1
铁路工程	54251071	48091190	12.8
房屋建筑工程	645539892	576797802	11.9
市政公用工程	55204783	49784522	10.9
电力工程	10478974	9686040	8.2
港口与航道工程	13112488	12200420	7.5
冶炼工程	19218814	18499490	3.9
公路工程	68481121	66889162	2.4
化工石油工程	18606418	18437038	0.9
矿山工程	7121046	7356828	-3.2

3. 企业注册类型分析

从 7214 家特、一级企业的有关数据来看，不同登记注册类型企业主要指标的构成情况如表 6 所示。2014 年，有限责任类特、一级企业数量最多，占汇总的特、一级企业数量的 83.35%，比 2013 年增长 2 个百分点；其各项主要指标所占比重均为最大，在 70% 以上。国有特、一级企业数量位居第二，占汇总的特、一级企业数量的 12.55%；其各项主要指标所占比重也全部排在第二位，除房屋建筑竣工面积所占比重为 11.1% 外，其余数值均在 15% 以上。集体所有制特、一级企业数量位居第三，占汇总的特、一级企业数量的 1.73%；其各项主要指标所占比重排在第三或第四位，数值从 0.9% 到 2.1% 不等。外商投资特、一级企业数量位居第四，占汇总的特、一级企业数量的 1.05%；其各项主要指标所占比重也全部排在第三或第四位，数值从 1.0% 到 2.7% 不等。

表 6　　不同登记注册类型企业主要指标的占比情况

区域	企业数量		新签工程承包合同额		建筑业总产值		房屋建筑施工面积	
	占比（%）	位次	占比（%）	位次	占比（%）	位次	占比（%）	位次
合　计	100		100		100		100	
国有企业	12.55	2	23.57	2	18.59	2	17.48	2
集体企业	1.73	3	1.28	4	1.34	3	2.12	3
私营企业	0.22	6	0.08	6	0.09	6	0.05	6
有限责任公司	83.35	1	72.95	1	78.36	1	78.40	1
外商投资企业	1.05	4	1.59	3	1.20	4	1.50	4
港澳台商投资企业	0.87	5	0.48	5	0.37	5	0.42	5
其他企业	0.22	6	0.04	7	0.05	6	0.03	7
区域	房屋建筑竣工面积		营业收入		利润总额		应收工程款	
	占比（%）	位次	占比（%）	位次	占比（%）	位次	占比（%）	位次
合　计	100		100		100		100	
国有企业	11.13	2	21.09	2	15.92	2	21.57	2
集体企业	2.09	3	1.26	4	1.30	4	0.92	4
私营企业	0.09	6	0.07	6	0.13	5	0.13	6
有限责任公司	85.36	1	75.68	1	79.48	1	74.87	1
外商投资企业	0.96	4	1.42	3	2.71	3	1.95	3
港澳台商投资企业	0.29	5	0.44	5	0.42	5	0.54	5
其他企业	0.08	6	0.05	7	0.04	7	0.03	7

港澳台商投资特、一级企业数量位居第五，占汇总的特、一级企业数量的 0.87%；其各项主要指标所占比重排在第五位，数值从 0.3% 到 0.5% 不等。

私营和其他建筑业特、一级企业数量较少，分别均占 0.22%，其各项主要指标所占比重也较低。

三、中国内地承包商国际市场分析

1. 中国内地承包商国际市场概览

2015 年度国际承包商 250 强榜单中，来自中国内地的承包商共有 65 家，比上一年度增加了 3 家，具体排名及海外市场收入情况如表 8 所示。分析 65 家内地承包商在榜单中的位次可知，进入国际承包商 10 强的仅有 1 家，仍是中国交通建设股份有限公司，从上一年度的第 9 位跃升到第 5 位；进入前 100 强的有 21 家，与上一年度的数量相同；对照上一年度榜单，排名位次上升的企业有 47 家，排名下降的有 13 家，新上榜 5 家，另有 2 家企业 2014 年进榜而本年度未能进入榜单。从位次变化的情况来看，在国际承包市场相对低迷的背景下，中国内地承包商的表现仍非常活跃，海外市场收入规模增长，因而实现名次的跃升，其中，中国成套设备进出口（集团）总公司从上一年度的 216 位直升到本年度的 104 位，中国寰球工程公司（第 165 位）和中国有色金属建设股份有限公司（第 171 位）的位次也都由 2013 年度榜单末尾实现了大幅度的跃升。

国际承包商 250 强榜单中的中国内地企业 2014 年共实现海外市场收入 896.8 亿美元，较 2013 年度增长了 13.5%，保持了较为快速的增长；65 家企业合计占到 250 家企业海外市场收入总和的 17.2%，仅次于欧洲承包商的份额，稳处亚军地位。各项指标反映出中国内地承包商的总体表现突出，但要在不确定性增强的国际承包市场保持长期的领先优势确实不易。

表 7　　2015 年度全球最大承包商 250 强中国内地公司情况

序号	公司名称	年度排名		海外市场收入（百万美元）
		2015 年	2014 年	
1	中国交通建设股份有限公司	5	9	15827.0
2	中国电力建设集团有限公司	11	23	11653.4
3	中国建筑工程总公司	17	20	7239.1
4	中国中铁股份有限公司	23	28	5464.2

续表

序号	公司名称	年度排名		海外市场收入（百万美元）
		2015 年	2014 年	
5	中国机械工业集团公司	27	25	5034.1
6	中国葛洲坝集团股份有限公司	44	51	2823.0
7	中国土木工程集团有限公司	47	71	2690.5
8	中国冶金科工集团有限公司	49	68	2669.0
9	中集建设有限责任公司	52	46	2605.3
10	中国铁建股份有限公司	58	39	2450.0
11	中国石油天然气管道局	64	63	2009.4
12	中国石油工程建设（集团）公司	66	76	1890.9
13	东方电气股份有限公司	72	79	1567.2
14	中国水利电力对外公司	74	84	1520.4
15	中国化学工程集团公司	76	82	1420.1
16	青建集团股份公司	81	98	1315.0
17	中国石化工程建设有限公司	84	88	1117.7
18	中地海外建设集团	86	93	1102.3
19	上海电气集团股份有限公司	91	64	973.0
20	中国通用技术（集团）控股有限责任公司	93	90	945.4
21	上海建工集团	100	129	746.0
22	中国成套设备进出口（集团）总公司	104	216	698.9
23	北京建工集团有限责任公司	109	128	654.5
24	中国中原对外工程有限公司	110	149	634.3
25	中国江西国际经济技术合作公司	112	139	619.2
26	中国河南国际合作集团有限公司	113	140	615.2
27	威海国际经济技术合作股份有限公司	115	164	595.2
28	新疆兵团建设工程（集团）有限责任公司	118	130	582.3
29	中国地质工程集团公司	120	124	569.6
30	安徽建工集团有限公司	126	133	550.4
31	中原石油工程有限公司	127	137	549.4
32	中国石油集团工程设计有限责任公司	128	136	546.1

续表

序号	公司名称	年度排名		海外市场收入（百万美元）
		2015 年	2014 年	
33	江西中煤建设集团有限公司	129	154	545.2
34	中钢设备有限公司	131	147	542.4
35	中国江苏国际经济技术合作公司	137	126	480.6
36	中国能源建设集团天津电力建设公司	138	229	467.6
37	中鼎国际工程有限责任公司	142	167	441.4
38	中国万宝工程集团	143	104	437.7
39	浙江省建设投资集团有限公司	146	180	422.3
40	江苏中信建设集团有限公司	147	175	410.5
41	沈阳远大铝业工程有限公司	148	115	409.8
42	中国大连国际经济技术合作集团有限公司	152	148	400.0
43	安徽省外经建设（集团）有限公司	153	158	379.8
44	中国武夷实业股份有限公司	154	170	376.2
45	江苏南通三建集团股份有限公司	155	171	374.9
46	中国寰球工程公司	165	238	334.9
47	中国有色金属建设股份有限公司	171	244	313.3
48	烟台国际经济技术合作集团有限公司	172	221	311.3
49	云南建工集团有限公司	175	166	300.1
50	大庆油田建设集团有限责任公司	178	201	282.6
51	中国山东对外经济技术合作集团有限公司	181	**	275.6
52	南通建工集团股份有限公司	182	196	271.1
53	中铝国际工程股份有限公司	191	**	253.2
54	中国甘肃国际经济技术合作总公司	194	204	250.6
55	烟建集团有限公司	195	210	250.5
56	山东科瑞石油装备有限公司	196	**	250.2
57	北京城建集团	206	214	221.6
58	重庆对外建设（集团）有限公司	210	222	203.0
59	中石化胜利油田石油工程技术服务有限责任公司	212	207	183.2

续表

序号	公司名称	年度排名		海外市场收入（百万美元）
		2015 年	2014 年	
60	中国电子进出口总公司	216	174	173.7
61	中国沈阳国际经济技术合作有限公司	221	240	168.0
62	江苏南通六建建设集团有限公司	222	243	163.6
63	山东天泰建工有限公司	224	* *	160.0
64	北京住总集团有限公司	228	233	152.4
65	中国电力工程顾问集团有限公司	234	* *	132.2

注：* * 表示未进入 2014 年度榜单。

数据来源：ENR，Aug. 30，2015。

2. 国际承包商行业 10 强榜单中的中国内地承包商情况分析

为展示国际承包市场的行业分布特征，ENR 每年都会发布行业 10 强榜单。2015 年度，除石油化工及制造业，在其他七大行业领域内，一些实力强劲的中国内地企业表现出色，跻身 10 强。

在交通基础设施领域，中国交通建设股份有限公司仍然保持第一的位置；中国建筑工程总公司在房屋建筑国际承包商 10 强中连续第 3 年取得排名第 6 位的成绩，中信建设有限责任公司新上榜单，排名第 10 位；在电力领域，中国电力建设集团有限公司已跃至行业 10 强的首位，中国机械工业集团公司排在第 6 位，中国葛洲坝集团股份有限公司和东方电气股份有限公司凭借过去一年的优秀表现进入 10 强，分列第 7 位和第 9 位；在石油化工/工业领域，中国冶金科工集团有限公司列第 6 位，中国机械工业集团公司排在第 10 位，两家企业都是继 2013 年度之后再次进入 10 强；在水利建设领域，中国电力建设集团有限公司和中国水利电力对外公司各自前进 2 位，分别排在第 4 位和第 5 位；在排水/废弃物处理领域内，中国电力建设集团首次进入榜单即排名第 2 位，中国交通建设股份有限公司排在第 10 位；在电信领域，中国机械工业集团公司排在第 9 位。通过梳理行业 10 强榜单可以发现，石油化工和工业设施建设仍是中国内地承包商的短板，而在其他行业领域内，领先优势主要集中在几家大型承包商手中。

3. 国际承包区域市场10强中的中国内地承包商情况分析

在七大区域市场10强中，中国内地承包商在拉丁美洲/加勒比地区市场实现了突破，中国交通建设股份有限公司进入该区域10强榜单，排名第10位。在中东地区，中国交通建设股份有限公司从上一年度的第9位上升至本年度的第4位。在亚洲市场中，中国电力建设集团有限公司一进榜就排在第4位，中国交通建设股份有限公司排在第6位，中国建筑工程总公司本年度新上榜排在第10位。在非洲，中国内地承包商占据了10强中的7席，分别是蝉联冠军的中国交通建设股份有限公司、第2位的中国电力建设集团有限公司、第4位的中国中铁股份有限公司、新上榜排在第5位的中国土木工程集团有限公司、第8位的中信建设股份有限公司以及第10位的中国建筑工程总公司。而对于欧洲、美加地区市场，中国内地承包商则没有一家承包商进入前10强榜单，要想成为第一梯队的国际承包商，显然还有很长的一段路要走，这些市场仍然由具有天然优势的欧洲和美国承包商所把持。

第2节 中国企业国际化经营模式阶段分析

我国经济社会发展基本面长期趋好，但正处在从高速到中高速的增长速度换挡期、结构调整阵痛期、前期刺激政策消化期的“三期叠加”阶段。面对复杂的经济发展形势，中国国家主席习近平提出，要从经济发展的阶段性特征出发，来适应经济新常态。为在经济新常态下找准自身的发展方向，顺利度过“三期叠加”的阶段，基于国际化战略相关理论、结合企业全球化发展实践，笔者认为中国企业国际化经营模式总体上可以分为初级、中级和高级三个阶段，并相应具备一定的阶段性特征。

一、初级阶段

初级阶段的阶段性特征主要体现在以下几方面：

（1）从宏观经济看

国家主要处于发展中国家行列，人均 GDP 水平从很低逐步增长到接近中等水平；与此同时，直接投资总体处于净流入阶段，但经历了从几乎没有直接投资输出、少量直接投资流入，外资大量流入、对外资本输出有限，对外投资大幅度上升但净对外投资仍为负值这样的波动历程。

（2）从走出去模式看

企业在国家相关政策的号召和鼓励下，发挥劳动力、资源等单一的比较优势，进行相关产品、劳务或资本的输出。在海外市场发展中，企业主要是单打独斗，竞争多合作少，整体竞争优势显现不足。工程承包的业务领域主要是传统业务，且承包方式较为单一，对外劳务派出主要领域是传统的低端领域，属于简单体力型和粗放型。随着企业的资金、技术、竞争力等的增强，一些新的业务领域逐步发展，开始进入国际中高端劳务市场，积极拓宽经营渠道，但整体仍然占比较小。

（3）从国际投资体系看

国家在国际投资体系中所处的位置及扮演角色与国家对外合作所处的发展阶段有密切联系。处于初级发展阶段的国家，在国际投资体系中往往是参与者的身份，缺乏主导权和话语权，在体系中处于相对较为被动的位置。在现阶段，以 WTO 为代表的全球统一的投资框架体系逐渐弱化和碎片化，显现出以双边投资协定（BITs）为主要趋势的国际投资规则体系。

（4）从国家政策看

国家政策的重心从单纯促进经济总量增长逐步向产业结构的调整过渡，开始为企业自主产权的积累创造条件，支持技术开发、鼓励并购；开始制定“走出去”战略和规划，对于境外投资的政策支持逐渐具体化，投资审批程序开始简化，外汇管制逐步放宽，财税金融扶持政策相继出台，系列信息服务陆续提供，政府间的互利合作协定增多，开始构筑境外安全网络、制定应急预案，完善境外纠纷和突发事件处理办法，建立全国外派劳务援助机构。

（5）从产业选择看

由于具备的资金、管理和技术等比较优势的企业成长缓慢，企业对外投资行业的集中度较高，产业结构层级较低，主要流向低附加值、低收益的初级产业层，科技含量高和高附加值产业的投资严重偏少，不利于企业提高国际竞争力，无助于国内产业结构优化升级。

（6）从区位选择看

企业对外投资的区域有两种，一是发展水平比本国低的邻国，以寻求市场、输出资本；二是发展水平比本国高的发达国家，以并购战略性资产，获取技术。受产品生产周期和东道国区位优势的影响，处于初级发展阶段的企业，对外投资的区域多在周边国家和发展水平比本国低的国家，投资区位选择相对集中。工程承包和对外劳务派出的市场开拓路线相似，从周边国家开始，辐射至其他发展中国家和欠发达地区。

二、中级阶段

（1）从宏观经济看

国家进入中等发达国家行列，人均 GDP 也已经处于世界上等水平，流出 FDI 赶上并超过流入 FDI，NOI 变为正数。同时，流出 FDI 增长率继续高于流入 FDI 增长率，NOI 正值扩大。FDI 的流出量大于流入量，NOI 正值快速增加。

（2）从走出去模式看

这一阶段，企业走出去的模式发生较大的变化，在国家战略规划的引领下，在国家相关政策的支持和保障下，产业链上下游、产业资本和金融资本、同行业企业间主动开展合作，不断创新模式，更好地发挥各自比较优势，积极而又有序地“走出去”。

（3）从国际投资体系看

处于中级阶段的国家在国际投资体系中的角色发生了变化，参与度逐渐提升，对规则的制定掌握了一定的主动权，虽然并不能完全处于主导地位，但份额的提升和立场的变化，也将促使国际投资体系发生结构性转变。双边协定不再是国际投资体系的主要规则，国际社会建立起了一套综合性的多边投资体制。发展中国家从初级阶段的强调东道国管理外资的权利，到开始注重投资的保护，不仅将国际投资协定看作是从发达国家吸引外资的工具，同样也开始视其为鼓励和保护自身在发达国家和发展中国家进行对外直接投资的手段。这样就使得投资国与东道国之间的立场逐渐趋同，发展中国家和发达国家对于公共利益的谈判也达成了共识，为多边投资机制的建立奠定了坚实的基础。

（4）从国家政策看

国家注重对外投资的规划引领，对外投资的立法较为完善，能积极主动地参与和发起国际投资协定的谈判和签订，充分发挥了企业对外投资后盾的作用。在战略层面，明确战略目标，重点支持能够实现价值链延伸的投资，相关政策法规、资金的支持推动了技术进步、产业结构升级，企业在全球分工中可获得最大化利益。

在战略实施手段上，强调企业自主进行投资决策，明确和强化政府的服务职能，服务体系、支持体系和监管体系均已比较完善。鼓励措施包括补贴等财税方面的优惠政策、外交和政策性金融机构支持、外汇管制放松等。

（5）从产业选择看

产业结构向更有利于经济、社会发展方向发展，从低附加值产品生产转向了高附加值产品生产，从高能耗、高污染产业转向低能耗低污染产业，从粗放型转向集约型。随着科学技术的飞跃，企业建立起了具有独立自主知识产权的技术体系，实现了产业的技术输出、标准输出。

工程承包的业务主要领域发生变化，新的业务领域发展壮大，所占份额与传统领域相当，呈现出多元化特征，“走出去”的模式也由单一转为多样，鼓励以工程承包带动全产业链的发展。

对外劳务派出的主要领域转向了国际中高端劳务市场，派出劳务多属于技能型和集约型。对外劳务派出企业依据国际高端劳务市场政策和需求，专注新兴市场和行业的拓展，并积极拓宽经营渠道。

（6）从区位选择看

企业的全面所有权优势和内部化优势形成，逐步形成行业协会、企业协会，形成了规模优势，投向发达国家的资金增长迅速，发展中国家占比减少，投资区域不再集中。

工程承包方式的区域选择仍然基于资源、国家关系以及地理位置的考虑，优先选择资源丰富、国家关系良好的区域，同时周边国家和地区也是主要选择区位；劳务合作市场区域日趋多元化，由欠发达地区逐步向发达地区转移，劳务人员水平不断提高。

三、高级阶段

这一阶段，国家经济和企业的国际化水平进入非常高的阶段，企业凭借其自身的综合优势，主动且自由地在全球范围内配置资源。国与国生产不同产品的贸易逐步被跨国公司内部化行为所替代。国家 FDI 的流出量和流入量差距不断缩小，对外直接投资净值（NOI）逐渐向 0 回归。国家间综合发展水平逐渐接近，在国际投资体系具有较为对等的话语权，国际社会达成全球统一的国际投资协议，国内投资体系与国际投资体系的内容逐渐统一。

届时，国家采取一种战略性姿态，行业协会、企业联盟等类似的团体组织或将成为对外投资、国际经营的重要主体。国家经济发展更多地依靠跨国企业在地区或全球配置资源的能力。跨国公司通过内部化或在跨国公司之间进行交易，成本进一步降低。经济结构和资产结构趋同，国家之间的直接投资最后将趋于平衡。随着经济全球化的进程，寻求战略性资产的投资将持续增长，世界越来越像一个地球村。

企业的所有权优势和内部化优势相当成熟。企业积极开展跨国兼并、并购或建立战略联盟，其管理和股权结构实现国际化。跨国公司所有权优势的形成较少依赖本国的自然资源，而是更多地依靠自身获得资产的能力和有效组织、开发、利用境内外资源的能力。随着企业趋于全球化，企业的民族、国家属性变得模糊。当跨越地理和政治的分割而进行跨国一体化运作时，企业不再以本国的利益为出发点，而会以自身利益最大化来进行生产和贸易。跨国公司会强化自我评价功能，逐渐地使自身就像一个小市场。

第3节 中国建筑企业国际化经营模式阶段定位

建筑业是我国国民经济的基础性行业，在我国工业化与城市化的过程中，建筑业在吸纳和消化劳动人口增长、保障就业方面起着重要的作用。我国建筑企业的跨国经营即对外工程承包和劳务合作开始于20世纪70年代，随着改革和对外开放的发展而发展。在30多年间，从无到有、由小到大，经历了劳务输出、参与低端工程承包、成套技术与设备输出、参与全球高端市场竞争并输出标准等国际化合作模式。接下来，我们通过国家和企业整体数据分析，来对中国建筑企业国际化经营模式的发展阶段进行定位。

1. 从宏观经济看

根据国家统计局数据，我国的经济总量不断扩大，2014年GDP首破60万亿，同比增长7.4%，人均GDP约7485美元；但人均GDP全球排名90名左右（全球共计192国参与排名），属于中等水平。

有关数据显示，1991年至2014年，伴随着FDI流入量逐年增加，FDI流出量也从无到有且逐年增加，但FDI流出量始终低于FDI流入量，NOI值持续为负数。2014年，我国对外直接投资（即流出FDI）首次突破千亿美元，达到1029亿美元，同比增长14.1%；实际使用外资（即流入FDI）金额为1195.6亿美元，同比增长1.7%，两者数值接近。

2. 从“走出去”的模式看

多数企业还缺乏立足全球市场配置资源的能力，国际化经营水平较低，企业间协同不足，没有形成集群效应，没有将我国产业的协同优势发挥出来。

3. 从国际投资体系看

中国自2001年加入世界贸易组织后，以WTO的标准改变国内体制，促进市场经济，推动了国内经济发展和科技进步。目前，西方发达国家主导的国际秩序和全球经济格局遇到了深刻的挑战，多边贸易体制陷入困境，全球贸易体系正经历自1994年乌拉圭回合谈判以来最大的一轮重构，区域贸易安排进入了快速发展阶段。根据WTO的报告，特惠贸易协定（PTA，自由贸易协定）从1990年时的70个增加到2010年的近300个，而美国先后发起了跨太平洋和跨大西洋的自由贸易战略（TPP、TTIP）谈判以及“多边服务业协议”等规则，主导称为“立足于下一代”的贸易新体制，制造新话语权，控制美洲大陆两侧太平洋大西洋制海权，主导欧亚大陆政治经济秩序，刻意把中国边缘化。面对新的国际游戏规则和国际经贸秩序，中国也积极、有序地参与并探索国际规则和秩序。截至2014年年底，中国已签署了12个自贸协定，涉及20个国家和地区；仍在谈判的还有6个，涉及21个国家和地区。“一带一路”战略规划和实施，更是有利于增进沿途国家关系、地缘政治稳定、经济繁荣昌盛、百姓安居乐业、将优势互补转化为务实合作，真正构建“利益共同体”和“命运共同体”。

4. 从国家政策看

自“走出去”战略提出以来，我国政府有关部门对于境外投资的支持逐渐具体化：开始简化对外投资审批，逐步放宽对外投资外汇管制，设立政府专项支持资金，设立产业投资基金，安排“境外投资专项贷款”，提供保险支持，提供系列信息服务，完善境外纠纷和突发事件处理办法，建立全国外派劳务援助机构等。

5. 从“走出去”的产业看

我国对外直接投资覆盖了国民经济所有产业类别，投资流量在三大产业中的分布存在较大差异。流向第三产业的比重总体超过了50%，是中国对外投资的主要聚集产业，占据了绝对优势，在2013年达到689.9亿美元，占总流量的63.96%。第二产业的比重位居中间水平，呈现出先降后升的态势，2013年达到370.5亿美元，占总流量的34.35%。流向第一产业的流量总体稳定在较低水平，2013年仅为18.1亿美元，占总流量的1.68%。

工程承包的业务领域呈现多元化趋势：传统业务领域，如房屋建筑、公路、水利等增长平稳；电力、通讯、石化工程业务领域增长比较迅速；一些新的业务领域，如新能源、农业综合开发、房地产开发、矿产资源开发等全面快速发展，但整体占比仍然较小。

对外劳务合作全行业整体呈现增长态势，传统行业人员均有较大幅度增长，占比达86.4%，其中，建筑业增幅明显。对外劳务合作企业开始注重行业结构调整，着力中高端劳务市场的开发和劳动力资源培育。

6. 从“走出去”的区域看

我国对外直接投资区域的全球覆盖率超过80%，其中，亚洲和拉丁美洲存量额超过80%，且主要集中在中国香港、开曼群岛和英属维尔京群岛等开放和避税区，区位选择集中。

工程承包的区域分布广泛，但近年来，亚洲和非洲等传统市场增速下滑，拉美和欧洲等新兴市场业务增长明显，市场呈现多元化趋势，热点开始发生变化。

对外劳务合作在巩固传统市场的基础上，合作的范围已扩展到全球180多个国家和地区，我国建筑企业已从最初只能实施经援项目、开展劳务输出和分包，发展到如今能进行工程施工总承包、设计施工总承包及融资总承包等多种形式。项目的规模逐渐增大、技术含量逐渐增加，承包工程地域范围从主要在中东、非洲、东南亚等地区，发展到走向全球布局。目前，我国建筑企业在国际市场上获得了一定的市场占有率，有良好的信誉。2015年，65家中国内地企业入选ENR全球最大承包商250强，其实力同广大发展中国家相比具有明显的优势。

结合上文提出的企业国际化经营模式阶段分析，中国建筑企业国际化经营模式总体处于由中级阶段向高级阶段转型的关键时期。

第4节　中国建筑企业国际化经营模式类型分析

伴随着全球产业升级和中国发展方式的转变，基于生产要素低成本比较优势的对外直接投资模式遭遇瓶颈，中国对外直接投资正处在转型升级的关键期，对外直接投资目标和模式都将发生重大改变。相应地，中国建筑企业也面临转型升级和加快国际化进程的双重任务，需要培养战略眼光，转换国际化竞争思维模式，实现从低层次比较优势到全球竞争优势的转换。

学界对于企业国际化经营现状或方式的研究较多，但对于国际化经营模式的概念尚无定论，结合建筑企业国际化历程中的探索与尝试，以及发达国家跨国企业全球化历程，我们主要从国家战略、联合经营、商产融结合、产业园区、工程承包带动全产业链、并购、“走出去”“引进来”相结合以及国际产能合作等角度，对中国建筑企业国际化经营的各种模式进行分析和探讨。

一、国家战略模式

国家战略是战略体系中最高层次的战略，是为实现国家总目标而制定的总体性战略概括，也是指导国家各个领域的总方略。国家战略模式就是国家通过政策引导支持企业“走出去”，通过对不同类型行业、企业的扶持来体现国家意志，最终实现国家意图。国家战略模式的特征主要体现在国家通过战略制定和布局，引导企业集群性地走出去，其过程更具目的性、组织性和协调性，并彰显出对国家利益的维护。国家战略模式相关项目的成功，既是商业性的，更是政治性的，体现了中国建筑企业在海外开展业务的核心价值。

国家战略模式中国自古有之，汉唐通西域、宋朝下南洋，奠定了当时中国空前的强盛和富裕。国际上，美国早期的“马歇尔计划”和“全球化”战略，确立了美国世界超级大国的地位；以法德为首的主要欧洲国家积极推进的“欧洲一体化”战略，使西方强国地位一直延续至今。因此，国家战略可以为企业开展国际投资合作带来历史性的契机，推动企业更积极地“走出去”。

早期的国家战略模式呈现为一种协调缺失、盲目混乱的状况，直接导致的结果是企业海外投资收益率较低。较之初级的国家战略模式，创新升级的国家战略模式关键在于建立与他国政府间、政府和企业间有效的协调机制。

国家战略模式创新与升级应从国家和企业两个层面着手：国家层面，在顶层设计上，加强整体性战略规划的制定，引导国内企业选择正确的投资目标、投资方向和投资策略；而企业层面要避免盲目的响应跟风，对国家战略的解读和认识需更加深入，努力发挥自己的强项和优势，寻求与企业能力匹配的项目机会。既要用经营赢得市场与效益，更应当服务于国家的整体战略，增强中国在所在国的影响力。

二、联合经营模式

联合经营是指两个或两个以上的企业进行联合，共同从事某项产品的研究、制造或销售，或者某个项目的经营，联合者之间依股权或合同的约定投入资金、技术或设备以及劳务，并共同分享权益和分担风险。联合经营模式是指，由国内企业联合转向与海外企业的国际化联合，由单一行业联合转向跨行业的旗舰式联合，由单元素联合转向资金、人力资源、技术、管理等多元素联合，由企业层面的联合转向企业、部委和国家层面的全方位联合。其主要特征是：联合双方合股合作经营，并长期利益共享；在项目前期、建设和运营过程中，参股各方发挥各自优势；联合投标、分散经营。

从国内企业对联合经营的探索实践来看，现阶段的联合经营还主要停留在单一企业或单一项目的联合，未能形成规模化效应，难以借联营体全面打开东道国的市场。

联合经营模式的创新与升级，需要联合双方优势互补，实现长期利益共享，合作成员间建立平等互信、良好的联合经营文化氛围；吸引当地伙伴，与东道国形成利益共同体，以获得更多的优惠条件和政策；注重产业资本与金融资本有效结合，实现资本效率最大化；充分发挥各自的专业能力。与此同时，还需要对合作方的关系质量、关系认知程度和企业自身组织能力等战略选择要素进行综合考量。在联合经营模式中，合作各方容易产生自我利益导向，导致合作基础脆弱，因此需要在战略合作伙伴的选择之际进行长远、周密的考虑。

三、商产融结合模式

商产融结合模式是指贸易企业、生产企业和金融企业通过有效的方式实现实业资本和金融资本的紧密融合，使从事国际化经营的主体具备强大的投资、生产、营销、金融等综合能力，同时，带动相关服务及辅助企业开展协同配合，形成我国建筑企业“走出去”的产业链综合竞争态势。其主要特征如下：

①主体是由各股东投资入股组成的法人实体，股东主要包括商贸、生产和金融企业，还可拓展至运输、建筑、保险等相关服务企业，资本实力较雄厚；

②平台以核心企业为控股股东，发挥主导作用，其他股东派驻人员参与平台公司的运营和管理，发挥各自的专业优势，并积极开展业务协同，具有良好的综合国际竞争力。核心企业通常是具有丰富的海外投资和运营管理经验的贸易企业或生产企业，能通过海外投资活动有效发挥“产业组织者”的作用；

③商产融平台功能强大，除了具备海外投资、生产、贸易等基本功能外，还能够为客户提供一定的融资、物流等服务，在国际市场上具有产业链综合竞争优势。

我国产业资本在国际化经营的过程中，金融资本给予了大力支持，但主要是通过银行信贷方式支持企业的海外投资，实业资本和金融资本基本上没有股权方面的融合；而且，我国企业海外投资更多的是关注项目本身，以海外项目带动产业链相关企业“走出去”的效果不明显。

根据我国企业的实践和国际化经营的发展阶段，实现商产融模式的创新与升级，建议采取分步走、先易后难的策略进行试点推进，可遵循“海外项目公司—海外经营平台—综合跨国经营集团公司”的脉络来开展，通过先在海外项目公司层面实现产业资本与金融资本的股权融合，奠定产融结合紧密发展的基础；随后利用产业资本与金融资本共同搭建海外经营专门平台，在海外经营专门平台成功运作的基础上，以核心企业为主组建商产融一体化的综合跨国经营企业集团。在分步骤推进商产融模式发展的同时，中国建筑企业要建立有效的沟通机制，强强联合，优势互补，探索创新国际化经营模式，注重加大“联合出海”力度。产业链上下游企业要形成产业联盟，打造商产融一体化综合性跨国经营平台，由单一企业“走出去”向多企业、多产业联合经营发展转变。

四、产业园区模式

产业园区是指在划定的较为独立的地段内，通过科学规划和合理布局，实行较为优惠的政策支持，创造良好的建设发展条件，实现项目、资金、人才、技术的聚集效应和规模发展，打造具有充分活力、相对独立和完整的工业企业群体，形成对地方经济发展具有突出推动作用的集中区域。产业园区模式是针对中国企业在海外发展遇到的东道国基础设施薄弱、政策法规不完善等问题，通过在海外发展产业园区、打造软硬件条件相对优良的产业基地，来吸引中国企业组团式走出去，降低单个企业可能面临的高风险，同时，利用产业协同、产业集聚提升国际化发展的成功率。

产业园区模式的优点是：可以保证项目快速启动并尽快达到规模经济；快速并以较低成本获取私人土地；有效吸引跨国公司的投资；避免园区内部恶性竞争等。

不过，目前中国企业在海外发展产业园区仍然存在一些问题，包括开发主体承担的资金压力过大；园区建设速度和招商引资规模发展较慢；东道国基础设施相对薄弱，经济政策和法律环境不稳定，使得境外投资者信心不足等。因此，产业园区模式的创新与升级，应当从建设和管理两个层面考虑。首先，企业要避免盲目进入，在充分的市场调研和全面分析的基础上，设计、规划园区的建设；其次，管理方式上应当实现从初级阶段的粗放型向专业化和精细化转变，提升园区的服务能力，注重资源匹配力的提升；再次，发挥产业链龙头企业引导的集聚效应，打造软硬件相对优良的产业基地，形成产业协同效应；第四，争取园区所在国的政策支持，获得更多优惠条件；最后，还要关注园区本地化问题，多使用当地雇员，履行企业的社会责任。

五、工程承包带动产业链模式

工程承包产业链也叫行业价值链，是指产业内的不同企业承担不同的价值创造功能，所有企业在向消费者提供最终产品时所形成的分工协作关系。按照工程建设企业传统的专业分工，工程承包行业的价值活动主要由七个环节构成，分别为策划、融资、设计、采购、施工、运营和维护。每个环节都包含若干价值活动，当每个价值活动都顺利完成时，整个行业才能完成价值增值过程。工程承包带动产业链模式指的就是企业以工程承包的主营业务“走出去”为基础，充分发挥工程承包业务的示范和带头效应，向产业链前、后端延伸，推动产业链多个环节的所有价值创造过程协同发展，一起“走出去”实现资源的优化配置和深度配合，提升企业的国际竞争能力。

工程承包带动产业链模式的主要特征是：同一个产业链上的龙头企业带动设计、施工、服务、制造、运营产业链整体“走出去”，培育了企业的国际化能力、人才，为企业后续业务的落地生根奠定基础。从近几年的发展来看，我国对外承包项目从原先以劳动密集型的行业为主扩展到交通运输、房屋建筑、电力工程、电子通讯等资金、技术密集型行业，业务模式向价值链高端转移。

工程承包是中国建筑企业国际化的基本模式，是一种相对传统的模式，可以充分利用中国的比较优势。但是，目前中国工程承包带动产业链尚处于只能带动部分产业链的状态，如装备设备、劳务等，在全产业链（尤其是标准）的带动方面，仍然不具备条件，因此工程承包带动产业链模式的创新与升级可以从以下三个方面考虑：一是投资引领。只有我方投资，才能拥有足够的主动权和话语权，才能实现和掌控全产业链各环节的带动，以此实现中国标准的“走出去”。只有将中国的行业技术标准引入国外市场，才能体现出中国规范已从向欧美学习的初级阶段转变为向其他国家推广普及的成熟阶段，这对我国工程承包带动整个产业链的发展具有重要意义。二是融资模式上的创新。拓宽融资渠道，参与混贷、中外银团联合承贷、卖贷+买断等新模式。三是担保机制上的创新。积极寻求与外资银行及国际保险机构合作，弥补中国保险机构对担保额度的不足；通过成立相关行业基金，出台担保协议，进一步完善担保机制。

六、并购模式

并购是指企业为了达到某种目标，通过一定的渠道和支付手段，将被并购企业的所有资产或足以行使运营活动的股份收买下来，从而对被并购企业的经营管理实施实际的或完全的控制行为。并购模式可以使中国企业自然继承国外先进公司数十年发展的成功经验，快速进入海外市场，获取被收购企业的特有资源，从而提高自己在世界市场上的竞争地位。近年来，跨国并购已经成为中国企业对外直接投资的主要方式，并购数量和金额快速上升，并购领域也由最初的资源能源行业向制造业和其他行业扩展。

跨国并购是一项复杂的系统工程，面对并购模式中资金实力限制投资能力的问题，首先，可以通过成立产业基金的方式，发挥产业和金融两类机构的优势，实现模式的升级；其次，可以采用市场化的运作模式，有效整合现有资产，最大限度实现协同效应；再次，中央企业与民营企业在海外建立合资公司，也是一种模式升级与创新的途径，有利于盘活大型央企在海外的大量资产，是中国资本市场以及金融机构向一级市场发展、向海外市场拓展迈出的重要一步。

七、“走出去”“引进来”相结合模式

“走出去”就是把我国的产品，科技等投放国际市场，“引进来”就是把外国先进的科学技术、核心技术和科研人员等通过一定的政策吸引到我国。“走出去”与“引进来”相结合是一项重要的国家战略，是实现对外开放全面协调发展的必要途径。作为对外开放工作的两个方面，“走出去”是适应经

济全球化的需要，开展对外投资和跨国经营；“引进来”是利用外资促进国内经济快速发展和产业结构升级。吸收外资与对外投资可以共同实现资源的有效配置。

“走出去”“引进来”相结合的模式有如下特征：

第一，国外先进技术向国内转移。满足本国生产需要和市场需求，提升本国企业在国内市场同行中的竞争力。

第二，不是简单地以市场换技术，而是要协同国际国内资源，实现自主创新，推动推动本国技术、标准的发展。

第三，推动本国企业国际业务的开展，包括扩大对外出口、投资等；提升本国企业国际化经营管理水平，包括治理结构、激励机制等。

第四，以国际投资和对外合作模式创新为主要途径。

目前中国企业传统的“走出去”“引进来”空间越来越小，面临诸多问题。例如非贸易壁垒的制约，自主创新能力的不足，导致我国技术和标准未能全面“走出去”；国家之间管理水平和理念的差异，导致无法对国外企业形成有效管控；企业整合后面临文化的融合等。因此，在未来创新升级过程中，应注重以下几个方面。

首先，资源互补是“走出去”与“引进来”相结合模式的关键。例如，中国化工和上海贝尔缺少核心技术，但在国内却拥有巨大的市场，而并购目标公司市场趋于饱和，但所拥有的技术仍处于世界一流。这正好形成技术和市场的双重互补，这种基于互补的资源是协同效应的根本来源。

其次，长期的战略合作是“走出去”与“引进来”相结合模式的重要条件。中国化工并购安迪苏并非一帆风顺，双方先后经历了长达三年的前期接触。通过频繁的接触，让中国化工对安迪苏的历史、文化背景、产能、技术和市场前景都有了全面、深入的了解，双方建立了良好的友谊，同时安迪苏也加深了对中国化工的企业文化、经济实力和发展前景的了解。最终，中国化工抓住机遇成功并购。

最后，股权结构创新是“走出去”与“引进来”相结合模式的捷径。中国化工在并购安迪苏后，后续很快就引进黑石资本作为战略投资者，来帮助其提高经营和管理水平。黑石的进入使得中国化工逐步建立与国际接轨的、规范的现代公司治理制度，并不断巩固国际化成果。又比如上海贝尔与阿尔卡特合并过程中，阿尔卡特公司持上海贝尔股票50% +1股，中方持50% -1股。一方面，上海贝尔能够得到国际巨头阿尔卡特先进的技术和管理支持，另一方面，上海贝尔能够以国资委下的“央企”身份有效利用国内的各种市场、人力、成本等优势。这两种优势的有效结合基本奠定了上海贝尔的崛起之路。

八、国际产能合作模式

国际产能合作模式，是指以互利双赢为基础，发挥中国先进、富余、优质产能优势，与相关国家自然资源开发、基础设施建设、工业化发展等需求相结合，开展国际产能合作。通过国际产能合作，有助于顶住经济下行压力、拓展我国发展新空间，有利于相关国家加快发展、扩大就业，并可为中国与发达国家合作开拓第三方市场创造更多的机遇。

目前，在世界500种主要工业品中，我国工业产品产量居世界第一位的已有220种，其中，粗钢、煤、水泥产量已连续多年稳居世界第一。根据世界银行数据，当前我国制造业增加值在世界占比达到20.8%。但是，受国际金融危机的深层次影响，国际市场持续低迷，国内需求增速趋缓，我国部分产业供过于求的矛盾日益凸显，部分行业产能过剩问题严重。2014年全国钢铁、水泥、电解铝、焦炭、船舶、光伏、工程机械等行业产能利用率最高仅为75%，需求大幅下降，主要产品产能利用率甚至不到一半。制造业产能过剩，导致资本回报率下降和边际产出下降，钢铁、电解铝、船舶等行业利润大幅下滑，企业普遍经营困难。

与此同时，部分发展中国家和新兴经济体基础设施建设滞后，对于钢铁、水泥、玻璃等产品存在大量市场需求，这与我国的“产能过剩”现象具有极强的互补性。因此，通过国际产能合作向境外转移是“产能过剩”行业的必然选择之一，也是开拓国际市场、变过剩产能为有效产能、促进产业结构调整和转型升级的迫切需要；而且，海外布局能够更贴近原料产地、终端市场，甚至可以降低中国企业遭遇反倾销等国际贸易保护主义的概率。

不过，国际产能合作模式的创新与升级需要注意以下几个问题：一是要结合中国的发展战略、外交大局和企业国际化的总体思路；二是要统筹协调、金融配套、技术合作，兼顾多方利益，以构建各国利益和命运共同体；三是坚持开拓市场需求与产业转型升级相结合，巩固并拓展国际市场；四是通过国际产能合作让产能过剩“走出去”，把挑战变成机遇，逐步在国际化分工、资源分配中争取更加有利的形势，并通过投资改善与相关国家和地区的关系，在更广阔的空间进行产业调整和资源整合；五是逐步构建海内外产业优势互补、生产要素全球配置的发展格局，逐步实现产能过剩行业的新跨越。

第三章 国外知名建筑企业的国际化经营与合作评述

本章结构图

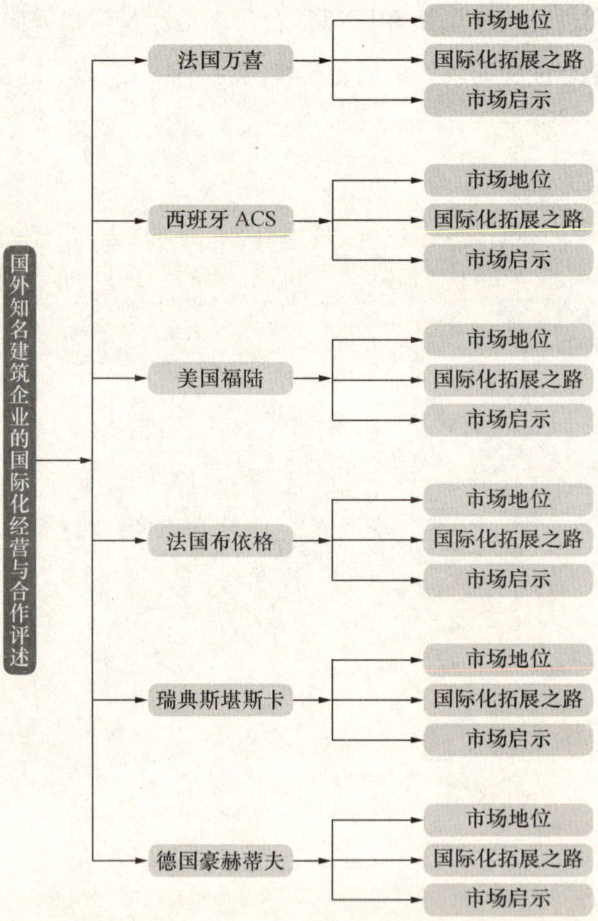

第1节　法国万喜

万喜（VINCI）公司成立于1891年，已有120多年的历史，总部位于法国巴黎。目前拥有2500家分支机构，遍布100多个国家和地区，是全球最大的建筑工程承包商之一。上海外滩的地标式建筑金茂大厦就是由该公司负责建造的。

一、市场地位

法国万喜有五大业务板块：特许经营——交通基础设施（公路、桥梁、停车场、机场等）的设计、融资、建设和营运；能源——提供工业设施工程、系统集成、安装和维护服务；道路工程——高速公路的建设、翻新和维护；建筑——土木工程和水利工程；股权投资和其他——房地产开发和酒店业务。万喜的市场优势在于其始终以欧洲作为主要市场，整个欧洲市场的营业额占总营业额的90%左右。2014年万喜完成产值471.57亿美元，实现利润总额43.45亿美元。

二、国际化拓展之路

万喜建筑工程公司是法国建筑行业的骨干企业，在全球开展民用工程、水利工程、多种技术维护、工程服务等多种业务。万喜的前身SGE公司创立于1899年，其创始人是法国工程师Alexandre Giros和Louis Loucheur。2000年，SGE与GTM合并成立了现在的万喜集团，使万喜一跃成为全球最大的承包商。在法国，万喜主要通过两家三级子公司SGE及GTM开展城市建设工程；法国以外地区通过万喜国际工程公司和比利时CFE工程公司开展业务。此外，对于大型项目及特种工程项目，则由万喜大型项目公司和Freyssinet工程公司共同负责。

万喜公司认为追求集团各业务之间的协同效应是集团战略发展的出发点。

保持巨大的建筑工程承包业务量，能够维持集团公司的稳定运行，虽然其“不太赚钱”，但这是一个运营平台。在此基础上，重点开发经营业务是推动集团发展的主要动力。因此，将承包业务和经营业务相结合，就像把底盘和发动机相结合，构成了万喜这台超级战车，两者产生的巨大协同效应推动集团公司不断向前发展。促进万喜快速发展的是建筑承包业务和特许服务业务，这两项业务的营业额占到集团公司总营业额的52%。

万喜公司长期营利性增长的动力主要来自于资本密集型且利润水平很高的特许经营业务的迅速成长。万喜特许服务公司提供的服务主要包括建筑设计、成套工程、工程融资、项目管理等，在道路基础设施高速公路建设、智能停车场建设、空港管理及服务领域有很强的业务能力。已建设并负责经营1300公里的收费高速公路（其中928公里由万喜集团控股的COFIROUTE公司经营）；在建高速公路200公里（含6座收费站）；下属三级子公司万喜停车场公司是世界最大停车场专业工程及经营公司，在全球经营81万个停车场车位；另一下属三级子公司万喜机场公司在全球租赁经营20余个机场并提供相关服务；负责法国最大的体育设施——法兰西体育场的经营管理，并拥有该体育场67%的股权。

2005年，万喜公司收购了ASF公司（Autoroutes du Sud de la France），使万喜成为世界最大的特许高速公路私人建造商；2007年，万喜又收购了Solétanche Bachy公司，大大增强了其在岩土工程和隧道工程方面的实力。

三、市场启示

从万喜公司的国际化经营之路来看，其成功原因有二：

一是发展业务规模的同时，注重利润水平。其最根本、最重要的业务模式就是建筑和特许经营两个业务板块整合发展，并带动其他业务板块的稳定增长，从而形成多个业务板块的共同发展。而且，万喜在业务规模增长过程中强调销售利润而不是销售总额，重视业务流程的增值环节，力求产生新的利润来源。这也符合万喜公司2005年以来提出的战略目标，即要做“世界上最赚钱的建筑工程承包商”。

二是追求高利润回报的同时，注重企业社会责任。万喜的企业宗旨是“真正的成功是大家共享的成功”。作为一家每年在全球100多个国家和地区，运营多达260000个项目的世界级企业，为了与员工、客户、股东、社区等利益相关者实现“共享”，万喜紧紧围绕四个方面建立了可持续发展的规划：

①公司治理结构方面，确保透明度，即向股东、投资者、分析师提供准确的信息，同时建设系统化的管理流程，不断改进内部控制体系。

②人力资源方面，消除歧视，创造平等的就业环境，实行人力结构多元化，保证员工、临时工、分包商的安全，努力做到“零事故”；加强与有关员工组织、工会的对话，为员工制定职业生涯规划等。

③客户和供应商关系方面，把供应商和分包商纳入到万喜的管理中，如保证他们也遵守“全球契约”的原则，为他们提供可持续发展方面的培训，对他们进行社会和环境可持续发展的审计；同时保证万喜服务和工程的质量和安全，确保其不仅在经济方面满足最终用户的要求，而且在社会和环境保护方面也能达到高的标准。

④环境保护方面，通过控制自然资源的使用、减少废弃物、进行回收利用、保护生物多样性等来减少万喜的经营活动对环境的影响。

第2节　西班牙ACS

在国际建筑行业，有很多大企业都通过并购实现增长的目标，西班牙的ACS公司即是其中的典型。该公司虽然只有不到30年的历史，但已经发展成为西班牙最大的建筑企业，也是世界上著名的建筑和服务产业相结合的企业之一。美国《工程新闻记录》（ENR）杂志发布2015年度“最大250家国际承包商”排名中，西班牙ACS建筑承包服务集团位列第一，已连续四年独占鳌头。

一、市场地位

ACS公司有三大业务板块：建筑——交通基础设施建设，海洋、水利工程，城市基础设施建设，机场建设；工业服务——商业用气配送网络，能源，电信，工业控制系统；服务和特许经营——提供港口和物流服务。ACS集团从成立至今，还不到30年，其发展速度相当惊人，一方面是由于前些年西班牙经济的快速发展，另一方面得益于ACS集团大胆而又不失稳健地进行了一系列战略并购与重组，逐步实现了多元化与国际化。目前，ACS在全球70多个国家开展各项业务，2014年完成产值432.59亿美元，实现利润总额15.18亿美元。尤其值得一提的是，2010年，为了加速国际化进程，ACS集团收购了德国豪赫蒂夫公司的部分股份。

二、国际化拓展之路

ACS公司的发展史，就是一部企业并购史。ACS公司的历史可以分为四个时期。

第一时期：20世纪80年代

ACS公司的经营活动最早开始于1983年。在西班牙加泰罗尼亚省（Catalunia）的巴达隆拿（Badalona），有一家叫Construcciones Padrós（简称CP公司）的建筑公司由于经营不善，出现财务困难，最后，该公司老板决定出售CP公司以摆脱庞大的债务负担。此时，在CP公司担任行政副总裁的佩雷斯（Florentino PérezRodríguez，后来的ACS公司董事长兼CEO）抓住机会，象征性地以1个比塞塔（相当于人民币6角钱）的价格将CP公司买下。CP公司在佩雷斯的领导下，很快扭亏为盈。1986年，CP公司并购了一家拥有40多年经营历史并且享有良好市场声誉的大型建筑企业——OCISA公司。1988年，CP公司开始进行多元化经营，收购了一家专门从事电线安装和维护管理的SEMI公司。多元化的业务发展策略在1989年得到继续实施，CP公司控股了Cobra公司。该公司专门提供电气和通信服务，在过去70多年的时间里一直处于市场领导地位。

第二时期：20 世纪 90 年代

进入 20 世纪 90 年代后，ACS 公司开始了大企业并购活动，这一系列大规模的并购活动快速壮大了公司规模，大大提升了公司的市场地位和影响力。

ACS 公司历史上第一次大企业并购活动发生在 1993 年，CP 公司与控股的下属公司 OCIS 实现合并，合并后的新公司被命名为 OCP 公司。OCP 公司逐渐成为西班牙建筑行业中的领先企业集团之一，其业务架构是今天 ACS 公司业务结构的雏形。OCP 公司并没有盲目扩展，而是在多元化扩张中，采取围绕主营业务发展的策略。1994 年，OCP 公司决定将业务集中到建筑业和工业服务上去，于是将手中的娱乐和保安业务剥离。1995 年，OCP 公司与西班牙著名的财团 Cobra 完成合并。这项合并，加强了 OCP 公司在工业服务行业的实力。1996 年，OCP 公司决定进一步削减与主营业务不相关的业务，并开始将其所有的建筑工程集中到民用项目上去。同年，公司完成了对 Auxini 公司的并购。Auxini 公司是一家濒临破产的建筑公司，对该公司的并购进一步扩大了 OCP 公司的规模。

ACS 公司历史上第二次大规模的并购活动发生在 1997 年。在这一年，OCP 公司与 Ginés Navarro Construcciones 完成了巨大的合并，连同先前已经被合并的 Auxini 公司，三家公司决定成立一家全新的公司，新公司的名称被定为 ACS，ACS 公司正式诞生。1998 年，ACS 公司开始通过系统的战略规划来加强并购进程，并加强服务部门的业务增长。遵循 1998 年的战略计划，ACS 公司在 1999 年进行了三项主要并购活动：通过并购 Continental Auto，进入运输业务领域；通过并购 Onyx SCL 和 Vertresa，加强了公司在环保和物流业务领域的市场地位；通过并购 Imes 公司，加强了公司在服务、通信和能源业务领域的实力。

第三时期：21 世纪初

ACS 公司不仅开展与主业有关的并购活动，也进行一些战略性的投资活动。这些战略性投资活动的主要目的是增加公司的盈利能力。2000 年，ACS

公司对一家名为 Xfera 的手机运营商进行了控股。目前，该公司是西班牙仅有的四家拥有 3G 手机牌照的运营商之一。2002 年，ACS 公司与西班牙最大的银行集团桑坦德银行达成协议。ACS 公司通过这份协议，购买了西班牙另一家著名的建筑企业 Dragados 公司 23.5% 的股份，之后又通过民间购股的方式，将其股份增加到了 33.5%。至此，ACS 公司几乎收购了先前市场上的所有竞争对手，进一步巩固了其在建筑行业的垄断地位。

2005 年，ACS 公司再次与桑坦德银行合作，购买了西班牙第二大电力公司 Fenosa 集团 22% 的股份。至此，ACS 公司开始大举进入能源行业。能源行业成为 ACS 公司继建筑业、交通运输业和通信业之后的又一项支柱性产业。2006 年，ACS 公司获得 Iberdrola 公司 10% 的股份，成为后者最大的财政股东（financial shareholder）。2007 年 3 月 21 日，ACS 公司从慕尼黑的金融投资公司 Custodia 手中收购了德国首屈一指的建筑企业 Hochtief 公司将近 25.1% 的股份，从而成为这家德国公司的最大股东。这项收购活动，为 ACS 公司未来拓展国际业务奠定了坚实的基础，也将进一步壮大 ACS 公司的市场地位和竞争实力。

第四时期：2010 年至今

2010 年 9 月 16 日，西班牙 ACS 公司宣布收购豪赫蒂夫集团，此举如石破天惊震撼了建筑市场，甚至引起了德国总理的关注，被称为是一起“惊天”收购案。截至 2011 年 4 月 11 日，ACS 对豪赫蒂夫的持股比例已提高到了 42.6%，同时间接收购了澳大利亚的礼顿控股公司。2011 年的 ENR 全球承包商排行榜显示，豪赫蒂夫是第八大全球承包商、第一大国际承包商，礼顿控股是第十一大全球承包商，而 ACS 位列第九大全球承包商、第十二大国际承包商。一家成立仅 28 年的承包商，竟然成功地实现了“蛇吞象”！

三、市场启示

ACS 公司之所以能够在短短的不到 30 年时间，一跃发展成为全球承包商巨头，是因为其大胆而又不失稳健地实施了一系列战略并购与重组措施，并成功地以并购的方式推动企业多元化扩张。而且，在发展过程中，ACS 重点把握了以下三个关键要素，值得我们借鉴。

一是坚持加强主营业务发展。很多企业实施多元化扩张战略失败，一个重要原因就是没有重视主营业务的发展。ACS 公司在多元化道路上是基于主营业务的发展系统、有计划地实施多元化战略，而不是盲目的多元化。从 CP 公司成功被重组开始，ACS 公司的并购目标始终以建筑为核心，逐步扩展到工业服务、环保与物流、特许经营和能源等领域。

二是有效地管控下属子公司。ACS 公司管理机构按照业务范围进行了清晰的划分，组织严密，管理界限明确。在对下属子公司的控制上，ACS 公司采取了战略管控的模式；在公司治理上，ACS 公司在集团董事会下设管理委员会，由公司董事长兼 CEO 领导，整个公司的权力重心在管理委员会，也是日常管理的最高权力机构。由于 ACS 公司对下属子公司基本是完全控股，因此，下属子公司的负责人可直接接受管理委员会的领导，这有利于 ACS 公司集团总部对下属公司的管控，同时也保证了公司超强的执行力。

三是重视核心竞争力的打造。这里的核心竞争力主要指支撑企业实施战略并购与国际化经营的核心竞争力，主要体现在企业文化、资本和技术三个层面。如果不能在文化方面解决被并购企业的问题，就不能真正实现并购；融资能力是企业进行并购的强大支柱；技术创新则是推进企业持续发展的主要动力。

第 3 节 美国福陆

一、市场地位

美国福陆始创于 1912 年，在全球六大洲 25 个国家开展业务，公司有五大业务板块：油气项目——从上游的油气开采生产，到下游的精炼和石油化工，提供包括设计、采购、建造、项目管理全程的服务；工业和基础设施项目——包括生命科学、采矿、运输、电信、商业、公共设施、制造业等；政府项目；全球服务项目——项目管理工具和方法支持、项目运行和维护服务以及项目人力资源规划服务；电力项目——电厂的设计和建造、燃煤发电设施。2014 年完成产值 215.32 亿美元，实现利润总额 12.05 亿美元。

二、国际化拓展之路

福陆公司由福陆兄弟建筑公司起步，最初在新兴的石油工业领域以其公司高管富有创新意识的模式和精湛的工程建筑技术赢得声誉。20 世纪 20 年代，福陆公司开始在石油、天然气领域发展专业的工程建筑技术，在 1924 年，开始接手更为复杂和庞大的工程项目，如今工程建筑业仍是福陆公司不可或缺的一部分。20 世纪 30 年代，福陆公司在美国得克萨斯州、印第安纳州、密苏里州、伊利诺伊州陆续赢得了工程项目，逐渐使其成为精炼加工厂建筑业极具竞争力的企业。20 世纪 40 年代，第二次世界大战为福陆公司带来了许多发展机会。在美国国内市场发展稳定的同时，福陆公司开始在加拿大、委内瑞拉承揽炼油厂、天然气厂的工程建筑项目。由于在炼油厂工程建筑业有良好的声誉，它赢得了在中东地区的第一份工程项目合同——沙特阿拉伯的工程项目合同。

20 世纪 50 年代初，福陆公司开始与美国政府在核能领域展开合作。该公司与美国空军签订了一份在沙特阿拉伯建设美国空军基地的合同。与此同时，它还赢得了在波多黎各建设炼油厂的项目。由此福陆公司的项目接踵而至，开始在澳大利亚、加拿大、苏格兰、南非建立设计和建筑公司，开展石化建筑业务。50 年代末，福陆公司已经在全球范围内设立了办事处，并在纽约证券市场正式成为公有贸易公司。该公司的声誉开始为它赢来更多能源领域的项目。20 世纪 60 年代，福陆公司在原有的基础上继续向前发展，第一次在韩国建立了一家炼油厂，并开始致力于使其业务范围更具有多样性，开始发展沿海钻孔和开采项目。

20 世纪 70 年代，公司将主要业务集中在全球范围内的自然资源开发业，在阿拉斯加、欧洲、印度尼西亚、沙特阿拉伯和南非都设立了分公司。在此期间，福陆公司完成了阿拉斯加管道建设项目，建成了全世界规模最大的沿海设施。1977 年，福陆公司收购了建筑设计业的领先企业丹尼尔国际建筑公司（DanielInternationalCorporation），此举使其提前几个月完成该公司承揽的项目。20 世纪 80 年代，合并后的福陆公司和丹尼尔建筑公司成为在全世界范围内发展业务的福陆丹尼尔建筑公司。尽管面临着 80 年代的经济萧条，福陆公司积极调整公司内部结构来应对变幻莫测的世界经济环境，谋求公司全球范围内的发展。20 世纪 90 年代，福陆公司在印度尼西亚、委内瑞拉、墨西哥、泰国、科威特、沙特阿拉伯、波兰、阿根廷成功地完成了多个项目，其领域涉及石油化工、基础设施建设、环境保护等；同时，还赢取了 ADP 马歇尔项目，并将其业务范围扩大到电力、制药、商务、制造业。

2000 年 6 月 8 日，福陆集团宣布，将原公司拆分新建为两家独立的公司，分别为“新”福陆公司和梅西能源公司。梅西能源公司是美国五大煤炭公司之一，新建的公司将致力于成为美国最主要的煤炭公司；“新”福陆公司则将由三家经营实体组成，分别为福陆丹尼尔建筑公司、福陆全球服务公司和福陆信号服务公司。

近年来，国际工程承包市场发展迅速，传统的设计与施工分离的方式正在快速向工程总承包方式转变，EPC、EPCM、PMC 等一揽子式的交钥匙工程模式以及 BOT、PPP 等带资承包方式正在成为国际大型工程项目中广为采用的模式。2003 年美国有一半以上的工程采用 EPC 方式，单纯的工程施工业务利润逐渐降低，利润重心向产业链前端和后端转移。福陆提供的并不是单纯的施工建设服务，它提供的服务可以是一站式的（项目的开发到运行维护直至拆除），也可以是提供整个服务链中的某一项，比如项目的可行性研究报告、环评、项目融资、概念设计、基础设计、工程施工及管理、设备材料采购及管理、项目管理、项目启动及试车、运行维护、人员培训等。福陆承接的项目更多的是提供类似于 EPCM 项目的全程服务，如为哈萨克斯坦的 SGI/SGP 项目提供 EPCM 服务，为 Villano 石油管道项目提供 EPSCM 服务，为波多黎各生物制药厂项目提供 EPCMV 服务等。

今天的福陆公司管理着五个超大型企业，即福陆丹尼尔公司、福陆全球服务公司、梅西煤业有限公司、福陆国际工程承包公司和福陆信号服务公司，这些公司的所有服务将福陆公司的战略定位为具有杰出工业技术知识和技能的全方位的服务提供者。

三、市场启示

福陆公司的国际化经验告诉我们，需要重点注重以下三个方面：

一是专注于有高附加值的高新技术行业，确保利润维持在较高水平。随着国际建筑业市场产业分工体系的深化，一些技术壁垒相对较低的民用建筑的利润率正在下降，同时出现了很多规模大、技术含量高的复合型工程。该类项目的主要特征是技术密集、知识密集，这一方面对建筑承包商提出了更高的技术要求，另一方面也给承包商提供了更大的利润空间，这正是福陆公司寻求的高盈利项目。

二是保持良好的财务状况。这是福陆公司在资本市场上拥有强大融资能力的前提。福陆与世界主要的出口信贷机构、多边金融组织、商业银行及资本市场有固定的业务往来。这些都为其在承包大型复杂项目、降低整体项目融资成本及风险等方面发挥了积极作用。福陆还积极争取境外资金用于项目的前期开发，如四川烧碱项目、宁夏二甲醚等项目就是利用加拿大及美国的赠款来完成可行性研究报告的。

三是建立优异的人力资源管理体系。为保证在高附加值领域和高新技术领域持续占据领先优势，在项目管理方面能够不断开发出新的工具和产品，福陆十分重视人力资源管理体系的建立。在全球六大洲 25 个国家拥有 35000 多名员工的福陆公司，大力提倡吸引、激励、留住最优秀的员工与企业共同成长的人才理念。在福陆工作的额外收益包括 TOWP（Time - Off - With - Pay），如健康保险计划、利润分红计划、学费偿还、职业发展、工作轮换计划等。福陆的健康、安全、环境管理系统（HSE）则是按照目前国际上的最高标准落实于项目执行的各个阶段。福陆的安全管理工作在业界一直处于领先地位，如哈萨克斯坦的SGI/SGP项目成功实现了无伤害、无事故。

第4节 法国布依格

一、市场地位

法国布依格是法国第二大建筑公司，有五大业务板块：建筑——房屋、市政工程和电力设施建设；房地产开发——商业设施建设和城市开发；道路工程——交通基础设施的建设、维护和开发；媒体——TF1电视台；电信——移动通信服务。2014年完成产值434.90亿美元，实现利润总额13.72亿美元。

二、国际化拓展之路

1952年，31岁的弗朗西斯·布依格凭着从法国里昂信贷银行借到的1700美元，创办了布依格公司。当时正值“美国马歇尔欧洲复兴计划”时期，法国有大量的企业需要进行工厂重建。布依格公司在20世纪50年代以极高的速度增长。从1952年到1960年，布依格公司年均营业额增长速度高达70.2%，公司的雇员也从最初的两个人增加到1000多人。

20世纪60年代是法国城市化大发展时期，布依格公司持续快速增长，公司承建了大量的厂房、学校、医院、公共建筑等。到1970年，公司的营业额达到20亿法郎。1970年6月，公司在巴黎证券交易所上市，增资5亿法郎。

1968年，布依格公司开始进入公共建筑市场，这是公司多元化发展历程的开始。自1968年后，公司陆续进入其他一些业务领域。1974年，布依格公司成立Bouygues Off shore，进入海上石油平台建筑市场；1984年，公司收购了法国水处理公司Saur，进入给排水市场；1986年，通过并购法国最大的道路建设集团SCREG（包括Colas、Screg和Sacer）成为世界领先的建筑公司；

同年，布依格公司利用法国电视一台私有化之机将其纳入麾下，进入媒体产业；1993 年，布依格公司跃进新兴的电信产业，组建布依格电信公司；1997 年，布依格公司收购了法国圣戈班（Saint – Gobain）的子公司 Cise，建成了法国第三大公共设施管理集团。

20 世纪 90 年代国际公共工程行业的大发展给公司带来了良好的发展机遇，布依格公司相继承建了香港会展中心、匈牙利和克罗地亚的高速公路、法国诺曼底大桥、拉德芳斯大拱门和法兰西体育场。享有国际声誉的建筑工程项目，巩固了其在国际建筑市场的地位。布依格公司目前在世界上 80 多个国家和地区开展业务，控制着 40 多个下属机构和合作伙伴。布依格公司的国际业务以建筑为主，主要集中于欧洲和北美地区，二者之和占国际业务总额的 75%。布依格公司目前是一个实力强大的多元化工业集团。

三、市场启示

在国际承包工程巨头之中，布依格可谓实施多元化经营战略最成功的企业之一，其成功的因素有五个方面：

一是重视员工的利益回报。布依格一直认为员工应该从企业的成功中获得直接的利益。秉承这一理念，布依格持续地推行了员工持股计划，现在，其员工已经成为除布依格家族控股的 SCDM 公司之外的第二大股东。

二是善于利用资本市场。无论是在巴黎证券交易所上市，还是一次次的并购及多元化扩张，布依格都很好地发挥了资本的杠杆作用，这也是众多国际化企业必备的能力之一。

三是高度重视研发与创新。这是布依格建立竞争优势的源泉之一。布依格的创新不仅在技术层面，也有市场营销方面的研发与创新。每年，布依格都要投入大量的资金作为研发费用。

四是有效控制风险。布依格在集团层面、控股子公司层面等都建立了风险管理的内部管理流程来降低企业可能面临的风险。在集团层面，布依格定期对各控股子公司的项目所在国家风险、利率风险、外汇风险等主要风险进行评估，并利用相关金融工具来控制利率风险和外汇风险；在控股子公司层面，主要是要对运营风险进行管理。

五是注重可持续发展。2005 年，布依格成立了集团的可持续发展部，这是布依格战略管理的一个有机组成部分。2006 年，布依格制定了可持续发展规划，并确定了各个业务板块具体的可持续发展的量化目标。

第 5 节 瑞典斯堪斯卡

一、市场地位

斯堪斯卡是瑞典最大的建筑公司，公司有四大业务板块；建筑——房建工程和市政工程；住宅开发——住宅房产开发；商业设施开发——开发、租赁商业房产项目；基础设施开发——开发投资私人融资的基础设施项目，如公路、医院、发电厂等。2014 年斯堪斯卡完成产值 185. 03 亿美元，实现利润总额 6. 62 亿美元。

二、国际化拓展之路

1887 年，年轻的工程师鲁道夫·弗雷德里克·博格（Rudolf Fredrik Berg）创立了斯堪斯卡公司（skanska）。公司成立伊始就迅速地将触角延伸到了国外。两年后即收获了来自海外的第一个订单：承揽英国国家电话公司 62 英里长的电话线水泥管的施工安装业务；1902 年该公司进入俄罗斯市场，在圣彼得堡生产水泥管；随后进入到中东和非洲市场；70 年代进入了波兰和苏联地区市场。

期间，在 1927 年，斯堪斯卡业务取得里程碑意义上的突破，建造了瑞典历史上第一条沥青公路。1943 年，又建设了当时世界上最长的水泥拱形桥。1965 年，斯堪斯卡公司在瑞典证券交易所 A 股上市。

斯堪斯卡公司的国际化道路真正实现飞跃，是在 20 世纪 70 年代进入了世界最大的建筑市场——美国。1971 年，斯堪斯卡公司获得了其在美国的第一个合同：承揽曼哈顿区 63 街地铁项目，由此开始了在美国的成功之路。公司先后收购了十多家当地公司，尤其是 1994 年收购了当时美国最大的工程公司之一——Beers Construction 公司，使非瑞典本土的市场份额比例大增。1996 年，公司国际市场份额的比例首次超过 50%。如今斯堪斯卡（美国）公司已经成为美国第三大建筑公司。

2000 年后，在创造美国神话的英雄、时任公司总裁的 Claes Bjork 的带领下，美国模式在欧洲大量复制，并取得了成功。从 1998 到 2001 年，斯堪斯卡先后进军捷克、芬兰、丹麦、德国、英国和拉美等市场。通过一系列的国际扩张，在 1992 到 2001 年期间，公司的总营业额增长了 4 倍多，国际市场的份额比例由 1992 年的 13% 骤升到 2001 年的 82%。斯勘斯卡彻底成为了高度国际化的大型承包商。

斯堪斯卡公司如今已经成为拥有 100 多年历史的国际化超大型建筑商，拥有雇员 5400 人，业务范围涉及 60 多个国家和地区。

三、市场启示

斯堪斯卡公司国际化经营的经验中，有三大策略值得我们借鉴：

一是采用三层次管理控制模式。即采用“总部管理—事业部/区域公司—项目部”管理模式，专业和区域采用矩阵式，基本管理元素为项目部，公司在世界各地能利用公司所有资源，形成有机的整体，管理层次控制在三层。

二是在并购过程中采取谨慎对待的方式。瑞典斯堪斯卡以并购企业的形式进入欧洲及美洲的建筑市场，但操作十分谨慎。例如，斯堪斯卡在研究美国市场 10 年之后才开始通过并购的形式进入美国市场，在初进美国市场的时候，即使并购了当地的公司，实行的也只是一种联合的形式；而对于欧洲，虽然是直接以并购的形式进入的，但这种进入的前提是斯堪斯卡本身就是欧洲公司，且对欧洲市场有着充分的了解。

三是重视集中性的“本地化”市场战略。除了斯堪迪那维亚半岛的市场，斯堪斯卡的重点市场是美国，因此，斯堪斯卡聚焦美国市场强化“本地化”战略，并把美国市场的成功经验“复制”到欧洲市场，以此来巩固欧洲市场的地位。在斯堪斯卡所在的地区，当地的民众及斯堪斯卡的员工都把斯堪斯卡作为本地公司来看待。这就是斯堪斯卡“本地化”所产生的效果。

第6节　德国豪赫蒂夫

一、市场地位

作为一个国际建筑服务提供商，豪赫蒂夫提供设计、投资、建设和运作各种复杂工程的服务。豪赫蒂夫的全球网络使其业务遍布于世界各主要市场，包括办公大楼、购物中心、机场、电站、医院、港口设施、体育场馆、高速公路和铁路等等。

豪赫蒂夫的服务横跨整个项目生命周期，主要分为四个单元：开发，包括物业的规划、设计、投融资以及营销策划等；建筑，包括传统的施工建筑、标准作业承包建筑、土木工程和基础设施项目等，属于豪赫蒂夫的核心竞争力；服务，包括规划建设、物流、设备管理、资产管理、保险、环境工程、建筑管理等；特许经营，包括机场管理和特许经营的公共和私营部门的合作、承包开采部分等。

豪赫蒂夫业务覆盖区域主要包括德国本土市场、欧洲其他市场、美洲地区以及亚太地区。2014 年完成产值 269. 3 亿美元，实现利润总额 4. 4 亿美元。

二、国际化拓展之路

1873 年，德国的赫夫曼兄弟二人创立了“赫夫曼兄弟”。彼时正好赶上德国工业化进程，公司在住宅、工厂的建造以及市政工程建设上获得了不少订单，为原始积累打下了良好的基础，这也是豪赫蒂夫的前身。豪赫蒂夫合资公司是从 1896 年正式宣布成立的，并成为社会公众持股的公司。

1922 年，豪赫蒂夫与另一家当时的大公司进行了资本和业务的重组。该公司实力强大，在采矿、航运和工程领域均有涉足。通过重组，豪赫蒂夫第一次“走出国门”，到法国开展业务。但是期间因为战争，豪赫蒂夫遭受重大打击，几乎走到破产的边缘。直到 1966 年，才逐渐从战争的创伤中恢复过来，尤其是在 1963～1968 年，豪赫蒂夫出色地完成了埃及 Abu Simbel 神庙的搬迁工程，在国际市场上逐步树立起品牌。

20 世纪 60 年代开始，豪赫蒂夫公司才真正开始了从“建造商”向“建筑企业”的转变。20 世纪 60 年代，豪赫蒂夫开始不断拓展业务范围，并且提出筑“精品项目”的口号，成为能提供更广服务的工程承包企业，并且努力成为服务提供商。不过，在 1975 年之前，豪赫蒂夫的主营业务仍在德国国内，其业务收入占到总收入的 80% 以上，国内业务以电厂建设为主。

1973 年的石油危机给全球经济带来了巨大冲击。但豪赫蒂夫却在这场危机中受益无穷，石油输出国组织对建筑业巨大的市场需求，使得豪赫蒂夫彻底改变了其业务布局。当 1980 年豪赫蒂夫营业收入第一次达到 600 万德国马克时，其海外收入已经占到了总收入的一半以上。尽管 20 世纪 80 年代世界建筑市场波动较大，豪赫蒂夫仍成功调整其海外业务分布，获得了持续的发展。

随着东西德的统一，豪赫蒂夫及时把握商机，开拓了德国东部市场。建筑业受经济形势影响很大，而豪赫蒂夫则努力稳定其业务，提出寻找并提供具有更高附加值的服务，例如为客户提供“一站式”服务，包括从设计、融资、建筑到运营的一系列服务。为了实现这种理念，豪赫蒂夫开始涉足机场管理、软件研发、人员管理和项目管理等领域。为了实现更有效的管理，豪赫蒂夫对组织机构进行调整，成立了四个公司分部（民用建筑部、机场部、国际部和服务部），并在 2001 年进一步调整，把公司的核心建筑业务整合到豪赫蒂夫 AG 建筑公司，并在法兰克福上市。公司的国际业务则分别由豪赫蒂夫美国分公司、豪赫蒂夫亚太分公司和豪赫蒂夫国际分公司负责。2003 年，豪赫蒂夫进一步调整公司结构，对原国际分公司的业务进行整合，建立了美洲、亚太和欧洲三个分公司，又设立了豪赫蒂夫全球研发分部。豪赫蒂夫的欧洲业务 2003 年之前一直处于亏损状态，欧洲和美洲的业务呈萎缩趋势，而亚太地区和机场业务则是其收入的巨大支撑点。

三、市场启示

豪赫蒂夫的国际化拓展之路可谓是历经坎坷，同时也给我们带来诸多经验启示。

首先，始终如一的为客户创造高价值。豪赫蒂夫立足于与客户一同开拓，将人和组织联系起来，创造新的思考和行动方式，不断为客户创造价值；渴望成为客户可靠且值得信赖的业务伙伴，致力于提供高品质的产品和服务。豪赫蒂夫不仅给客户提供令人满意的设计和贯穿于整个建筑价值链的广泛服务项目，还采取了终端到终端的方法，服务考虑到建筑物的整个生命周期。

其次，善于抓住历史契机。从豪赫蒂夫的成长历程我们可以发现，公司经历了第一次“走出国门”、从“建造商”向“建筑企业”的转变以及加强系统管理、保持持续创新这样一个过程，其发展抓住了几次历史大机遇，包括早期德国工业化时期的原始积累、一战、二战后的大建设时期、东西德的统一等等。

第三，以灵活的组织机构适应环境变化。豪赫蒂夫的组织结构随着外界环境和自身业务的发展而不断调整。目前的组织机构则是在总部统一管理下，分设机场、开发、美洲、亚太和欧洲五个分公司。

最后，是高度的企业社会责任感。豪赫蒂夫坚持可持续性发展的原则，提倡保护自然环境和社会环境，并注重与利益相关者形成利益共同体。例如，对员工，强调以人为本。公司注重员工的个人发展及价值实现，支持机会平等，鼓励多样化发展；公司推动各项措施，确保员工的健康和安全，减少事故和风险。对股东，则是以持续的盈利以确保股东利益不受损。

第四章 中国交建国际化经营战略选择分析

本章结构图

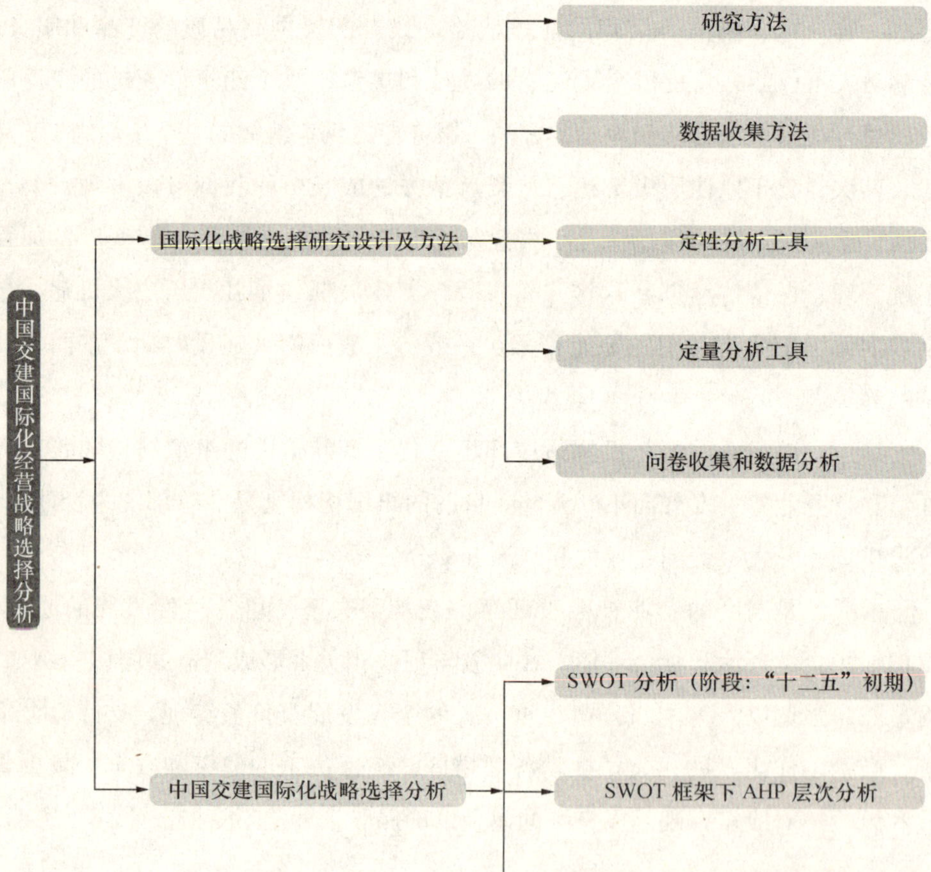

第1节　国际化战略选择研究设计及方法

为了帮助读者更好地理解中国交建国际化经营战略选择分析的过程及结论，在这里作者先重点介绍本次研究分析所采用的研究方法及工具，并分享一些经验与体会。

一、研究方法

1. 研究哲学

在进行研究之前强调哲学基础的重要性是非常必要的。Easterby – Smith et al（1997）提出三类基本的事实强调了哲学观念在科学研究中的重要性：首先，哲学观念为研究者在设计研究方法和策略时提供了一个清晰的思路和框架。其次，在进行研究之前我们必须在不同的方法和策略之间进行比较和评价，然后挑选出一种最适用的方法和策略，依照这种选择流程可以大大简化我们的研究进程。最后，哲学观念为研究者在研究过程中采用新的方法提供了极大的帮助。

在科学研究中所采用的分析哲学一般分为实证主义和解释主义两类。其中实证主义是在调查中经常采用的一种定量分析模式，而解释主义是在研究中经常采用的一种定性分析模式（Hirschheim，1985）。前者又称为经验主义，认为人们能够从客观的观点中获取有规律和可以观察到的事实；后者又称为后实证主义，认为人们只能够从主观的解释中来认识现象所隐含的规律。

Frank Crossan 曾经指出，实证主义和解释主义之间的辩论被过分地夸大了，人们应该更清楚每种分析模式的优缺点。本书中主要采用定性的分析哲学来阐述研究内容。

2. 案例研究

在 Galliers（1991）所定义的 14 种研究方法中，案例研究是一种最为广泛应用的方法，一般是对单一目标的深度调查，这个调查对象可能是个人、事件或者组织。案例分析可以根据研究者的分析哲学而采用实证主义或解释主义模式。通过收集数据以及采用一定的研究方法，研究者可以对事实进行全面深入的研究，并通过建构效度、内在效度、外在效度和信度四个指标来对案例研究设计质量进行评估。

案例研究能够给研究者提供系统的观点。通过对研究对象的深入考察与了解，研究者可以建立起对事件因果关系的清晰理解，从而得到有规律性、指导性的认识。但同时由于案例研究的分析性、技术局限性、主观偏好性以及时间和劳动力密集性，影响了其作用的有效发挥。

3. 其他研究策略

在学术研究中已经采用了一系列的研究方法，根据 Galliers 的定义，这些研究方法分类如表 1 所示：

表 1　　研究方法分类

实证主义	解释主义	实证主义	解释主义
实验室试验	立论/驳论	现场试验	评论
调查	研究	案例分析	描述性/解释性
定理证明	未来研究	预测	角色扮演
模拟			

摘自：Galliers，R. D.（1991）Choosing appropriate information systems research approaches：a revised taxonomy。

由上可知，我们在科学研究中所采用的方法主要分为实证主义和解释主义两类，并且每个大类下又细分为许多小的类别，在这里我们不详细讨论这些研究方法的细节。基于以上对案例研究法优缺点的分析以及各个研究方法之间的比较，并考虑到本书所用资料的可得性，我们后面的分析中主要侧重于案例研究。

二、数据收集方法

1. 调查问卷

我们平常所采用的数据收集方法有多种，例如调查问卷、人员访谈、调查等。在本书中我们采用调查问卷来收集相关的数据。通过利用调查问卷所得数据来构造 AHP 判断矩阵和 SWOT 模型中要素的权重值。这些调查问卷主要来自于研究人员、专家以及公司管理者。

通过设计两份调查问卷来分别获得 AHP 判断矩阵和 SWOT 模型中要素的权重值。在第一份调查问卷中，回答者被要求对统计项目进行打分来决定评价系统这些指标的相对重要性。

2. 调查问卷的优点和缺点

调查问卷的优点主要包括以下几点：首先，它是以一种经过精心设计的标准化方式进行的，这样就能比访谈等其他数据收集方法更客观地反映现实世界。其次，调查问卷可以低成本、高效率地收集到所需数据，研究者所要做的事情就是对调查问卷进行精心的设计以及预先考虑到调查者的耐心程度。最后，如果调查问卷能够在合适的时间和地点发放给合适的人，那么问卷的回收率和合格率会大幅度提高。

尽管如此，我们仍然要考虑到调查问卷的一些固有特征和潜在缺点。一般而言，调查问卷存在如下缺点：首先，设计和分发调查问卷需要耗费大量的人力和时间。其次，由于调查问卷的标准化，受访者没有更多的机会清楚表达自己的思考过程和疑惑。再次，数据的处理过程是一份艰苦的工作。最后，由于事先并不能保证所要求的回收率和合格率，所以必须发放大量的调查问卷。

尽管优点和缺点同时存在，但是我们仍然有大量的理由支持使用调查问卷作为本书数据收集的最合适的方法。

3. 问卷设计

本研究的数据收集采用了问卷调查的方式。根据王重鸣（1990）《心理学研究方法》，本书中问卷设计的依据是在设计目标既定的前提下，首先，参考国内外大量的相关文献与理论研究成果，在此基础上进行问卷初始量表设计。其次，通过专家访谈对问卷预调查，对初始量表进行修改，分析问卷的信度和效度，最终编制了本研究的正式调查问卷。

正式调查问卷包括两份，第一份调查问卷采用李克特 Likert - 7 进行测量，按照 1 - 7 依次表示从不重要到很重要过渡，1 表示非常不重要，7 表示非常重要，受访者在 SWOT 框架下对每一个要素的相对重要性进行打分，通过计算平均分和累积分得到最终的判断矩阵，即 SWOT 权重值系统，这个是 AHP 定量分析的核心。第二份调查问卷同样采用李克特 Likert - 5 进行测量，按照 1 - 5 依次表示对 SWOT 相关问题的现状评估，从 1 非常不重要过渡至 5 非常重要。通过利用这两类数据，可以对中国建筑类企业内外环境进行一个定量的分析。

本问卷第 1 部分是对企业内部优势的测度，第 2 部分是对企业内部劣势的测度，第 3 部分是对企业外部机会的评价，第 4 部分是对企业外部威胁的评价。从问卷的反馈率方面来考虑，问卷越长，回收率越低（Hinkin，1995），但是从问卷的准确度方面来考虑，指标数也不能过少，必须大于 3（Cronbach，1995），本问卷满足该要求，指标数均大于等于 3。

4. 减少答题偏差措施

本问卷的主要题项需要受测者对题项做出主观判断，因此可能会导致问卷结果出现偏差（Bias）。根据 Fowler（1988）的观点，主要有四个导致问卷应答者对题项做出非正确性回答的可能原因：第一，答题者不知道所提问问题答案的信息；第二，答题者不能回忆所提问问题答案的信息；第三，虽然知道这些问题答案的信息，但是答题者不想回答这些问题；第四，答题者不能理解所问的问题。目前，还没有方法可以完全消除以上因素可能带来的问题，但是采取一些措施也可以有效地减少其影响。

为了减少第一种问题，本次调查主要调查熟悉企业整体情况的中高层管理者、基础建设领域的国际化经营领域的专家学者、高级管理咨询师，这一点在发放问卷时便进行了详细说明；在收回问卷时，剔除了一些资历太浅受测者的问卷，并且为了保证调查结果的有效性，尽可能减少基层员工作为受测者，除非其对本企业非常熟悉，并要求受测者如实填写，遇到本人不能回答的问题尽量求助于本企业中熟悉情况的人员填写，以保证答卷的真实性。

为了减少第二种问题，本问卷的题项涉及时间基本上是近期的，只有极少部分需要受测者回忆近三年的情况，尽量避免因为受测者记忆模糊而无法作答。

第三种问题是受测者在很多调查都可能出现的心理顾虑。为了尽量消除这种影响，本问卷采取无记名方式，并做出声明："本调查仅仅用于学术用途，并保证不泄漏任何信息。"在发放问卷时明确说明本次调查的目的以及调查者的身份，尽可能消除受测者的顾虑。

为避免出现第四种问题，本问卷多次收集企业界人士、管理学科专家、管理类教师的建议，进行了反复修改，尽可能使题项语义明确，避免出现模棱两可的情况，并在问卷上留下联系方式，以备咨询。本次受测者的学历水平绝大部分在大专或大专以上，不存在因为文化水平不足而造成不理解语义。同时，受测者大多数接受过管理学科教育，还有部分是 MBA 学员、管理类研究生，更能理解本问卷的含义。

为了避免受测者一致性动机问题，正式问卷在题项的顺序方面进行了调整，使得受测者不能明确得知各题项所测量的变量。这样可以有效防止受测者在答题时形成自己的逻辑，根据自己的逻辑判断而不是客观事实来答题。

同时，为了判断受测者是否认真、如实答题，在现场回收的答卷中，随机抽取部分来对受测者进行了简短的访谈，问题包括询问公司所处行业、规模、员工待遇、工作环境、近期业绩等，对照其答卷，从而判断真实性。对于一些 Email 收回的答卷，如果知道其公司真实名称，则可以在互联网上进行搜索，以核实其信息。

5. 研究样本选择

为保证研究数据的真实性和有效性，作者对中国建筑行业发展情况进行了深入研究，并选择中国交建为本书的研究对象。因为中国交建拥有 50 家全资、控股子公司，17 家参股公司，业务足迹遍及中国内地所有省、市、自治区及港澳特区和世界 124 个国家和地区。公司主营业务涵盖以港口、公路、桥梁、铁路、隧道、市政工程为主的基础设施设计和建设业，以基建疏浚和环保疏浚为主的疏浚业务，以港口机械、筑路机械、大型钢结构为主的装备制造业，以及国际工程承包、进出口贸易为主的外经外贸业。因此，为尽可能深入、全面、真实地了解建筑类行业的SWOT环境，本研究将样本选择对象确定为中国交建，将有代表性的数据用于中国国有大型建筑类企业国际化市场进入的战略定位分析。

三、定性分析工具

SWOT分析方法是一种企业内部分析方法，即根据企业自身的既定内在条件进行分析，找出企业的优势、劣势及核心竞争力之所在，同时积极关注企业外部环境的变化，充分利用外部环境所提供的机会并规避威胁。其中，S代表strength（优势），W代表weakness（劣势），O代表opportunity（机会），T代表threat（威胁），其中，S、W是内部因素，O、T是外部因素。按照企业竞争战略的完整概念，战略应是一个企业“能够做的”（即组织的强项和弱项）和“可能做的”（即环境的机会和威胁）之间的有机组合，如表2所示。

表2　　SWOT分析

	有利于目标实现	不利于目标实现
组织的内部属性	优势	劣势
组织的外部属性	机会	威胁

摘自：Andrews Kenneth R.（1971）. Concept of Corporate Strategy，1971，Richard D Irwin Press。

从表2可以看出，SWOT分析通常是在某一时点对企业内外进行扫描，然后进行优势、劣势、机会和威胁的分析，从而形成四种内外匹配的战略，即：SO战略——依靠内部优势，利用外部机会；ST战略——利用内部优势，回避外部威胁；WO战略——利用外部机会，克服内部劣势；WT战略——减少内部劣势，回避外部威胁。

SWOT分析基本步骤为：

①分析企业的内部优势、劣势，既可是相对企业目标而言，也可是相对

竞争对手而言。

②分析企业所面临的外部机会与威胁，可能来自于与竞争无关的外部环境因素的变化，也可能来自于竞争对手力量与因素变化，或二者兼有，但关键性的外部机会与威胁应予以确认。

③将外部机会和威胁与企业内部优势和劣势进行匹配，形成可行的战略。

Ansoff（1965）指出，企业制定有效竞争战略的能力体现在能够对其内部优势和外部环境进行持续的融合。

Micheal. Porter 从对企业的产业结构分析入手，对企业所处的外部产业环境进行了解构，提出了著名的“五力模型”，对企业“可能做的”给出了说明。能力资源学派则从企业价值链的分解出发，分析了企业在各个环节的价值创造活动，强调了企业资源和能力在形成竞争优势中的重要性。而 SWOT 分析对以上两种观点进行了综合，将企业的产业环境分析和内部资源及条件结合起来，形成了一种平衡的、结构性的分析体系，强调了从结构分析出发对企业的外部环境和内部资源进行综合的考虑。

四、定量分析工具

以上介绍了在本书中所用到的定性分析工具，通过这些工具的运用，对企业所处的外部环境有了一个清楚的了解，明确了企业自身的资源和条件。为了进一步获取更加准确、清晰的信息，实现定性和定量分析的结合，下面对定量分析中常用的层次分析法、模糊网络分析法、数据包络分析法分别进行介绍，并给出每种方法的概念、框架、流程以及特点。

本书在 SWOT 结构中引入了 AHP 分析方法，通过对机会、威胁、优势、劣势四个层次以及每个层次中两两要素之间对目标层次的相对重要性进行排序，增强了 SWOT 分析在战略决策应用中的能力。通过这些比较和排序，企业掌握了关于企业决策的准确环境信息，从而为企业进行战略选择提供了重要决策依据。

1. 层次分析法

层次分析法又称 AHP 方法，是由美国运筹学家 T. L. Saaty（1980）首先提出的。它是一种处理复杂决策问题的结构方法，是定性分析和定量分析相结合的典范。

AHP 方法首先对问题所涉及到的要素按照隶属、关联关系进行层次划分，建立层次结构模型，如图 1 所示；然后对各层次中的要素进行两两比较，确定每一个要素的相对重要性；最后进行综合判断，对评价对象的相对重要性给出总体排序。

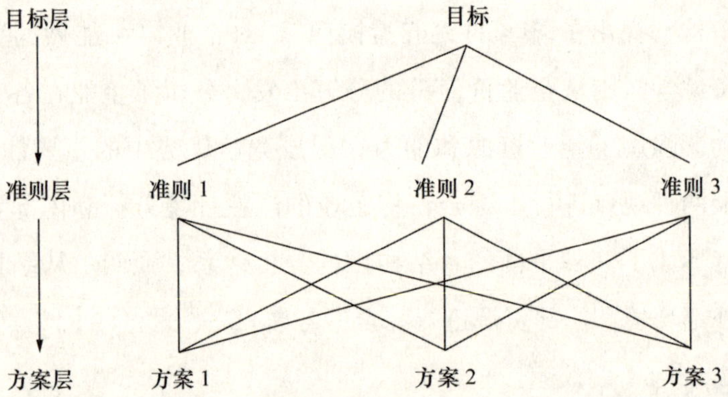

图 1　最简单的多级层次结构图

摘自：Saaty，T. L.（1980），The Analytic Hierarchy Process：Planning，Priority Setting，Resource Allocation，McGraw - Hill：London。

Saaty 认为，AHP 适合对以下 12 类研究问题进行分析：①规划；②产生多种替代方案；③设定优先顺序；④选择最佳方案；⑤资源分配；⑥确定需求；⑦预测输出或风险评估；⑧系统设计；⑨绩效测量；⑩确认系统稳定；⑪最佳化；⑫解决冲突。

AHP 方法处理系统问题的步骤如下：

首先，分析评价系统的每一个统计指标并发展出相应的层次结构，在这种层次模型的基础上，目标问题根据其隶属、关联关系被分解成为不同层次的要素。一般而言分为三个层次：目标层、准则层以及方案层。目标层通常是系统所要评估的问题，只包括了一个指标，作为模型的评价目标和结果；

准则层包括了一些对目标层进行阐释说明的评价指标；方案层由为了达到目标所提供的一些备选方案组成。

其次，对同一层次要素的相对重要性进行两两对比，假设现在有影响要素 Z 的 n 个指标 $X = \{x_1, x_2, \cdots, x_n\}$，AHP 方法建议将 X 向量所包含的元素两两进行对比，并形成一个判断矩阵。也就是说，每次在向量中 X 选取两个要素 x_i 和 x_j，并对它们影响目标 Z 的重要性进行比较，结果表示为 a_{ij}，所有的比较结果形成一个 $n \times n$ 的矩阵 A，这里 i 和 j 的变化范围都是从 1 到 n。

$$A = (a_{ij}) = \begin{bmatrix} 1 & w_1/w_2 & K & w_1/w_n \\ w_2/w_1 & 1 & K & w_2/w_n \\ M & M & K & M \\ w_n/w_1 & w_n/w_2 & L & 1 \end{bmatrix}$$

最后，根据每一个统计项目的相对重要性对其进行排序，并计算

$w_i^* = \sqrt[n]{\prod_{j=1}^{n} a_{ij}} (i = 1, 2, \cdots, n), w_i = \frac{w_i^*}{\sum_{i=1}^{n} w_i^*}, S_j = \sum_{i=1}^{n} a_{ij}$，以及矩阵 A 的最大特征值 λ_{max}。为了保证比较判断的一致性，我们需要设计一个指标 CI 来进行检验，其中 $CI = \frac{\lambda_{max} - n}{n-1}$。当判断矩阵具有完全一致性时 $CI = 0$；$(\lambda_{max} - n)$ 越大，判断矩阵的一致性越差。为了度量不同阶矩阵的一致性，可以计算判断矩阵的平均随机一致性指标 RI，如表 3 所示。

表 3　　十阶矩阵的 *RI* 取值表

矩阵阶数 n	1	2	3	4	5	6	7	8	9	10
RI	0	0	0. 58	0. 90	1. 12	1. 24	1. 32	1. 41	1. 45	1. 49

判断矩阵的一致性指标 CI 与同阶平均随机一致性指标 RI 之比成为随机一致性比率 $CR = \frac{CI}{RI}$。

当 CR 的值小于 10% 时，认为判断矩阵具有满意的一致性，从侧面反映了决策者层次思维的一致性，从而认为我们用层次分析法所得出的结论是合

理。如果不一致，我们必须对调查问卷进行重新设计或者调整要素重要性两两比较所得到的判断矩阵。

以上应用 AHP 方法来处理系统问题的步骤可简化为如图 2 所示的分析流程。

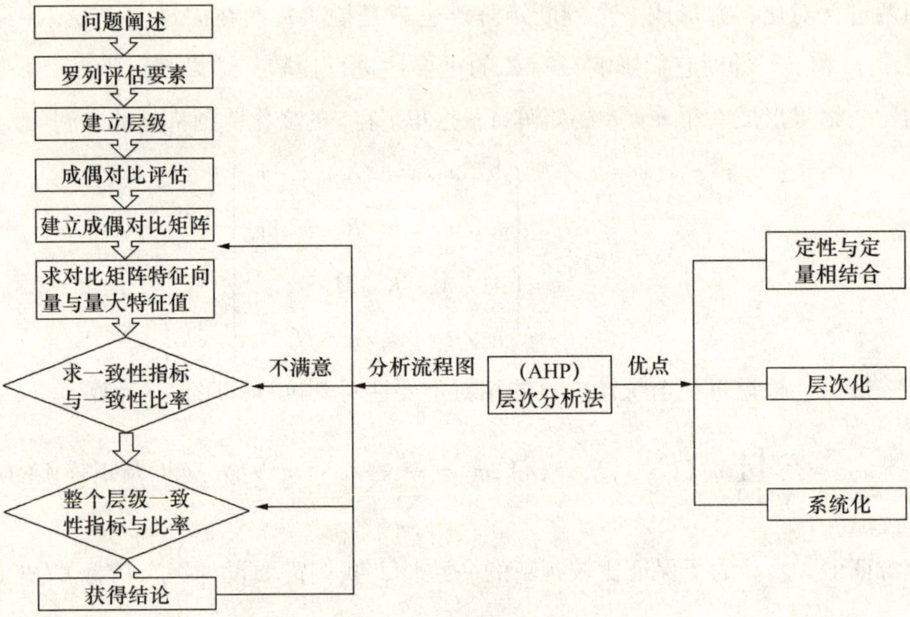

图 2　AHP 分析流程图

2. 模糊网络分析法

模糊网络分析法（The Analysis Network Process，ANP）是 20 世纪 90 年代美国学者 T. L. Satty 在层次分析法的基础上提出来的。层次分析法将复杂问题简化为因素互不相关的层次递阶结构，层次内部的元素不存在相互影响或支配作用，而事实上，评价系统内每一层的各个评价指标间存在复杂的依赖关系。

基于此，ANP 应运而生，以网络结构的方式表示评价指标之间的相互依赖关系和反馈关系，通过构建网络分析模型来描述评价指标之间的相互依存、相互支配的关系，如图 3 所示。其中（a）表示 A 影响 B 或 B 受制于 A，（b）表示 C 内的评价指标之间是相互依存或是非独立的。

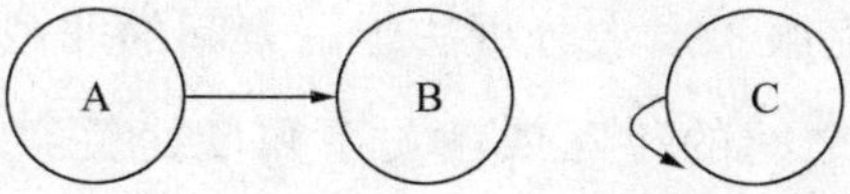

(a) (b)

图 3 网络分析模型图形表示方法

ANP 可以弥补层次分析法的缺陷，同时考虑到人们对相对重要性的评估是主观和不明确的，而标准的 9 点离散刻度无法对此描述，故采用三角模糊数表示语言变量，以描述两两比较过程中的含糊性和主观性。不同的三角模糊数对应不同的相对重要性，具体如表 4 所示。

表 4 三角模糊数对应的相对重要性的语言变量

三角模糊数	相对重要性的语言变量
(1/2，1，3/2)	同样重要
(5/2，3，7/2)	前者比后者稍重要
(9/2，5，11/2)	前者比后者明显重要
(13/2，7，15/2)	前者比后者强烈重要
(17/2，9，19/2)	前者比后者极端重要
(3/2，2，5/2)，(7/2，4，9/2)，(11/2，6，13/2)，(15/2，8，17/2)	上述相邻判断的中间值
倒数	若元素（组）i 与元素（组）j 的重要性之比是（l，m，u），则元素（组）j 与元素（组）i 的重要性之比是（l，m，u）－1＝（1/u，1/m，1/l）

综上所述，ANP 方法的决策原理是基于网络分析法和模糊综合评价的决策原理，是将传统的网络分析法和模糊综合评判有机结合起来形成的一种新的系统分析方法。其基本思想是：①将专家给出的两两判断矩阵用三角模糊数的形式加以描述，形成模糊两两判断矩阵；②根据三角模糊数的性质以及运算方法，计算评价指标的重要度，构造网络分析法的超矩阵，运算后最终确定出评价指标的权重向量。

从上述对 ANP 方法的介绍可以看出，ANP 方法是一种定性与定量相结合的评价方法。它的主要特点有两个：

一是联系性。它克服了层次分析法中因素间的非独立问题，以网络结构的方式表示评价指标之间的相互依赖关系和反馈关系，使决策结果更符合实际。

二是模糊性。采用模糊集理论中的三角模糊数技术，描述了相对重要性比较过程中的主观性和含糊性，更符合评价决策的实际情况。

通过对方法的复杂性、可操作性、完备性等评价指标的比较，最终我们选用层次分析法作为本书的定量分析方法，充分利用层次分析法结构清晰、操作方便、定量分析和定性分析相结合的特点。

五、问卷收集和数据分析

1. 研究数据收集

考虑到对建筑类行业环境和企业内外优势、劣势各要素相关信息的了解程度，本研究主要对企业的高层管理者、学者和管理咨询专家进行问卷调查来获取研究数据。本次问卷调查主要通过企业实地走访、邮寄、传真方式进行。本次问卷调查的发放和回收情况见表 5 所示。通过各种方式发放问卷 200 份，有效问卷 157 份，问卷有效率为 76%。

表 5 问卷发放及回收情况

问卷调查对象	发出问卷数	回收有效问卷数	有效回收率
企业高层	73	59	81%
学者	62	51	82%
管理咨询专家	65	47	72%
总数	200	157	78%

2. 研究数据质量评估

（1）信度分析

信度分析是用来检验可观测变量的方差对潜变量的解释程度（DeVellis，1991）。信度越大，说明用于解释的一个潜变量的各观测变量的一致性程度越高。通常用 Cronbach α 系数法来分析变量的内部一致性，各变量的 α 值见表

6 所示。

表 6 问卷信度分析和效度分析结果

结构指标	项目	项目信度	Cronbach's Alpha	因子载荷	KMO 效度值
优势	S1	0.879	0.810	0.610	0.720
	S2	0.609		0.657	
	S3	0.767		0.582	
	S4	0.723		0.652	
	S5	0.686		0.731	
劣势	W1	0.778	0.799	0.585	0.757
	W2	0.836		0.616	
	W3	0.784		0.782	
机会	O1	0.715	0.753	0.675	0.867
	O2	0.879		0.630	
	O3	0.706		0.582	
威胁	T1	0.711	0.701	0.510	0.861
	T2	0.736		0.599	
	T3	0.856		0.682	

Nummally（1978）认为，α 系数的值应视研究的阶段而有不同的标准，在研究的初期，为了节省时间和精力，信度值只要在0.6 或0.5 即可接受；一般来说，Cronbach α 在0.6 以上，表示量表信度可接受，若 Cronbach α 在0.7 以上，表示量表具有高信度。由表6 可知，企业优势、劣势、机会、威胁四个构面的信度均达到0.7 以上。由此可见，样本数据具有相当高的信度水平。

（2）效度分析

所谓效度，是指一种测量真正能够测出研究人员所想要测量的事物的程度。效度可区分为内容效度和构造效度。

内容效度指的是内容的代表性或内容产生过程中样本抽样的适当性（Kerlinger，1973）。本研究的测量均以相关文献为理论基础，同时在正式发放问卷之前，经过了专家学者的修正过程，因此，本研究能够具有内容效度。

构造效度是指测量工具能够测量理论的概念或特质的程度。验证性因子分析是检验构造效度的最强有力的工具之一（Kerlingger，1986）。本研究采用验证性因子分析来检验构造效度，提取公因子采用主成分方法，因子旋转采用方差最大旋转。在因子分析前采用 KMO 样本测度和 Baetlett 球形检验来检验量表中指标间的相关性，用以反映样本是否适宜做因子分析。通常采用如下标准：KMO 在 0.9 以上，非常适合；0.8 ~ 0.9 很适合；0.7 ~ 0.8 适合；0.6 ~ 0.7 比较适合（马庆国，2002）。四个构面的 KMO 值分别为 0.720、0.757、0.867、0.861，表明企业 SWOT 问卷测量体系具有较好的构思效度。

第2节　中国交建国际化战略选择分析

一、SWOT 分析（阶段："十二五"初期）

1. 中国交建国际化经营的优势

（1）品牌优势

中国交通建设股份有限公司在世界企业 500 强中排名第 211 位，位列全球第 5 大工程承包商，在中国对外工程承包信用评级中拥有 AAA 级最高信用等级，拥有 CCCC、CHEC、CRBC 和 ZPMC 四大知名品牌。

（2）市场优势

中国交建是中国最大的港口设计及建设企业，设计承建了新中国成立以来绝大多数沿海大中型港口码头，在国内航务工程市场中的占有率为 85%。中国交建是世界领先的公路、桥梁、隧道设计及建设企业，参与了国内众多高等级主干线公路的建设，在特大桥市场中的占有率为 80%。中国交建是世界第一疏浚企业，拥有中国最大的疏浚船队，耙吸船总仓容量和绞吸船总装机功率均排名世界第一，在国内沿海疏浚市场所占份额超过 80%。中国交建是全球最大的集装箱起重机制造商，集装箱起重机业务占世界市场份额的 78% 以上，产品出口 74 个国家和地区的 120 个码头。中国交建还是中国最大的国际工程承包商和国际设计公司，在80多个国家和地区设立了办事处和分支机构。

（3）科技优势

中国交建在跨江跨海大桥、海底隧道、深水航道治理、冻土以及港口机械制造等领域的技术均处于世界领先水平。公司拥有10家大型设计院、7个国家级技术中心、14个省级技术中心、6个省部级重点实验室、7个博士后科研工作站。2005~2010年，中国交建先后获得543项自主知识产权专利，荣获17项国家科学技术进步奖，257项省部级科技进步奖，28项詹天佑土木工程大奖，35项国家级工法，编制完成投入使用的标准规范103项，占交通行业标准规范的70%。

（4）产业链优势

在交通基础设施建设领域，中国交建集项目运作、投资、设计、咨询、施工（安装）、后期运营于一体，建立了完整的价值链，形成了独特的产业链优势，有利于降低风险和成本。

（5）大型项目运作的综合能力

中国交建与政府或业主单位有良好的合作关系，并有雄厚的资金实力和融资优势作支撑，使公司逐步从单一的工程承包商转向大型项目的运营商。同时公司拥有的产业链和各类资源优势能够确保大型项目的顺利实施。

2. 中国交建国际化经营的劣势

（1）业务结构单一

目前中国交建只涉及了大土木和装备制造两项业务，而且过于依赖国家投资拉动的大土木业务。对利润率高、能形成长期稳定的经营性收入的产业（如：房地产、特许经营、能源等）则几乎没有涉足。

（2）国际化程度不高

中国交建海外营业收入和所占比重与世界一流建筑企业相比，还有很大差距。海外资产所占比重和使用效率也低于世界一流建筑企业。中国交建国际化人才依旧不足，缺乏一批具有语言优势、国际商务谈判能力和项目管理能力的复合型高层次人才。

（3）运营效率不够高

中国交建的效率指标普遍偏低，总资产周转率、存货周转率和人均产值三项指标与世界一流建筑企业相比差距较大，企业整体的运营效率较低。

（4）产业链协同效应缺乏

虽然中国交建具备了较完整的产业链，但其协同效应并没有充分发挥，内部的同质化竞争比较严重。

（5）管理模式有待完善

管理架构不够清晰有效。中国交建现行的管理模式是通过总部的业务管理部门对各业务板块所辖的近40家子公司进行直接管理，难以避免板块内各子企业之间的相互竞争，不能更好地形成协同效应，难以实现资源的共享和最优化配置。板块内的一些企业朝着“小而全”的方向发展，很难形成差异化和专业化优势。

3. 中国交建国际化经营所面临的机遇

（1）海外基础设施建设市场快速增长

根据世界银行的预测，自2010年开始全球经济逐步复苏，亚太、南亚和撒哈拉以南非洲地区将成为全球经济增长的热点区域，这三个地区的政府支出和固定资产投资也将保持较高的增长速度。欧洲、拉美以及中东、北非地区的增长速度相对较慢，在上一轮经济刺激计划之后，可能会逐步减少政府支出和固定资产投资。

对于全球建筑产业，根据“全球建筑视角”和牛津经济研究院联合发布的《全球建筑2020》分析报告，未来10年全球建筑市场将以年均4.9%的速度增长，至2020年全球建筑业产值将增至12.7万亿美元，占全球总产出的14.6%，其中中国、印度、俄罗斯、巴西、波兰以及美国等国将成为建筑业增长的主要阵地。报告估计金融危机后新兴国家建筑市场将超越发达国家，在2011～2020年间新兴国家建筑产值将增长110%，达到7万亿美元，占全球建筑市场的55%和2020年全球生产总值的17.2%。特别是基础设施建设领域，由于新兴国家面临交通系统升级、楼房设施改造等强大需求，基础设施领域的建筑产值有望增长128%，非住宅的基础设施建设的增速将接近100%。发达国家建筑产值的增长率预测仅为35%，占全球建筑市场的份额将由2005年的65%降至2020年的45%。其中发达国家基础设施市场增幅仅可能为18%。根据CIBC世界市场的分析，未来20年全球在基础设施建设领域的投资有望达到35万亿美元，年均投资1.75万亿美元，主要将投向机场、港口、能源设施、铁路等领域，亚太、南亚和中东地区的发展中国家将成为热点。海外基础设施建设市场快速增长的前景为中国交建的海外扩展提供了巨大的市场机遇。

（2）集装箱港口机械进入更新换代周期

截至2009年，全球岸桥保有量约4600台左右，其中1995年以前投入运营的约占1000台左右。因此，若按20年的使用寿命估算，自2012年起陆续进入更新换代周期，再综合集装箱贸易增长拉动港口新建和改扩建对港机的需求，每年有200台左右的岸桥需要更新换代，场桥与岸桥按2：1比例推算，每年有400台以上的需求。全球市场容量大约有30亿~40亿美元。

（3）钢结构市场容量扩大

钢结构市场容量大，竞争对手广泛且竞争十分激烈。据咨询机构分析，大型钢结构全球市场容量约为100亿美元左右。

（4）海洋工程装备需求量增大

据海洋工程权威分析机构ODS预测，2010~2015年世界海洋钻井装置需求量为83~116座，全球海洋工程每年支出在3000亿~4000亿美元，其中海洋工程装备市场容量每年为300亿~500亿美元左右。

（5）国家“走出去”战略的实施

“十二五”规划以来，国家大力实施国有特大型企业“走出去”战略，在政策和资金方面进行大力扶持，为中国交建的国际化经营建立了国家保障机制。

4. 中国交建国际化经营所面临的威胁

（1）国际工程承包市场风险增加

从国际情况来看，其风险来源主要是西方国家经济回暖缓慢，随着美国量化宽松政策和欧洲债务危机的此起彼伏，汇率风险进一步增大，大宗商品价格波动更加剧烈，给中国交建国际化经营带来一定的市场风险。

（2）非贸易壁垒增加

虽然由于贸易自由化和 WTO 规则的影响，国际间的贸易壁垒已经大大降低，但是各国为了保护本国的制造业，不断设置一些非贸易壁垒，例如外汇管制、用工限制、环保安全、技术规范等，提高了企业的准入门槛，给中国交建国际化经营增加了难度。

（3）市场竞争激烈

市场竞争主要来自两个方面：一是国际建筑市场上的外国大型工程承包商。它们通过现代管理模式和技术手段来实现高效率和低成本，在全球范围内配置资源，具有很强的竞争优势。二是国内其他特大型建筑企业。虽然这些国内竞争对手与中国交建在营业收入上的差距比较大，但是它们的盈利能力和增长速度正在接近或超过了中国交建的水平。它们在海外市场对中国交建传统的业务领域（如港航）持续渗透，加剧了中国交建在海外市场所面临的竞争威胁。

（4）部分行业市场需求持续低迷

例如，全球对港口机械的需求仍然处于低点，恢复到金融危机前的水平还需要 2~3 年的时间；国际物流行业发展也处于低谷，国际航运业的运力过剩的压力仍未能从根本上解除，而作为国际航运业的下游产业，物流行业在未来几年的景气指数不高，从而限制了中国交建在物流领域的扩展。

二、SWOT 框架下 AHP 层次分析

1. 研究方法介绍

我们把 AHP 方法引入 SWOT 框架之中，从而实现定性和定量的结合。根据前述的介绍我们知道，AHP 方法首先对问题所涉及到的要素按照隶属、关联关系进行层次划分，一般分为目标层、准则层和方案层三类。以中国交建为例，目标层是对企业各种海外市场战略的评估；准则层是由中国交建国际化经营的 SWOT 分析中所涉及到的优势、劣势、机会、威胁四个要素及每个

要素所属的子要素组成；方案层是中国交建的四种对应战略，分别为 SO，WO，ST 和 WT 战略。

其次，对 SWOT 模型内同一层次的各个要素两两进行对比以反映其相对重要性，并建立相应的判断矩阵。假设我们有 M 指标 $X = \{x_1, x_2, \cdots, x_m\}$，对指标 x_i 和 x_j 进行对比以反映它们之间的相对重要性，其中 i 和 j 取值范围从 1 到 m，比较结果表示为 a_{ij}。矩阵需要给出 $m*(m-1)/2$ 值，其中矩阵对角线上元素为 1，非对角线上元素保持一种对应关系 $a_{ij} = 1/a_{ij}$，a_{ij} 为整型变量，取值范围从 1 到 9，其具体含义如表 7 所示：

表 7　Saaty 判断矩阵要素取值及重要性含义

取　值	重要性对比	含　　义
1	同等重要	x_i 和 x_j 具有相同的重要性
3	一般重要	x_i 比 x_j 一般重要
5	比较重要	和 x_j 相比 x_i 比较重要
7	非常重要	和 x_j 相比 x_i 非常重要
9	极度重要	和 x_j 相比 x_i 极度重要
2，4，6，8	中间值	和取值相对应的重要性

第一份调查问卷给出了 SWOT 分析中各个要素的重要性取值。受访者在 SWOT 框架下对每一个要素的相对重要性进行打分，取值从 1 到 7，通过计算平均分和累积分得到最终的判断矩阵，这个是 AHP 定量分析的核心。

在得到判断矩阵的情况下，第三步基于各个要素对目标层不同的影响程度来进行排序。

计算 $w_i^* = \sqrt[n]{\prod_{j=1}^{n} a_{ij}}(i = 1,2,\cdots,n), w_i = \dfrac{w_i^*}{\sum_{i=1}^{n} w_i^*}, S_j = \sum_{i=1}^{n} a_{ij}$，以及判断矩阵 A 的最大特征值 $\lambda_{\max}$，利用得到的这些指标来进行矩阵 A 的一致性检验 $CI = \dfrac{\lambda_{\max} - n}{n - 1}$。

2. AHP 判断矩阵

AHP 方法需对准则层的元素两两进行比较，得到相应的判断矩阵，比较框架如表8所示。

表8　　中国交建的SWOT分析框架

S优势	S1：品牌市场优势； S2：人才科技优势； S3：完整的产业链及大型项目运作的综合能力； S4：设备优势； S5：融资优势
W劣势	W1：业务结构单一，国际化程度不高，运营效率低下； W2：尖端人才缺乏，信息化程度较低； W3：项目管理粗放，产业链协同效应缺乏，管理模式有待完善
O机会	O1：国家"走出去"战略的实施； O2：海外基础设施建设市场快速增长； O3：集装箱港口机械进入更新换代周期，钢结构及海洋工程装备市场容量增大
T威胁	T1：国内其他特大型建筑企业的海外市场竞争威胁； T2：海外市场风险增加，国际工程市场竞争激烈，非贸易壁垒提高； T3：全球对港口机械的需求及国际物流行业处于低点

基于判断矩阵的构造，分别计算机会、威胁、优势、劣势四个项目的总分和平均分，同时给出四个项目所辖要素两两比较的相对重要性比值，如表9所示：

表9　　优势的要素平均值和总和值

	S1	S2	S3	S4	S5
总和值	759	689	719	688	603
平均值	6.125	5.5625	5.7969	5.5469	4.8594

$$A=\begin{bmatrix}1 & 4 & 3 & 4 & 7\\ 1/4 & 1 & 1/2 & 2 & 4\\ 1/3 & 2 & 1 & 3 & 5\\ 1/4 & 1/2 & 1/3 & 1 & 4\\ 1/7 & 1/4 & 1/5 & 1/4 & 1\end{bmatrix}\rightarrow\begin{bmatrix}3.2\\ 1\\ 1.6\\ 0.7\\ 0.3\end{bmatrix}\rightarrow W=\begin{bmatrix}0.4\\ 0.15\\ 0.23\\ 0.08\\ 0.14\end{bmatrix}$$

$\lambda_{max}=5.1$

$CI=1.12, CR=0.015<0.1$

通过计算，获得优势项目每个要素的权重值，判断矩阵通过一致性检验。

表 10　　劣势要素的平均值和总和值

	W1	W2	W3
总和值	543	535	541
平均值	4. 3750	4. 3125	4. 3594

$$A=\begin{bmatrix}1 & 2 & 1\\1/2 & 1 & 1/2\\1/2 & 2 & 1\end{bmatrix}\rightarrow\begin{bmatrix}1.26\\0.63\\1.26\end{bmatrix}\rightarrow W=\begin{bmatrix}0.4\\0.2\\0.4\end{bmatrix}$$

$\lambda_{\max}=3.13$

$CI=0.011, CR=0.012<0.1$

通过计算，获得劣势项目每个要素的权重值，判断矩阵通过一致性检验。

表 11　　机会要素的平均值和总和值

	O1	O2	O3
总和值	397	287	215
平均值	6. 2031	5. 4844	4. 8594

$$A=\begin{bmatrix}1 & 4 & 7\\1/4 & 1 & 5\\1/7 & 1/5 & 1\end{bmatrix}\rightarrow\begin{bmatrix}3.04\\1.08\\0.31\end{bmatrix}\rightarrow W=\begin{bmatrix}0.29\\0.46\\0.25\end{bmatrix}$$

$\lambda_{\max}=5.05$

$CI=0.02, CR=0.034<0.1$

通过计算，获得劣势项目每个要素的权重值，判断矩阵通过一致性检验。

表 12　　威胁要素的平均值和总和值

	T1	T2	T3
总和值	397	287	215
平均值	6. 2031	5. 4844	4. 8594

$$A=\begin{bmatrix}1 & 4 & 7\\1/4 & 1 & 5\\1/7 & 1/5 & 1\end{bmatrix}\rightarrow\begin{bmatrix}3.04\\1.08\\0.31\end{bmatrix}\rightarrow W=\begin{bmatrix}0.35\\0.5\\0.15\end{bmatrix}$$

$\lambda_{max} = 3.04$

$CI = 0.02, CR = 0.034 < 0.1$

通过计算，获得威胁项目每个要素的权重值，判断矩阵通过一致性检验。

表 13　　SWOT 分析的总和值和平均值

	N1	N2	N3	N4
总和值	616	591	589	415
平均值	4.9688	4.7656	4.7500	3.3437

$$A = \begin{bmatrix} 1 & 2 & 2 & 8 \\ 1/2 & 1 & 2 & 7 \\ 1/2 & 1/2 & 1 & 7 \\ 1/8 & 1/7 & 1/7 & 1 \end{bmatrix} \rightarrow \begin{bmatrix} 2.38 \\ 1.63 \\ 1.15 \\ 0.22 \end{bmatrix} \rightarrow W = \begin{bmatrix} 0.31 \\ 0.17 \\ 0.25 \\ 0.27 \end{bmatrix}$$

$\lambda_{max} = 4.05$

$CI = 0.016, CR = 0.018 < 0.1$

通过计算，获得 SWOT 模型每个项目的权重值，判断矩阵通过一致性检验。

3. AHP 权重分析

以上对 SWOT 框架中各个要素权重值的计算结果列在表 14 中。接下来，我们就采用这些权重值来对中国交建的 SWOT 系统进行评估。

表 14　　中国交建的 SWOT 框架的权重值

S 优势 (0.31)	S1：品牌市场优势；(0.4) S2：人才科技优势；(0.15) S3：完整的产业链以及大型项目运作的综合能力；(0.23) S4：设备优势；(0.08) S5：融资优势 (0.14)
W 劣势 (0.17)	W1：业务结构单一，国际化程度不高，运营效率低下；(0.4) W2：尖端人才缺乏，信息化程度较低；(0.2) W3：项目管理粗放，产业链协同效应缺乏，管理模式有待完善 (0.4)
O 机会 (0.25)	O1：国家“走出去”战略的实施；(0.29) O2：海外基础设施建设市场快速增长；(0.46) O3：集装箱港口机械进入更新换代周期，钢结构及海洋工程装备市场容量增大 (0.25)

续表

T 威胁 (0.27)	T1：国内其他特大型建筑企业的海外市场竞争威胁；(0.35) T2：海外市场风险增加，国际工程市场竞争激烈，非贸易壁垒提高；(0.5) T3：全球对港口机械的需求及国际物流行业处于低点（0.15）

从以上分析知道，在所有的四个项目：机会、威胁、优势、劣势中，优势占据了最大的权重，其值为0.31，威胁以0.27位居第二，机会和劣势分别以0.25和0.17位居第三、第四位。

4. 战略评价

关于中国交建的战略评价，作者结合运用了两部分数据。第一部分数据是以上分析所得到的SWOT权重值系统，第二部分数据是从第二份调查问卷中所得到的项目打分。通过利用这两类数据，可以对中国交建进行一个定量的分析。

在第二份调查问卷中，问卷的回复者以定量的形式1、2、3、4、5对其进行打分。这些评估分别被转化成为20、40、60、80以及100。输入为这些项目中每一个的平均值，和权重系统结合在一起，输出是SWOT要素以及对相应战略的评估。

（1）优势、劣势、机会、威胁的评价

表15 中国交建的SWOT框架的权重及得分

	项目	权重	得分
S优势 (0.31)	S1：品牌市场优势	0.4	92
	S2：人才科技优势	0.15	85
	S3：完整的产业链以及大型项目运作的综合能力	0.23	88
	S4：设备优势	0.08	77
	S5：融资优势	0.14	78
W劣势 (0.17)	W1：业务结构单一，国际化程度不高，运营效率低下	0.4	69
	W2：尖端人才缺乏，信息化程度较低	0.2	54
	W3：项目管理粗放，产业链协同效应缺乏，管理模式有待完善	0.4	61

续表

	项　目	权重	得分
O 机会（0.25）	O1：国家“走出去”战略的实施	0.29	77
	O2：海外基础设施建设市场快速增长	0.46	90
	O3：集装箱港口机械进入更新换代周期，钢结构及海洋工程装备市场容量增大	0.25	84
T 威胁（0.27）	T1：国内其他特大型建筑企业的海外市场竞争威胁	0.35	81
	T2：海外市场风险增加，国际工程市场竞争激烈，非贸易壁垒提高	0.5	85
	T3：全球对港口机械的需求及国际物流行业处于低点	0.15	64

从以上的分数我们看出，品牌市场优势、人才科技优势以及完整的产业链和大型项目运作的综合能力是最被接受的三项，而中国交建的信息化水平、项目管理模式以及产品需求的能力不足并不是非常重要的影响因素。

①优势得分：$0.4\times92+0.15\times85+0.23\times88+0.08\times77+0.14\times78=86.87$。

从以上的得分我们知道，尽管国际工程承包市场的竞争程度和非贸易壁垒在不断提高，中国交建在该市场仍然维持着很强的竞争优势。在未来的发展中，中国交建要依靠其自身的品牌市场优势、人才科技优势以及完整的产业链和大型项目综合运作能力，不断开拓海外市场、维持自身的竞争优势。

②劣势得分：$0.4\times69+0.2\times54+0.4\times61=62.8$。

从以上得分结果我们知道，和优势相比，受访者对中国交建的劣势并没有给出很高的评分。这可能是出于以下两点理由：其一，受访者对中国交建业务结构单一，国际化程度、运营效率低下，项目管理粗放，产业链协同效应缺乏等劣势并没有给予重点的关注。其二，和中国交建的其他竞争者相比，这些劣势并没有进入受访者的考虑范围。

③机会得分：$0.29\times77+0.46\times90+0.25\times84=84.73$。

许多受访者认识到国家“走出去”战略的实施、海外基础设施建设市场的快速增长以及钢结构和海洋工程装备市场容量增大是中国交建未来进一步发展的重大机遇。尽管受访者对当前的经济形势并不是非常乐观，但作为对中国交建发展有着积极影响的一面，这三方面的机会因素仍然贡献良多。

④威胁得分：$0.35\times81+0.5\times85+0.15\times64=80.45$。

最重要的威胁主要来自海外市场风险的增加，国际工程市场竞争的加剧，非贸易壁垒的提高以及国外其他特大型建筑企业的海外市场竞争威胁。事实上，由于威胁的得分并不像机会的得分那么高，这些威胁因素并没有严重地抵消积极、正面的外部环境的影响。但同时考虑到威胁的得分，其负面的影响仍然不容忽视。

⑤SWOT 得分：$86.87\times0.31+(-62.8)\times0.17+84.73\times0.25+(-80.45)\times0.27=15.71$。

把劣势和威胁的打分设定为负，并对优势、劣势、机会、威胁这四项进行加权求和，获得 SWOT 框架的总体得分为 15.71。从以上分值我们获得两点信息：其一，总得分为正，总体的内外部环境有利于中国交建的发展；其二，尽管总得分为正，但其值偏小，要素的正向效应在很大程度上被负向效应所抵消。因而中国交建需要在今后的发展过程中充分利用当前的优势和机会，同时积极规避自身的劣势和所面临的威胁。

（2）对 SO、WO、ST 和 WT 四种战略的评价

优势、劣势、机会、威胁的得分（见图 4）分别为 86.87（由 A 点表示），62.8（由 B 点表示），84.73（由 C 点表示），80.45（由 D 点表示）。优势和劣势的组合得分为 24.07，机会和威胁的组合得分为 4.28，由 F 点表示。从以上数据看出，中国交建的内部环境和外部环境的整体效应为正。在建筑行业所拥有的发展前景下，中国交建在未来的潜在发展是非常有前景的。但是我们也应该注意到，劣势和威胁的得分为负，并且得分值非常大，企业优势和机会所提供的积极因素在很大程度上被劣势和威胁的消极因素所抵消。

SO、WO、ST 和 WT 战略的得分别为 85.8、73.77、83.66 以及 71.63。和其他战略相比，SO 战略是最有优势的。从以上的分析结果我们可以明显看出，中国交建应该充分利用其内部优势和外部市场机会来进入海外市场。

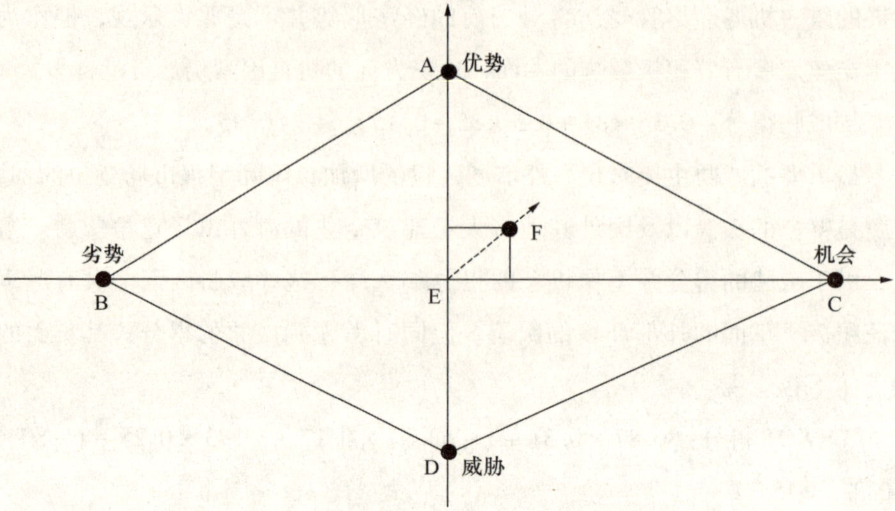

图 4　中国交建的战略“四边形”分析

三、对标分析

五年来，中国交建“走出去”的实践证明，“十二五”初期 SWOT 分析所得出的战略选择是完全正确的。公司国际化经营在总体战略目标引领下，转变海外经营的模式和结构，市场范围不断扩大，海外业绩逐年攀高，而且海外业务以较少的资源投入，保持了快速稳定增长，为中国交建业务结构调整和转型升级提供了有力支撑。在美国《财富》杂志最新公布的 2015 年世界 500 强排行榜中，中国交建位列第 165 位，在入选的中国企业中排名第 30 位。目前，中国交建位居 ENR 全球最大 250 家国际承包商第 5 位，连续 9 年位居中国上榜企业第 1 名。

新形势、新环境下，为了进一步明确中国交建未来国际化经营战略方向，我们又与全球范围内 11 家建筑行业标杆企业进行了对标分析，进而认清中国交建目前的国际竞争优势与劣势，并针对差距、结合自身的特点与优势提出有效的策略与措施建议。值得一提的是，对标分析的核心结论与我们之前的 SWOT 分析结果保持高度一致，即仍然要坚持“走出去”步伐，推进“大海外”战略，这既是中国交建保持当前健康稳定发展的需要，也是实现未来可持续发展的必由之路。

1. 对标企业选取

从全球众多建筑企业中甄选出合适的对标企业，是保证对标分析质量和价值的关键。本次以国际排名、地域代表性、企业类型、运营特色等为主要标准，选取全球建筑企业中的世界领先、业绩优秀、发展战略与中国交建具有一定匹配度的公司作为对标分析对象，具体如表16所示：

表16　　　　对标企业筛选标准说明

考虑要素	选取标准	主要原因
国际排名	《财富》《福布斯》《美国工程记录》连续多年的上榜建筑企业	上述排名发布机构具有较强权威性，公信度较高，上榜企业能够代表本行业世界一流水平
地域代表性	欧洲、美洲、亚太等地区的主要建筑企业	确保对标企业在地域上具有较为全面的代表性
企业类型	综合运营、专业运营	比较不同类型企业的差异，吸取借鉴各类建筑企业的经验
运营特色	具有与众不同的核心能力、竞争优势以及自身特色	保证对标企业具有独特优势，能够从中选出标杆企业

综合上述因素，最终确定了法国万喜（Vinci）、法国布依格（Bouygues）、瑞典斯堪斯卡（Skanska）、西班牙ACS、西班牙FCC、美国福陆（Fluor）、奥地利斯特伯格（Strabag）、中国中铁、中铁建、中国建筑、中国中冶共11家国际对标企业。

表17　　　　对标企业

	国际排名	经营地域	类　型	特　色
中国建筑	《财富》第37位	亚洲、非洲等	建筑业为主	快速成长
中国中铁	《财富》第71位	亚洲、非洲等	建筑业为主	快速成长
中国铁建	《财富》第79位	亚洲、非洲等	建筑业为主	快速成长
中国交建	《财富》第165位	亚洲、非洲等	建筑业为主	快速成长
法国万喜	《财富》第200位	全球	综合	特许经营、资本运作
西班牙ACS	《财富》第203位	全球	综合	战略并购

续表

	国际排名	经营地域	类　型	特　色
法国布依格	《财富》第 244 位	欧洲	综合	家族式管理
中国中冶	《财富》第 326 位	亚洲等	建筑业为主	快速成长
奥地利斯特伯格	ENR 最大承包商第 13 位	全球	建筑业为主	治理结构、海外拓展
瑞典斯堪斯卡	ENR 最大承包商第 14 位	全球	建筑业为主	海外拓展
美国福陆	ENR 最大承包商第 15 位	全球	建筑业为主	技术创新、管理能力
西班牙 FCC	2014 年 ENR 最大承包商第 35 位	全球	建筑业为主	海外拓展

注："国际排名（2015）"中，财富 500 强排名为按照各企业 2014 年度营业收入排名，ENR 最大承包商排名按照 2015 年 ENR 排名数据。

（1）中国建筑

中国建筑是全球最大的建筑公司，2014 年完成产值 1307.45 亿美元，实现利润总额 70.82 亿美元，公司有 4 大业务板块：

①房屋建筑工程业务；

②基础设施建设与投资业务：铁路、特大型桥梁、高速公路以及城市轨道交通等；

③房地产开发与投资业务：国资委批准的主业包含房地产开发的中央企业之一，公司旗下的"中国海外"是中国房地产行业的领军企业，"中海地产"是中国最具价值的房地产品牌之一；

④设计勘察业务。

（2）中国中铁

中国中铁是中国乃至全球最大的建筑公司之一，2014 年完成产值 997.43 亿美元。实现利润总额 25.03 亿美元，公司有 5 大业务板块：

①基建建设业务：包括铁路、公路和市政工程建设项目等；

②勘察设计与咨询服务业务：高速铁路、客运专线、复杂山区铁路项目、城市轨道交通项目、重大桥梁工程项目、越江隧道工程项目等；

③工程设备和零部件制造业务：盾构机、客运专线道岔、高速道岔和桥梁钢结构；

④房地产开发业务：国资委批准的主业包含房地产开发的中央企业之一，“中铁置业”是其旗下的著名房地产品牌；

⑤其他业务：铁路与公路的 BOT 等投资经营项目、矿产资源开发、物资贸易和其他多种业务。

（3）中国铁建

中国铁建是中国乃至全球最大的建筑公司之一，2014 年完成产值 967.42 亿美元，实现利润总额 24.44 亿美元。公司有 4 大业务板块：

①工程承包业务：铁路、公路、房屋建筑、市政公用、城市轨道、水利电力、桥梁、隧道、机场建设；

②勘察设计咨询业务：铁路、公路、城市轨道交通、水利及电力设施、机场、码头、工业与民用建筑和市政工程等土木工程和交通基础建设的勘察设计及咨询服务；

③工业制造业务：设计、研发、生产及保养大型养路机械设备与铁路、桥梁、轨枕及轨道系统零部件；

④其他业务：房地产开发、物流与物资贸易等业务，是国资委批准的主业包含房地产开发的中央企业之一。

（4）中国交建

中国交建是中国最大的建筑公司之一，2014 年完成产值 599.24 亿美元，实现利润总额 28.70 亿美元。公司有 5 大业务板块：

①基建建设业务：港口建设、道路与桥梁建设、铁路建设、投资业务（包括 BOT/BOO 及 BT 项目）、海外业务及其他工程；

②基建设计业务：港口、码头、公路、桥梁设计，并延伸至城市公用工程、城市轨道交通、道路与桥梁养护及监测加固工程、环境评估工程等；

③疏浚业务：主要从事航道疏浚和吹填造地项目；

④装备制造业务：大型港口装卸系统和设备、海上重型装备、工程机械、工程船舶、大型金属结构及部件、钢结构工程专业承包等。

⑤房地产业务：国资委批准的主业包含房地产开发的中央企业之一，

2015 年通过成立中交房地产集团整合旗下房地产业务。

（5）法国万喜（Vinci）

法国万喜是全球最大的建筑公司之一，2014 年完成产值 471.57 亿美元，实现利润总额 43.45 亿美元。公司有 3 大业务板块：

①特许经营：交通基础设施（公路、桥梁、停车场、机场等）的设计、融资、建设和营运；

②合同式业务：包括能源、道路工程、建筑三个部分；

1）能源——提供工业设施工程、系统集成、安装和维护服务；

2）道路工程——高速公路的建设、翻新和维护；

3）建筑——土木工程和水利工程；

③股权投资和其他：房地产开发和酒店业务。

（6）法国布依格（Bouygues）

法国布依格是法国第二大建筑公司，2014 年完成产值 434.90 亿美元，实现利润总额 13.72 亿美元。公司有 5 大业务板块：

①建筑：房屋、市政工程和电力设施建设；

②房地产开发：商业设施建设和城市开发；

③道路工程：交通基础设施的建设、维护和开发；

④媒体：TF1 电视台；

⑤电信：移动通信服务。

（7）西班牙 ACS

ACS 是西班牙最大的建筑公司，2014 年完成产值 432.59 亿美元，实现利润总额 15.18 亿美元。公司有 3 大业务板块：

①建筑：交通基础设施建设，海洋、水利工程，城市基础设施建设，机场建设；

②工业服务：商业用气配送网络，能源，电信，工业控制系统；

③服务和特许经营：提供港口和物流服务等。

（8）中国中冶

中国中冶是中国最大的建筑公司之一，2014 年完成产值 352.65 亿美元，实现利润总额 10.96 亿美元。公司有 4 大业务板块：

①工程承包业务：大中型钢铁联合企业主要生产设施的规划、勘察、设计和建设，为有色金属资源类企业提供规划、设计、建设及其他服务，房屋建筑、交通基础设施等；

②资源开发业务：拥有许多资源开发项目的采矿权益，开发铁矿石、铜、镍、钴、铅、锌和其他金属矿产资源，并具备锌、铅、铜的冶炼加工能力，还从事多晶硅生产；

③装备制造业务：冶金设备及设备成套，钢结构的研发、设计、制造和安装；

④房地产开发业务：国资委批准的主业包含房地产开发的中央企业之一，营业范围包括北京、上海、天津、重庆、南京等多个城市，“中国中冶置业”品牌已享有良好的声誉与较高的知名度。

（9）美国福陆（Flour）

美国福陆始创于 1912 年，2014 年完成产值 215.32 亿美元，实现利润总额 12.05 亿美元，在全球六大洲 28 个国家开展业务。公司有 5 大业务板块：

①油气项目：从上游的油气开采生产，到下游的精炼和石油化工提供包括设计、采购、建造、项目管理全程的服务；

②工业和基础设施项目：包括生命科学、采矿、运输、电信、商业、公共设施、制造业等；

③政府项目；

④全球服务项目：项目管理工具和方法支持、项目运行和维护服务以及项目人力资源规划服务；

⑤电力项目：电厂的设计和建造、燃煤发电设施。

（10）瑞典斯堪斯卡（Skanska）

斯堪斯卡是瑞典最大的建筑公司，2014 年完成产值 185.03 亿美元，实现利润总额6.62亿美元。公司有4大业务板块：

①建筑：房建工程和市政工程；

②住宅开发：住宅房产开发；

③商业设施开发：开发、租赁商业房产项目；

④基础设施开发：开发投资私人融资的基础设施项目，如公路、医院、发电厂等。

（11）奥地利斯特伯格（Strabag）

斯特伯格位于奥地利首都维也纳，是唯一一家进入美国《工程新闻记录》（ENR）国际承包商前250强的奥地利公司，也是欧洲最大的建筑服务提供商之一。2014年完成产值152.01亿美元，实现利润总额3.12亿美元。斯特伯格业务范围广泛，基本囊括了建筑领域的所有业务，覆盖了建筑业的整个价值增值链。公司有3大业务板块：

①房屋建筑与土木工程：工业和商业地产、写字楼、住宅房地产的建设以及预制构件的生产等；

②交通基础设施业务：公路建设以及任何与公路建设相关的工程建设项目；

③隧道工程业务：公路和铁路隧道以及地下通廊和洞室施工。

（12）西班牙建筑和服务集团（FCC）

西班牙FCC公司是于1992年3月通过两个公司的合并成立的专门从事公共服务的公司，2014年完成产值77.18亿美元，实现利润总额-9.98亿美元。FCC公司目前业务组合高度多样化，其核心业务是环境服务和水资源管理、建设大型基础设施、水泥生产、能源和可再生能源的生产。FCC业务遍及全球54个国家，收入主要来自欧洲和美国。

2. 对标企业综合排名情况

（1）《财富》500强建筑业排名

2015年，中国交建的《财富》世界500强排名由上年的第187位上升到第165位，上升了22位。

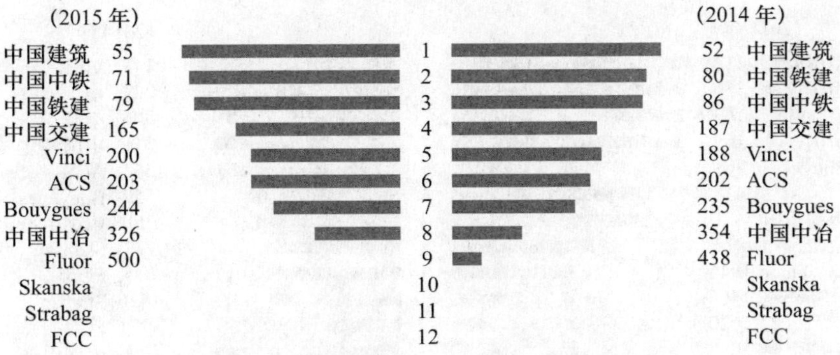

图 5　《财富》世界 500 强建筑企业排名

注：“世界 500 强”是国人对美国《财富》杂志每年评选的“全球最大五百家公司”排行榜的一种约定俗成的叫法，以营业额为唯一指标。

数据来源：《财富》世界 500 强企业排名。

近年来，进入世界 500 强的建筑企业逐年减少，总数由 2010 年的 18 家下降到 2015 年的 11 家。未列入本次对标的世界 500 强建筑企业有太平洋建设集团、中国电建、中国能建。世界知名建筑企业中瑞典斯堪斯卡、西班牙 FCC、奥地利斯特伯格三家企业均未入选世界 500 强。入榜的大部分中国企业 2015 排名有所提升（包括上述三家未列入对标的企业），对标企业中，中国中铁、中国铁建、中国中冶排名分别上升 15 位、1 位、28 位。与此形成对照的是欧洲老牌建筑企业法国万喜、西班牙 ACS、法国布依格公司排名则持续下降，分别下降 12 位、1 位、9 位。由此可见，中国建筑企业在全球建筑业的市场份额在不断扩大，影响力正持续上升。

（2）《福布斯》2000 强建筑业排名

《福布斯》2000 强排名综合参考了公司规模、销售业绩、盈利状况、资产和市值等指标后，形成了这一全球最大公司排行榜。中国交建的《福布斯》2000 强排名大幅上升，从 2014 年的第 306 位上升到 2015 年的第 155 位，排名上升了 151 位。中国建筑列建筑企业第 1 名，排名 112 位。中国交建在 12 家企业中排在次席，排名超过法国万喜，仅次于中国建筑。这一排名位次的靠前，说明中国交建综合竞争力较强，处于国际领先水平。

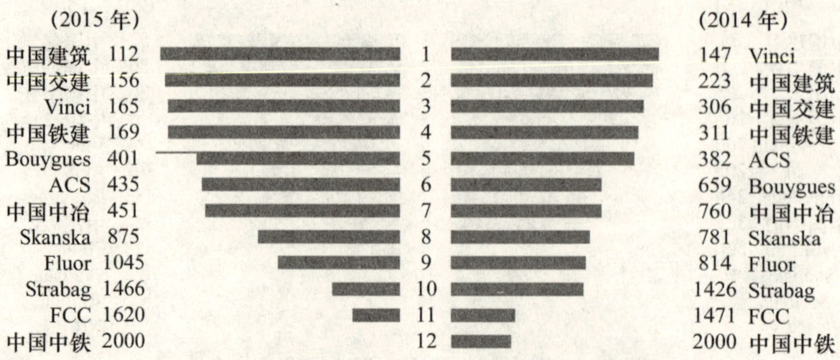

图 6 《福布斯》世界 2000 强建筑企业排名

注：《福布斯》综合参考了公司规模、销售业绩、盈利状况、资产和市值等指标后形成。

数据来源：《福布斯》世界 2000 强企业排名。

（3）ENR 全球 250 家最大承包商排名

图 7 ENR 全球 250 家最大承包商排名

注：ENR 全球 250 家最大承包商名是根据承包公司在全球范围内所有营业额来排名的。

数据来源：ENR 全球 250 家最大承包商排名。

《工程新闻记录》（ENR，Engineering News - Record）是美国麦格劳—希尔建筑信息公司（McGraw - Hill Construction）旗下的行业新闻周刊，是全球工程建设领域最权威的学术杂志。ENR 每年在全球范围内评选“最大 250 家国际承包商”和“最大 250 家全球承包商”，其中“最大 250 家全球承包商”根据承包公司在全球范围内（母国和母国外）所有营业收入总额来排名。ENR250 排名在全世界工程建设市场上具有较强影响力，得到了业界广泛认同，是反映承包企业国际经营能力和综合经济实力的重要标杆。中国交建在

2015 年 ENR 全球 250 家最大承包商中排第 4 位，中国中铁、中国建筑、中国铁建、中国交建四家中国公司再度包揽了前四名。

（4）ENR 全球 250 家最大国际承包商排名

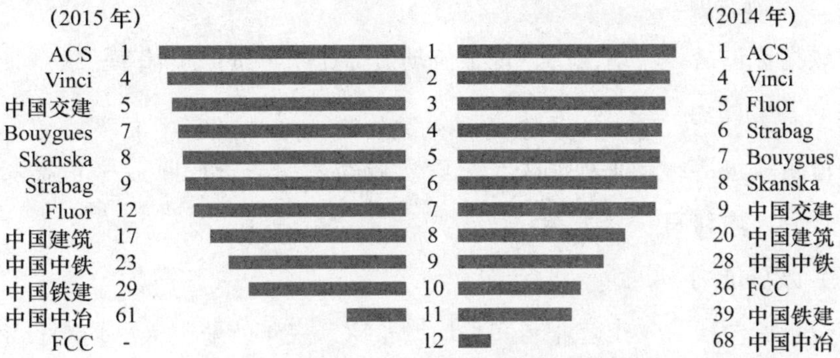

图 8　ENR 全球 250 家量大国际承包商排名

注：ENR 全球 250 家最大承包商名是根据承包公司在母国以外的营业额来排名的。

数据来源：ENR 全球 250 家最大国际承包商排名。

ENR 全球 250 家最大国际承包商排名根据承包公司上一年度在本土市场以外的海外业务营业收入评定，中国交建在 ENR 全球 250 家最大国际承包商 2015 年排名中居第 5 位，较 2014 年上升了 4 位。中国交建是唯一进入 ENR 全球 250 家最大国际承包商前十强的中国企业。在 12 家企业处于第 3 位，在国内 5 家企业中连续多年居于首位。ENR 全球最大承包商中，国内 5 家企业均进入了前 10 位，而 ENR 全球最大国际承包商排名前 10 位中仅中国交建一家，表明中国企业经营区域较小，仍然主要集中于中国本土，经营范围较窄，国际化指数偏低，国际竞争力依然较弱。

3. 对标指标选取

根据中国交建战略定位，按照从体系内涵归纳战略要素，并将要素转化为定性、定量指标的提炼思路，建立形成了中国交建对标指标体系。

（1）经营规模

衡量指标包括：营业收入、利润总额、归属母公司净利润、总资产、净资产、经营活动所产生现金净额。

（2）运营能力

衡量指标包括：流动资产周转率、固定资产周转率、总资产周转率、人均产值。

（3）偿债能力

衡量指标包括：流动比率、现金流动负债比率、资产负债率。

（4）盈利能力

衡量指标包括：营业利润率、总资产收益率、净资产收益率、盈余现金保障倍数、人均利润。

（5）发展能力

衡量指标包括：三年营业利润平均增长率、三年营业收入平均增长率。

4. 对标分析

（1）分类指标对标分析

①经营规模指标对标。选取最能反映经营规模情况的指标进行对比分析，包括营业收入、利润总额、归属母公司净利润、总资产、净资产和经营活动所产生现金净额等六项指标（见表18）。

表18　全球知名建筑企业经营规模指标表

企业名称	国家	营业收入（亿美元）	利润总额（亿美元）	归属母公司净利润（亿美元）	总资产（亿美元）	净资产（亿美元）	经营现金净流量（亿美元）
中国建筑	中国	1307.45	70.82	36.88	1502.05	321.81	40.70
中国铁建	中国	967.42	24.44	18.54	1008.34	168.15	10.76
中国中铁	中国	997.43	25.03	16.93	1116.27	178.24	31.78
中国交建	中国	599.24	28.70	22.69	1030.21	216.04	7.20
Vinci	法国	471.57	43.45	30.29	767.98	181.16	44.27
Bouygues	法国	434.90	13.72	8.21	476.48	130.65	31.65
ACS	西班牙	432.59	15.18	8.74	479.10	59.68	10.04
中国中冶	中国	352.65	10.96	6.48	532.73	94.83	24.46
Fluor	美国	215.32	12.05	6.48	81.94	32.24	6.43

续表

企业名称	国家	营业收入（亿美元）	利润总额（亿美元）	归属母公司净利润（亿美元）	总资产（亿美元）	净资产（亿美元）	经营现金净流量（亿美元）
Skanska	瑞典	185.03	6.62	4.96	119.77	27.63	6.14
Strabag	奥地利	152.01	3.12	1.56	125.20	38.31	9.81
FCC	西班牙	77.18	-9.98	-8.94	170.86	6.04	7.42
中国交建排名（12 家）		4	3	3	3	2	10
中国交建排名（5 家）		4	2	2	3	2	5
12 家企业平均值		516.06	20.34	12.74	617.58	121.23	19.22
国内 5 家企业平均值		844.84	31.99	20.31	1037.92	195.81	22.98
中国交建与 12 家企业平均值比较		83.17	8.36	9.96	412.63	94.81	-12.02
中国交建与国内 5 家企业平均值比较		-245.60	-3.29	2.39	-7.71	20.23	-15.78
中国交建与 12 家企业最高值百分比		45.83%	40.52%	61.53%	68.59%	67.13%	16.26%

②运营能力指标对标。本书从流动资产周转率、固定资产周转率、总资产周转率、人均产值四项指标进行企业运营能力对比分析（见表 19）。

表 19　　全球知名建筑企业运营能力指标表

企业名称	运营能力			
	流动资产周转率（次）	固定资产周转率（次）	总资产周转率（次）	人均产值（万美元/人）
中国建筑	1.20	4.34	0.94	54.92
中国铁建	1.20	6.55	1.01	38.76
中国中铁	1.17	4.65	0.93	33.97
中国交建	1.09	1.55	0.64	57.98
Vinci	1.58	0.92	0.58	25.45
Bouygues	2.05	1.68	0.92	32.51
ACS	1.33	2.37	0.85	20.57
中国中冶	0.89	2.67	0.67	33.78

续表

企业名称	运营能力			
	流动资产周转率（次）	固定资产周转率（次）	总资产周转率（次）	人均产值（万美元/人）
Fluor	3.66	9.05	2.61	57.41
Skanska	1.84	7.17	1.46	31.98
Strabag	1.98	2.65	1.13	20.85
FCC	0.90	0.74	0.40	12.17
12家平均值	1.57	3.70	1.01	35.03
国内5家平均值	1.11	3.95	0.84	43.88
12家最优值	3.66	9.05	2.61	57.98
国内5家最优值	1.20	6.55	1.01	57.98
中国交建与12家企业平均值对比	-0.48	-2.15	-0.37	22.95
中国交建与12家企业最优值对比	-2.57	-7.51	-1.97	0.00
中国交建与国内5家企业平均值对比	-0.02	-2.41	-0.20	14.10
中国交建与国内5家企业最优值值对比	-0.11	-5.01	-0.37	0.00
12家中中国交建排名	10	10	10	1
国内5家中中国交建排名	4	5	5	1

③偿债能力指标对标。本书从流动比率、现金流动负债比率、资产负债率三项指标进行企业偿债能力对比分析，见表20。

表20　全球知名建筑企业偿债能力指标表

企业名称	偿债能力		
	流动比率	现金流动负债比率	资产负债率
中国建筑	131.72%	4.57%	78.58%
中国铁建	121.00%	1.54%	83.32%
中国中铁	115.74%	4.13%	84.03%
中国交建	104.90%	1.30%	79.03%
Vinci	88.89%	13.58%	76.41%
Bouygues	98.53%	14.50%	72.58%
ACS	101.74%	3.31%	87.54%

续表

企业名称	偿债能力		
	流动比率	现金流动负债比率	资产负债率
中国中冶	113.57%	6.88%	82.20%
Fluor	172.87%	19.29%	60.66%
Skanska	127.51%	8.11%	76.93%
Strabag	122.16%	17.05%	69.40%
FCC	108.35%	10.69%	96.47%
12 家平均值	117.25%	8.75%	78.93%
国内 5 家平均值	117.38%	3.68%	81.43%
12 家最优值	172.87%	19.29%	60.66%
国内 5 家最优值	131.72%	6.88%	78.58%
中国交建与 12 家企业平均值对比	-12.35%	-7.44%	0.10%
中国交建与 12 家企业最优值对比	-67.97%	-17.99%	18.37%
中国交建与国内 5 家企业平均值对比	-12.49%	-2.38%	-2.40%
中国交建与国内 5 家企业最优值值对比	-26.82%	-5.58%	0.45%
12 家中中国交建排名	9	12	7
国内 5 家中中国交建排名	5	5	2

④盈利能力指标对标。本书从营业利润率、总资产收益率、净资产收益率、盈余现金保障倍数、人均利润五项指标进行企业盈利能力对比分析（见表 21）。

表 21　　　全球知名建筑企业盈利能力指标表

企业名称	盈利能力				
	营业利润率（%）	总资产收益率（%）	净资产收益率（不含少数股东）（%）	盈余现金保障倍数（倍）	人均利润（万美元/人）
中国建筑	5.42%	5.10%	17.59%	0.75	2.97
中国铁建	2.53%	2.56%	13.22%	0.57	0.98
中国中铁	2.51%	2.34%	11.20%	1.82	0.85

续表

企业名称	盈利能力				
	营业利润率（%）	总资产收益率（%）	净资产收益率（不含少数股东）（%）	盈余现金保障倍数（倍）	人均利润（万美元/人）
中国交建	4.79%	3.06%	13.12%	0.32	2.78
Vinci	9.21%	5.36%	16.33%	1.44	2.34
Bouygues	3.15%	2.92%	7.89%	3.35	1.03
ACS	3.51%	2.98%	19.76%	0.89	0.72
中国中冶	3.11%	2.07%	8.64%	3.45	1.05
Fluor	5.60%	14.59%	18.86%	0.75	3.21
Skanska	3.58%	5.24%	16.65%	1.24	1.14
Strabag	2.05%	2.32%	4.18%	5.46	0.43
FCC	-12.93%	-5.22%	-532.97%	-0.81	-1.57
12 家平均值	2.71%	3.61%	13.40%	1.60	1.33
国内 5 家平均值	3.67%	3.03%	12.75%	1.38	1.73
12 家最优值	9.21%	14.59%	19.76%	5.46	3.21
国内 5 家最优值	5.42%	5.10%	17.59%	3.45	2.97
中国交建与 12 家企业平均值对比	2.08%	-0.55%	-0.28%	-1.28	1.45
中国交建与 12 家企业最优值对比	-4.42%	-11.52%	-6.63%	-5.14	-0.44
中国交建与国内 5 家企业平均值对比	1.12%	0.04%	0.37%	-1.06	1.05
中国交建与国内 5 家企业最优值值对比	-0.63%	-2.03%	-4.46%	-3.13	-0.20
12 家中中国交建排名	4	5	7	11	3
国内 5 家中中国交建排名	2	2	3	5	2

注：*西班牙 FCC 净资产收益率指标偏差较大，该项指标未计入 12 家平均值计算。

⑤发展能力指标对标。本书从三年营业利润平均增长率、三年营业收入平均增长率两项指标进行企业发展能力对比分析（见表 22）。

（2）综合评价分析

综合评价是指通过选取反映企业运营能力、偿债能力、盈利能力、发展能力的一系列指标，每个指标分配一定的权重，进行综合计算得出每个企业

表 22　　全球知名建筑企业发展能力指标表

企业名称	发展能力	
	三年营业利润平均增长率（%）	三年营业收入平均增长率（%）
中国建筑	26.89%	19.71%
中国铁建	17.52%	10.25%
中国中铁	14.52%	12.64%
中国交建	15.24%	8.86%
Vinci	-2.56%	-1.42%
Bouygues	-16.27%	-0.05%
ACS	2.09%	4.49%
中国中冶	1.17%	-0.92%
Fluor	6.35%	-2.71%
Skanska	-16.77%	2.68%
Strabag	-8.32%	-5.94%
FCC	-192.39%	-21.00%
12 家平均值	-12.71%	2.22%
国内 5 家平均值	15.07%	10.11%
12 家最优值	26.89%	19.71%
国内 5 家最优值	26.89%	19.71%
中国交建与 12 家企业平均值对比	27.95%	6.65%
中国交建与 12 家企业最优值对比	-11.65%	-10.85%
中国交建与国内 5 家企业平均值对比	0.17%	-1.25%
中国交建与国内 5 家企业最优值值对比	-11.65%	-10.85%
12 家中中国交建排名	3	4
国内 5 家中中国交建排名	3	4

的综合得分，通过每个企业的综合得分来反映该企业在整体中所处的状况。

①综合评价得分。中国交建综合评价得分为 71.77 分，在这 12 家企业中排第 6，较上年回升 1 位，位于中游，落后于美国福陆（89.31 分）、中国建筑（85.58 分）、瑞典斯堪斯卡（77.79 分）、中国铁建（75.27 分）、中国中

铁（73.33 分）。在 5 家国内企业中排第 4，仅高于中国中冶（67.15 分）。

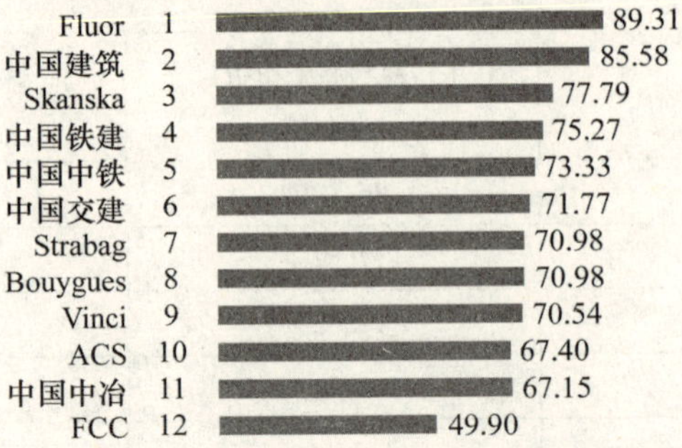

图 9　全球 12 家建筑企业综合评价得分排名

②运营能力得分。中国交建运营能力得分为 66.25 分，在这 12 家企业中排第 8，与上年持平，位于中下，落后于美国福陆（98.75 分）、瑞典斯堪斯卡（85.00 分）、中国铁建（81.25 分）、中国建筑（80.00 分）、奥地利斯特伯格（76.25 分）、中国中铁（75.00）、法国布依格（73.75 分）。在 5 家国内企业中位列第 4，高于中国中冶（63.75 分）。

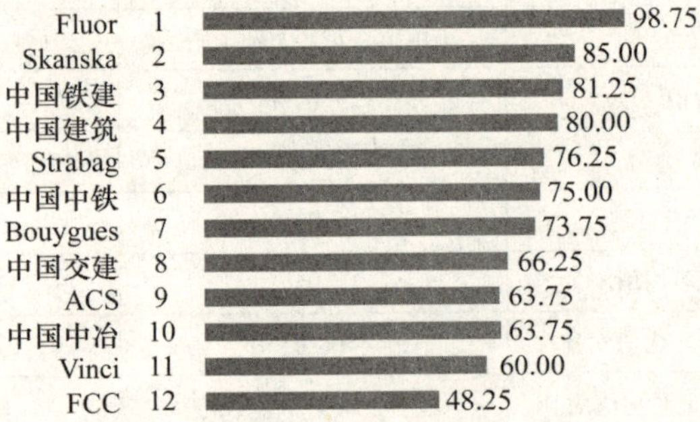

图 10　全球 12 家建筑企业运营能力得分排名

③偿债能力得分。中国交建偿债能力得分为 58.33 分，在这 12 家企业中排在第 11 位，仅优于西班牙 ACS 集团，落后于美国福陆（100 分）、奥地利斯特伯格（91.67 分）、瑞典斯堪斯卡（81.67 分）、中国建筑（78.33 分）、法国布依格（76.67 分）、法国万喜（71.67 分）、中国中冶（68.33 分）、中国铁建（63.33）、中国中铁（63.33）。在 5 家国内企业中处于末位。

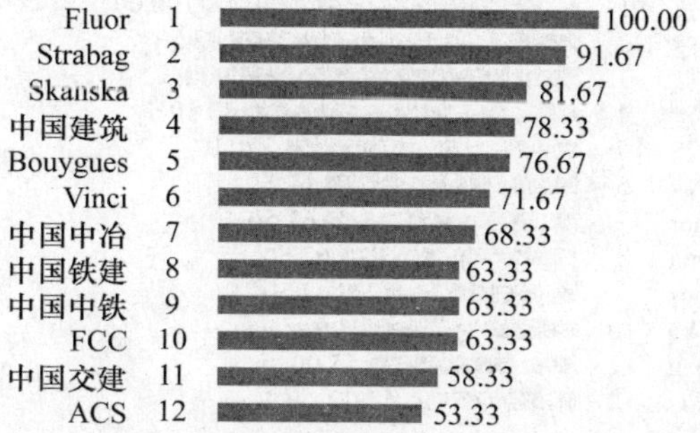

图 11　全球 12 家建筑企业偿债能力得分排名

④盈利能力得分。中国交建盈利能力得分为 75 分，在这 12 家企业中排第 5，位于中上游，落后于美国福陆（91 分）、法国万喜（88 分）、中国建筑（84 分）、瑞典斯堪斯卡（82 分）。在 5 家国内企业中排名第 2，落后于中国建筑。

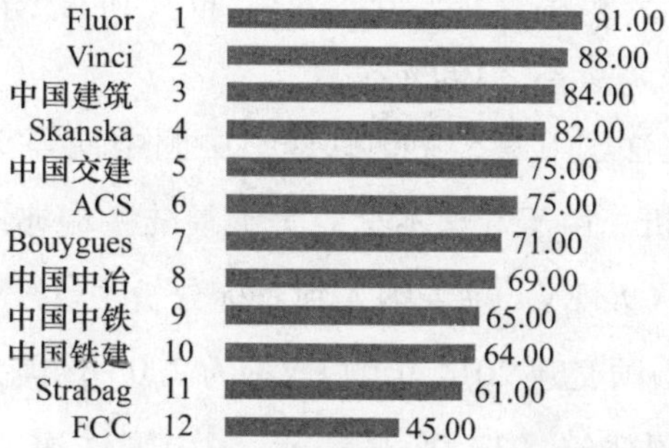

图 12　全球 12 家建筑企业盈利能力得分排名

⑤发展能力得分。发展能力得分方面，中国建筑企业排名普遍靠前。中国交建发展能力得分为 87.5 分，在这 12 家企业中排名第 4，位于中上，落后于中国建筑（100 分）、中国铁建（92.5 分）、中国中铁（90 分）。在 5 家国内企业中排名 4。

（3）EVA 及 EVA 率对比分析

国资委从 2013 开始，将经济增加值（EVA）指标对中央企业负责人经营业绩考核中的权重从 40% 调整到 50%。EVA 指标能更准确地衡量企业创造的价值和经营业绩，能更好地跟踪企业的价值。EVA 概念从不同角度扩展了传

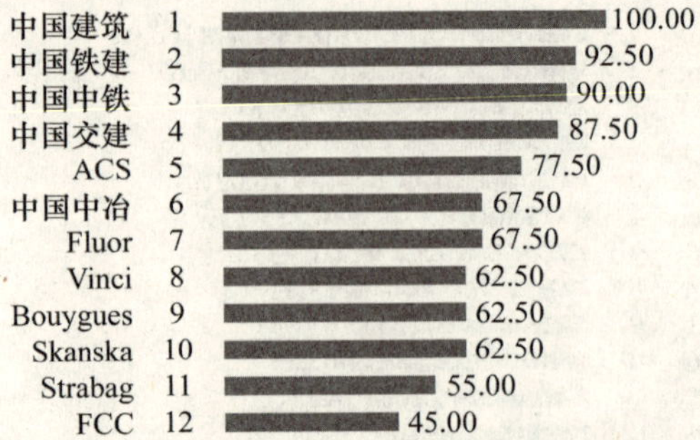

图13 全球12家建筑企业发展能力得分排名

统的剩余收益评价方法，鼓励管理者高效投入资本和利用资产，促使管理者有效地对债权人和股东负责。因此，对EVA指标进行对比分析十分必要。

EVA＝税后净营业利润－资本成本＝税后净营业利润－调整后资本×平均资本成本率

税后净营业利润＝净利润＋财务费用×（1－所得税税率）

EVA率＝EVA÷调整后资本×100%

根据上述算法本书对法国万喜、中国铁建、中国中铁等9家企业的EVA及EVA率进行了对比分析。由于数据不全，美国福陆、瑞典斯堪斯卡和法国布依格这3家企业的EVA及EVA率未纳入到对标分析中。

①EVA对比分析。中国交建2014年的EVA为2.03亿美元，在9家企业中排第5位，落后于中国建筑（37.05亿美元）、中国铁建（7.89亿美元）、西班牙ACS（7.10亿美元）、法国万喜（6.98亿美元）。9家企业2014年EVA的平均值为5.08亿美元，中国交建的EVA比9家企业平均值低3.04亿美元，比最优值中国建筑（37.05亿美元）低35.02亿美元，为中国建筑的5.5%。

在国内5家企业中排第3位，落后于中国建筑、中国铁建。国内5家企业2014年EVA平均值为9.19亿美元，中国交建的EVA比国内5家企业平均值低7.16亿美元。

②EVA率对比分析。中国交建2014年的EVA率为0.38%，在9家企业中排第5位，落后于中国建筑（7.76%）、西班牙ACS（2.86%）、中国铁建

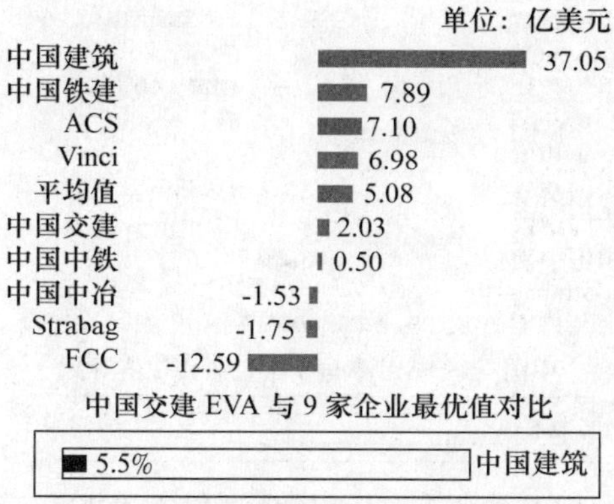

图 14　全球 9 家建筑企业 EVA 排名

数据来源：企业年报。

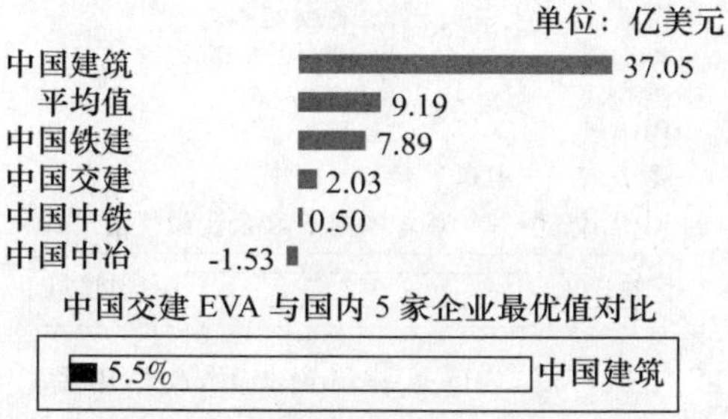

图 15　国内 5 家建筑企业 EVA 排名

数据数源：企业年报。

(2.66%)、法国万喜（1.29%）。9 家企业 2014 年 EVA 率的平均值为 0.41%，中国交建的 EVA 率比 9 家企业平均值低 0.03 个百分点，比最优值中国建筑（7.76%）低 7.38 个百分点，为中国建筑的 5.0%。

在国内 5 家企业中排第 3 位，落后于中国建筑、中国铁建。国内 5 家企业 2014 年 EVA 率平均值为 2.06%，中国交建的 EVA 率比国内 5 家企业平均值低 1.68 个百分点。

（4）国际化经营对比分析

世界一流企业大多数是国际化指数很高的跨国公司，它们本国之外的营业收入、利润和员工要占到总数的一半以上。它们超越国籍而存在，触角延伸到世界各个角落，具有很强的产业链综合竞争能力、全球资源整合和组织

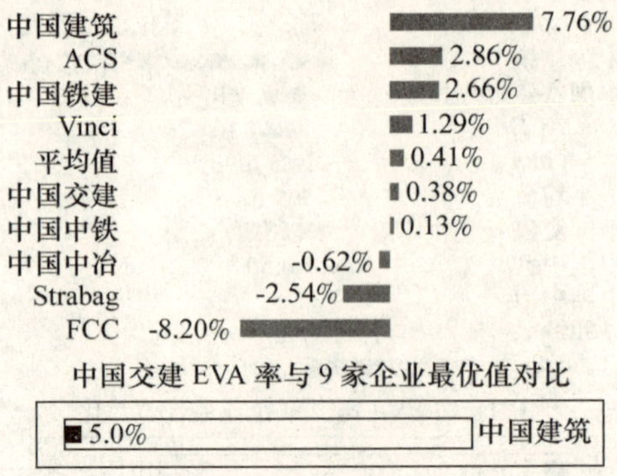

图 16　全球 9 家建筑企业 EVA 率排名

数据来源：企业年报。

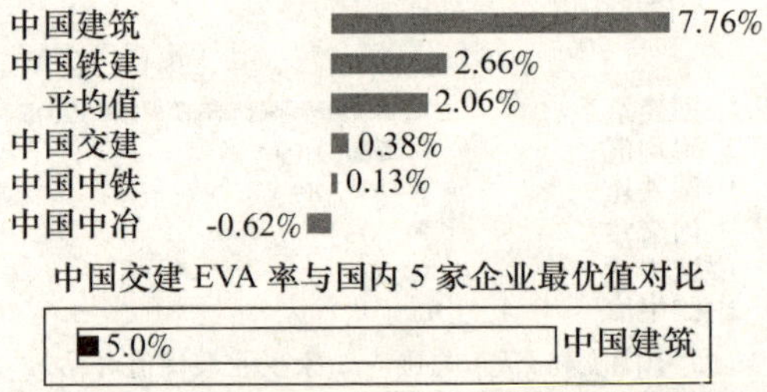

图 17　国内 5 家建筑企业 EVA 率排名

数据来源：企业年报。

能力；它们擅长并购整合，产融紧密结合，具有很强的全球资本运作能力。

中国交建“十二五”期间的工作重点是“保基础、调结构、走出去”。事实上，“走出去”在很大程度上是一种市场结构调整，是属于“调结构”的一个方面。之所以把“走出去”单独提出来作为三项工作重点之一，就是因为海外业务不仅事关中国交建可持续发展、事关全局战略，也事关公司作为中央企业能否担当起国家所赋予的重大使命。因此，对国际化经营指标进行对比分析十分必要。

国际化经营对比分析选取了海外营业收入及国际化经营指数两项指标。分析数据来源于 2015 年 8 月份发布的 ENR 数据。

①海外营业收入对比分析。中国交建 2014 年海外营业收入为 158.27/603.15 亿美元，在这 12 家企业中排第 3 位，仅落后于西班牙 ACS（387.08/

460.81 亿美元）、法国万喜（196.80/518.69 亿美元）；优于法国布依格（142.01/323.35 亿美元）、瑞典斯堪斯卡（140.24/176.87 亿美元）、奥地利斯特伯格（139.72/164.70 亿美元）、美国福陆（115.24/169.25 亿美元）、中国建筑（72.39/1105.79 亿美元）、中国中铁（54.64/1131.06 亿美元）、中国中冶（26.69/300.26 亿美元）、中国铁建（24.50/970.44 亿美元）。对标企业（除西班牙 FCC）2014 年的海外营业收入平均值为 132.51 亿美元，中国交建的海外营业收入比对标企业平均值高 25.76 亿美元，为第一名西班牙 ACS 的 40.89%，与 ACS 直接的差距有所减小。

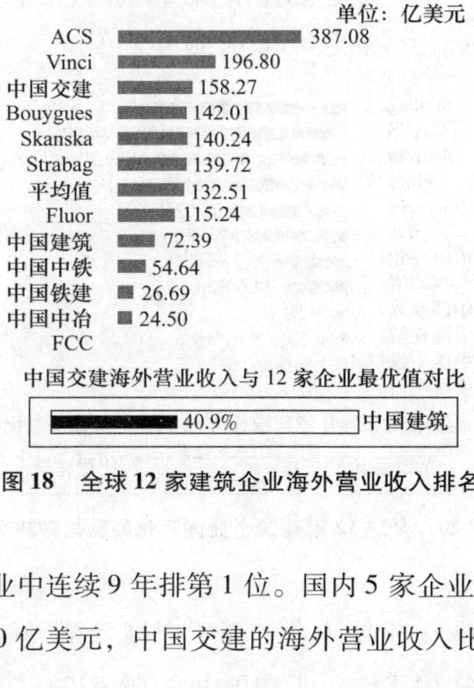

图 18　全球 12 家建筑企业海外营业收入排名

数据来源：ENR。

在国内 5 家企业中连续 9 年排第 1 位。国内 5 家企业 2014 年的海外营业收入平均值为 67.30 亿美元，中国交建的海外营业收入比国内 5 家企业平均值高 90.97 亿美元。

②国际化经营指数对比分析。国际化经营指数是指海外营业收入占公司全部营业收入的比重，中国交建 2014 年国际化经营指数为 26.24%，在对标企业（除西班牙 FCC）中排第 7 位，落后于奥地利斯特伯格（84.83%）、西班牙 ACS（84.00%）、瑞典斯堪斯卡（79.29%）、美国福陆（68.09%）、法国布依格（43.92%）、法国万喜（37.94%）。对标企业 2014 年的国际化经营

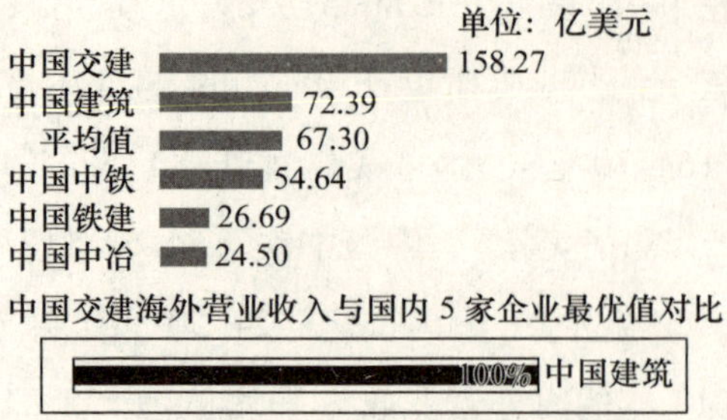

图19　国内5家建筑企业海外营业收入排名

数据来源：ENR。

指数平均值为24.60%，中国交建的国际化经营指数比平均值高1.64个百分点，为第1名西班牙ACS（86.33%）的30.9%。

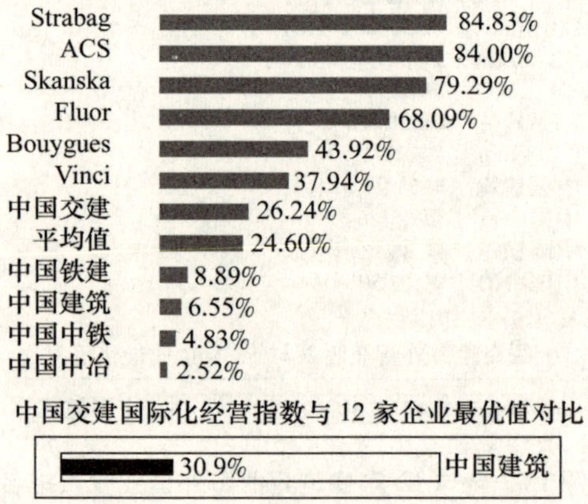

图20　全球12家建筑企业国际化经营指数排名

数据来源：ENR。

在国内5家企业中排第1位，高于中国铁建（8.89%）、中国建筑（6.55%）、中国中铁（4.83%）及中国中冶（2.52%）。国内5家企业2014年的国际化经营指数的平均值为8.19%，中国交建的国家指数比国内5家企业平均值高18.05个百分点。

5. 对标结果分析

（1）优势

①海外营业收入、国际经营指数连续多年国内领先。公司强化“一体两

图 21 国内 5 家建筑企业国际化经营指数排名

数据来源：ENR。

翼”机制，海外引领协同进一步深化，强化体制机制建设，持续推进改革深化。优化发展空间格局，海外转型升级进一步加快，高端营销拓展优势，市场布局更加完善，业务领域持续延伸，业务结构不断优化，跨国收购实现突破。2015 年，公司历史性地入围 ENR 全球最大国际承包商 5 强行列，连续 9 年位居中国企业第 1 名。

②人均产值、人均利润指标在 12 家企业中分列第 1 位和第 3 位，显示出中国交建人才结构合理，人员素质较高，人力资源使用效率处于优势地位。

③利润总额、归属于母公司所有者净利润位于 12 家对标企业的前三甲之列，营业利润率在 12 家对标企业中位列第 4，反映出中国交建在盈利规模和盈利水平方面处于优势地位。

④营业收入、三年营业收入平均增长率均在 12 家对标企业中位列前四。在“五商中交”战略引领下，中国交建高端对接成效明显，投资拉动、市政轨道交通、城市综合体开发等一批大项目得到落实，改革红利初显，营业收入保持较快增长。

（2）不足

①与标杆企业中国建筑相比，价值创造能力差距依然较大。按照本次对标计算口径，中国交建 2014 年的经济增加值为 2.03 亿美元，仅为中国建筑的 5.48%，EVA 率为 0.38%，远远落后于中国建筑的 7.76%。近年来有息负债规模急速攀升，2011～2014 年，带息负债的平均增长率超过 30%，而利润

总额平均增长率仅约7%。

②与标杆企业美国福陆相比，企业运营能力明显不足。各项周转率指标排名均较落后，流动资产周转率排名第10，国内5家企业排名第4；固定资产周转率排名第10，国内5家企业排名最后；总资产周转率排名第10，国内5家企业排名最后，排名较上年继续下滑。与美国福陆相比，三项周转率指标分别为福陆的29.78%、17.13%、24.52%。凸显出装备制造、疏浚两个行业的产能过剩，投资形成经营性资产运营压力较大以及房地产业务去化率较低等矛盾和问题亟待解决。

③偿债能力持续下滑。中国交建偿债能力分类指标在12家对标企业中排在11位，较上年下滑3位。流动负债比率在12家企业中排名第9，国内5家企业排名最后。近年来，交通基础设施建设市场经营环境恶化，地方政府融资平台受限、市场资金紧张，建设单位的支付能力下降，工程项目结算滞后，支付周期延长，公司应收账款和存货规模居高不下，资产的流动性显著下降，使用效率严重受限，企业正常经营所需资金不得不靠融资支持。现金流动负债比率在12家企业中垫底。中国交建2014年经营活动所产生现金净额为7.20亿美元，同比大幅下滑下滑。经营性现金流指标在12家对标企业中排第10位，较上年下降了4位。

经营活动净现金流量持续恶化的主要原因有：一是业主对工程款支付延后，很多工程进度款无法及时到位，形成大量垫资项目；二是由于疏浚、施工等市场持续不景气，竞争日趋激烈，同行之间的恶性竞争使得业主对施工单位的条件更加苛刻，项目进度款的支付比例越来越低，大量占用建设单位的资金；三是部分新开工项目的前期启动需要大量资金支出；四是多数项目的履约保证金均由现金支付，占用了大量的资金；五是装备制造业务板块现金流主要由振华重工BT项目支出大幅增加所致；六是本年新增房地产项目资金需求较大，且在本期难以形成现金流入。

（3）对标体现出的特点和趋势

从本次对标的情况看，有以下特点和趋势值得关注：

①中国建筑企业和国外建筑企业相比，在规模指标、发展能力指标方面具有明显优势。中国建筑、中国铁建、中国中铁、中国交建发展能力在12家对标企业中位列前四，可见国内企业更加注重规模扩张，而中国快速的经济发展和较快的基础设施建设投资也为国内建筑企业的快速发展提供了有利条件。国外建筑企业在运营能力、偿债能力和国际化经营方面拥有较为明显的优势，国外企业更加注重运营质量、风险控制，优秀国际建筑企业相对国内企业体现出"高周转""低杠杆"的特征。

②中国交建的优势有所减少，不足增多。雷达图（见图22）显示，20项对标指标中，落在1级位置上的有1个，与上年持平；落在2级位置上的指标有4个，比上年度增加1个；落在3级位置上的有6个，比上年度减少3个；落在4级位置上的有3个，比上年度减少1个；落在5级位置上的有6个，比上年度增加3个。反映处于劣势的3级位置以上的指标有所增加。

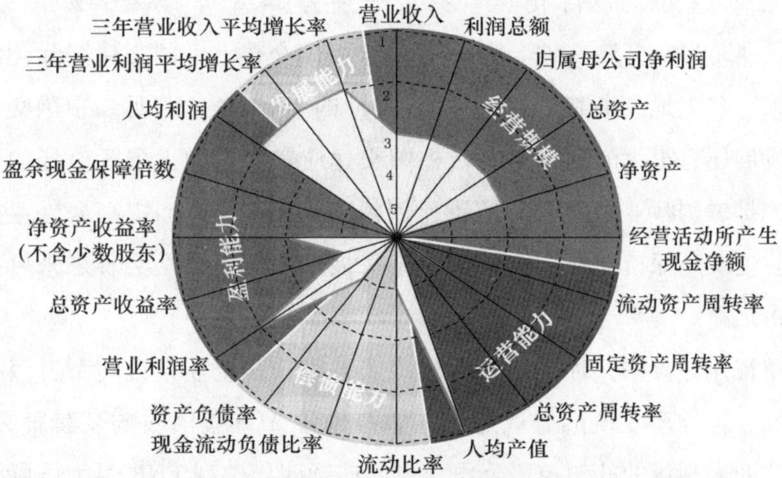

图22　中国交建指标分布雷达图

③中国交建的优势仍主要集中在反映规模的指标上，而反映运营质量、债务风险、发展能力等指标多呈下降趋势，在对标企业中的排名也持续下滑。

④对中国交建而言，凡是与资产挂钩的指标如总资产周转率、固定资产周转率等下滑趋势和下滑速度快于其他指标。2012年我们没有处于雷达

图第5分位上的指标，2013年、2014年连续两年固定资产周转率、流动资产周转率和总资产周转率三项指标全部落在第5分位上。这反映出两个问题：一是中国交建的资产结构不够合理，有待进一步优化；二是资产使用效率较低。

（4）建议

①坚持“走出去”步伐，推进“大海外”战略。2014年度，海外业务的规模、盈利能力、经营质量都有很大的提高，处于良好的发展态势，对中国交建的综合贡献度明显提高，巩固了国内大型建筑企业海外业务的领先水平。虽然公司历史性地入围ENR全球最大国际承包商5强行列，连续9年位居中国企业第一名，但是与国外先进建筑企业相比，公司海外业务的发展还有一定的差距。中国交建2014年国际化经营指数为26.24%，而对标国外建筑企业奥地利斯特伯格、西班牙ACS、瑞典斯堪斯卡、美国福陆、法国布依格、法国万喜2014年的国际化经营指数分别为84.83%、84.00%、79.29%、68.09%、43.92%、37.94%，均显著高于中国交建。中国交建国际化经营指数仅为第一名奥地利斯特伯格（84.83%）的30.93%。可见，中国交建海外业务的发展还有很大的提升空间。中国交建应进一步加大国际市场的资源投入力度，扩展国际业务规模和范围，创新商业模式，进而提高海外业务综合贡献度。这既是保持企业当前健康稳定发展的需要，也是实现未来可持续发展的必由之路。

②重视兼并收购，加强融合管理。兼并收购是企业推进转型升级、拓宽市场领域、延伸产业链的有效途径。如西班牙ACS集团收购豪赫蒂夫集团、间接收购澳大利亚的礼顿控股公司，现已连续四年位列ENR最大国际承包商榜首；斯堪斯卡美国公司通过花巨资收购奥斯陆SelmerASA公司、收购捷克承包商IPS、收购波兰建筑集团Exbud等，逐步建立了遍布欧洲的运用网络，巩固了其在欧洲的市场地位；中建收购上海港务工程公司拓展港口建设业务，收购新疆建工并重组西部建设成为最大的商混公司，收购美国PLAZA公司扩大在发达国家的市场份额；中国电建集团收购德国TLT公司，一跃成为全球

最大的电站风机供应商等。可见，大胆而又不失稳健地开展战略并购与重组，是推动业务拓展、规模扩大的有力手段。与此同时，公司应加强对 John Holland 公司、绿城中国等并购后的融合管理，明确其发展定位，充分整合资源优势，打造合理的管理构架，促进融合，延续中交优势。

③释放新型业务潜力，优化业务结构配比。从对标情况来看，中国交建与美国福陆、法国万喜、法国布依格等公司相比，经营业务依然偏窄。为了进一步提升发展空间，必须持续推进业务结构调整。应抓住轨道交通市场快速发展的有利时机，深入挖掘开发铁路市场的内在潜力，全面扩大铁路市场份额，实现规模与效益同步增长；促进 F&G 与 ZPMC 深度融合，增强海洋重工研发、设计、制造能力，打造海洋重工优势产业；进一步加大围海造地、人工岛屿、能源工程、海洋资源、海上风电等相关产业开发，不断提升市场占有率；要大力发展市政、水利、内河治理、桥梁检测及加固，机场、环保、核电、港口物流、盾构制造、大型钢桥等潜力市场，延伸产业链条，进一步提升利润贡献率；要有效整合设计、施工、装备、物流等资源，大规模培育 DB、EPC、PMC、PPP 等总承包市场，发挥板块协同优势，将产业链转化为价值链。

④推进科技创新，提高技术水平。提高自主创新能力，掌握核心技术是企业发展的关键。美国福陆公司遵循着“出卖知识，传送价值”的价值观，将自己定位为问题的解决者，提供全面的服务，拥有迎接最艰巨任务的专业技术实力，将其公司核心能力表现为各种各样的智慧、经验和知识的凝结。法国万喜设立专门机构从事技术研究、技术发展和制定技术创新政策，由涉及公司各主业领域的最高级的科学和行业技术专家组成，支持集团内部的联合性技术研发工作，将研究概念及成果转化为产品，实现与公司战略业务单元的紧密衔接。中国交建必须下大力气推进科技创新，提高技术水平。要加大应用基础研究，在制约企业发展的关键技术、应用基础技术方面取得突破，要对一些行业内具有战略性、前瞻性的重大技术进行研究，才能获取相对竞争优势和超额利润，为企业发展赢得更大空间。

⑤加强资金管理，改善运营质量。中国交建的应收账款和存货规模仍在不断扩大，所占营业收入比重仍在增加，较为严重地影响了企业的运营能力，对中国交建的整体运营质量造成了不利影响。必须持续加大应收账款和存货的管理，加快资金周转，提高使用效率，缩小债务规模，显著改善企业运营能力和偿债能力。这是提升运营质量、保持企业健康发展的根本之路。

⑥中国交建的运营质量、盈利质量等问题从2011年开始持续恶化，也是从这一时间开始，中国交建的投资规模逐步扩大，杠杆率逐年提高，受世界金融危机的影响，疏浚、装备制造等产能过剩问题加剧。因此，这些问题既有宏观经济环境和市场环境的客观影响，又有企业为应对市场环境变化主动转型升级过程中相伴产生的，还有的是重建设轻运营、重近期轻远期等思想观念所造成的。现在公司已经形成了一定规模的经营性资产，而且这种经营性资产规模还会不断增加，未来这些资产的运营效果将显著影响公司的发展前景。因此，公司必须对这些资产的运营给予充分的重视，培养一批专业的资产运营管理人才，使资产运营高度专业化、标准化，使其成为公司新的经济增长点和改善运营质量的法宝。

⑦强化金融创新，促进产融结合。中国交建要实现跨越式发展，必须加大金融创新的力度，充分运用金融资本的力量，在更大范围、更深程度实现产融结合，以金融资本撬动产业发展。需要积极发挥财务公司、基金管理公司和融资租赁公司的作用，大力打造金融板块，有效整合公司内部财务资源，拓宽融资渠道，降低融资成本，提高财务资源使用效率。需要积极对接国际、国内主要金融机构，建立合作关系或战略联盟，扩充中国交建多元投融资渠道，提升产融结合的层次和水平，推进中国交建产业升级和发展。

⑧推进集约化管理，强化集中采购。建筑企业管理必须走一条科学化管理、集约化经营的发展路线，以提高企业核心竞争力，实现企业收益增加的目的。美国福陆进行多项目的集约化管理与支持服务，将成本中心、利润中心从项目部上移至集团总部，使卓越的管理能力成为其核心竞争力，为客户提供更高价值的同时获取较高的盈利水平。中国建筑把在全集团推进集中采

购作为工作重点，实施标准化、信息化、集约化，向管理要效益、要质量、要水平，持续推进“7+N”区域联合集中采购。中国交建应进一步加大集采制度执行力度，扩大集采范围，提升集采效率，加强大宗物资、装备集中采购平台建设，探索内部资源共享机制，积极推进集约化采购，修补管理短板，降低项目成本。

⑨推进人才优先的发展战略。人才是推动企业创造财富的动力，重视人才战略是许多优秀国际企业的共同特点。法国布依格（Bouygues）以“员工是我们的最大的资产”作为核心价值的第一条，在管理实践中，布依格公司采取了许多措施来实现这种战略文化，具体体现在员工持股制度、清晰的人才培养计划、对员工的安全与健康利益的重视。法国万喜（Vinci）始终秉持人才是竞争之本，基于对工作和技能的前瞻性研究、以适应业务的跨地区和国际化发展为中心，进行针对性强的员工技能培养，在世界上各个国家基于当地政策法律法规的要求，建立适宜当地的员工利益共享机制。在本次对标中，中国交建人均产值、人均利润指标在12家企业中位于前列，显示出公司人力资源使用效率处于优势地位，应继续推进人才优先发展，将人力资源开发提升到战略高度，坚持“控量提质”，强化员工培训与激励机制，不断优化人才队伍。

⑩整合信息化资源，推动信息化建设。企业的发展离不开企业信息化建设的发展，建筑业也是需要互联网思维及被互联网改造的行业。奥地利斯特伯格公司通过建立内部信息化系统，确保其在各个国家市场实行统一的管理标准，以对项目进行严格地评估和控制。美国福陆公司投入巨资建立管理信息系统，创立“在线知识社区”，使来自全世界范围内的工程师们都可以及时分享项目的成功经验，所有的员工都可以及时获得各个市场的市场信息、工程信息和管理信息。公司应充分应用生产经营数据采集平台，按照“大数据”理念和思路规划，归集和分析生产经营数据；建设公司决策分析平台，实现业务间数据共享和指标综合查询分析，更好地辅助公司决策。

第五章 中国交建国际化战略的生动实践

本章结构图

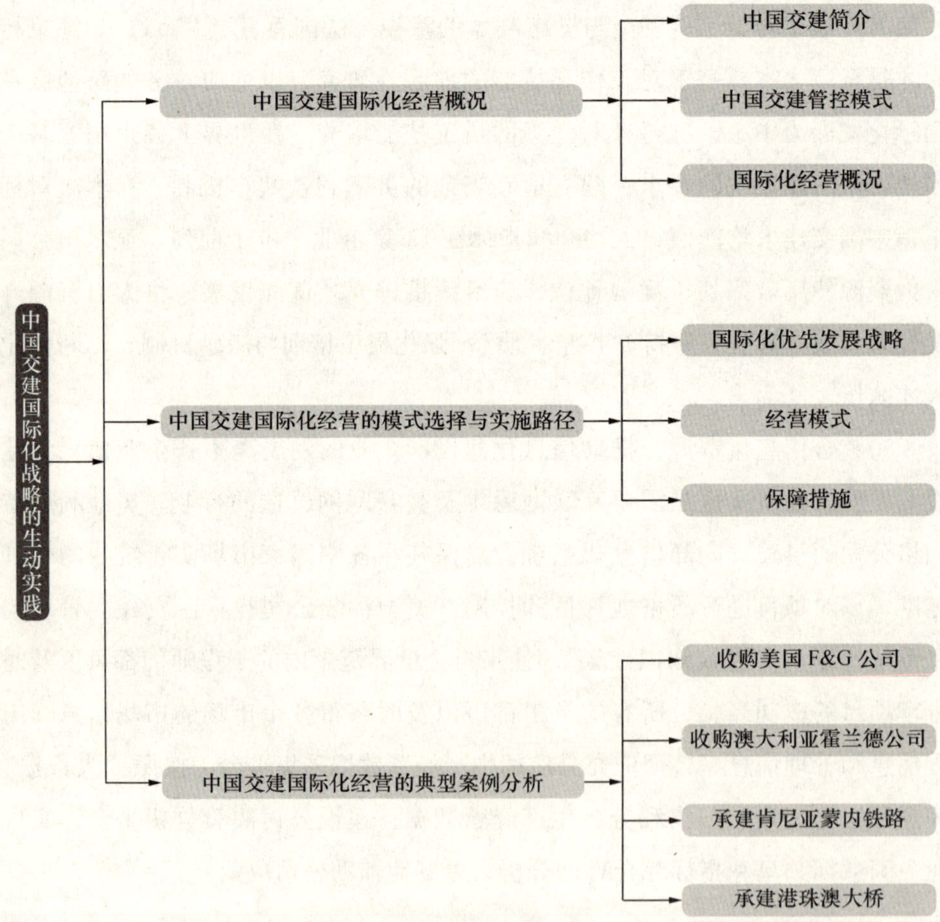

第1节　中国交建国际化经营概况

一、中国交建简介

中国交通建设股份有限公司（简称“中国交建”，英文简称CCCC）成立于2006年10月8日，是经国务院批准，由中国交通建设集团有限公司（国务院国资委监管的中央企业）整体重组改制并独家发起设立的股份有限公司，并于2006年12月15日在香港联合交易所主板挂牌上市交易，是中国第一家成功实现境外整体上市的特大型国有基建企业（股票代码为01800. HK）。2012年3月9日，中国交建在上海证券交易所挂牌交易（股票代码为601800. SH）。

中国交建是世界500强企业，主要从事公路、桥梁、港口、码头、航道、铁路、隧道、市政等交通基础设施的勘察、设计、建设、监理，港口和航道的疏浚，海洋重型装备与港口机械、筑路机械的制造，以及交通基础设施投资、城市综合体开发运营和房地产开发业务等，拥有近60家全资、控股子公司，业务足迹遍及世界120余个国家和地区，员工人数近11万人。

中国交建是中国最大的港口设计及建设企业、世界第一疏浚企业、全球最大的集装箱起重机制造商、中国最大的国际工程承包商、中国最大的设计公司、中国第三大高速公路投资运营商、中国铁路建设的主力军，并创造诸多世界“之最”工程，设计承建了全球10大集装箱码头中的5个、世界10大斜拉桥中的5座、世界10大悬索桥中的4座和世界10大跨海大桥中的5座，上海洋山深水港、苏通长江大桥、杭州湾跨海大桥，以及正在实施的港珠澳大桥等工程，均代表了世界最高水平。

在2015年美国《财富》杂志最新公布的世界500强排行榜中，中国交建以601. 19亿美元的营业收入位列第165位，比上年提升了22位，继续保持在世界500强企业的中前列位置。目前，中国交建位居ENR全球最大250家国际承包商第5位，首次跃入前5名行列，连续9年位居中国上榜企业第1名。在全球最大150家设计企业排名中位列第8位。中国交建被国务院国资委确定为“国际化经营战略10家重点联系企业”和“培育世界一流企业10家重点联系企业”，是仅有的3家“双十”中央企业之一。

站在新起点，谋求新发展，实现新跨越。中国交建始终秉承“固基修道，履方致远”的企业使命、“交融天下、建者无疆”的企业精神和“让世界更畅通、让城市更宜居、让生活更美好”的企业愿景，“诚信履约，用心浇注您的满意”，倾力打造“五商中交”，矢志成为“全球知名的工程承包商、城市综合体开发运营商、特色房地产商、基础设施综合投资商、海洋重工与港口机械制造集成商”，实现“中交梦”，践行“中国梦”。

1. 中国港湾工程有限责任公司

中国港湾工程有限责任公司（简称“中国港湾”，英文缩写CHEC）是中国交建所属的综合外经企业，是中国交建海外业务发展的主干力量。主营交通建筑领域的国际工程承包、对外经援及技术劳务合作，核心业务涵盖海事工程、疏浚吹填、公路桥梁、港口机械、勘察设计五大领域。

中国港湾源于1980年成立的中国港湾工程公司，1997年组建为中国港湾建设（集团）总公司，2005年12月8日，在原中港（集团）总公司和中路集团以新设合并方式重组成立中国交通建设集团有限公司的背景下，新的中国港湾注册成立。中国港湾作为中国交通建设股份有限公司控股、中交第四航务工程局有限公司、中交上海航道局有限公司、中交第四航务工程勘察设计院有限公司共同参股的独立法人公司，整合了原中港集团的驻外机构和海外业务，继承了原中港集团总公司的总承包资质、质量管理体系认证证书、外经外援业务资格、经营海外业务的精英人才以及有关经营业绩。同时，“中国港湾”（CHEC）这个由原中港集团成员企业共同创造的品牌得以存续。

2. 中国路桥工程有限责任公司

中国路桥工程有限责任公司（简称“中国路桥”，英文缩写CRBC）是经国务院国有资产监督管理委员会批准、承继原中国路桥（集团）总公司的业绩和资质，以公路、桥梁、隧道工程以及港口建设为主，兼具贸易、投资、租赁、服务业务的国有大型外经企业，是中国交通建设股份有限公司海外业务的重要载体、窗口和平台，在世界58个国家和地区设立了分支机构，在亚洲、非洲、欧洲及南美洲形成了高效快捷的经营开发管理网络。

原中国路桥（集团）总公司，其前身是中华人民共和国交通部援外办公室，1979年经国务院批准成立为中国公路桥梁工程公司，1989年更名为中国公路建设总公司，1997年组建为中国路桥（集团）总公司，2005年12月组建为中国路桥工程有限责任公司。

中国路桥工程有限责任公司具有公路工程施工总承包特级资质和多项工程总承包一级资质及专业承包资质，同时具有大型工程总承包能力和项目投融资能力。近十年来，中国路桥工程有限责任公司在工程施工及设计等方面多次荣获国家和省部级奖项，如“中国建筑工程鲁班奖”“中国土木工程詹天佑奖”“国家优质工程奖”及省部级优质工程奖等奖项。

中国路桥工程有限责任公司自1979年进入国际工程承包市场，业务遍及亚洲、非洲、中东、拉美及中东欧地区，经营范围从公路、桥梁设计到供排水、工业与民用建筑、市政工程、铁路、机场、港口项目的建设，先后承建了伊拉克摩苏尔四桥、五桥，毛里塔尼亚友谊港，马耳他30万吨干船坞，香港西九龙高速公路北段，肯尼亚A109国道，埃塞俄比亚首都亚的斯亚贝巴环城公路，“中吉乌”公路等著名工程项目。近几年中国路桥积极开展了政府框架下的合作项目，成功地建成了印尼泗水—马都拉大桥、巴基斯坦喀喇昆仑公路改扩建项目、毛里塔尼亚友谊港改扩建项目、赤道几内亚巴塔港项目、塞尔维亚泽蒙—博尔察大桥项目、柬埔寨76号公路改扩建项目、刚果（布）鲁特水泥厂、安哥拉211道路改建项目、肯尼亚内罗毕东北环城路等等多个有国际和地区影响力的重大工程。进军国际承包市场30多年来，中国路桥工程有限责任公司获得了许多有影响的国际大奖，如“国际麦邱利金像奖”“国际阿拉伯奖”等。CRBC已经在国际建筑工程行业中创建了自己的品牌，从

1985年起，连年入选美国《工程新闻记录》（ENR）评选的全球最大250家国际承包公司之列，享誉亚洲、非洲和欧洲市场。

二、中国交建管控模式

作为国资委所属的特大型央企，中国交建具有法人公司多、分支机构庞杂的特点。为了充分发挥集团所属子公司之间的协同效应，达到资源在集团内部的优化配置，对中国交建总部的组织结构和功能定位提出了新的要求。

以往研究认为，多事业部型（M－Form）组织结构对于资本密集型和多元化经营的大公司来说是相对适合的选择，单一型结构（U－Form）和控股型（H－Form）结构的大型企业由于各自缺陷殊途同归地演进为该模式（吴敬琏，2004）。在M型结构下，公司总部负责促进协同作用的发挥，承担起协同管理者的角色。经过五年的探索和实践，中国交建总部进一步加深了对市场经济规律和企业发展规律的认识，增强了把企业做强做大的信心，也积累了宝贵的经验，探索出一条中央企业创新发展的“中国交建模式”。

该模式以M型（多事业部型）为主，以主营业务种类划分，共有海外业务、基础设施建设业务、疏浚业务、基础设施设计业务、投资业务、装备制造业务、其他业务及驻外机构等八大事业部门，如图1所示。

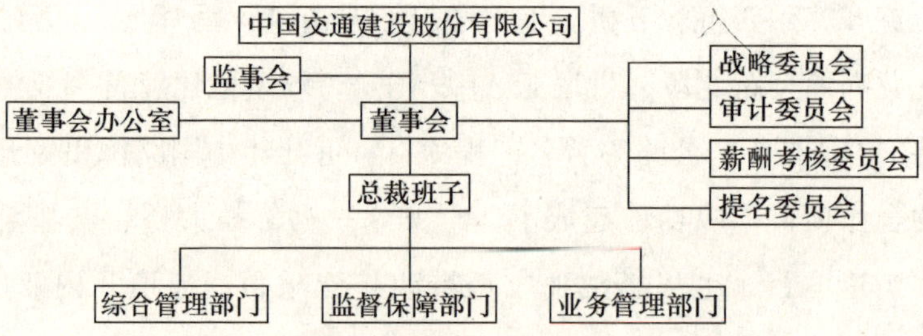

图1　中国交建总部组织结构图

公司总部采取“集中决策，分开治理”的管理方针，充分发挥M型组织结构的优势。配合该模式，集团采取战略控制型的管理风格，既进行战略的部署与计划，又对子公司实施财务方面的控制。在战略规划方面，总部能够围绕事关公司发展全局的方向性、根本性问题，及时编制企业发展规划，提出企业愿景、中长期战略定位和战略目标，为公司正确决策、抢抓机遇提供重要依据。在投融资方面，进一步规范投资行为、防范投融资风险，严格资本预算管理，加强公司内外资金筹集、有效供给和集中管理，较好地实现了投融资活动有序有效开展。

基于以上思路，中国交建对于公司总部提出更明确的定位。如图 2 所示。

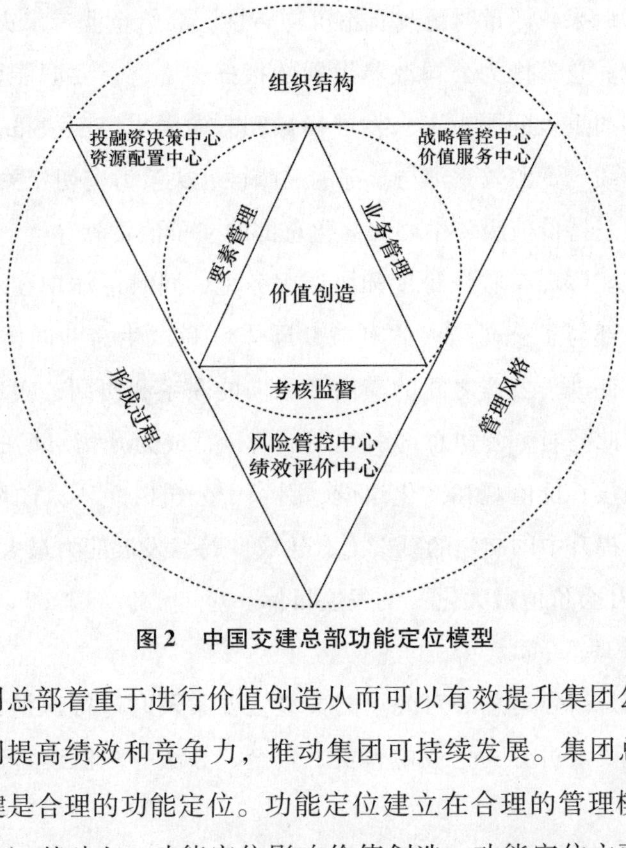

图 2　中国交建总部功能定位模型

集团公司总部着重于进行价值创造从而可以有效提升集团公司的整体价值，促进公司提高绩效和竞争力，推动集团可持续发展。集团总部创造价值的前提和关键是合理的功能定位。功能定位建立在合理的管理模式（组织结构和管理风格）基础上。功能定位影响价值创造，功能定位主要分成要素管理、业务管理、考核与监督三个方面。同时，以上三方面内容可以细化为六个中心的功能定位：业务管理方面下的战略管控中心、价值服务中心；要素管理方面下的资源配置中心、投融资决策中心；考核与监督方面下的绩效评价中心、风险管控中心。具体而言，这三个方面的六个中心作用具体体现在三个方面。

1. 业务管理

业务管理是公司总部最重要的功能。公司总部应通过对重大业务的决策，来指导子公司创造更大的价值和整体竞争优势。

中心一：坚持战略管控中心

战略管理是企业长远性、根本性的重大管理，战略决策失误会给企业带来十分严重的后果，严重时更具有不可逆转性，会给企业带来灾难性的后果，破坏企业价值。总部作为公司改革发展的指挥中心，首要职能就是对公司发展过程中面临的重大问题、未来发展目标和方向做出科学决策。公司的发展速度、经营业绩、资源效率都与总部的前瞻性、决策力密切相关。

中心二：坚持价值服务中心，强化总部的“价值贡献”

总部的职能体现在监督管理和协调服务上，同时也体现在对子公司的价值服务上。总部与子公司结成“利益共同体”和“生命共同体”，通过协调和关联管理，促进子公司之间的横向和纵向的联系和协同，实现规模经济与范围经济。与此同时，公司总部引领高端营销，成为开拓市场的“发动机”。公司总部加强核心价值观和文化建设，引领子公司树立“大团队”意识，增强关联管理，提升中国交建的凝聚力，达成“持续发展能力最大化”“整体利益最大化”“社会价值最大化”的发展目标。

2. 要素管理

要素管理是指公司总部对公司的关键性要素及时进行识别、配置、变革和创新。管理要素可分为企业中人员、资金、方法、机器设备、物料、市场等方面。

中心三：坚持资源配置中心

总部加强对人、财、物、市场等核心资源的有效配置，增加价值实现集团利益最大化。在人力资源方面，坚持对高端人才的培养和配置，重点制定人才发展规划，针对性地做好企业中层和高层次专业技术人才的培养、培训、科学配置。在资金方面，坚持财务资产和资金集中管理。通过组建财务公司，坚定地推进资金的集中管理，重点关注子公司资产和资金的安全性和对大宗设备物资的集中采购和大型设备的统一管理。

中心四：坚持投融资决策中心

总部按照管理权限，加强投资、并购、资金集中、购销、大宗物资和大型设备采购、金融衍生品等高风险领域的决策管控，从公司总部层面建立全面风险管控体系和工作机制，健全投资决策风险评估和监控机制。

3. 考核与监督管理

通过公司总部有效的考核指标对比，实现强有力的制约手段与鼓励措施；通过识别和分析风险来降低内部控制风险。

中心五：坚持绩效评价中心

总部加强适应市场的、差异化的激励约束机制建设，通过绩效评价这一职能部门，重点关注各层级考评办法与标准的健全完善，来影响子公司的决策和政策。坚持定性与定量相结合，充分发挥绩效考核的导向作用。

中心六：坚持风险管控中心

总部应定期分析子公司运营中面临的风险因素，制定风险防范的措施和应对方案，并且加强公司日常风险评估工作，切实把风险管理与各项经营管理活动特别是关键业务环节紧密结合，提高风险预警、反应能力和管理水平。

（注：后文中关于“中国交建战略规划和国际化经营市场进入模式选择”的讨论，都是建立在以上的组织结构和总部—子公司的职能分工的基础上，这也成为实现战略目标的组织保证。）

三、国际化经营概况

历经30多年的发展积淀，中国交建的国际化进入一个在新起点上的关键跨越期，基本完成对初级阶段的超越，正由国际化的中级阶段向中高级阶段升级发展。在美国《财富》杂志最新公布的2015年世界500强排行榜中，中国交建位列第165位，在入选的中国企业中排名第30位。目前，中国交建位居ENR全球最大250家国际承包商第5位，连续9年位居中国上榜企业第1名。中国交建还被国务院国资委确定为“国际化经营战略10家重点联系企业”和“培育世界一流企业10家重点联系企业”，是仅有的3家“双十”中央企业之一。

2006～2014年，国际化经营在中国交建总体战略目标引领下，转变海外经营的模式和结构，市场范围不断扩大，海外业绩逐年攀高。2014年，海外新签合同额205亿美元，完成营业额108.6亿美元，实现利润总额10.8亿美元；海外整体贡献度达27%，海外资产总额占中国交建资产总额的14.9%；跨国指数进一步提升，国际化经营指数达到25.7%。海外业务以较少的资源投入保持了快速稳定增长，为中国交建业务结构调整和转型升级提供了支撑。

整体而言，中国交建培育和发展了有自身特色的国际化经营核心优势，具有交通基础设施及相关领域开发建设的完备产业链、价值一体化、集聚功能强的比较优势，具备向国际化经营的更高阶层次迈进的有利条件。

第2节　中国交建国际化经营的模式选择与实施路径

一、国际化优先发展战略

中国交建确立了国际化经营优先发展战略，并确立以“率先建成具有国际竞争力的世界一流企业”为总体战略目标，即：率先建成具有国际竞争力的世界一流企业，一要规模强大，对行业发展乃至全球经济贡献较大而久享盛名；二要保持核心，在主流市场持续创造优秀业绩并保持行业领跑能力；三要基业长青，传承商业文明，主动顺应市场，葆有永续发展的价值创新活力。

为实现“率先建成具有国际竞争力的世界一流企业”总体战略目标，中国交建在内部营造国际化经营优先的保障环境，在资源配置、薪酬考核与人才的培育、引进及使用等方面向国际化经营倾斜。突出国际化优先发展，走出快速国际化的新路子。坚持资源配置优先、投入优先、管理优先和激励保障优先，大力营造全员关心、支持和参与全球竞争的文化氛围。拓展国际化竞争的视野和理念，进一步增强国际化经营能力，坚持投资、参股、并购等多措并举，加快全球市场的谋篇布局和抢滩夺点，在全球范围配置资本、人才、技术、市场等各种要素资源，推动从市场的国际化向管理体系的国际化、企业文化的国际化和人才集聚的国际化延伸。

二、经营模式

1. “一体两翼”

“一体两翼”的构架是中国交建国际化经营的载体，是海外发展的顶层设计；是以中国交建海外事业部为统领，以中国港湾和中国路桥为平台，以专业公司和驻外机构为支撑的国际化经营体系。

“一体”就是中国交建的整体，实现形式是海外事业部。海外事业部是集中了中国交建的海外发展责任和管理责任为一体的责权利相统一的平台。“两翼”就是中国港湾和中国路桥，要把中国港湾和中国路桥打造成平台公司，任务就是以中国港湾和中国路桥的品牌，以海外事业部为核心，同海外事业部共同构成发展平台和管理平台。中国交建作为世界500强企业，母体一定要参与到海外竞争中，这是企业规律，也是市场的呼唤。中国交建的全球发展目标要求公司立足向海外市场获取增量，在全球范围配置资本、人才、技术、市场等各种要素资源，在业务领域、项目类型、经营地域上均取得较大突破，逐步实现战略、运营、管理、文化的全球化，这是作为母体和整体的中国交建才能实现的任务。建设世界一流企业，要求中国交建具备“一流的自主创新能力、一流的资源配置能力、一流的风险管控能力、一流的人才队伍、一流的国际化经营能力、一流的经营业绩、一流的企业文化、一流的品牌形象”，这是作为世界500强的中国交建才能实现的目标。

只有在这一顶层设计的指导下，中国交建才能实现打造具有国际竞争力的跨国公司。因此，未来要不断夯实以“一体两翼”海外管理新体制，妥善处理结构调整、转型升级和组织体系优化之间的关系，不断增强海外改革的系统性、整体性、协同性，以增量提升和发展提升为落脚点，以实践结果来审视和检阅公司海外发展现有模式、流程与标准。跨国公司的根本要求是全球一体化发展，这就要求公司站在全局高度、整体谋划，统一配置资源、统一布局市场，最终实现统一管控。

在此基础上，一是要全面提升国际化经营的能力，制定国际化经营战略；建立跨国经营的管理、监控、考核和激励体系；增强风险意识和风险管理能力；吸引与培养国际化人才。二是要牢固树立互利共赢理念，加强合作；建立国际经营的战略性联盟，加强与国内相关企业优势互补，抱团出海；加强与国际一流企业合作，取长补短，为我所用。三是要利用好中交国际（香港）作为企业海外投资与国际化经营的平台，把握国际工程承包市场由工程总承包业务向投融资业务转型的发展趋势，积极谨慎地推进海外投资类业务开展。四是要履行企业社会责任，构建具有中国交建企业特色的社会责任体系，提升中国交建跨国公司的国际形象。

2. 升级版“大海外格局”

打造升级版的海外业务，就是要在更广阔的海外市场拓展业务；在更广泛的业务领域开展经营；以更多样的商业模式实现经营提升；以更完备的产业链优势增强全球资源配置能力；以更有效的管理手段提高海外业务经营管理水平。实现中国交建国际化经营的升级，一是以提升海外业务贡献度和国际化经营指数为基础，着眼世界一流，实现品牌升级；二是以传统业务为基础，大力发展中高端业务，实现产品和产业升级；三是以“利益共同体、生命共同体”高度融合为基础，实现从产业链到价值链转化的升级；四是以共享价值、提供一体化综合解决方案为基础，实现商业模式的升级。

3. “五商中交”

为率先建成具有国际竞争力的世界一流企业，中国交建确定了打造“五商中交”的战略路径，即打造成全球知名的工程承包商、城市综合体开发运营商、特色房地产商、基础设施综合投资商、海洋重工与港口机械制造集成商。“商”强调的是综合运作实力、统筹发展战略、产业升级再造、价值链高端运作。打造“五商中交”是对中国交建多年发展成果的继承创新，是对中国交建现有产业板块领域的整合升级，是对现有价值链条的重组再造。“五商中交”在海外落地的初步构想如下：

（1）打造全球知名的工程承包商

加快完成由简单工程承包向技术、资本、管理、标准、服务输出的综合性工程承包经营方向转变，不断提升传统核心业务经营质量与效益，着力拓展机场、铁路、城市轨道交通等潜力市场，积极跟踪开发与核心业务密切相关的水务、环保、能源、资源等新兴业务领域，进一步实现从工程承包商向一体化综合解决方案提供商的转变，打造成为全球知名的工程承包商。

（2）打造海外城市综合体开发运营商

打造成集规划设计、投融资开发、基础设施建设、房屋建筑工程、资产运营等“五位一体”的海外城市综合体开发运营商，加大城市综合体开发运营与交通基础设施建设、投资之间的协同力度，积极培育和开展境外城市综合体开发运营项目。

（3）打造海外特色房地产商

结合自身特色，依托国际化经营体系，把房地产项目与吹填造地、基础设施综合投资、城市综合体开发运营、经济开发区和物流贸易区建设等项目结合起来，重点选择政局稳定、法律环境好、经济处在上升期、属地化经营基础较好的国别市场，积极跟踪、开发优质海外房地产项目，逐步形成自身海外地产品牌。

（4）打造海外基础设施综合投资商

在海外基础设施领域，培育一批能带来长期稳定收益和符合预期资本回报水平的项目，形成一定规模的优质海外经营性资产。在加快形成交通基础设施投资产业的基础上，不断创新投资业务的商业模式，优化投资业务结构，促进长、中、短期投资业务协调发展。

（5）打造海洋重工与港口机械制造集成商

聚焦国际市场，全方位开展国际化经营，追求高端、集成、一体化能力，实现传统产业与新兴产业的结合，确保港口机械在全球市场的绝对领先地位。

在高端海工装备领域，通过投融资、设计、建造以及合作运营的一体化运作，形成具有独特商业模式的核心竞争力。

三、保障措施

为推动“五商中交”海外战略落地实施，实现“率先建成具有国际竞争力的世界一流企业”的战略目标，中国交建以“一体两翼”为核心，通过构建由中国交建总部、平台公司、专业公司、驻外机构、区域中心五个层面形成的价值共享、融合发展的生态系统网络，并不断强化国际化经营与综合管理能力，来释放“一体两翼”平台巨大的内生动力，充分调动各子公司积极性，激发产业链向价值链转化的潜力，构建起体现中国交建整体意志、发挥整体优势、谋求整体利益最大化的海外业务新格局。

1. 构建价值共享、融合发展的生态系统网络

（1）总部层面

中国交建总部层面坚持立足世界一流、对标世界一流，确立和实施国际化经营优先发展战略，引领企业不断做强做优。

海外事业部秉承“继承创新、统领统筹、共享价值、旨在增量”的工作方针，围绕中国交建总部六大中心职能，不断提升自身“引领力、统筹力、管控力和保障力”四种能力，有效承载集团“大海外”整体发展责任；强化集团平台统领功能，统筹海外发展与管理，提升 CCCC 品牌，在转型升级和“五商中交”海外落地等方面发挥主导作用。

中国交建相关职能部门和其他事业部则按照“宏观管理、专业支撑、价值服务、增量协同”的原则，做好对国际化经营的专业支持和经营支撑，合力提升总部价值创造力；进一步强化各职能部门对海外的监督监控职能；进一步增强其他事业部对海外业务的专业支撑作用。

同时，中国交建相关区域总部做到融入“大海外”发展的整体格局和海外事业部的统筹管理体系，在参与所在地有关方面牵头的对外经济合作项目、周边国家和地区合作项目或沿边跨境项目时，接受海外事业部统一协调，保障整体效率。

（2）平台公司层面

中国港湾与中国路桥分别作为国际海事工程、国际路桥工程及相关领域一体化服务价值链的组织者与领导者，坚持“商务引领、平台集聚、自身做强、引领做大”的基本定位，站在中国交建的高度，强化责任使命，会同中国交建海外事业部完善“一体两翼”平台架构。在国际化经营实践中，强化市场营销和商务策划能力，优化管控流程及项目合作机制；形成国际化经营资源整合的共享平台，进一步发挥对各专业公司“走出去”的引领和拉动作用；不断提升价值服务能力，为“五商中交”海外落地提供全面支撑。

（3）专业公司层面

专业公司立足于支撑中国交建总体发展战略目标的实现，部署和实施国际化经营战略，培育和发展核心比较优势，夯实基础管理，提升能力水平；鼓励有条件的专业公司实施国际化经营优先发展战略；在国际化经营中树立和坚持“中交意志、中交优势、中交利益、中交发展”的大局观，按照中远期实现对生产资源和管理资源进行国内外统一组织和配置的要求，调整完善运行管理机制，优先保障国际化经营的人才支撑、技术支撑、生产资源支撑、管理资源支撑，适时启动海外基地建设。

（4）驻外机构层面

驻外机构本着“营销为本、属地生根、管理提升、开拓进取”的定位，创新经营手段和发展模式，推进境外属地化、区域化建设，不断提升与当地经济社会的共同发展能力。

（5）区域中心层面

区域中心的基本职能和定位是在区域内实现“统筹发展、搭建平台、整合资源、提供服务、维护品牌、实现增量”，在区域内全面落实中国交建的战略意图和发展目标，实现高端对接，统筹市场的开发、指导、协调，提供业务支持和服务支持，充分整合各方优势资源，进一步实现集团利益最大化。

2. 不断强化国际化经营与综合管理能力

（1）国际化经营层面

一方面，不断扩大中国交建与系统外资源的整合，将中国交建国际化经营与产业结构调整、转型升级紧密结合起来，依托主业核心优势，坚持共享价值理念，建立与产业价值链相关方、市场生态系统相关方、社会综合效益相关方互利共赢的价值成长体系，逐步做到全球配置资本、人才、技术等各类资源。

另一方面，把跨国并购作为国际化经营的重要手段，通过收购、兼并、重组等方式，选择与公司业务互补或协同的并购对象，快速获取经验、技术、渠道、品牌和客户等资源，进军欧洲、美加、澳洲等高端建筑市场，逐步提升在高端市场的竞争力。

过程中，坚持把“五商中交”在海外落地的商业模式创新作为国际化经营的核心能力，营造创新驱动发展环境，不断提升价值创造能力，努力发掘市场规律和商业规则变化带来的新契机，积极培育潜在市场，在推动当地经济发展中谋求自身发展，主动创造更大市场需求。

（2）综合管理层面

首先，持续推进基础管理和管理创新的深度融合，重点加强集团管控、运营管控、绩效管理、文化融合、信息化管理等五方面的工作，增强软实力综合优势。同时，按照“目标管理、价值驱动、业绩导向、全员覆盖”原则，根据发展阶段要求，推进目标管理制度，动态调整优化绩效评价体系，构建更有利于提升价值创造和持续发展能力的绩效衡量与管理机制。

其次，遵循“集中有度、分层有效”以及“全球业务一体化协同发展”的原则，顺应“开放、对等、共享、全球运作”的趋势，实现战略管控与运营管控的有机结合，不断优化国际化经营的管控模式以及海外业务运营管控能力。

然后，大力加强境外党建工作，坚持“固基修道、履方致远、共享价值、畅通世界”的文化理念，打造“魂在中华、根在中交、行在海外”的特色海外文化，模范履行境外企业社会责任，打造中国交建一流国际品牌形象。

最后，强化信息化管理支撑，重点实施海外网络延伸工程，统管分建与统筹自建相结合，加强在合同管理、工程管理、成本控制、设计研发、采购物流、人才配置、流程协作、风险管理、绩效评价等方面的信息化管理，提高信息技术应用水平。

第3节　中国交建国际化经营的典型案例分析

一、收购美国 F&G 公司

2010 年 8 月 9 日，中国交建收购了世界著名的海上钻井平台设计公司 Friede Goldman United，Ltd.（以下简称“F&G”）100% 的股权。收购之后，中国交建子公司振华重工与 F&G 签订了海工设计、研发和制造的合作协议。

1. 收购背景

F&G 成立于 1946 年，总部位于美国休斯敦，于开曼群岛注册，在海洋工程设计领域享有盛名。F&G 的核心价值是其自主知识产权体系，包括多项设计专利、技术创新和成套解决方案。根据收购之前的数据，全球超过 10% 的升降式钻井平台及超过 20% 的半潜式钻井平台由 F&G 设计。在建的钻井平台中，有 25% 的半潜式钻井平台和超过 35% 的升降式钻井平台由 F&G 设计。大部分根据 F&G 的设计而建造的钻井平台，也使用由 F&G 供应的成套设备。而且，F&G 的客户群较为稳定，大多为海洋工程行业的世界领军企业。2009 年 F&G 营业收入 5400 万美元、归属股东净利润 2003 万美元，虽然营业收入较 2008 年下降近 5 成，但毛利率上升至 55%，总资产负债率为 40%。

中国交建收购 F&G 是基于自身和 F&G 能够实现巨大协同效应的判断、基于公司业务发展的战略考虑。装备制造业是中国交建的核心业务之一，主要子公司振华重工是港口机械装备制造业龙头企业，拥有由 10 公里海岸线和 3000 亩后方基地构成的厂区，其中有 3.7 公里长的承重码头，是世界上绝无仅有的重型装备生产基地；拥有世界上最强大的整机运输船队，拥有世界领先的数字精加工基地。2008 年前后振华重工开始向海上重型装备和大型钢构产品转型，于 2010 年初见成效，建造了世界最大的 7500 吨海上浮吊和多艘大型铺管船，成立了海上重工研究院，积聚了发展海上重工所需的人力资源。但是，振华重工向海上重工转型迫切需要突破新业务领域设计研发能力的瓶颈，F&G的设计能力及技术资源与振华重工强大的制造能力有效结合，将极大提升中国交建开拓海上重工市场的能力，对中国交建实现业务转型、完善产业链具有重大而长远的战略意义。

2. 收购过程

从技术竞争力和财务数据来看，F&G算得上是一个优质公司，股东出售主要是受2008年金融危机影响，因此收购竞争一度非常激烈。美洲、亚洲多家企业参与竞标，中国交建和另一家中国企业也参与了竞标。

2010年1月，中国交建获知F&G正面向全球发出招标邀请，预出售75%的股权。3月，双方展开谈判，中国交建在得到卖方保证竞购公平性的承诺之后，选择国际知名企业作为财务顾问、法律顾问、审计师，共同对目标公司展开尽职调查。随后和F&G管理层建立联系，对两公司的优势互补与战略协同达成共识，然后开展价格和条款谈判。根据卖方财务顾问的估值，F&G公司的总价值在1.5亿美元至2.3亿美元之间。中国交建财务顾问得出的估值范围在1.2亿至1.5亿美元之间。多轮磋商过程中，中国交建坚持以1.25亿美元作为最终的收购对价并最后被卖方接受。在最终谈判阶段，出于知识产权完整性等多方面的考虑，经协商中国交建购买了F&G公司100%的股权。其实单从价格方面，一些买家的出价对卖方更具吸引力，甚至高出中国交建报价数千万美元，但是中国交建最终仍以1.25亿美元的收购对价达成协议，这足以表明双方对未来发展前景有着高度的共识。双方在5月下旬草签收购协议。在一系列细节谈判之后，6月22日，中国交建与卖方正式签署股权收购协议。

3. 收购意义

收购两年后，基于资源能力互补、市场信息共享，双方的协同效应开始显现出来。主要体现在以下几个方面：

一是提升了中国交建钻井平台设计的整体水平。目前钻井平台建造企业基本向国外购买图纸，而振华重工的“振海”系列平台中，基础设计由F&G提供，占整个平台设计的30%，是原创性设计；详细设计和生产设计由振华重工自主完成。在合作的过程中，振华重工的生产设计能力也得到大幅提升。2011年振华重工采用F&G的知名设计开工生产第一座300英尺海上自升式钻井平台，于2013年出售给新加坡KS公司。同年，振华重工与欧洲用户签订“1+1”台400英尺钻井平台订单。到2015年，振华重工握有近10个钻井平台订单，且与F&G的合作更加密切。

二是提高了中国交建海工装备项目执行水平。F&G具有基础设计优势，振华重工具备采购和制造优势，利用双方资源整合全产业链优势，可进一步提高海工总承包项目的竞争力。2012年，F&G总裁曾表示：结合F&G钻井平台的设计能力和振华重工的制造能力，F&G可为国内外用户提供综合的海上钻井设备服务。2012年以后，振华重工与F&G达成共识，加强在400英尺、500英尺自升式钻井平台项目上的合作，在此基础上加强适应更恶劣海况和更深水域的设备合作。2014年前后，双方开始了新技术的研究和设计的开发，包括钻井船相关技术研究。

三是增强了中国交建在核心海工配套件的综合竞争力。海工关键配套件是中国企业的短板，有着巨大发展空间。2011年，F&G向振华重工提供抬升系统机械部分设计专利。通过消化吸收，2012年振华重工作为分包商向总包方F&G提供了多套抬升系统；在F&G的推荐下，自2011年开始振华重工已陆续向F&G交付平台电控系统，这些产品出口的最终用户是美国、新加坡等世界顶级平台生产企业。振华重工海工关键配套件已发展成系列产品。

四是推动中国交建成功培养海工装备领域的人才。振华重工与F&G一直在探索建立人才合作培养体系，积极推进“技术人才+项目”合作培养模式，并已经取得初步成果。

而且，从财务指标来看，中国交建收购F&G是一个极其成功的案例。2014年，F&G经营业绩创历史新高，实现净利润5亿人民币。收购四年多以来，F&G的年均营业收入复合增长率达26%，利润年均复合增长率50%，总资产年均复合增长率51%，累计实现净利润11亿人民币。中国交建已提前超额收回了投资。2015年，中国交建进一步提出，要整合海工资源，完善海工产业链，加强振华重工和F&G的融合，充分发挥各自优势；探索F&G在海工产品设计领域的新尝试，依托振华重工等海工设备制造基地，尝试建造更高附加值的海工产品。

二、收购澳大利亚霍兰德公司

2015年4月20日，中国交建所属中交国际收购澳大利亚约翰·霍兰德公司（John Holland）全部股权。这是中国交建继收购美国F&G公司后的第二例跨国并购。

1. 收购背景

霍兰德公司是澳大利亚第三大建筑工程公司，已有65年历史。截至2014年9月，该公司在手未完成合同额约为55亿澳元，拥有长期员工4000多名，99%在澳大利亚。该公司业务主要由三大板块组成：基建业务板块、特殊工程板块和交通服务，2013年三者分别占59%、15%和26%，这些业务包括道路工程承包、卫生基础设施项目、水处理及环保工程、能源及资源工程、水工结构工程、铁路建设和运营等。

2. 收购过程

霍兰德公司最终控制方为西班牙ACS公司。西班牙ACS集团拟出售霍兰德公司可能有以下几方面原因：通过套现改善母公司资产负债状况，将业务重点拓展至澳洲的PPP业务等；重组礼顿集团管理架构，改变其由“子公司采用各自品牌独立经营”模式为“采用业务功能板块经营”模式，与ACS集团经营模式保持一致；霍兰德公司和礼顿集团所属礼顿建筑公司存在竞争关系；霍兰德公司与礼顿集团的融合可能并不顺利。2014年6月，中国交建通过多个途径获知澳大利亚礼顿集团拟通过公开竞标出售霍兰德公司，8月，中国交建启动收购计划。随后，中国交建项目团队按照积极参与、分步推进的思路，在第一轮竞标时确定了中介机构，组织了与卖方及其顾问多次会议，在第二轮竞标阶段中抓住了主动权。中国交建通过与韩国、西班牙、法国等国企业的两轮竞标，获得霍兰德公司100%的股权。8月7日，中交国际提交了非约束性报价，报价10.8亿澳元（约合63亿人民币）。

3. 收购意义

收购约翰·霍兰德公司，中国交建是基于完善产业链、开拓全球市场的战略布局而全盘考虑的。并购后将可能与中国交建产生良好的协同效应。主要体现在以下几个方面：

一是业务协同。霍兰德公司在铁路、隧道、水处理、环保及能源资源等领域均具有领先优势，而中国交建在城市一体化开发、大型基建项目和疏浚等业务上同样是龙头企业，并购后双方的业务能力、经验的协同和互补，将为中国交建进一步做大做强产生强大的促进作用。在铁路工程建设方面，中国交建拥有强大的线下工程建设能力，但是在线上工程建设缺乏竞争力，也没有铁路运营的经验；霍兰德公司是澳大利亚唯一同时持有铁路运营和铁路基建管理执照的公司，在铁路建设和运营方面具有强大优势，能够提供建造、运营管理一条龙服务。通过收购，中国交建具备了铁路轨道领域一体化产业链和能力。霍兰德公司在环保、电力传输、海水淡化方面的核心优势和医疗、大学等建筑项目的经验，将有助于中国交建产业链延伸和业务范围拓展。

二是市场协同。澳大利亚政府鼓励竞争，但存在劳工、牌照及履历等门槛，外国企业要参与澳大利亚工程项目，一般需要与当地企业合作。如果没有当地公司合作方，外国公司在建设方案设计及成本测算上无法与当地企业竞争，因此形成了礼顿集团等几家公司寡头垄断的情况。韩国三星集团、西班牙法罗里奥近期就因为没有得力的当地合作方来合作竞标，而未能在East-Link东西高速公路项目竞争中成功。霍兰德公司是植根于澳洲高端市场的本土公司，具有丰富的当地市场经验，同时具备进入其他高端市场的实力。并购后，中国交建不仅将获得进入高端市场的最佳路径，而且也将为目标公司打开巨大的市场空间。

三是管理协同。霍兰德公司有较强的业务发展策划能力和完整的风险管理及决策体系，并购后双方可相互借鉴在澳洲、亚、非、拉美等市场的开发和管理经验，进一步增强双方的管理能力。

四是人才协同。霍兰德公司有大量优秀的技术和管理人才，将有利于提高中交人才资源的国际化、属地化，同时可通过人才的培训和流动，进一步充实中国交建的人才队伍。

2015 年 5 月，中国交建收购澳大利亚约翰·霍兰德公司股权完成交割。并购后能否实现战略目标，还有待观察。

三、承建肯尼亚蒙内铁路

2012 年 7 月，中国交建旗下中国路桥与肯尼亚交通部铁路局签署了蒙巴萨至内罗毕铁路线下土建部分商务合同，10 月签署了线上设备部分商务合同；2013 年 11 月 28 日，这条铁路工程正式开工。

1. 项目背景

肯尼亚地处东非门户，自 1963 年独立以来政局一直保持稳定，是撒哈拉以南非洲经济基础较好的国家之一，有比较完善的投资法规，有 30 多个法律法规保护外国投资者利益。肯尼亚工程承包市场是完全竞标市场，招投标制度相对规范，社会监督程序比较健全，工程建设过程、工程验收等条件均参照国际咨询工程师联合会（FIDIC）施工合同条款的相关技术条件。对于一般的国际性竞标项目，参加投标的公司较多，竞争相当激烈。肯尼亚主要以农业、旅游业为主，石油、天然气等矿产资源缺乏，制造业不发达，政府收入来源有限，基础设施建设主要依靠世行、非行、欧美等发达国家的援助。肯尼亚稳定的政局和处于非洲东海岸的优越地理位置使其正在成为东非地区内陆国家货物进出的重要转运点，其中乌干达出口的咖啡、棉花、可可、水产品和鲜花均经蒙巴萨港转运至欧美、亚洲市场。肯尼亚政府迫切需要新建一条有序且有效的现代化铁路系统以提高肯尼亚的整体运输能力，以便满足和提高蒙巴萨港口的竞争力。

蒙内铁路连接肯尼亚首都内罗毕和东非第一大港蒙巴萨港，全长 480 公里，设计运力2500万吨。蒙内铁路是肯尼亚百年来建设的首条新铁路，铁路的建设由中国公司承建，全部采取中国技术标准建设。正线采用单轨，为内燃机系统，设计客运时速120公里、货运时速80公里，计划建设工期为5年。这一项目采取EPC总承包模式建设，中国交建旗下中国路桥作为项目设计、施工总承包方。蒙内铁路采用中国政府的优惠买方贷款和一般商业贷款资金的融资模式。该项目融资模式及比例如下：肯方配套资金10%，其余为中方贷款，分优买部分和商贷（421专项）。为保障还款，肯政府就该铁路项目成立铁路发展基金，对进口肯尼亚的货物征收1.5%的税，该基金将用于项目还款。

2. 竞标过程

2006年，中国路桥开始跟踪蒙内铁路项目。2008年5月，中国路桥开始与肯尼亚交通部进行蒙内铁路前期谈判；2009年8月，中国路桥和肯尼亚交通部签署了合作备忘录；2012年7月，中国路桥与肯尼亚交通部铁路局签署了线下土建部分商务合同，10月签署了线上设备部分商务合同；2012年10月，肯尼亚政府正式向中国政府申请资金支持，双方进行了多轮会谈；2013年8月，项目融资备忘录签约；2013年11月28日，铁路正式开工，肯尼亚总统表示，“蒙内铁路是历史性里程碑工程，这一宏伟工程不仅将彻底改变肯尼亚，整个东非地区也将受益匪浅”；2014年5月11日，中国进出口银行与肯尼亚财政部正式签署了该项目的优惠买方贷款协议和商贷协议。从中标蒙内铁路的过程来看，中国交建主要是采取市场经营和国家战略相结合的方式进入肯尼亚。一方面，中国交建在肯尼亚有成功的工程建设案例，有着足够的品牌积淀；另一方面，中国交建发挥高层外交优势，强化高端对接，最终实现市场突破。

3. 项目意义

蒙内铁路建设对肯尼亚和中国交建都有着重要意义，主要体现在以下几个方面：

一是推动肯尼亚铁路运输的现代化发展。蒙内铁路可为肯尼亚提供更快捷、更安全、更可靠的现代化客货运输服务。新的蒙内铁路建成后，货运效率大幅提升，新线设计时速为80公里。加上现代化的调度、控制等系统的应用，能够实现货物上午装车，下午抵达，整个过程方便快捷，安全可靠，且节能环保。同时，运输费用远低于现有公路运输0.15美元/吨公里的单价。全方位的优势将吸引大量的货运需求，实现货运方式由公路为主导转变为铁路为主、公路为辅的局面。在客运方面，列车每天对开，舒适的乘车体验，在满足当地客运需求的情况下，也将成为新兴的旅游观光列车，坐在火车上即可饱览察沃野生动物保护区的风光。蒙内铁路将促进肯尼亚经济的增长，巩固其在东非“经济领头羊”的地位。新铁路的建设在短期内将大幅降低进出口商品的运输费用，促进进出口的增长，同时，肯尼亚依托东非的第一大港蒙巴萨港，通过此类交通枢纽的建设，将在接下来的东非共同体的发展中占得先机。

二是提升中国交建铁路项目的全产业链运作能力。蒙内铁路项目是中国交建首个带动铁路技术标准“走出去”的大型铁路项目。该项目的实施，标志着中国规范从向欧美规范学习的初级阶段转变为向其他国家推广普及的成熟阶段，同时该铁路作为东非铁路走廊的第一段，其标准的确定与顺利实施，直接决定后续数千公里铁路的标准。2005年以来，中国交建集中力量进军铁路建设市场，承建了多项不同特点、不同等级的铁路项目，包括世界最高等级高铁——京沪高速铁路和世界第一条高寒地区高速铁路——哈大铁路。蒙内铁路为EPC综合性铁路项目，从可研、初步设计、施工图设计、线下工程实施、铺架、站房施工到线上三电工程采购安装、机车车辆供应到最后联调联试，基本涵盖了铁路建设的全过程，是中国交建积累铁路建设经验、培养高端管理人才和培养运营能力的好机会。

三是强化中国交建在肯尼亚的市场地位。此前，中国交建一直是采用完全竞争的方式进入肯尼亚工程承包市场的，通过施工承包的方式建设了A109国道。中国交建采用了当时最先进的道路建造技术，在两年半的时间内交付了一条当时肯尼亚乃至东非地区级别最高、质量最高、施工最快的公路项目。世界银行代表更把这条公路誉为“世界银行在非洲地区投资项目的典范”。另外，中国交建承建的中肯两国双边政府框架下内罗毕东北环城路EPC项目也得到了肯尼亚政府和社会的高度评价。中国交建通过实施这些项目，与肯尼亚政府各部门也建立了良好关系。目前，蒙内铁路是东共体北部战略走廊的第一段，通过建设运营这条铁路，中国交建有望介入后续东非铁路的建设运营。2015 年 9 月，肯尼亚与中国路桥签署合同，将蒙巴萨—内罗毕标轨铁路项目延长 120 公里至首都内罗毕西北部的奈瓦沙地区。

四、承建港珠澳大桥

2009 年 12 月 15 日，连接香港、澳门、珠海的港珠澳大桥正式开工建设。2010 年 11 月，中国交建中标承建港珠澳大桥主体工程——岛隧工程国内设计施工总承包项目。

1. 项目背景

港珠澳大桥是中国继三峡工程、青藏铁路、京沪高铁之后的又一个世界级基础工程。根据目前的投资估算，大桥工程投资超过 700 亿元，加上三地的配套建设，全部投资可能超过 1000 亿元。港珠澳大桥工程包括三项内容：一是海中隧岛桥工程；二是香港、珠海和澳门三地人工岛口岸；三是香港、珠海、澳门三个城市的配套连接线。

其中，海中桥隧主体工程总长约 29.6 公里，采用隧岛桥组合方案，由 6 公里的隧道和 22.9 公里的跨海大桥组成。为了使桥隧更好地衔接转换以及设置隧道的通风井，主体工程隧道两端各设置一个海中人工岛，两人工岛最近间距约 5250 米，东、西人工岛各长约 625 米。跨海大桥有三个航道桥，三座桥都是钢箱梁斜拉桥，青州航道桥主跨是 458 米，江海直达船航道桥主跨 258 米，九洲航道桥主跨 298 米。

2. 竞标过程

港珠澳大桥的核心工程是海中岛隧工程，这是一个完全公开的全球竞标项目。在全球范围内能够承包这一工程的企业寥寥无几，100 多亿元的极低总体预算已经让国际企业彻底放弃这一竞标。所以，竞争在中国三大工程建筑巨头之间展开，即中国交建、中国铁建和中国中铁。三家企业都联合了国内外的著名企业，包括中国交建联合中交公路规划设计院有限公司、世界知名设计公司 AECOM、丹麦科威国际咨询公司、上海城建（集团）公司、上海市隧道工程轨道交通设计研究院、中交第四航务工程勘察设计院有限公司、长江航道局、安诚工程顾问有限公司、中铁隧道勘测设计院有限公司、荷兰波斯卡利斯国际有限公司、英国卡彼塔西蒙兹有限公司等。三家企业报价分别是 131 亿元、127 亿元、130 亿元。从价格来看，差别并不大，在这样一个超级工程中，4 亿元的竞标价差肯定不是决定因素，团队和实力更为重要。这一工程是采用三地标准，设计者肯定要有国际团队，监理更希望有国际团队，从这一点来看，三家企业都有国际合作伙伴，其中中国交建的合作伙伴名气稍大一点。另外一个重要因素是，工程包含高难度的疏浚任务，因此必须要有专业的疏浚公司，而中国交建是中国最大的疏浚公司，其疏浚能力保持世界第一。除此之外，后续建设还需要一个实力强劲的海洋工程装备制造企业，而中国交建旗下振华重工几乎是为此工程量身定制的。

因此，竞争激烈但似乎毫无悬念，中国交建最终以设计施工总承包的方式中标港珠澳大桥核心工程——岛隧工程，全程负责相关的勘察设计、工程施工、科研攻关、装备制造。

3. 项目意义

港珠澳大桥吸引了社会和业界的广泛关注。承建港珠澳大桥对中国交建有以下几个方面的意义：

一是提升大型综合项目的管理能力。港珠澳大桥是一项世界级工程，工程建设需要调配多方资源，这就需要强有力的统筹能力。通过大桥近六年的建设，中国交建能够整合工程设计、工程建设、科技研发、装备制造于一体，能够整合施工设计、装备设计、结构物设计，朝着提升专业整合能力、产业链整合能力、战略联盟能力和集成化管理能力发展。

二是不断创新完善工程建设理念。港珠澳大桥的建设面临四个方面的挑战，即建设管理挑战、工程技术挑战、环境保护挑战、施工安全挑战。中国交建提出了设计思想也就是大桥建设理念，即大型化、工厂化、标准化、装配化。大型化，是指大桥的建设将采用大型的施工船舶，大吨位的重型施工装备，大尺度的桥梁、隧道构件。工厂化，是指将现场施工转化为工厂化制造，减少现场的作业时间和工作量，也有利于环境保护。标准化，是指对桥梁构件和隧道构件等采用标准化的现代生产流水线来生产管理，这从根本上保证了工程质量，同时也能有效控制成本和工期。装配化，是指把工厂化预制和生产的构件，采用大型的装备在现场进行搭积木式的装配化安装。这"四化"理念能够作为未来建设大型工程的基本指导思想。

三是突破了跨海大桥、深水筑岛、深海隧道的关键技术难题。港珠澳大桥岛隧工程一个显著特点是"第一次"：外海大型深水沉管隧道施工在中国是第一次；大型钢圆筒成岛施工在世界是第一次；重达 80000 吨的混凝土预制构件工厂法施工在世界是第一次……"第一次"意味着工程实施的每一步都需要去探索，让最初的构思逐步清晰、逐步完善，同时必须考虑是否可行。中国交建从初步设计开始就着手研发大型施工装备，通过高、新、尖的装备来实现宏大的设计构思，支撑复杂的施工工艺，克服外海施工的困难，保障工程顺利实施。

四是在沉管隧道建设方面拥有了一批基础性原创性科技成果。沉管隧道具有盾构隧道无法比拟的优点，从 19 世纪末诞生以来一直受到欧美和日韩建筑行业推崇。沉管隧道工程施工具有高风险、高难度、高技术的特点，尤其是外海沉管隧道施工，堪称基础设施建设领域金字塔顶的明珠。外海沉管隧道施工核心技术一直掌握在为数不多的几家外国公司手里。中国交建通过自主攻关解决这一技术难题，摸索出更符合岛隧工程实际情况的管节预制、浮运、安装工艺，同时形成了对洋流、泥沙运动等方面的基础性研究成果。

五是中国交建培养了全球整合资源的能力。人工岛建设中整合了美国企业资源制造大型振沉设备，沉管预制整合了德国设计、振华重工制造的自动液压模板成套设备、瑞士设计制造的管节支撑和同步顶推设备、日本制造的钢筋加工设备和发电机组、德国及其国内独资公司联合提供的混凝土输送与布料设备等。这是培养、提升中国交建系统集成能力的一次有益尝试。

第六章 中国交建国际化综合优势

本章结构图

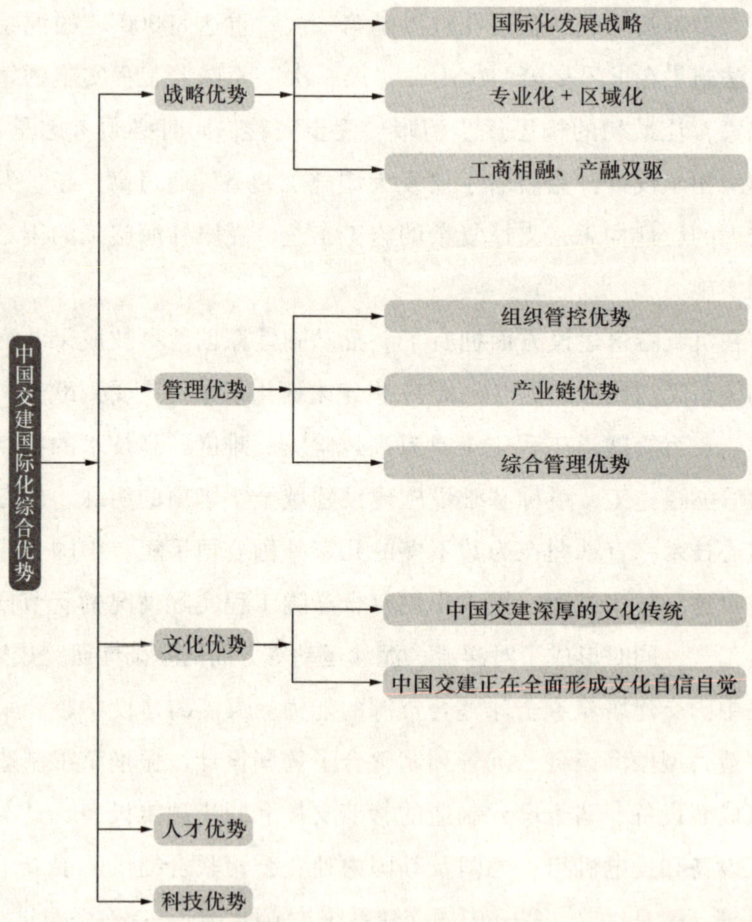

第1节　战略优势

一、国际化发展战略

2014年，3月15日，中国交建荣获第五届“中国管理学院奖”战略规划金奖，2006年诺贝尔经济学奖得主埃德蒙·费尔普斯（Edmund S·Phelps）和2013年诺贝尔经济学奖得主罗伯特·希勒（Robert Shiller）共同为中国交建颁奖。“中国管理学院奖”是由著名经济学家厉以宁先生倡导，由国内50所商学院共同发起的年度评选，每年对中国的企业战略调整做一次评价。目前中国交建是唯一获得“中国管理学院奖”战略规划金奖的中央企业。大会颁奖词中写道：“面对复杂的国际、国内经济形势和严峻的竞争环境，中国交建加强顶层设计和战略升级研究，响亮而精准地提出了打造‘五商中交’的战略定位和目标，对集团当前和今后一段时间的战略方向做出了深入系统的部署，不仅兼顾了集团发展和国家战略，也为中央企业如何打造核心竞争力，建设世界一流企业提供了重要的实践经验和理论贡献。”

在适当时机进行精准的战略升级和组织再造，这是一条被广泛实践证明的企业发展基本规律。跨国企业发展是持续战略升级的过程。它们都会在不同的阶段进行系统战略升级，尤其是经过快速成长期和扩张期，企业固有的经营模式和发展方式可能会难以为继，这就需要全面考虑战略升级和与之配套的重组业务、组织架构调整。当前国外大型建筑企业都经历了不同阶段的结构性调整，也正在进行新的调整。国内大型建筑企业正在进行结构性的调整，力求更宽的经营领域、打造更完善的产业链。中国交建就是一个例子，通过组织架构优化、业务拓展完成转型升级，尤其是通过专业化和区域化调整，迅速确立了全球建筑企业的领先地位。

2013年，中国交建提出了打造“五商中交”、率先建成世界一流企业的战略定位和目标。从行业领先，到国内先进，再到建设世界一流企业，清晰地体现了战略升级的路线。打造“五商中交”是以提升专业整合能力、产业链整合能力、融资能力、战略联盟能力和集成化管理能力为重点，打造全球知名工程承包商、城市综合体开发运营商、特色房地产商、基础设施综合投资商、海洋重工与港口机械制造集成商。对中国交建而言，打造“五商中交”战略是适应内外部环境变化做出的战略升级，在继承发扬传统发展优势和发展路径的基础上，加快产业链上下游业务和技术的整合，全面向海外进军、向城市进军、向铁路轨道进军、向海洋进军，积极推动企业从承包商、制造商向投资商、运营商、发展商转型升级。

这一战略升级有着内外两方面的现实。一方面，中国交建合并重组模式成为央企改革典型后，虽然保持高速发展并迈入世界500强行列，但整体组织架构有待进一步调整优化，传统国有施工企业的发展形态有待进一步转变，总部开拓市场、引领发展能力有待进一步提升，新市场开发和资源整合能力有待于进一步提高。另一方面，当前国家经济形势发生变化，多数行业、多种产品供大于求，各类资源要素都难以支持旧的方式发展；中国交建传统市场已趋饱和，国家新的发展战略带来新的战略市场，需要借东风、抓机遇、高起点切入；“小政府、大社会”的管理模式越来越明显，对企业的投融资能力、全方位服务能力要求越来越高；竞争对手发生变化，新一轮竞争是集团与集团的竞争，“产业链”与“产业链”的竞争。

基于此，中国交建明确了“五商”的发展目标和重点。

基于打造“五商中交”战略，2014年，中国交建确立了“三步走”中长期发展目标：第一步，在“十三五”末，建成行业领先、国内一流、国际知名的“五商中交”，部分有条件的领域和核心业务率先达到世界一流企业水平；第二步，在“十四五”末，达到国务院国资委提出世界一流企业应当具备的13项要素指标，建成在海外全面落地、行业全面领先、国内国际全面一流的“五商中交”，率先全面建成世界一流企业；第三步，在中国交建成立30周年时，建成价值卓越、品牌享誉海内外的“五商中交”，建立起全球产业链和全球化治理的体制机制，跨国指数超过50%，基本完成由一流跨国公司向一流全球公司的转型。

表1　　　　　　　　　“五商”的发展目标与重点

“五　商”	发展目标与重点
全球知名的工程承包商	提升五项核心能力，即专业整合能力、产业链整合能力、融资能力、战略联盟能力和集成化管理能力；实现两个转变，即从单纯工程承包向集技术、资本、管理、标准、服务输出为一体的综合性工程承包转变，从工程承包商向一体化综合解决方案提供商转变，从而实现工程承包业务全球领先的发展目标
城市综合体开发运营商	以概念创意、咨询规划为先导，交通基建和综合体为主线，不断加强投融资模式创新，积极探索可供复制的城镇化综合体开发运营模式，逐步形成完善城市综合体开发的完整产业链，打造若干个在国内外具有品牌示范效应的“中交城”，成为集规划、投融资、基础设施建设、房屋建筑工程、资产运营“五位一体”的业内知名、国内领先的城市综合体开发运营商
特色房地产商	紧紧依托中国交建全产业链优势，推动房地产开发与“大土木”、“大海外”、吹填造地、基础设施建设以及城市综合体开发运营等业务的协调发展，推动海外地产，以“一体化”、土地一二级联动的发展模式，集中优势资源，建立统一品牌，形成核心竞争力，将公司打造成具有交通特色、行业领先、国内知名的房地产开发商
基础设施综合投资商	大力整合升级现有投资产业板块，强化投资产业的投资、建设、运营的统筹管控，积极创新投融资模式，进一步加深投资与工程、土地、金融的结合，不断优化投资业务结构、地区结构和区间结构，加快形成长、中、短期相结合的基础设施投资产业，形成品牌影响力，成为行业领先、国内知名基础设施综合投资商
海洋重工与港口装备制造服务商	从单纯产品制造向研发设计和服务型制造转变，从提供产品向提供整体解决方案转变，从关注配送、售后物流向关注整个供应链管理转变，形成海洋、岸边、陆地装备业务“三足鼎立、互为支撑、整体协调”的产业结构和1000亿元的产业规模，实现成为国际知名、国内领先的海工装备集成商和继续保持全球第一的港机设备制造商的目标

围绕战略升级，中国交建启动了一系列配套改革升级，主要包括建设适应性组织、强化总部能力建设、强化专业化整合和区域化发展。

二、专业化+区域化

开展专业化整合，提高企业内部业务集中度，这也是国务院国资委成立之初对中央企业发展提出的根本原则之一。国资委第一任主任李荣融曾经提出，央企不能进入本行业前三位就要进行重组。其基本要求是，央企必须培育强大的专业化发展能力，做强、做优、做精主业。李荣融甚至把突出主业视为办企业的一条基本规律。后来中央企业数量减少到100家左右的时候，国资委不再强调“前三名之外淘汰”的提法，但是对中央企业的主业限制仍然没有放松，同时也在稳步推动中央企业的优化合并重组，培育30～50家具有国际竞争力的大企业集团的目标也没有变。与专业化配套的是区域化发展。资源是有限的，管理受时间空间约束，中央企业的大多数子公司根本不具备全国布局、全球布局的能力，只有集团整体才具备全国布局全球布局的能力。这就要求中央企业对各级子公司做出区域化发展的基本部署，在此基础上形成全球布局的拼图。在中国企业“走出去”的主战场——发展中国家，其产业综合配套能力较差，中央企业只有在集团管控下的区域化发展，才能更好地实现人财物等资源的优化配置，进而实现全球发展。

2013年以来，中国交建推进专业化整合，更加注重资源要素的集聚配置，着力培育主业突出、核心竞争力强、具有行业引领力和国际竞争力的骨干企业、专业公司和企业集团，推进有关专业板块的分拆上市。中国交建专业化整合在2015年得以加速，先后成立了三大专业集团：中交疏浚集团、中交房地产集团和中交城市投资公司。5月，中国交建将中交南沙投资发展有限公司、中交南方投资发展有限公司、中交佛山投资发展有限公司进行整合重组，新成立中交城市投资公司，成为中国交建的城市综合开发运营专业化投资平台公司，从而有效整合和充分利用市场、资金、人才等资源，进一步提升投融资能力和中国交建品牌影响力，探索城市综合开发运营的成功模式。6月，中国交建成立中交疏浚集团，对下属天津航道局、上海航道局和广州航道局业务进行整合，成为全球规模最大的疏浚公司。中交疏浚集团集中中国交建疏浚板块的人才、技术、装备优势，依托上海国际经济、金融、贸易、航运中心建设的平台，加快国际市场的拓展布局，进而借助中国交建客户平台和客户群体，建立新的投融资平台，打造具有国际竞争力、高效益、环保性能好的一流疏浚船队，不断提升整体竞争力和盈利能力。7月，中国交建加快整合房地产业务，成立中交房地产集团，形成绿城中国、中交地产+中房地产、中交海外地产三个开发平台，从而进一步理顺房地产业务管理体制和运行机制，构建统一的房地产发展平台，统筹协调公司内部所有房地产资源，形成战略统一、协同发展的“利益共同体”。

与此同时，中国交建区域化发展也在加速推进。2013 年以来，中国交建已先后成立 8 大区域总部，强化区域市场生产经营管理，重点则是与子公司一起开发区域市场。随着区域经济发展和简政放权的落实，交通基础设施项目呈现大型化、综合化特征，中国交建必须与地方政府深度合作、高端对接，为地方政府提供一揽子的综合服务，同时还需要整合内部资源、形成更为完善的产业链。区域公司正是适应了这一需求而组建的。为此，中国交建在成立区域总部的同时设立了相关的区域公司和区域投资公司，以此作为区域化发展的配套措施，而且三位一体运作模式也大力推动了市场开发成果的落地。同时，中国交建在全球范围内的区域化发展也在推进，在全球范围内成立了多个区域中心，统筹多个子公司协同发展。

三、工商相融、产融双驱

作为适应内外部环境变化的战略升级，“五商中交”从全局上、系统上对中国交建未来发展明确定位：从由一头独大的“承建商”，向总揽全局的“承包商”“投资商”“发展商”“集成商”转型；从单纯的工程施工，向设计施工总承包、技术研发、采购、物流等完整产业链升级；从低层次、低附加值的施工作业，向高端、高附加值的工程产品升级；从以国内市场为主，向国内国际两个市场并举转变升级。

中国交建作为传统的国有工程承包企业，有着深厚的工程师文化积淀，多年市场竞争形成了浓厚的承包商意识，这是中国交建的优秀文化基因。但是，在新的发展背景下，必须为这种文化注入新的元素。“五商中交”战略适时提出，在继承优秀工程师文化基因基础上，加快吸收现代商业文明基业长青的文化精髓，牢固树立市场逻辑和由工到商、工商相融的商业文化观念。

“工”强调技能和执行力、履约能力，“商”强调的是统筹一体化发展、资源深度整合和跨界整合、全产业链价值创造。

其内在逻辑是，进行有效的资源整合和流程再造，集合人力资本、财务资本、技术专利、大型设备、品牌商誉等各种资源，围绕核心主业和市场格局，优化资源配置，构建合理的产业链和能力链，实现资源要素的整体最大效能，构建与整体利益最大化相一致的完整产业配套体系，把能力链、产业链转化为价值链。例如，打造城市综合体开发运营商、打造特色房地产商，全面整合房地产业务、投资业务、传统业务，发挥资金、品牌、技术、管理的综合优势，努力真正实现“规划设计、融投资开发、基础设施建设、房屋建筑工程、资产运营”等“五位一体”的发展模式。

打造“五商中交”战略推进以来，中国交建在实施“工商相融”的同时，着力开始打造金融产业体系，以实现集约式的综合金融服务为目标，走上协同互补、资金与资本双向增值的产融结合之路。2013～2015 年，中国交建设立了金融管理部，先后成立了中交财务公司、中交资产管理公司、中交建融租赁公司、中交基金管理公司等。新成立的金融机构通过资产证券化、租赁、产业基金等方式，有效组合多种金融工具，灵活设计交易结构，挖掘基础设施建设、城市综合开发、基建装备制造等领域的投资潜力。同时，通过对地方政府提供金融支持，与当地政府合作成立金融机构等方式，先入为主，金融先行，带动主业经营。这些金融机构充分利用社会资本，既为中国交建业务的开展提供金融支持，又拓宽了主业的市场空间。

随着中国交建国际化进程加快，海外项目快速增长、境外业务迅速发展，相应的融资需求也在不断扩大。2015 年 4 月，中国交建成功发行了 11 亿美元 3.5% 票息的高级永续债券。这是中国企业一次破纪录的国际融资：中国企业发行过最大的美元永续债、亚洲企业发行美元永续债票息最低。9 月，中国交建发行 90 亿元境内优先股首期工作，创造了各类企业在境内发行优先股的最低股息率。这一系列产融双驱的实践，旨在打造中国交建特色金融产业平台，发展多元金融业务，整合优化现有金融资产，利用创新模式和运营机制，逐步建立一个集群化、市场化、国际化、现代化的中交特色金控运营平台，支撑集团产业结构转型，促进集团跨越式发展，为开展央企金融业务树立典范，创造企业新的利润增长极。

第2节　管理优势

多事业部型（M－Form）组织结构对于资本密集型和多元化经营的大公司来说是相对适合的选择。在M型结构下，公司总部负责促进协同作用的发挥，承担起协同管理者的角色。作为国资委所属的特大型央企，中国交建具有法人公司多、分支机构庞杂的特点，为了充分发挥集团所属子公司之间的协同效应，实现资源在集团内部的优化配置，中国交建总部的组织结构和功能定位亟待调整与升级。通过实施“五商中交”战略配套改革，中国交建逐步确立起自己的管理优势。

一、组织管控优势

提升总部能力、加强集团管控是中央企业当前的第一大重点改革。2011年，中国交建启动适应性总部建设，提出打造总部“六大中心”的定位，即战略管控中心、资源配置中心、风险管控中心、投融资决策中心、绩效评价中心与价值服务中心。总部从提供传统基础性管理服务职能升级为“战略管控中心”，为企业定目标、定方向策略、定组织构架和管理规范；从传统资源管理职能升级为“资源配置中心”，为企业统筹管理配置内外资源；克服子企业仅重视与己相关的项目风险的不足，升级为“风险管控中心”，立足于集团进行企业风险评估管控，从宏观出发规避各类外部风险，从整体出发管理各类内部风险；总部管理职能集中资金、集中决策、集中评价、集中服务而升级为“投融资决策中心”“绩效评价中心”和“价值服务中心”。在这一定位的要求下，总部管理提升发挥战略管控、职能管理、业务引领、价值服务、商务支撑、平台支持的“六项职能”，增强企业发展的系统性、前瞻性和科学性，发挥产业价值链条的带动作用，提供平台，整合资源，促进产业的快速发展，呈现出平等竞争、相互融合、相互促进、互利共赢的良好格局；逐步彻底消除内部体制性障碍，彻底消除内耗和“集而不团”“团而不集”的问题，真正构建中国交建“利益共同体”和“生命共同体”。

适应性组织建设还包括打造两大责任体系。2012 年至 2015 年，中国交建成立了总部 6 大事业部，8 大区域总部，构建起总部强化管控和引领发展的发展责任体系和管理责任体系。发展责任体系是事业部、区域总部及子公司共同构建的责任体系，改变过去以子公司为单一市场开发主体的传统做法，形成事业部、区域总部、子公司共同开发市场、各有侧重的新型发展责任体系。这一体系明确了事业部、区域总部、子公司“三驾马车”的责、权、利关系，厘清了三者之间的管理界面和工作接口，从理论到实践形成一个清晰的“三驾马车”协同牵引体系，最大限度调动了三方共同的积极性，形成更大的发展合力、凝聚力和战斗力。管理责任体系以职能部门、事业部和区域总部为管理责任主体，形成职能管理、专业管理和区域管理紧密结合，职能部门、事业部、区域总部三位一体的管理责任体系。这一体系明确了总部“六项职能”和“六个中心”的实现路径方法和保障措施。

在此基础上，中国交建整合总部管理部门，最终形成业务管理、要素管理、考核监督的战略管控三角。

通过这一系列的改革，中国交建希望构建一个支撑公司战略、全面升级的适应性组织，即在总部发展理念上，进一步增强发展责任和市场开发能力，进一步形成与市场机制相融合的总部管理体系；在管理方式上，进一步提升总部的统筹力和管控力，发挥战略执行、资源配置、利益协调和经营管控的权限，实现资源优化配置；在组织方式上，通过强大的总部组织架构以及事业部、区域总部的建设，构建发展责任体系和管理责任体系，打造具有价值创造能力的总部。

为了促进“五商中交”战略的落地实施，中国交建还明确了各机构在“五商中交”中的定位。其中，公司总部在“五商中交”战略中发挥中枢作用，全面引领“五商中交”科学、协调有序发展。总部职能部门科学制定和调整“五商中交”总体发展目标和实施路径，明确子公司差异化发展战略和专业化发展方向，充分发挥子公司的积极性，探索构建所属单位综合竞争力评价体系，进行分类动态管理；加快建立完善与“五商中交”战略相适应的绩效考核机制、选人用人机制、薪酬分配机制，进一步完善更科学、有活力、讲效率的体制机制。事业部作为各领域的管理与发展责任主体，按照公司的战略要求制定和调整具体发展目标和实施路径，组织实施相关业务统筹布局、资源调配、市场开发、经营管控。区域总部则是在其区域内，按照公司整体发展思路和“五商”的发展需要，与事业部、子公司共同实施“五商中交”战略。

二、产业链优势

通过合并重组，中国交建形成了关联互补、水陆协同的交通基础建设工程承包的优势产业链，覆盖了港口、码头、疏浚、公路、桥梁、装备制造等领域。近三十年来，中国交建经历了多次整合重组。20 世纪 80 年代开始，中国交建所属的设计施工资源按照水陆两条线开始整合，经过 10 年整合形成了两个实质性的企业集团。两大集团经历 10 年发展之后，又进一步整合成水陆协同发展的企业集团，在港口、航道、码头、疏浚、公路、桥梁的设计建设方面形成了绝对优势。经过近百年的发展，中国交建在交通基础建设方面拥有着极强系统性的国际领先优势。

通过结构调整、市场调整，中国交建在铁路工程、市政工程、轨道交通、海洋工程等领域形成了比较优势。2005 年，中国新一轮铁路建设启动，中国交建抓住机遇，用三年时间在铁路建设领域形成比较优势。与之同时，中国交建紧抓国家“城镇化”“海洋强国”的战略机遇，加大新兴业务的开拓，在市政工程、轨道交通等领域迎头赶上，并在海洋工程领域形成先发优势。

通过兼并收购，中国交建汇集房地产开发资源，构建了房地产业务大发展的基础，并正在打造上海、香港、国外三大融资平台。2010 年 8 月，中国房地产开发集团整体并入中国交建，中国交建以中房集团的地产业务平台实现产业链的完善和延伸；2015 年 3 月，中国交建又成为绿城中国第一大股东，借力绿城中国的品牌、规模、人才优势为房地产业务带来很大增量，并推动其提升房地产管理服务水平。通过兼并收购，整合各方资源与优势，中国交建实现了房地产业务的快速发展，促进了经济发展方式的转变与产业结构的调整，进一步提高了自身的核心竞争力。2015 年，中国交建成立了中交房地产集团，加速推进兼并后的资源重组，初步形成了中交地产 + 中房地产、绿城、海外地产三足鼎立的发展局面。

通过跨国并购，中国交建打造了优势显著的海洋工程产业链，打造了铁路工程建设运营产业链。2010 年 8 月，中国交建收购世界著名海上钻进平台设计公司 Friede Goldman United，Ltd. （简称“F&G”）。F&G 的设计能力及技术资源，与振华重工强大的制造能力有效结合，实现强强联合，拓展海上重工市场。目前，这一收购的协同效应开始全面发挥，F&G 和振华重工联袂拓展海上钻井平台业务，推动振华重工形成钻井平台系列化生成能力，双方已经开始在钻井船这一海洋重工最高端领域开展合作。2015 年 5 月，中国交建又收购了澳大利亚约翰·霍兰德公司。约翰·霍兰德公司在铁路、隧道、水处理、环保及能源资源等领域的优势有助于中国交建提升城市综合开发运营等方面的综合实力，其在铁路方面的一站式服务能力为中国交建拓展轨道交通业务提供有力支撑。

通过整合发展，中国交建形成了城市综合体开发运营的优势产业链，多个重大项目正在落地。中国交建参与城市运营，具备一定的优势，例如基础设施建设、政府关系、产业链协同等。当然，对于整个城市综合体开发运营商的产业链而言，前端是项目策划设计、描绘蓝图，中间是投融资建设，把图纸变成交通便捷、市政配套、环境优美的新城区，后端是城市营销、产业导入，把新城区变成繁华都市。这一流程就像一条“微笑曲线”，两端是高附加值区，中间是附加值低谷，而中国交建以往最擅长的建造，恰恰是附加值最低的环节。因此，在城市综合开发运营方面，中国交建先行先试，尚需积极探索。2012 年，中国交建成立中交南方；2013 年，成立中交南沙；2014 年，成立中交佛投。2015 年，中国交建整合重组这三家公司成立中交城投，一方面是顺应广东自贸区成立、横琴南沙前海三个片区纳入其中的发展大趋势，另一方面是统筹谋划、加强协调，致力于打造中国交建在珠三角的城市综合开发运营专业化投资平台公司。

通过投资引领，中国交建初步打造了运营资产板块。2014 年底，中国交建经营性资产大幅提升，占总资产规模接近 1/3，资产结构得到根本性改善，大大提高了公司的抗风险能力。

整体来看，通过打造"五商中交"，中国交建形成了覆盖主营业务的规划、投融资、设计施工、开发运营为一体的独特的产业链优势和一体化的运作能力。业务结构和产业链优势成为中国交建参与国际高端市场竞争最坚实的依托，也是公司国际化经营的核心竞争力。

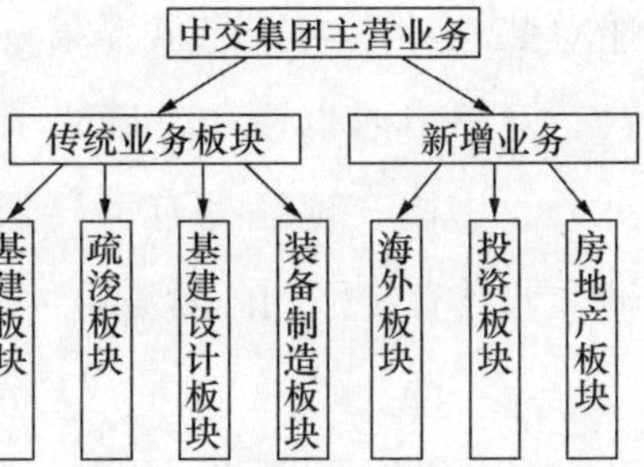

图 1　中交集团主营业务

三、综合管理优势

中国交建的综合管理优势主要体现在以下三个方面：

一是特大型项目运作。中国交建依托国内基建市场的黄金机遇期，通过与政府或业主单位良好的合作关系，以雄厚的技术资金实力和融资优势作支撑，逐步从单一的工程承包向特大型项目的综合运作转变。近些年，公司先后承揽了港珠澳大桥、横琴岛开发、广州南沙综合开发、京沪高铁等一批在全球建筑工程领域具有很高知名度的特大型项目，为特大型项目的运作积累了经验，储备了人才，奠定了基础。

二是融资能力。中国交建通过在香港和上海的整体上市，在国内外资本市场都获得了稳定的融资平台；与包括国内四大国有银行在内的多家金融机构建立了战略伙伴关系，形成了较强的信贷融资能力；同时，中国交建与国家开发银行、中国进出口银行的合作日益紧密，为进一步开展政府框架项目、对外项目商业贷款、投融资类项目创造了良好的条件。当前，中国交建在房地产领域拥有多个上市公司，且正在谋划中交疏浚集团上市。2015 年，中国交建在国际市场成功发行永续债、在国内发行优先股，都得到市场的追捧。这一切表明，中国交建仍在持续全面的提升自己的融资能力。

三是设备资源管理。中国交建拥有各种海事工程船舶 800 余艘，各类陆用工程施工机械 3000 余台（套），以及各类先进的勘察设计科研设备，其中航务及疏浚船舶在国际市场具有很强的竞争优势，拥有全球最先进的挖泥船，耙吸船总舱容量和绞吸船总装机功率均排名世界第一；由于海事工程及疏浚船舶投资大、技术含量高，竞争者难以模仿，确立了中国交建在全球海事工程领域的核心竞争力。此外，中国交建还拥有世界领先的半潜式运输船，在海洋重工装备及港机运输领域具有较强的国际竞争力。

第 3 节　文化优势

最新出版的《重新定义团队：谷歌如何工作》一书中，有一个醒目的标题——“文化可以把战略当早餐一样吃掉”，其内涵是一个公司的成败往往不是取决于其技术实力，而是取决于该公司员工的价值观和行为。其实这也是在美国硅谷广为流传的一句箴言。可见，任何一家优秀的企业都具备独特的企业文化优势。

企业文化是企业发展过程中逐步形成的具有个性特色，且为全体员工认同并遵守的价值理念体系以及这些理念在企业规章制度、员工行为方式、企业整体形象以及生产经营管理中的体现的总和。而其中最关键的就是核心价值理念。被誉为世界十大管理学大师之一的詹姆斯·柯林斯基于对 18 个全球行业领袖企业的研究，曾在其著作《基业长青》中总结道："高瞻远瞩的公司能够奋勇前进，其根本因素在于指引、激励公司上下的核心理念。"

中国交建有近 60 家全资、控股子公司，有见证了民族屈辱奋斗解放历程的百年老店，有与共和国一同成长壮大的国企骨干，有在改革开放大潮中涌现的现代企业，有推动公司结构调整而成立的后起之秀，有收购而来的发达国家先进企业。源远流长、百年传承，中国交建积淀形成了具有自身特色的深厚的文化传统，并基于"五商中交"战略及新时代背景形成了由"愿景、使命、核心价值观、企业精神、员工价值准则、企业服务理念"等构成的新的企业文化理念体系，充分发挥了文化的凝聚、导向、约束与激励功能，在重大改革措施落地、业务优势打造、组织能力提升、专业化整合重组、核心竞争力增强、国际形象树立等方面发挥着巨大作用，成为中国交建推动企业转型升级、实现远大战略目标的重要支撑。

一、中国交建深厚的文化传统

1. 产业报国、国家脊梁的文化传统

实业兴国，这是近百年来数代国人形成的共识。基础设施与国家经济社会发展息息相关。鸦片战争以来，我国基础设施建设运营一直被帝国主义列强觊觎把持乃至于全面控制。在列强凌辱、外敌入侵的年代，中国交建早期的疏浚力量万般曲折，努力疏通河道、改善航道，促进经济发展，也为现代科技乃至于西方文明登陆打下基础。新中国成立以后，百废待兴，中国交建港口建设和公路建设队伍以前所未有的爱国热情投入到祖国建设中来，用血肉之躯和大无畏的创业精神，改变了国家的基础设施凋敝面貌，成为共和国脊梁、共和国长子。改革开放以来尤其是新世纪以来，中国交建旗下力量承建了我国沿海几乎所有大中型码头，推动我国沿海大型、超大型专业化码头建设取得了长足发展；疏浚了我国所有深水航道，推动了航道建设与疏浚产业不断发展；承建了国内几乎所有的特大型桥梁；建成了全球最大高速公路

网，为我国经济社会发展发挥了交通先行官的作用；港口机械装备打败西方老牌制造企业，塑造了民族工业品牌。近十年来，中国交建积极贯彻国家战略、全球布局，与跨国公司同台竞技，以企业竞争力展现国家实力、以良好企业品牌维护国家形象。百年历史尤其是近半个世纪发展，中国交建旗下力量始终与国家同呼吸共命运，始终维护国家利益，始终在国家基础设施的急难险重任务中发挥中流砥柱作用，始终在发挥龙头企业作用推动行业进步。

2. 艰苦奋斗、无私奉献的文化传统

在差距极大的情况下建设国家，在一穷二白的情况下建设现代交通基础设施，必须要有艰苦奋斗、无私奉献的精神追求。交通基础设施建设最大的特点是条件艰苦、环境恶劣，往往是在没有路的地方铺路架桥，在没有道的地方筑港通航，往往要经受身体的考验、心灵的磨炼，必须要有艰苦奋斗、无私奉献的精神支撑。可以说，艰苦奋斗、无私奉献是一个世纪以来中国交建几代建设者最宝贵的精神，是中国工人阶级的崇高境界和精神风貌的完美呈现，为国有企业改革发展稳定提供了不竭的精神动力，为我国社会主义建设做出了巨大贡献，极大地丰富了中华民族的精神宝库。在中国交建的发展历史中，艰苦奋斗、无私奉献精神的实践不胜枚举。“宁让汗水漂起船、不让工期拖一天”（一航局、天航局），“高原缺氧、人不缺精神”（一公局），“只有荒凉的沙漠、没有荒凉的人生”（中国港湾），“我们愿把名字刻在海底”（远海项目），“只要有一口气在、也要打通阿尔金山！”（二公局）、“雪山冰川挡不住我们”（公规院）……正是这种精神绵延不绝的传承和告白。直到今天，这种精神依然在大江南北、五湖四海传承；直至今天，这种精神绝没有过时，新一代建设者在建设祖国的伟大工程中，在崇山峻岭、戈壁荒漠、跨江越海、大洋孤岛的港口、码头、公路、铁路、桥梁、隧道、岛礁建设中，继续发扬艰苦奋斗、无私奉献的文化传统，甚至在繁华的现代都市，建设者也要面临各种异常情况，依靠吃苦耐劳、无私奉献的文化传统克服困难；直至今天，新一代的建设者把这种文化传统传播到世界，在巴基斯坦险峻的喀喇昆仑公路工程中，在缅甸荒凉的马德岛原油码头工程中，在阿拉伯半岛炎热的沙漠中，在非洲利比亚的战火中，在大洋彼岸的南美洲，依然是艰苦奋斗、无私奉献的精神支撑着他们、激励着他们。

3. 诚信经营、用心服务的文化传统

天航局和天津港、上航局和上海港，合作共赢100年，全心全意为客户和业主提供服务，与业主和客户同甘共苦几十年。四航局防城港项目部从中标防城港第一个项目起，便坚持诚信经营、用心服务：一日诚信不难，难的是20年自始至终的诚信；一人诚信不难，难的是50名员工加上1个合作队伍的全员诚信；一个项目诚信不难，难的是所有项目都讲诚信。从营口港新港批准建设以来的近30年间，所有水工工程全部放心地交由一航局来承担施工，项目部“让业主不能割舍”的文化追求换来了客户“风雨同舟、患难与共、肝胆相照”的评价。在发展中，中国交建响亮地提出“用心浇筑您的满意”，以“用心”的工作态度，让客户满意、让员工满意、让股东满意、让社会相关方满意。想客户之所想、急客户之所急，不仅如此，中国交建正在融合技术、人才、资金的优势，努力提供一揽子、一体化、领先时代的综合服务。中国交建也想客户之所未想，努力和客户构建利益共同体和命运共同体。

4. 交融天下、建者无疆的文化传统

一声令下、即刻起航，风餐露宿、四海为家。新中国成立之初，筑港工人服从祖国建设命令南征北战，他们只有一个心愿，祖国哪里需要就去哪里。1950年，家在天津的新港工程局干部和工人，在从未出过远门、生活尚未改善的情况下，前往南京港抢修浦口码头，职工都把千里调动视为国家荣誉，积极要求参加抢修工程。1952年接受巩固国防的命令，从天津奔赴海南岛完成“紧急军事任务”，火车行车四五天到广州，转乘军用带篷卡车行车三四天到海安，再乘军用登陆艇或机帆船渡琼州海峡抵达秀英港，建设者不讨论气候差别、工作条件、生活习惯，加班加点，战胜了生活艰苦和大风大浪等种种困难，完成了任务。在西北地区的交通建设中，“01794”部队、“1007”部队没有机械设备，没有施工工具，“最好的设备就是一双手”，靠着这双手和一颗炽热的心，奋战在高原沙漠，造就了不屈不畏、勇往直前的精神，创造了一段段奇迹。改建青藏公路，国家刚刚决策，第一代青藏公路多年冻土科研组人员迅速集结在被称为“鬼门关”的五道梁，开始了他们在冻土上修筑沥青路的风雪征程。此后三代人40年呕心沥血、披荆斩棘，在冻土研究领域不断取得突破性进展，先后填补多项国际、国内技术空白。在建设祖国的伟大征程中，有多少人为此献出了自己的生命。

建设者的足迹也超越了国界。20世纪50年代末建设者援建也门公路项目，经过三年多的艰苦努力，硬是在崇山峻岭中开辟出一条公路，创造出美苏专家当时认为不可能的奇迹。60年代，中国筑路人进入巴基斯坦北部群山中，没有大型机械，没有辅助设备，单纯依靠肩扛手挑，最后，他们用十余年时间造就了在险恶自然环境中奇迹般穿越的“天路”，数百人长眠在了这里。70年代援建马耳他干船坞及修船码头工程，在西方断言中国人“肯定失败”的声音中，为了祖国的荣誉，奋发图强、无私奉献，施工中每遇重大困难或关键环节，干部、群众齐上阵，不分昼夜，奋力拼搏，直至尽善尽美地完成任务。90年代，港机制造团队第一件产品就瞄准了大洋彼岸的加拿大，并在美国西海岸竖起了中国制造的品牌。到了新世纪，建设者冒着生命危险，打通了巴基斯坦喀喇昆仑公路，建设者甚至用生命的代价浇筑了瓜达尔港；在当地人都不愿意去的孤岛缅甸马德岛，建设者从零开始拓荒，建成了世界级的现代化码头。有人在异国他乡工作10年甚至20年，有的人将生命献给了陌生的国家和人民。如今，先驱们和他们的后辈足迹遍布全球，在全球93个国家和地区设立了135个驻外机构，在120多个国家和地区开展实质性业务。这就是中国交建用智慧、汗水、生命传承的交融天下、建者无疆的文化传统。

5. 自主创新、永争第一的文化传统

建设现代交通基础设施，必须依靠科技创新。中国交建坚持提高自主创新，努力掌握关键核心技术。通过科技创新，掌握了大型、超大型专业化码头建设能力和成套技术，推动我国沿海大型、超大型专业化码头建设取得了长足发展，港口建设基础研究不断深入突破，设计理念和方法有了较大提升，新材料应用研究取得巨大进步，相关的地基处理技术、新结构开发、装卸工艺达到世界先进水平。2014 年中国交建“离岸深水港建设关键技术研究”荣获国家科技进步一等奖。通过科技创新，掌握了国际领先的大型深水航道建设成套技术，实现了深水航道治理技术的重大突破，推动了航道建设与疏浚产业不断发展。2007 年“长江口深水航道治理工程成套技术”荣获国家科技进步一等奖。通过科技创新，掌握了大型、高效港口机械装备核心技术，产品品牌被全世界用户视为质量好、价格公道、最能准时交货、最具竞争力的优质品牌，全球市场占有率连续 10 年达 70% 以上。2005 年“新一代港口集装箱起重机关键技术研发与应用”项目荣获国家科技进步一等奖。通过近 10 年来在桥梁结构体系设计、核心材料研发、关键施工工艺、施工装备创新上的刻苦攻关，我国拥有了具有自主知识产权的桥梁建设技术体系，桥梁建设的技术高度不断攀升、难度不断刷新，围绕苏通大桥展开的“千米级斜拉桥结构体系、设计及施工控制关键技术”和“东海大桥（外海超长桥梁）工程关键技术与应用”分别荣获国家科技进步一等奖。坚持科技创新，在国家高速公路许多技术含量高、施工难度大、工艺结构复杂的特、难、精、尖的重点工程中发挥攻坚作用，几代人坚持 30 多年研究青藏公路特殊的冻土病害问题，完成了青藏高原多年冻土地区公路工程成套技术，基本囊括了冻土地区公路修筑理论研究和技术研究的各个方面，多项技术荣获国家科技进步一等奖。

6. 团结协作、同向同行的文化传统

中国交建旗下拥有百年老店、国企骨干、现代企业、后起之秀、发达国家先进企业等多元多样的企业，却能够同向同行，这与企业文化的作用是密不可分的。这种伟大的文化传统能够凝聚人心、汇聚力量，是因为这种文化是为社会、为国家、为世界提供安全可靠基础产品的人间大道，是因为这种文化是无私奉献、舍得利他的伟大情怀，是因为这种文化是锲而不舍、敢为人先的豪迈气概……因此，每一次相逢都是惺惺相惜，每一次融合都是相辅相成，就像大桥跨越阻隔伸手相逢紧紧相连融为一体，就像涓涓细流汇聚成大江万里，就像海纳百川有容乃大。在这样一个文化熔炉之中，中国交建形成了一个既集中统一又包容开放的主体文化，成为广大员工的价值认同和价值追求，造就了团结协作、同向同行的发展实践和文化传统。

7. 改革先锋、不断探索的文化传统

传统国有企业向现代企业转型，是一个漫长痛苦的过程。中国交建勇于探索，成为国企浴火重生的典型。在这个过程中，中国交建形成了不断探索、勇做改革先锋的文化传统。在国家推进中央企业合并重组的进程中，中国交建没有采取“大吃小”“强吃弱”等容易操作但后遗症明显的方式，而是以新设合并方式实现强强合并重组。虽然重组增加难度，大量机构和人员需要调整，安排各级管理人员具有很大的压力，但有利于企业的长远发展、实现流程再造。这是国家实施大公司大企业集团战略的一次有益实践，中国交建的先行先试，被称为中央企业重组的典型。重组之后，中国交建继续探索大型企业整体上市的路径，成为第一家整体上市、不留存续的中央企业和第一家在国际资本市场整体上市的交通基建企业，被国务院国资委誉为“大型中央企业重组改制海外整体上市的成功典范”，被新闻媒体概括为“中交模式”。随后，中国交建通过换股吸收合并路桥建设同时发行 A 股成功回归国内资本市场，是全流通时代 A 股市场上的一次创新型交易案例。在国资委提出建设世界一流企业的要求后，中国交建敢为人先，提出“率先建成世界一流企业”的战略目标，并启动了一系列的改革调整，转型升级已经初见效果。其中，建设适应性组织、强化总部建设、专业整合发展、强化区域发展的实践，正在为中央企业集团化管控探索新的路径。

二、中国交建正在全面形成文化自信自觉

1. 构建支撑战略升级的新企业文化理念体系

文化自信和文化自觉是当今世界共同的时代追求。中国交建成立以来，企业文化建设着眼于继承融合，形成了团结奋进、勇于争先、生动活泼的新局面。随着企业战略升级，企业文化建设也要与之俱进，要用企业发展的新

实践，不断充实其内容、丰富其内涵，以更好地支撑企业战略。当前，随着“五商中交”战略的部署推进，中国交建正在发生着一场深刻而伟大的嬗变，需要更具凝聚力和感召力、更具价值创造力、更加和谐统一的企业文化来引领未来发展，这也将进一步增强中国交建的软实力。

为此，中国交建二次党代会对公司企业文化建设做出了承前启后、升级升华的部署，确定了新的企业文化核心理念体系，形成了企业文化建设的纲领。

企业愿景为：“让世界更畅通，让城市更宜居，让生活更美好”。其基本含义是，中国交建致力于建设人便其行、货畅其流、四通八达、天下往来的交通基础设施，致力于建设便捷、智慧、环保、可持续发展的现代城市，致力于建设更加美好的人类家园。

企业使命为：“固基修道，履方致远”。既指中国交建努力为社会经济构筑牢固的基础设施、为人类创建便捷的交流方式，也指中国交建坚守法规律例和商业文明、追求和谐可持续发展，体现中国交建人对光明大道与至善目标的不懈追寻。

企业精神为：“交融天下，建者无疆”。“天地交而万物通，上下交而其志同”。交融天下，既指以交通建设融汇畅通天下，也指中国交建发展与国家乃至世界各地经济交融共赢发展，中国交建各单位、各环节团结协作融合共创天下。建者无疆，既指企业发展需要勇于创新自强不息、孜孜追求成其久远，也指中国交建人胸怀宽广、志向远大，勇于全球布局、勤于建功立德。整体上体现了守诚信、崇正义、尚和合、求大同的时代价值。

企业核心价值观为：“公平、包容、务实、创新”。公平是指以规则公平、机会公平为导向，崇尚公道正派，树立新风正气；包容是指兼容并蓄，海纳百川，用包容来促进情感的融通、价值的共享，用包容促进文化融合、形成文化共识，建立精神文化纽带，不断增强凝聚力和向心力；务实是指遵循规律办企业，坚守市场逻辑发展，凭实绩说话、靠实干立身，让实在干事者能够在人才选拔中脱颖而出，让敬业者能拥有美好的职业前途，在踏实干事中能够感到有奔头；创新是指坚持自主创新，不断增强企业的创新能力，以创新文化引领中国交建转型升级。

员工价值准则为："崇德崇学、向上向善"。其基本含义是：崇学立身，终身学习、学以致用；崇德固本，加强社会公德、职业道德、家庭美德、个人品德的养成；培育向上、向善的精神力量。

企业服务理念为："诚信履约，用心浇注您的满意"。在市场经济中，中国交建作为法人主体，坚持诚信履约，以"用心"的工作态度，让客户满意、让员工满意、让股东满意、让社会相关方满意，这是公司处理与客户、员工、股东、社会四个方面关系的基本原则。

可以说，新的企业文化核心理念体系以中国交建历史文化为基础，以现实问题为导向，以"五商中交"发展战略为依据，与企业管理支撑相匹配，进一步清晰表述了"五商中交"战略指导下的企业愿景和使命，使传统企业精神得以提炼升华并具备了充足的包容性和拓展性，最终指向打造共筑梦想、共创价值、共享成就的中国交建理想共同体。

2. 新企业文化理念体系的内涵特征

（1）中国交建企业文化从中国传统文化中汲取养分

中华文明绵延数千年，有其独特的价值体系。中华优秀传统文化有其鲜明的民族特色和永不褪色的时代价值。以中国人为发展主体的中央企业，必须对中国人独特的精神世界有深刻的理解，必须传承和升华中华优秀传统文化。

比如，"五"在阳数中处于居中的位置，有调和之意。东汉·许慎《说文》中解释道：五，阴阳在天地之间交午也。在象征天地之气的洛河图里，"五"在中心。后天之相，基于五行，衍化出更多的"五"之数：五行、五灵、五色、五谷、五音、五蕴、五脏、五官、五常、五岳、五经……。同时，"五"在中华传统文化中寓意吉祥，如：九五之尊、五福临门、五谷丰登……。2013 年，中国交建响亮地提出了"五商中交"战略，"五商中交"是中国交建产业板块整合的最大公约数，是培育具有国际竞争力企业所进行的全方位、全系统的战略升级。从“五”这个意义上来讲，“五商中交”具有形而上色彩。

又比如“固基修道，履方致远”这一企业使命，充分体现了中国传统文化的内涵。《说文解字》解释，“基，墙始也，”指的是建筑物的根基，亦指基础、事情的根本。因此，“固基”包含这样的意义：提供基坚固的交通基础设施产品，提供社会发展的基础设施，坚守社会文明文化的基本要求，坚守法律法规和商业规则。“道”在中国传统文化中有着丰富的内涵，也是中国传统哲学的至高范畴。“修道”既是指修建各种交通通道、基础设施，又指不断认识掌握交通基础建设的原理和规律，认识运用企业发展的规律，也指不断提升企业和员工的道德修养、遵守人类社会的规则，更指遵循天道人道行大道。“固基修道”包含了知道、明道、得道、守道的循环上升，所谓得道不失，乃可长存。“履方”，出自《汉书·冯奉世传》“鞠躬履方”一语，“履方”既指合理的方式方法，也指遵循规律道理，也指遵守规矩准则，还包括培养锻造方正方直的道德情操。履方致远，最终指向美好的愿望，让世界更畅通、让城市更宜居、让生活更美好。

再比如“交融天下、建者无疆”这一企业精神，同样体现了深厚的传统文化哲理。《象》曰：天地交，泰。后以财成天地之道，辅相天地之宜，以左右民。其基本含义是：“天地交”是说阴阳二气交通往来，双向互动，由此而促使万物生长发育，调适畅达、永葆蓬勃的生机，这是宇宙自然所遵循的普遍规律，称之为“天地之道”“天地之宜”；人类发展、社会管理、企业经营也应该遵循这种普遍规律——交流沟通共建共进和谐，以“天地交泰”作为最高的理想目标。老子在《道德经》中说：“善建者不拔，善抱者不脱，子孙以祭祀不辍……。”中国交建以基础设施建设创业发展，及至今天率先建设世界一流企业，可谓“善建者”，以专业技术和素养、商业道德和企业文化成就今天的丰功伟业，而且，“善建者”之于做人做事、之于创业，不仅要建筑百年不朽的基础设施，还要建设百年老店的精神道德、精神文化；“善抱者不脱”就需要将抓得住、抱得住、守得住，以此立万世之功，建千秋之业。这就是“建着无疆”——将产品服务和事业产业拓展至全国乃至于全世界，将企业文化和商业文明传播至全国乃至于全世界，修身修家修乡修国修天下。

（2）中国交建企业文化从社会核心价值和时代要求中汇聚能量

中共中央十八大报告凝练概括的社会主义核心价值观，体现了政治理想、社会导向、行为准则的统一，实现了时代要求与传统价值的融合。这个核心价值观是开放的，积淀着中华民族最深层的精神追求和行为准则，植根于当代中国特色社会主义的伟大实践，充分吸收了世界各国优秀思想文化成果，是现阶段全国人民对社会主义核心价值观具体内容的最大公约数的表述，具有强大的感召力、凝聚力和引导力。作为中央企业、作为企业公民，从积极全面践行社会主义核心价值观的要求出发，中国交建确定了“公平、包容、务实、创新”的企业核心价值观，确立了“诚信履约、用心浇注您的满意”的服务理念，“崇德崇学、向上向善”的员工价值准则。这样的企业文化核心理念，牢牢把握富强、民主、文明、和谐作为国家层面的价值目标，深刻理解自由、平等、公正、法治作为社会层面的价值取向，自觉遵守爱国、敬业、诚信、友善作为公民层面的价值准则。

崇尚公平、包容，市场经济才有源源不断的内生动力；追求公正、法治，社会生活才有崇德向善的道德风尚。中国交建崇尚身份平等和规则公平，以公正和法治为价值核心，努力让公平正义的阳光洒向每个角落，让每个人活力竞相迸发，让企业内生动力充分涌流。

务实，就是尊重规律，尊重实际，实事求是作决策、抓管理、定措施；务实，就是真抓实干，谋实事、出实招，抓落实、求实绩，确保良好的工作效率与工作质量。

创新，就是在继承优良传统的基础上，主动应对内外部环境变化带来的挑战，冲破旧思维、打破旧格局、突破旧技术，持续推进技术创新、管理创新、制度创新、模式创新；就是善于学习、勇于超越，主动接受新思想、探求新思路、发掘新方法，积极推进一切有利于企业发展进步的创新。

诚信，是人类社会千百年传承下来的道德传统，是市场经济的基本伦理。

中国交建坚持诚信经营，一方面通过遵纪守法、合规经营，一方面依赖强化企业道德自律的内在动力。

崇德崇学，向上向善，具有丰富的内涵，即实事求是、讲求实效，尊重规则、信守承诺，崇尚学习、善于创造，人心向善、从善如流。包含最本质、最人性、最重要的道德诉求，包含追求公正、和谐、文明、进步的内在要求，包含健康向上的精神追求，包含员工自我教育和自我塑造，包含用人类文明成果充实自己、武装自己、丰富自己的努力。充分体现了中华民族传统的道德价值导向，也包含了社会主义市场经济的道德价值导向，充分体现了真善美的理想人格与构建和谐社会的价值追求。

3. 全面推进文化落地工程，促进形成文化自信自觉

（1）加快推进文化融合

在打造“五商中交”的新阶段，迫切需要强化一体同心和主流引领，加快推进文化融合，形成一个既集中统一又包容开放的中国交建主体文化。中国交建正在着眼于强化集团母文化的主导地位、强化最大公约数，通过集团文化深度融合、母子公司文化深度融合，构建主流主体文化，建设共有精神家园。要加快文化基因重组，要在继承优秀工程师文化基因基础上，加快吸收现代商业文明基业长青的文化精髓，实现文化基因由工到商的重塑，最终构建起“工商相融”、具有当代普遍价值的商业文明。

（2）强化文化认同

文化认同意味着中国交建广大员工的价值认同和价值追求，意味着中国交建团结奋斗的最大公约数，意味着每一个人都能在为实现中国交建建成世界一流企业的奋斗目标中实现自己的梦想。中国交建正在凝聚对历史发展的认同，凝聚对当前改革升级发展战略的共识，凝聚对中交发展前景的期待，让11万中国交建人都成为践行中国交建文化核心理念的主体，使文化精神在每个员工心中扎根并随着他们的足迹不断传播。

（3）坚定文化自信

国际先进企业正是凭借文化的敏感，把握住科学的杠杆，形成核心竞争力，不断发展壮大。坚持文化自信，就是对五千年光辉灿烂的中国文化充满自信，对中国特色国有企业改革发展之路充分自信，对中国交建在改革发展中创造锤炼的企业文化充分自信，对中国交建人的神圣使命和重要责任充满自信。站在前辈的肩膀上回眺和远望、汲取智慧和力量，新一代的中国交建全体员工更加有信心、有能力蹄疾步稳地开创更加灿烂的未来。

（4）坚定文化自觉

文化自觉主要指一个组织及其成员在文化上的觉悟和觉醒，包括对文化在企业改革发展作用的深刻认识，对企业文化继承和弘扬的正确把握和主动担当。树立高度的文化自信，是增强文化自觉的前提；只有自信才会自觉，只有自信才能自强。过去35年来国家快速发展的伟大成就、未来“两个一百年”的蓝图，都在不断铸造中华民族的发展自信。作为社会主义市场经济的实践主体，既对世界经济震荡调整的格局有清醒的认识，也对中国经济保持长期稳健发展的前景充满信心；既对全球范围内企业竞争加剧的形势有清醒的认识，也对中国企业竞争力正在不断提升的趋势充满信心；既对中国交建的发展成就倍感鼓舞，又对中国交建人打造“五商中交”、率先建成世界一流企业的前景满怀豪情。

这就是中国交建用文化自觉来构建起充实的、富有张力的文化体系，不断传承、弘扬中国交建丰富而伟大的文化传统作为企业发展的内在支撑和竞争优势。

第4节 人才优势

近年来，中国交建高度重视人才的开发和培养，形成了显著的人才优势。截至2015年9月底，共有在岗职工11.5万人，平均年龄35岁，其中45岁及以下的占84%；具有本科及以上学历的占61%；具有高级及以上职称的占10%。中国交建党委管理的领导人员共有486人，平均年龄为50岁。其中，45岁及以下92人，占19%；具有本科及以上学历的476人，占98%，其中具有研究生学历或硕士学位的261人；具有高级及以上职称的457人，占94%。目前，公司拥有院士2名，国家级勘察设计大师12名，全国水运勘察设计大师11名，“新世纪百千万人才工程”国家级人选13名，享受国务院政府特殊津贴人员89人，中华技能大奖获得者1人，“全国技术能手”称号23人。

1. 着眼长远布局，顶层设计实现突破

一是适应公司战略布局需要，提出“人才优先发展”战略。中国交建从战略高度把进一步加快人才队伍开发培养当成当前一项重大且紧迫的任务，2014年明确提出了人才优先发展战略。根据这一战略思路，中国交建把人才作为强企之本、转型之基，不断加快建设“适应性”人才队伍，先后制定了《关于加强和改进新时期人才工作的指导意见》《中国交建“十三五”人才工作规划》。

二是实施“11711”重点人才培养工程。2013年，中国交建提出了“11711”重点人才培养工程，即重点培养100名企业领军人才（“百人计划”），1000名中青年骨干管理人才（“千人计划”），7000名优秀项目管理人才，10000名骨干专业技术人才，10000名高技能人才。目前，该工程正在有序实施。

2. 整合资源系统培养，人才开发成效明显

中国交建强调以事业、良好的文化和适当的薪酬留住人才，为各类人才干事创业营造氛围、搭建平台。

一是不断优化人才结构。随着“五商中交”战略的顺利实施，公司人才结构逐步从“以工为主”向“工商相融”转变。注重引进各种“商”元素人才，通过校园招聘、外部引进、公开招聘等方式引进各类优秀人才。同时不断盘活内部人力资源，多次举办投资、房地产、金融领导力、海外项目管理等培训班，共有1500余名项目经理和专业人才参加了学习，促进了重点人才和紧缺专业人才快速成长。

二是加大竞争性选拔力度。中国交建加大市场化选人用人力度，积极开展公开招聘。2013 年，中国交建组织了三次大规模公开招聘，最终聘任了 31 人，引起了较大的社会反响。2014 年，中国交建首次组织各子公司在 6 所高校举行专场校园招聘会，约 40 所高校的 3 万余名毕业生到场应聘，签约 1500 余人。2015 年，中国交建组织各子公司在 14 所高校举行专场校园招聘会，约 100 所高校的 8 万余名毕业生到场应聘，签约 2500 余人。

三是注重培养高端人才。中国交建坚持高端引领，大力培养具有全球战略眼光、市场开发意识、管理创新能力的优秀企业家，世界一流水平的科技领军人才，技艺精湛、掌握绝技绝活的高技能人才。与北京大学国家发展研究院、北大国际 MBA 共同举办了近百期高级管理人员培训班，培训 6000 余人次，对提升领导干部的视野和素质起到了促进作用。与沃顿商学院合作实施“百人计划”，举办了三期以“国际金融领导力”为主题的国内理论培训班，共有 294 名领导人员参加。实施“千人计划”，举办了 10 期中青年骨干管理人才高级研修班，共有 610 名处级干部参加，全面提升了中青年干部的战略思维、业务水平和综合素养。加快高层次专家人才队伍建设，依托重点产业、重点项目、重点学科，着力培养一批掌握本行业、领域内核心、前沿技术，专业技术水平精湛，在行业内具有较高威望和影响力的高端技术专家。加强高技能人才培养，举办了三届国家级职业技能竞赛和多次优秀高技能人才评选，启动了技能大师工作室建设，加强对技能人员的培训，仅 2014 年就培训高技能人才 1400 余人次。截至 2014 年底，公司有 1 个国家级技能大师工作室，1 人荣获中华技能大奖，26 人荣获“全国技术能手”称号，5 个单位和 1 人获评“国家技能人才培育突出贡献奖”。

四是不断培养国际化人才。①直接引进高素质的海外留学人才。截至 2014 年底，公司共接收海外留学归国人员 1350 人。②加强人才属地化建设，加大海外当地人才的使用和培养力度。截至 2014 年底，公司共聘用外籍员工 6.5 万人，其中管理人员 2700 人，专业技术人员 8300 人，技能与操作人员 5.4 万人，部分海外办事处的当地雇员人数占总人数的比例达到了 95%。

五是持续培养海外经营管理人才。自2006年开始，公司共举办了20期国际项目管理高级研修班，培养国际项目经理1100余名；共举办了5期国际工程商务管理高级研修班，共培训了400余名商务管理骨干。

六是建立跨国人才合作培养机制，选拔优秀人才到国外直接接受继续教育，其中，中国路桥在西非、中非设立五大培训基地，将新入职员工分派至这些基地进行一个月的集中培训。

3. 健全体系，彰显体制机制活力

中国交建根据改革发展和转型升级的要求，在完善选人用人机制、拓宽发展渠道、创新选用方式、强化激励约束机制等方面进行了积极的探索。

一是建立领导人员管理体系。制定并颁布实施了《企业领导人员管理实施办法》《所属企业领导班子和领导人员综合考核评价暂行办法》，建立了科学规范的领导人员选拔、交流、考评、退出和问责等机制。制定了《董事会、党委会、经理层议事规则》和《关于进一步规范组织人事管理工作的意见》，根据有关法律法规和文件要求，结合企业实际情况，明确了领导班子的管理边界和工作要求，规范了相关工作，加强了对领导人员的管理和监督。

二是完善总部员工管理体系。完善规章制度，先后制定了《总部员工管理办法》《总部部门和员工考核评价办法》《总部员工管理制度汇编》《总部员工挂职锻炼管理办法》等，明确了总部员工管理的标准、程序和要求，激发了总部员工的活力。开展总部职能部门及事业部内设机构优化及定岗定编工作，围绕"六个中心"的总部功能定位，梳理、明晰了各部门的职责界面，实现"选人用人"有标准、人员成长有空间，进而为人力资源管理各项工作的持续提升奠定坚实基础。同时，对各子公司的人力资源管理起到了示范和引领作用。

三是优化薪酬管理体系，理顺收入分配关系。中国交建配合国资委分配制度改革，顺利成为国资委工资总额管理备案制11家试点单位之一。积极推进工资总额分类管理，实现了从工效挂钩到工资总额预算的平稳过渡，基本确定了公司的收入分配管理框架。逐步理顺了总部、子公司、项目部员工的收入分配关系，形成了纵横结合、更加合理的薪酬体系。

四是健全教育培训体系，整合提升培训能力。整合原有的中国交通建设工程学院，健全中交集团职业技能鉴定指导中心职能，成立了中国交建党校、管理学院、培训中心。管理学院下设12个分院和一个铁路培训基地，鉴定中心下设10个考核站，拥有近400个职业工种的培训鉴定资格。加强教育培训制度建设，保障培训工作更加科学规范。

第5节　科技优势

企业既是科技创新的主体，也是产业革命的主体。作为市场主体，作为我国参与全球经济合作与竞争的主要力量，中央企业一个根本使命就是通过持续创新来提升核心竞争力。习近平主席一再强调，实施创新驱动发展战略，关键是要大幅度提高自主创新能力，努力掌握关键核心技术。十八届三中全会《全面深化改革若干重大问题的决定》中明确指出：健全技术创新市场导向机制，发挥市场对技术研发方向、路线选择、要素价格、各类创新要素配置的导向作用；建立产学研协同创新机制，强化企业在技术创新中的主体地位，发挥大型企业创新骨干作用，建设国家创新体系。

近十年来，中国交建坚持创新驱动战略、投身国家基础设施创新发展主战场，推动构建企业为主体、市场为导向、产学研相结合的技术创新体系，加快科技创新步伐，提升企业和产业的核心竞争力，实现了关键技术重大突破，掌握竞争和发展的主动权，摆脱了跟在别人后面跑、关键核心技术受制于人的被动局面，形成了系统的科技优势。2005年至今，中国交建共获得国家科技进步特等1项、一等奖9项、二等奖25项，国家技术发明二等奖2项，国家专利金奖2项。（2015年获国家科技进步特等奖1项，二等奖1项，技术发明二等奖2项，国家专利金奖2项。）

通过科技创新，中国交建掌握了大型、超大型专业化、自动化码头建设能力和成套技术，推动我国沿海大型、超大型专业化码头建设取得了长足发展，在数量快速增多的同时，尤其体现了大型化、现代化的发展趋势；通过科技创新，中国交建掌握了国际领先的大型深水航道建设成套技术，实现了深水航道治理技术的重大突破，推动了航道建设与疏浚产业不断发展；通过科技创新，中国交建掌握了大型、高效港口机械装备核心技术，产品品牌被全世界用户视为质量好、价格公道、最能准时交货、最具竞争力的优质品牌，全球市场占有率连续多年超过70%；通过近10年来在桥梁结构体系设计、核心材料研发、关键施工工艺、施工装备创新上的刻苦攻关，中国交建拥有了具有自主知识产权的桥梁建设技术体系，桥梁的技术高度不断攀升、难度不断刷新；通过科技创新和投融资建设体制创新，中国交建在短期内成为中国名列前茅的高速公路投资商和运营商，为我国经济社会发展提供了强有力的支撑，发挥了交通先行官的作用。

在创新平台建设方面，中国交建建设了重点实验室、工程（技术）研究中心和企业技术中心三个系列，相应的有国家级、省部级和集团级三个级别，总数达42个。目前中国交建拥有1个国家级重点实验室、3个国家工程（技术）研究中心、8个国家级企业技术中心、9个省部级重点实验室、8个集团重点实验室、8个省部级工程（技术）研究中心、16个省级企业技术中心、2个集团研发中心。中国交建拥有9个博士后科研工作站，2个院士工作站。技术创新平台的建设有力支撑了中国交建改革发展。各类技术创新平台在各自的研究领域取得了大量的基础性、前瞻性、重大关键技术类的研究成果，研究成果支撑了许多重大工程建设、解决了一系列工程关键技术难题。中国交建在科技创新平台建设中，坚持做到科学研究、实验开发、推广应用的三级联动。

总之，中国交建已经构建了适应企业自身特点和发展要求的科技创新管理体系，建立健全了能有效激发企业创新活力的科技创新运行机制，具有系统性、创新性、有效性、带动性的特点，形成了较强的科技竞争优势。

（1）系统性

基于集团发展战略目标，按照顶层筹划、分级落实、目标考核、系统推进的总体部署，集团制定了实施创新工程的总体方案，明确目标，系统推进技术创新组织体系、支撑体系、制度体系和运行机制建设。各二级公司根据总体实施方案，按工作任务逐级分解落实，完成年度推进目标。在创新平台建设、重大关键技术攻关、科技投入和知识产权等方面重点进行跟踪考核，确保技术创新工程顺利有序地推进和目标的实现。

（2）创新性

建立了与企业发展要求相适应的“结构合理、运行高效”的科技创新组织管理体系。健全了持续投入、人才培养、考核激励、协同创新等运行机制。充分发挥集团总部的统领统筹作用，围绕离岸深水港、高原多年冻土公路、千米级斜拉桥、疏浚技术与装备、河口深水航道治理、智能化勘察设计技术等交通基础设施建设方面的共性、关键技术难题组织科研攻关，取得了一大批国际领先的、具有自主知识产权的科技成果。建成了世界最大的海岛型深水人工港和一批世界级的桥梁工程，获得 37 项国家科技进步奖，形成了一批技术先进、安全适用的企业技术标准，企业自主创新能力显著增强。

（3）有效性

形成了一套自主运行、持续改进、不断提高的科技创新管理长效机制，打造了一支高水平的创新人才队伍，企业的创新能力和综合实力显著提升，产业结构优化升级。2006 年以来，企业新增国家级创新平台 12 个，专利授权量年均增长 30% 以上，累计获得省部级以上科技奖 848 项。连续三届中央企业任期考核获“科技创新企业奖”。

（4）带动性

推动了交通基础设施建设的产业技术升级和科技进步，一系列重大关键技术的突破为国家“海洋强国”战略、“一带一路”战略提供了强有力的技术支撑。主持编制国际标准，推进中国标准走向世界，为中国企业在更大范围内和更高层次实施“走出去”战略创造了条件。坚持绿色发展，以科技创新推动节能减排，积极贯彻环境友好和资源节约的国策，在履行央企的社会责任方面成效显著。

第七章 中国交建转型升级的战略思考

本章结构图

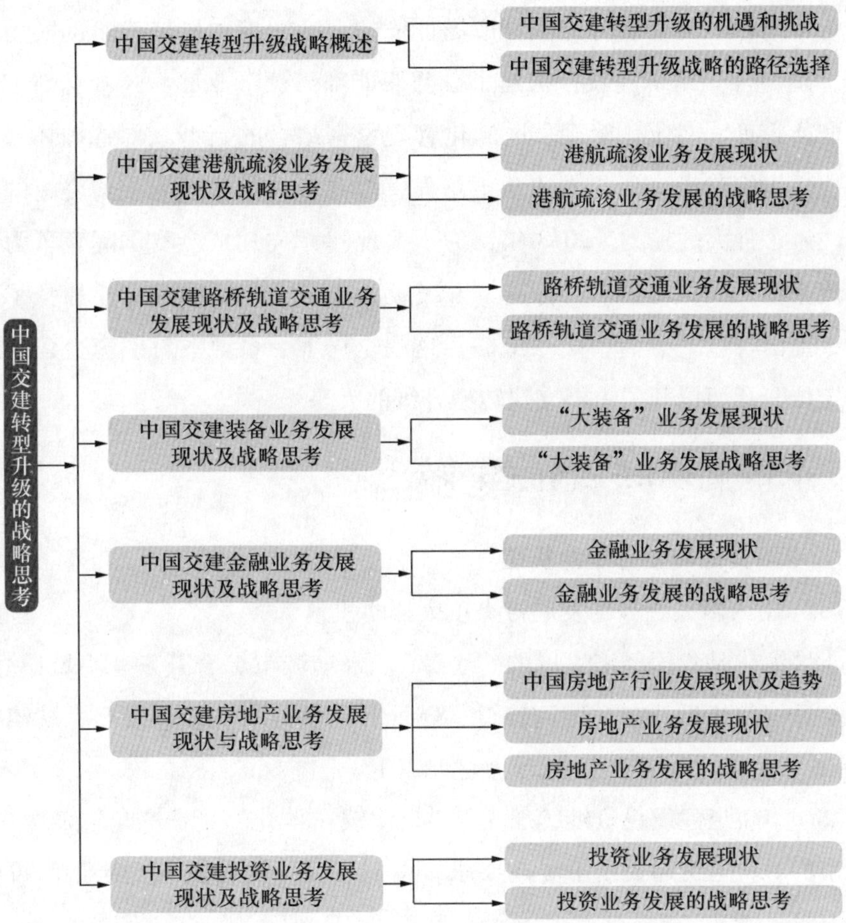

第1节　中国交建转型升级战略概述

转型升级中的“转型”，其核心是转变经济增长的“类型”，把粗放型转为集约型，提升主营业务的核心竞争力，而不是单纯地转行业。转了行业未必就能转型，要转型未必就要转行业。转型升级中的“升级”，既包括产业之间的升级，如在整个产业结构中构建完整的产业链，将产业间的协同效用发挥最大，也包括产业内的升级，即产业向纵深化发展，实现技术集约化，不断提高生产效率，增强核心竞争力。

近年来，中国交建为了应对市场环境的变化，推动发展战略的实施，强化了“适应性”组织建设，构建了总部职能部门、事业部、区域总部三位一体，职能管理、专业化管理、区域化管理紧密结合的新型总部管理体系。通过适应性组织建设、强化人才队伍培养、提升管理水平，为中国交建的转型升级注入了强大的动力。2013年，为了实现“率先建成具有国际竞争力的世界一流企业”的战略目标，打造“升级版”中国交建，中国交建加强了顶层设计，提出打造“五商中交”战略，这是全局上、系统上对中国交建未来发展的定位，从而拉开了中国交建转型升级的大幕。

一、中国交建转型升级的机遇和挑战

1. 中国交建转型升级的机遇

（1）国内新兴业务的发展带来重大战略机遇

①城镇化是我国经济发展的“引擎”。带动城市综合开发、小城镇建设、城市交通枢纽建设、市政管网建设、燃气和供热改造等业务发展。城镇化未来5~6年将带动投资和消费25万亿元以上。

②城市轨道建设投资继续加大。“京津冀一体化”“长三角”“珠三角”等城市群对轨道交通提出了更高要求，“十三五”期间轨道交通年均投资约3000亿。

③环保市场发展空间大。预计2020年环保产业总产值2.8万亿，城镇污水处理、固废处理、垃圾无害化处理、低碳绿色产品将成发展重点，仅污水处理一项国家在未来五年内将保持4000亿元投资。

④海工装备制造是国家的战略性新兴产业。长期看，海上油气开发将在全球石油产业中占据重要位置，预计全球海洋工程年均支出5000亿~6000亿美元左右。但近期石油价格的大幅下跌和国际局势的动荡，对海上油气开发造成了较大影响，处于下行周期。

⑤海洋经济重点发展。远海岛礁、海上风电安装等海洋工程有较大发展空间，海洋经济快速增长，具备了良好的自然条件、经济基础和社会环境，将成为拉动国内经济发展的重要推力。

（2）“一带一路”战略为“企业转型”提供了重要支撑

“一带一路”是世界跨度最长的经济大走廊和最具发展潜力的经济带，将东亚、东南亚、南亚、中亚、中东、欧洲南部、非洲东北部的广大地区联系在一起。该区域覆盖64个国家，沿线国家26个，总人口约44亿，约占全球的63%，经济总量21万亿美元，约占全球的29%。“一带一路”战略，是未来十年我国企业“走出去”的重大政策红利，将进一步推动能源、基础设施、高端制造等领域的合作，加快推进周边地区基础设施互联互通的建设，实施更多的政府框架和商贷项目，为中国企业的国际化经营和转型升级创造重大机遇。2013~2030年间全球将需要大量基础设施投资，预计将投入67万亿美元，而超过60%的投资将集中于“一带一路”沿线区域。

2. 中国交建转型升级的挑战

（1）国内传统主业空间收窄，竞争激烈

①公路桥梁建设的高速增长期已过，但还有一定空间。据预测，至2030年前新建、改造公路投资约4.7万亿，年均高速公路投资约3000亿元。

②沿海港航建设将进一步萎缩。随着国内港口总体布局的日趋完善，沿海港航建设将进一步萎缩，港口及内河年均投资约800亿~1000亿元。

③铁路建设投入继续加大，竞争激烈。铁路建设投入继续加大，重点从

东部转向中西部，从重大干线转向城际铁路，从国内转向海外，但铁路市场存在垄断壁垒，进一步提高市场占有率有一定难度。

④港口机械需求增长缓慢。受全球经济增长缓慢的影响，国际航运市场复苏乏力，预计未来5年港机行业需求以每年1%～3%的速度增长。

⑤基础设施投资依然是拉动国内GDP增长的重要手段，但是现汇项目越来越少，国家积极鼓励在交通基建领域推行政府与社会资本合作PPP模式的尝试，这对施工企业来说既是机遇，也是挑战。

⑥房地产市场增速减缓，但长期更趋理性。行业集中度不断提升，大型专业化房企将逐步开启行业整合时代，中小房企的生存空间遭受打压。

（2）外部环境挑战和内部不足并存

①央企改革的挑战。中央深化国企改革，在一定时期内将使中国交建面临市场竞争加剧、融资优势减少、利润空间压缩等挑战，对国有企业的效率和活力提出了更高要求。

②国内经济增长放缓。中国经济发展进入新常态，经济增长速度将在6.5%～7%徘徊。市场需求不足，企业竞争加剧，产能过剩严重，企业经营压力加大。

③国际化经营风险。相关国家政局动荡，恐怖主义滋扰，西方干涉设置障碍。"一带一路"所涉及国家发展差异巨大。有的国家把经济问题政治化，对中国企业有抵触；有的国家则缺乏投资基础和条件，经营风险大。

④企业自身的不足。改革创新和转型升级的意识和动力还有待加强；产业链协同能力还不够；高端人才匮乏，缺少能为我用的复合型高端人才；全球配置资源的能力有待加强；运营组织架构还不能完全适应转型升级的需要；信息化能力不强。

二、中国交建转型升级战略的路径选择

1. 业务发展的转型升级

①工程承包业务转型方向。巩固港口、码头、疏浚、吹填、公路等传统

业务的领先地位，提升城市轨道交通、铁路建设市场份额，积极向人工岛、跨海大桥、海底隧道等海洋工程领域延伸，积极进入市政建设、城市地下空间、智能交通、城市交通枢纽等新兴领域，积极拓展环保工程、废物处理及再生资源利用等相关产业。

②城市综合开发业务发展方向。公路沿线、轨道上盖综合体、码头搬迁后的商业开发，新港建成后的港城一体化，围海造地形成的城市综合体业务，产业园、工业园区开发，为地方政府提供相应的市政管网建设、城市给排系统等服务。

③房地产业务发展方向。围绕“港、路、桥”等交通资源以及围海造地等业务，开发经营住宅、商业产品系列，形成滨海地产、轨道地产、路桥地产等系列的交通特色产品；拓展海外地产业务；通过并购，进入高端房地产市场。

④基础设施投资业务转型方向。从传统港口、公路、桥梁、隧道向地铁、城市管廊、综合交通枢纽等领域进军，从有期限的高速公路向无期限、可长期经营的污水处理、供水、燃气、固废处理、停车场、机场运营等领域进军。

⑤海洋重工与港口机械制造业务转型方向。打造海洋重工全产业链和价值链，着力高端港机产品和系统的研发、制造。丰富筑路机械产品系列，加大养护设备研发投入，提升隧道盾构的研发制造服务能力，拓展新能源客车、投资及城市公共交通一体化服务业务。以第六代深水钻井船项目为契机，适时打造中国交建的装备运营团队。

2. 国际化经营的转型升级

①紧密对接“一带一路”战略，制定专项转型升级方案。系统、深入地研究“一带一路”、互联互通、中国企业“走出去”等国家战略和政策，立足于世界版图和“一带一路”战略地图，按照国内外“一盘棋、一体化”的思路，制定企业转型升级方案，对如何战胜“一带一路”道路上的挑战、把握住战略机遇，进行全面、科学的谋划和部署。

②加快海外市场的布局。加快在“一带一路”沿线国家和地区的谋篇布

局和抢滩夺点。一方面要在更广阔的区域开拓市场，同时不忘在已有项目的国家深耕细作、提高市场占有率；另一方面，要在更广泛的业务领域开展经营，带动多业务在海外的落地，使技术优势体现在海外，提升品牌的国际知名度。

③加大海外投资和属地化力度。积极开展海外投资经营，加大基础设施的BOT、PPP特许经营，扩大房地产、产业园、资源能源开发等领域的投资，以投资促进业务“走出去”。在东道国从事经营活动，充分利用、合理使用当地资源，促进企业与东道国的共同发展，从“走出去”到“留下来”，提高国际竞争力。通过跨国并购，直接获取并购目标的研发能力、核心技术、营销网络、人才团队、企业品牌等优质资源，形成对当地市场的强大支撑。

④搭建互通平台，形成新的利润增长点。积极促成相关国家建设新港区、产业园区、自贸区，引入中国资金、技术、产业。借助互通平台，对接国内国外发展需求，整合国际、国内资源，形成规模和积聚效应，构建以互联网为载体的新型商业模式，形成新的利润增长点。

⑤加强合作，协同发展。对内整合资源要素，构建产业联盟，联合国内企业“走出去”，形成合作共赢的海外“利益共同体”和“生命共同体”。对外要加快推动与全球知名设计咨询企业、基础设施投资商及大型设备制造商、特许经营商、资源或能源开发商、行业组织、金融保险机构、具有强大资本实力的财团等利益相关方合作并结成长期的战略联盟，获得战略联盟方核心竞争优势的支撑和更多的市场合作机会。

⑥提升国际资本运作能力。积极探索通过发行企业债券、项目发债、股权融资等多种方式在国际资本市场进行融资，统筹考虑通过资产信托管理等方式盘活海外经营性资产；有效利用产业基金、信托、融资租赁服务、PE融资等多种方式，积极引进社保和保险资金。

3. 构建全球化的组织架构

“十三五”期间，积极构建专业与区域相结合的管理架构，逐步打造若干个主业突出、核心竞争力强、盈利能力佳、具有行业引领力和国际竞争力的专业公司，由母子公司体制下的产业集团向以资本为纽带的投资控股集团转变。同时，进一步完善国内区域总部的建设，逐步建立和完善欧洲、北美、环加勒比地区、南美、东非、西非、南非、北非、中非等境外区域发展和管理平台，形成覆盖国内所有省份及全球120个国家和地区的营销服务网络。

截至2015年底，中国交建已经完成对疏浚板块和房地产板块的整合。全部整合完成后，中国交建将形成若干个专业化公司与国内区域总部、境外区域中心构成的区域化体系相结合的格局，基本具备国有资本投资公司的组织架构、运营特点、投资经营实力和世界一流跨国集团的管理架构。

4. 通过创新驱动，推动转型升级

①加快商业模式的创新。探索新型商业模式，加强资本及股权合作的模式创新、金融与新型融资的模式创新、科技推广与实践的模式创新、网络信息化与实体业务结合的模式创新等。

②强化科技创新。重点关注战略性、前瞻性、全局性的重大关键技术课题研发。加速BIM技术的研究和应用，引导设计企业加强技术创新；支持大跨度公铁两用斜拉桥关键技术、干散货码头自动化关键技术、重型自航绞吸船关键技术、新建绿色能源大型耙吸挖泥船关键技术等一批重点科技研发项目；加强海洋重工、轨道交通、隧道、市政工程和城市综合交通等领域关键技术和设备的研究。

5. 培育转型升级的四个核心能力

①强化金融能力。灵活利用资本市场与产融结合的能力。中国交建的金融板块业务以支撑主业为基本定位，通过金融能力的提升促进“五商中交”由工到商的转型升级。

②升级信息能力。全面推进信息化与企业生产经营的深度融合，提升生产运行效率和管理水平，高度关注平台经济和大数据战略，切实利用信息化手段支撑公司转型升级和国际化经营。

③培养人才能力。大力实施人才优先发展战略，实现人才资源的有效开发、人才结构的不断优化和员工素质能力的不断提升，为中国交建的转型升

级提供强大的人才支撑。

④打造运营能力。2015 年 5 月，中国交建成立中交资产管理有限公司，资产管理公司旨在盘活资产存量，优化增量资产品质，加快资源整合，提高运营能力，提升管控水平，进一步提升中国交建的投资控制力和金融影响力。

6. 提升软实力，促进转型升级

全面提高党的建设科学化水平，为实现转型升级、率先建成世界一流企业提供坚强保证；强化作为中交人的“五个认同”，坚持“五个自信”，即“思想认同、战略认同、管理认同、文化认同、情感认同”和“战略自信、制度自信、管理自信、文化自信和发展自信”，发挥出中国交建企业文化和价值观在促进转型升级中的关键性作用。

第 2 节　中国交建港航疏浚业务发展现状及战略思考

近三年（2012 ~ 2014）中国交建港航疏浚业务保持稳步运行，年均新签合同额约 1200 亿元，占中国交建新签合同总额的 24%；年均营业收入约 900 亿元，占中国交建营业收入的 28%；年均利润总额约 60 亿，占中国交建利润总额的 40%。中国交建拥有水上大型装备原值约 300 亿元，近 800 条船，是中国交建参与市场竞争的利器。疏浚业务、港口建设在国内占据 70% 以上的市场份额，竞争优势明显，但海外市场占比不大，仍有很大发展空间。

一、港航疏浚业务发展现状

1. 市场需求不足

中交疏浚各项指标是中国交建最接近世界一流水准的业务板块，中国交建港口建设尤其是离岸深水港建设水平已达到世界领先水平，在船坞等海岸工程建设方面也具有很强的国际竞争力。但是受国际金融危机和世界经济复苏缓慢的影响，沿海港口产能过剩，投资下滑，港航疏浚国内市场呈现逐年下滑的趋势，港航疏浚企业面临着转型升级的重任。

2. 应收账款高企、去存货压力较大

近四年应收账款和存货持续攀升，2014 年 1～12 月，12 家港航疏浚企业应收账款和存货总额约占年营业收入比重 50%，其中 3 家航道局应收账款和存货总额达到营业收入的 89.6%，远远超出 40% 控制指标要求。截至 2014 年 12 月底，12 家港航疏浚企业资产负债率中，航务施工企业为 82.9%，水工设计企业为 40.8%，疏浚企业为 60.4%。

3. 2015 年上半年市场经营特点分析

（1）新签合同额

2015 年上半年中国交建港航疏浚业务（含设计）累计新签合同额 494.00 亿元，2014 年同期 433.17 亿元，同比增加 14%，主要受益于远海项目的贡献。勘察设计类的项目减少了 29.2%，作为市场形势的风向标，设计类项目的减少势必传导至下游的施工项目，形势不容乐观。

（2）市场占有率

市场占有率基本维持稳定，但吹填项目市场占有率大幅下滑，竞争加剧。四种主要细分市场的市场占有率为：勘察设计市场公开竞标项目占有率 90% 以上；航务项目市场占有率 78%，略高于 2014 年同期的 77%；疏浚项目市场占有率 83%，高于 2014 年同期的 78%；吹填项目市场占有率 42%，远低于 2014 年同期的 73%。

（3）项目总量

疏浚、吹填及陆域形成类项目总量同比 2014 年下滑四成，如果下半年没有远海项目支撑的情况下，形势将更加严峻。

（4）主要竞争对手情况

国内主要竞争对手日益发展壮大，市场竞争呈现白热化，对中国交建港航疏浚业务的发展带来了一定冲击。呈现以下三个特点：一是竞争对手的格局初步形成两个梯队，处在第一梯队的企业主要是八家央企，分别是长江航道局、中建港务 + 中建筑港、中铁建港航局、中铁港航局、天津港航、山东港湾、连云港港务、金东海。二是行业的集中度越来越高。据统计，2015 年上半年中国交建八大主要竞争对手的市场份额已经达到88%。三是在港航市场日渐萎缩的形势下，第一梯队的竞争对手依然实现逆势扩张，吞噬了更多中国交建以外的小型企业市场份额。八家企业上半年总计中标35 项，中标总额44.6 亿元（2014 年同期37.2 亿元），中标占比12%（去年同期9.85%）。以长江航道局、天津港航、中建系等为代表的企业，扩张势头尤为强劲，市场呈现“僧多粥少”的局面。

二、港航疏浚业务发展的战略思考

（1）重点做好市场增量和效益增量

市场增量方面，其发展路径主要是海外市场扩张以及投资带动的围填海综合开发、外海工程、跨海通道、新能源、水处理等；效益增量方面，其主要路径是营销统筹、强化内部协同、将产业链的垄断优势转化为价值链优势、加强水上大型设备统筹、优化结构、提升效率等。

（2）整体提升中交疏浚的核心竞争力

强化设计研发能力，淘汰落后产能，优化船队结构，打造一批适应外海和海外的高端装备；重视发挥各航道局走出去的积极性，加快海外市场营销网络布局，向海外市场释放产能。

（3）发挥自身优势，助力“五商中交”战略

积极为“全球知名承包商”做好全方位业务支撑；在打造“城市综合体开发运营商”“特色房地产商”“交通基础设施综合投资商”中与投资事业部、房地产集团进行联动开发；在打造“海洋重工与港口装备制造服务商”中与装备制造海洋重工事业部密切配合，为海洋业务发展提供装备保障。

（4）加强大型重点项目管理

完善直管工程项目管理，提高效益；组织和推动定额修编，重点推动远海定额的制定，为进军远海项目提供费用编制依据；加强深远海课题研究，

满足南海工程建设需要。

（5）提升三种能力，做好三个协同

①提升三种能力。努力提升资源整合和调配能力、商业模式创新能力和市场统筹与把控能力。

②做好三个协同。一是战略协同，抓好事业部、区域总部、子公司的战略协同。二是资源配置协同，做好资金、大型装备、大宗物质的配置。三是营销协同，解决内部单位间恶性竞争，设计与施工的协同问题，促进集团整体订单效益最大化。

第3节　中国交建路桥轨道交通业务发展现状及战略思考

近年来，中国交建的路桥轨道交通业务发展势头良好，对中国交建的整体贡献度不断增大。路桥轨道业务（含海外）合同额从2011年的2529亿元，增长到2014年的3965亿元，近四年合同额年均增长率为16.2%，占集团份额的60%，份额年均增长率为4.9%；营业额从2011年的1852亿元，增长到2014年的2656亿元，营业额年均增长率12.8%，占集团份额的60%，份额年均增长率为2.5%。

一、路桥轨道交通业务发展现状

1. 铁路经营方面

（1）铁路经营存在的问题

①市场壁垒。铁路项目招标中，路外施工单位在投标过程中仍然受到诸多限制。

②缺乏主动。部分二级单位对铁路项目经营不积极，依赖集团层面进行招投标，“等”“靠”“要”的思想严重。

③通报停牌。部分二级单位对铁路项目管控能力差，出现了被停止投标的处罚现象。

④信用评价。由于路外企业缺乏经验与人脉，在铁路信用评价方面处于劣势地位。

⑤投标文件缺陷。2015 年 5 月 6 日，铁路总公司印发了新的铁路项目招投标实施细则，综合法和最低价法都要求技术标 90 分以上才能通过，对中国交建提出新的挑战。

（2）铁路经营应对措施

①投诉机制。针对建设单位在招标文件中载明严重排斥潜在投标人的情况，中国交建路桥轨道交通事业部牵头，以中国交建或联合中建、中电建等单位向铁路总公司和国家铁路局进行实名投诉，以获取铁路市场公平、公正的待遇。

②完善经营网络。中国交建各二级单位按照区域经营的分工要求，进一步构建铁路自主经营网络，落实跟踪任务的划分，加强经营力度，做好高端对接，为铁路市场的开拓打好基础。

③提高编标质量。重视铁路项目投标文件的编制，认真梳理铁路项目业绩，抽调具有丰富现场施工经验的技术、报价、商务等人员进入编标工作组，对重难点工程施工方案要召开专题会进行研讨，编制完投标文件要进行交叉审核。

④提高项目管控能力。重视在建铁路项目的施工管理，通过内部信用评价体系来提高铁路项目管理水平，力争在铁路总公司组织信用评价中获得好名次。

⑤加强对接与沟通。由中国交建领导带队加强与建设单位对接，了解项目招标进展，为下属施工企业与建设单位建立沟通机制。

⑥加强央企合作。针对新的铁路招投标实施细则，加强与中国中铁、中国铁建、中国建筑、中国电建等其他央企的合作显得尤为重要。

2. 新业务方面

（1）新业务存在的问题

目前中国交建在铁路和城市轨道交通业务增长迅速，但在核心技术的站后工程涉足尚少。一方面是中国铁工、中国铁建等传统路内单位基本垄断，另一方面是全产业链的设计和施工能力不足，相关专业技术和管理人才在数量和执业资格上捉襟见肘。

（2）新业务的应对措施

进一步完善产业链。一方面与相关企业组建战略联盟，共同开发市场，积累业绩，补足短板；另一方面加快对相关专业进行资源整合，成立相应的站后设计和施工单位，为大范围进入相关业务领域做好准备。

3. 轨道交通融资方面

（1）轨道交通融资难度加大

地铁投资数额高昂，像郑州、南京、合肥等地的地铁每公里造价达5亿～6亿元，深圳三期地铁每公里造价达9亿元，中国交建2015年5月30日签署的哈尔滨地铁三号线每公里造价8亿元。2014年以来地方政府财政收入压力比较大，再加上国家加强对地方融资平台的管理，地方政府对于地铁的投入将受到很大限制，给市场经营带来新挑战。

（2）解决融资问题的措施

①充分利用土地资源解决融资难题。对于如何解决资金短缺问题，包括佛山、深圳、西安、武汉、南京等地都开启土地融资、物业开发模式。深圳地铁集团截至2015年6月底，拥有近300万平方米的土地储备，其中仅商业开发面积已达百万平方米，以现行深圳写字楼售价粗略计算，地铁公司旗下地产物业市值超400亿元。南京市政府借鉴新加坡、中国香港和日本等地模式，规划了7个地铁小镇，每个地铁小镇都在5～10平方公里左右；西安地铁投资资金中政府出资部分主要依靠土地出让收入和地铁储备土地开发收益。

②充分利用国家政策支持。我国未来将通过中央预算内投资补助、产业基金等方式对重大工程项目给予支持，引导银行业金融机构加大信贷支持，为重大项目建设提供更便利的融资服务。支持企业通过发行企业债券、中期票据、公开发行股票、定向增资扩股等方式融资，用于重大工程项目建设；支持地方政府依法发行债券，筹措建设资金。此外，我国还将建立重大投资

项目建设协调机制和审批“绿色通道”制度，加快重大工程、PPP 项目贷款审批，进一步吸引社会资本通过 PPP 和特许经营等方式参与建设和运营。

③强化中国交建产融结合能力建设。佛山市城市轨道交通 2 号线一期工程 BOT 特许经营项目，标志着中国交建以创新的“产融结合”模式整体进入了城市轨道交通市场。项目采用“BOT + TOD + EPC”模式建设，轨道项目总投资 198.35 亿元，整个项目总投资达 390 亿元。该项目集投融资、设计、施工、地产开发、城市运营、大型装备于一体，体现了“五商中交”的内涵，是推动中国交建从产业链向价值链转变的典型项目，也是打造“升级版”中国交建的典范项目。

鉴于未来轨道交通市场的巨大潜力，以及战略性进入和推进结构调整的需要，要以投资方式介入整条轨道线路的建设，以便培养项目的综合策划、实施能力，这对中国交建在轨道交通领域提升业绩和资质，具有一定的战略性意义。哈尔滨地铁 3 号线二期、青岛地铁 R3 线等项目对融资创新方面进行了探索，在项目资本金筹措上引入中国交建基金股权投资，实现表外投资，若实施成功，可用较少或不用自有资金撬动整个大项目，对打通社会资本运用于新兴产业的通道具有很好的示范意义。

二、路桥轨道交通业务发展的战略思考

1. 中国交建路桥轨道交通业务发展目标

（1）公路业务

继续保持市场领先者地位，盘活现有资源，提高投入产出率，做好过剩产能收缩转移和优势产能聚焦发展。“十三五”期间将国内路桥业务（含路桥养护）市场占有率从 2014 年的 20% 提高到 25% 以上。重点发展特大桥梁、过江通道等技术含量高的优势项目，逐步提高公路养护类业务的份额，维护和发扬中国交建桥梁品牌。

（2）铁路业务

整合“四电”等专业，形成完整的产业链，并积极进入铁路市场的投融

资领域。“十三五”期间将中国交建国内铁路业务市场占有率从2014年的10%提高到15%以上，在海外铁路市场中国公司份额的占有率达到30%以上。

（3）城市轨道交通业务

做好内部资源整合扩张和外部资源吸收扩张，集聚优质资源扩能，完成产业链全覆盖和生产经营能力的整体提升，进行区域化经营，重点扎根长期跟踪的城市，滚动开发，并创新建设和合作模式。“十三五”期间将中国交建国内轨道交通业务市场占有率提高到20%以上。

（4）市政及房建业务

做好内部资源放射扩张和外部资源并购竞联，创新体制机制，内外发力扩大产能，深化市场挑战者角色，逐步提升市场影响力和市场份额。积极开发城市综合体、市政管网改造等新兴产业板块，寻求与房地产开发相结合的业务类型。

2. 整合路桥轨道有关业务

（1）成立中国交建铁道勘察设计总院

中国交建的铁路和轨道设计业务自“十一五”期间起步，经过从无到有的积累已初见规模，但由于起步较晚，存在以下发展瓶颈：一是行业壁垒严重，市场开拓难度大；二是品牌知名度有限；三是设计力量分散，专业配置不均衡；四是高端人才短缺。为解决路桥轨道业务发展瓶颈，中国交建于2015年组建了中交铁道勘察设计总院，将在中国交建进军轨道交通市场发挥重要作用。

（2）研究探讨成立中国交建电气化工程局

中国交建内部单位的电气化施工资质较低，尤其铁路电气化、电务专业资质仅停留在二、三级上，投标受限，无法从事高端和大型项目电气化施工，业务发展遇到瓶颈。从利润率来看，高速铁路、城市轨道交通全部采用站后“四电”集成模式，全标段捆绑招标，高速铁路的站后利润率在20%左右，轨道交通的站后利润率一般在15%～20%，工程效益空间较大。因此，对该业务领域的资源进行整合，集中优势资源，积累业绩，培养人才，提升资质等级，对中国交建在铁路、轨道交通领域做强做优具有深远影响。

（3）研究探讨整合中国交建公路养护、检测、桥梁加固业务

鉴于我国桥梁、公路实际使用情况，未来一段时间将进入大修期，市场前景广阔。据预测，养护资金投入规模将在“十四五”期间超越建设资金投入规模。中国交建未来养护市场份额如果按国省道养护资金的6%～10%进行估算，“十三五”时期在公路市场的养护规模年均至少达到300亿元。

中国交建现有公路养护、检测、桥梁加固业务存在以下几个问题：一是养护业务市场竞争混乱无序，进入门槛低，地方壁垒严重；二是桥梁维修、加固规模小，市场占有率低；三是试验检测经营范围小、局限性强，参与市场竞争能力弱；四是项目集约化程度不高，对经营业绩贡献度低；缺乏协同配合，各子公司在市场上各自为战，同质化竞争严重等。因此，整合现有公路养护、检测、桥梁加固设计和施工业务资源，有利于实现优势互补和集群优势，避免同质化竞争；有利于集团的结构转型；有利于培育一批主业突出、核心竞争力强、具有行业引领力和国际竞争力的骨干企业、专业公司。

3. 加快实施中国交建铁路“走出去”

①强化海外高端对接。一方面紧抓高层访问的机遇，助力“高铁外交”，加快海外铁路项目落地；另一方面保持与各个部委、铁路总公司等紧密沟通，利用、盘活好各种资源，实现海外铁路大开发。

②以“一体两翼”为核心，按照“四位一体”的海外运行机制，形成中国交建总部、平台公司、专业公司、驻外机构之间价值共享、融合发展的生态系统网络，提高资源利用效率，全方位开发海外铁路项目。

③充分发挥专业事业部的支撑和协同作用，做好海外铁路经营的专业支持和技术服务。

④发挥全产业链优势，实现整合资源模式下的“抱团出海”。中国交建内部的铁路运营（John Holland 公司）、设计、施工、装备制造以及集团外包括信号控制、机车设备等企业的紧密合作，初步完成了全产业链的打造。铁路

市场开发应积极发挥全产业链优势，积极运作“营建一体化工程”，推进铁路装备、技术标准、管理服务“走出去”，打造中国交建海外品牌。

第4节 中国交建装备业务发展现状及战略思考

面对新一轮工业革命来袭，德国“工业4.0”、美国“工业互联网”等战略相继推出的时代背景，2015年5月，《中国制造2025》正式发布，作为实施制造强国战略的第一个十年期行动纲领，意图应对新技术革命的洗礼、推动传统制造业转型升级、实现高端制造业跨越式发展、促进由工业大国向工业强国的蜕变。“海洋工程装备及高技术船舶”作为《中国制造2025》10大重点发展领域之一，为中国交建大装备的发展提供了难得的发展契机。

一、“大装备”业务发展现状

1. 主要运行特点

受全球性经济危机影响，2009年以来我国装备制造业结束了长达6年的持续高速增长，发展势头明显放缓。面对市场低迷、历史问题消化和产业转型三大挑战，中国交建“大装备”在逆境中负重前行，已逐步走出低谷并持续向好。2014年，“大装备”业务新签合同额464.08亿元，同比增加22.48%；累计完成营业额351.68亿元，同比增长12.16%；累计实现利润10.26亿元，同比增长68.31%；累计实现净利润8.60亿元，同比增长61.23%。

中国交建“大装备”业务有四大运行特点。

（1）产品结构调整成效显著

面对市场环境变化，中国交建“大装备”业务大力进行产品结构调整，分散经营风险，逐步实现均衡发展。

振华重工的港口机械进入全球88个国家和地区，市场占有率继续保持全球第一。成功打造全球首个第四代自动化码头装卸系统，标志着公司全自动化码头技术开花结果。

高端海工装备市场顺利打开。2014 年振华重工首座钻井平台交付使用，2015 年四座钻井平台在建，中标饱和潜水支持船、深水起重铺管船等一系列产品，升降系统、铺管系统、升降齿条等关键配套件相继出口，海工产品多元化实现突破。航通公司专注于具有较高附加值和技术含量的特种船舶，在海工装备的细分市场，走出一条差异化、专业化的发展道路。

美国新海湾大桥、港珠澳大桥钢结构、澳大利亚力拓码头模块、丹麦钢桥等项目陆续交付，进一步奠定了振华重工在“大重特”型钢结构领域的优势地位。

西筑公司进一步丰富产品系列，部分新产品成功实现销售。车辆公司拟通过盘活所持有的上市公司股权资产，增持控股客车企业进行产业链延伸，并尝试进入城市清洁能源领域。中交天和自主研制出了当前国内最大的超大直径泥水气压平衡复合式隧道掘进机。

（2）各类投资业务取得进展

①投资方面：通过成立 SPV 公司、合资公司等多元化投资方式，实现投资拉动企业核心业务发展，效果越来越明显。

②并购方面：积极通过资产盘活和收购兼并，不断完善“大装备”海工等市场的产业链。

③融资租赁方面：发挥产融结合优势，推动组建融资租赁公司，实现从传统销售方式向融资租赁销售以及装备运营方式的转变。

（3）技术创新能力不断提高

“大装备”业务相关企业，自主创新能力不断提高，形成以第四代自动化码头装卸系统为代表的一批具有自主知识产权的新产品、新技术、新服务，多个项目获评国家重点新产品、中国交建科技进步奖，得到国家专项资金支持，市场需求与潜力巨大，效果明显。

（4）品牌影响力进一步提升

振华重工 ZPMC 品牌的全球认知度进一步扩大。美国旧金山新海湾大桥项目圆满完工，深化了 ZPMC 可靠的品牌内涵；航通船业在特种船制造领域已打造出系列成熟产品，在东南亚建立起了良好的市场品牌和稳固的核心客户群体，并逐步延伸至中东、欧洲等市场。

2. 资源与能力分析

（1）资源分析

①世界知名的优势品牌。作为全球集装箱起重机制造的旗舰与领跑者，振华重工的“ZPMC”品牌国际影响力巨大。近几年，振华重工在海外“大重特”型钢结构、海工等领域也积累了不菲的成绩和声誉。此外，F&G 公司同样在世界海工装备领域享有盛誉。

②较为完整的产业链。“大装备”业务在以海洋工程为代表的重点产业领域具有投融资、设计研发、制造、配套、整机运输、安装调试、售后服务等完备的产业链。

③遍及全球的营销网络。依托中国交建“一体两翼”的境外业务发展平台以及“大装备”业务，各单位海外机构，构建了全球营销网络，在国际市场开拓中具备强大的竞争力。

④相对丰富的政府资源。中国交建“大装备”业务发展有着高端运作和政府对接的基础，在全球范围内向依赖政府资源的产业拓展。

（2）能力分析

①制造和远洋运输能力。振华重工拥有世界独一无二的 5 公里深水岸线和多座大型重载码头，方便大型运输船的靠泊和大型钢构件的总装作业；拥有亚洲最大的重齿加工能力；拥有强大的特种运输船队，保证了大型机械设备整机发运。

②设计研发能力。在港口机械、海工装备、路面机械、盾构等领域，拥有众多项自主知识产权，掌握越来越多的国际领先的核心技术。

③海上工程作业能力。中国交建拥有国内最强的浮吊和港作船队，能进行大型设备的安装和吊运，具备强大的海上工程作业能力。“大装备”业务在海上工程领域拓展，尤其是海上油气和风电工程总承包领域，有着先天的

优势。

(3) 产业链与价值分析

①海洋油气全产业链。中国交建“大装备”业务已成为集投融资、设计研发、装备制造、配套、运输、安装调试及服务一体化的海工装备制造商。然而，海上油气产业价值链更大比例在海上油气田开发、油田服务、钻井承包和海洋工程承包等上游业务。

国内目前只有中石油、中石化、中海油三家中央企业和延长石油一家地方国有企业能够进行海上石油开采。国外可通过公开招标的方式取得海上区块油气开采权，因此在向海上油气产业链上游延伸时，可采用先国外后国内的战术。

②基础设施建设及其装备。2013～2030年全球基础设施投资将达55万亿美元，公路、桥梁、铁路、机场、港口、核电、水利等业务继续增长，南亚、东南亚、非洲、拉美仍将是投资重点地区。

今后一段时间，港口机械和公路机械市场将处于平稳发展阶段，特种工程船舶、“大重特”型钢结构和铁路机械业务将实现稳定增长，城市轨道装备业务将迎来快速发展阶段。

③新能源开发及其装备。“大装备”业务可逐步深入风电产业链，探索通过参与风场建设或投资运营，整合集团内现有配套件制造、海上运输、施工和安装等资源，打通产业链，带动“大装备”业务中海工特种船舶、能源装备与安装业务的发展。

垃圾发电行业是环保产业、新能源产业和市政基础设施的结合体，属于国家鼓励发展的新兴产业。垃圾发电行业将进入高投资阶段，迎来发展的黄金期。

④特种航运物流业。伴随着港口基础设施建设的全球化进程，未来将有大量工程船舶、港口机械要调遣到新中标的水工、疏浚和集装箱码头项目；一些海水淡化设备、铁矿码头设备、石油开采模块运输以及大量石油平台的转移需求，都将催生特种航运需求。

（4）存在的主要问题

中国交建“大装备”业务拥有很多优势与实力，但也面临较多挑战与问题。

①装备制造业所处的环境复杂，不确定因素大幅增加。国际市场整体低迷，国内经济处于历史性转型拐点上，市场需求相对不足。

②资源分散，难于形成更有效的价值链。中国交建“大装备”业务内部资源过度分散，涉及多家企业，且资源分布不均、层次不等，各企业实力相差巨大，各企业之间在研发、采购、制造、营销和售后服务等环节未能产生协同效应，没有形成有效价值链。

③应对形势挑战的能力整体不强。中国交建“大装备”业务管控模式仍在探索中，还没有形成有效的体制机制，管控能力、创新能力、协同能力等还有进一步提升空间。

④整体价值贡献仍需大幅提高。各装备企业或多或少都受到历史负担影响，运营风险和压力居高不下，在中国交建发展的新时期没有体现出应有的高价值，价值发挥需进一步提高。

二、“大装备”业务发展战略思考

1.“大装备”业务发展方向

①海洋装备是发展的主攻方向。发展以自升式钻井平台、深水钻井船等为代表的海洋油气工程装备；发展以起重船、风力安装船为代表的海洋工程施工装备以及以动力定位、波浪补偿、重型锚绞车等为代表的核心设备和系统，提高本土化配套能力。

②岸边装备是传统优势产业，确保行业的绝对领先地位。港口机械重点推出新型全自动化集装箱码头装卸系统、成套散货装卸系统，推动产品升级换代；坚持制造与服务并重，推进信息化集成和协同应用，重点提升集成和机电一体化总承包能力；加强高技术、高附加值的大型重型钢构建造业务。

③陆地装备具有一定优势，是特色产品，是产品结构调整的重要领域。筑路机械方面：进一步丰富搅拌设备系列产品，打开摊铺机市场；加强高等级公路养护设备的研发；打造“智能化远程服务系统”“路面施工装备数字化租赁业务平台”等。盾构方面：以大型越江隧道用盾构为重点，变先发优势为核心优势；依托公司海外工程项目，积极进入国际市场。城市公共交通、公路运输客车及配件、城市环卫装备方面：进一步丰富零部件产品和系列；大整车出口、投资及提供城市公共交通一体化服务等业务；尝试进入城市清洁能源领域，寻找和培育新的利润增长点。

④一体化服务。围绕海洋、岸边及陆地三大类业务的发展，通过产融结合、产业链延伸等方式，大力发展特种运输、安装调试、设备设施租赁及运营等一体化服务，着力打造系统集成及一体化服务商。

2. 打造海洋重工全产业链向海洋进军

（1）充分发挥振华重工和 F&G 公司各自的优势

充分发挥 F&G 强大的设计研发力量，探索 F&G 在 FPSO、钻井船、高规格自升式平台、深海钻井设备等海工产品设计领域的新尝试。以“振海 1 号”经验为基础，科学推进更多钻井平台和第六代超深水钻井船的建造工作，推动振华重工海上住宿船项目；积极响应国家南海开发战略，研发适应南海基础设施建设和能源开发所需的新型海上施工装备。

（2）整合海工特种运输和特种配套件生产实力

立足深度整合中国交建内部现有的配套服务能力，适时整合内部特种运输资源，打造具有全球一流竞争力的高端海上特种运输船队，提升重大海工设施的运输交付服务能力，形成新的利润增长点。对标国际一流装备制造企业，研究由设备制造向工程设计、方案解决服务方向转变的可行性。

（3）逐步建立完善海洋重工全产业链

加大深远海水运建设市场开拓，积极研究海洋油气资源开发、海上风电等新兴海洋市场，不断拓展海洋业务的发展空间。依托装备制造，尝试开拓与延伸海上油气田开发业务中涉及的各类服务。充分利用行业并购和战略联盟等机会弥补“大装备”业务在技术和经验上的短板，通过产业链延伸进入运营领域，从而实现5～6年时间打造板块规模千亿的发展目标，并进一步提高“大装备”业务的系统风险防范能力。

3. 进行全球资源配置和业务布局

依托中国交建“一体两翼”的发展平台和管理平台，尤其是发挥“ZPMC”的国际品牌优势进行全球资源配置和业务布局。

①继续加快振华重工的全球布局和服务网点的建设，充分利用好“ZPMC”品牌独有的海外市场资源。

②探索更多海外盈利方式，将投融资、收购、参股、租赁等延伸至海外；深入研究各类潜在的国际客户，尤其注重境外不同背景下的企业业主需求的差异化，尝试提供具有弹性的多样化设备制造服务。

③注重集中发展，关注中国港湾、中国路桥及其他事业部的境内外高端业主客户，尤其是具备合作条件的已经建立信任的非洲国家、中南美国家、中东国家业主，深入挖掘其关联业务中存在的装备制造业务需求。

④为中国交建的“海外优先发展战略”提供各类装备、运输与物流、物资和融资支持，拉动装备制造业的产品、资产、产能、市场整体走向海外。

4. 实现四个转型升级

（1）从卖产品转向卖技术

在《中国制造2025》的产业规划中，关键核心技术以及自主创新能力是装备制造的主要发展方向。作为装备制造企业，以振华重工为代表的中国交建“大装备”需要实现产品向技术转变，实现技术输出；对外积极参与行业标准的制定，为技术输出创造条件。

（2）从卖设备转向卖系统

从设备到系统是一次全方位的管理、技术和品牌形象的提升，也是一次制造与工程承包管理能力的结合，有利于推动企业的全方位发展。自动化码头项目是中国交建“大装备”从设备转向系统的重点突破，已经取得了一些成果：参建的厦门远海自动化码头投入试运营，亚洲首个青岛港全自动化码头项目也已落地，洋山、宁波、天津等地项目正在全力跟踪推进。

（3）从卖硬件转向卖软件

与发达国家相比，我国的装备制造业在系统软件开发方面还很薄弱，很多核心软件技术掌握在别人手里，导致建造成本高、国产化推广受阻等不利的局面。要突破这种困境，就要加快从硬件向软件转型，加快核心竞争力的形成。

（4）从相对落后的生产模式、管理模式、商业模式转变为新模式

生产模式实现一体化制造、精益化制造、智能制造和绿色制造；管理模式实现信息化与标准化相结合；商业模式从单一的产品销售转向开拓高附加值的服务领域，从单一硬件销售转向提供一体化的解决方案。

第5节　中国交建金融业务发展现状及战略思考

一、金融业务发展现状

1. 存量金融资产情况

截至2014年12月底，中国交建金融资产账面净值约212亿元，占净资产总额约20%，主要为29个上市和非上市公司的股权，以可供出售金融资产为主，分别由中国交建和二级子公司17家实体单位持有。中国交建总部持有市值139亿元，占66%；16家二级子公司持73亿元，占34%。

2014年内，中国交建三家单位减持上市金融资产约7亿元，两家单位增持约6亿元。中国交建近年可供出售的金融资产市值跟随资本市场波动，涨跌范围为－19%～62%。

（1）持有金融企业股权情况

中国交建在金融领域涉足已久，2014年末持有上市金融企业股权账面净值合计约184.2亿，均获得丰厚收益。占金融资产87.27%，其中招商银行

115.6 亿元，招商证券 61.2 亿元。中国交建对金融企业的管理仅作为参股股东参与股东事务管理，不涉及金融企业经营管理。

（2）现状评估

中国交建金融资产市场价值占到净资产的 20% 左右，已经形成了事实上的金融资产板块。金融资产大部分为上市交易的金融资产，变现能力强，与资本市场关联度高，具有高风险和高收益性的特点。随着资本市场发展，各单位对金融资产有进入和出售的需要，对其进行集中、专业、动态管理，势在必行。

2. 金融机构现状

对比市场金融牌照，中国交建当前金融机构以服务主业、提升管理效率、延伸产业链条为导向。

表 1　　金融机构现状

金融机构	持　股	成立年份	经营范围	功　能
中交财务公司	100%	2013 年	集团内成员单位现金存贷业务，管理集团内部高能货币及短期流动性资产，保险代理	资金、信贷、保险管理
中交建融租赁公司	中国交建持 45%、振华重工持 30%、中和物产持 15%、中交国际持 10%	2014 年	向境内外购买租赁资产，租赁资产的残值处理及维修，租赁交易咨询和担保，与业务相关的保理业务	设备购进融资，缓解资金压力；以租赁方式拓展装备板块销售
中交投资基金管理有限公司	70%	2014 年	私募基金的募集和投资	融集资金

我国需要审批的金融牌照主要包括银行、保险、信托、券商、金融租赁（融资租赁）、期货、公募基金、基金子公司、基金销售、第三方支付牌照、小额贷款、典当 12 种。其中最具价值的金融牌照包括银行、保险、信托、券商，目前中国交建尚未有此类金融牌照。

3. 上市公司现状

表 2　　中国交建系上市公司股权情况（2014. 12. 31）

上市公司名称	所属行业	股东名称	持股数量	持股比例	股本性质
中国交建	建筑业	中国交通建设集团有限公司	10，324，907，306	63. 83%	A 股、H 股流通股
振华重工	制造业	中国交通建设股份有限公司	1，265，637，849	46. 23%	A 股、B 股流通股
中房地产	房地产	中住地产开发公司	158，460，235	53. 32%	限售流通 A 股

注：中住地产开发公司为中房集团全资子公司，中房集团于 2010 年 8 月经国务院批准整体并入中交集团，成为其全资子公司。中住地产承诺自其持有上市股份锁定期满之日起，若股价未达到 20 元/股，中住地产将不通过证券交易所出售其所持的股份。

表 3　　中国交建系上市公司近年股权融资情况

上市公司名称	融资时间	融资规模（亿元）	融资方式
中国交建	2012. 2	48. 6	A 股首发上市
	2006. 12	24 亿（美元）	H 股 IPO
振华重工	2007. 1	36. 5	A 股增发
	2004. 12	10	配股
中房地产	2000. 12	0. 9	配股

近年累计融资额 283 亿元，受限于此前资本市场低迷，近期中国交建系上市公司股权融资较少。

二、金融业务发展的战略思考

产融结合是中国交建实现转型升级的关键举措。发展金融业务，打造专业的金融产业平台，通过产融结合，发挥内部信息和交易成本优势，提供特色金融服务，可以降低中国交建整体负债率，满足“五商中交”发展的资金需求，是创造新的利润增长级的关键步骤，更是中国交建战略发展的必然选择。

1. 金融业务发展 SWOT 分析

（1）内部优势

公司综合实力强，在品牌、技术、市场、规模等方面优势明显，具备雄厚的实业基础和完整产业链及行业领先地位，具有产融结合的先天条件与优势。集团内部总量巨大的金融资产，大力拓展的新业务及传统主营业务对金融业务的内部需求巨大，集团以往的资本市场运作经验、近年的投融资体制创新，为金融板块的整合提供了条件。

（2）内部劣势

内部金融资产的现状处于分散式被动化管理状态；负债水平较高，融资渠道单一，股权类融资较少；金融人才匮乏，金融资产管理经验不足，金融工具运用不足；金融机构侧重服务主业，缺乏市场化运作的金融机构。

（3）外部机遇与威胁

①外部机遇：国家在不断深化金融市场改革，推行改革的决心和力度很大；自上而下的经济体制改革，给大型央企发展金融类业务带来新动力。

②外部威胁：经济新常态，对集团主业发展、产融结合发展提出更高要求；国家金融市场改革，发展金融业务面临业务发展和改革的双重挑战。

（4）分析结论

表 4　　中国交建金融业务 SWOT 分析结论

SO 战略：依靠内部优势，利用外部机会	ST 战略：依靠内部优势，应对外部威胁
①依靠中国交建自身优势，充分利用国家改革与开放政策，“一带一路”产业转型升级的有利宏观环境和市场环境，加强资本运作，支持“五商中交”发展； ②利用公司在珠三角粤港澳地区（深圳、横琴、南沙）、厦门地区、华东地区（上海）、华北（天津、北京）等金融政策高地的战略性布局，结合区域主营业务，开展相关金融业务，有序发展中国交建特色金融产业	①立足中国交建基建领域主营业务，从主营业务需求出发，充分发掘现有金融机构服务“五商”内部市场，积极稳妥进入相关外部金融业务领域； ②借助集团已积累的大量金融资产，化“资产”为“资本”，择机申请、并购相关稀缺金融牌照或金融企业
WO 战略：利用外部机会，克服自身弱点	WT 战略：减少自身弱点，回避外部威胁
①充分利用私募股权基金、信托等金融工具，提高股权融资规模，建立多元融资渠道，降低对银行贷款的依赖程度；建立集团控股的多元股权融资平台，搭建混合所有制架构； ②加快内部金融资产整合，逐步实现对金融资产的统一动态集中管理	①建立有市场竞争力的多层次激励机制，吸引优秀金融人才，组建培养专业金融管理队伍； ②加强对外交流和学习，强化风险管理，建立金融业务风控体系，完善内部控制机制

2. 金融业务发展战略规划

（1）金融业务发展战略目标

①整体战略目标：打造中国交建特色的金融产业平台，发展多元金融业务，整合优化现有金融资产，利用创新模式和运营机制，逐步建立一个集群化、市场化、国际化、现代化的中交特色金控运营平台，支撑集团产业结构转型，促进集团跨越式发展，为开展央企金融业务树立典范，创造企业新的利润增长极。

②阶段战略目标：第一阶段（2015～2018年）——围绕主业发展最迫切所需的金融业务，开展金融产业的起步建设，形成中国交建金融产业板块的雏形。完成并确定总体规划与战略布局研究；逐步整合内部金融资产，实现集中动态专业管理；申请设立或择机收购与主业密切相关的金融牌照；组建系列资产、金融业务运营公司。

第二阶段（2018～2023年）——金融业务与主业形成良好互动，基本完成牌照齐全的金融业务板块构建，中国交建金控基本成型；主要金融牌照齐全，基本实现自我造血，发挥产融协同作用；集团基本形成以融促产，以产带融的良好局面。

（2）健全完善金融业务组织机构

①起步期：成立金融事业部（管理部），负责中交及成员单位的金融资产管理、各金融子公司的归口管理、开展资产证券化业务等。

②成熟期：成立中交金控为金融业务运营平台，控股融资租赁公司、财务公司、基金管理公司、资产运营公司、银行、保险、信托等金融机构。

表5　　推进计划表

年　份	业务部门及公司设立	牌照推进
2015	建立金融管理部管理架构，财务公司、基金公司（海西等区域私募股权投资基金）、融资租赁、保险代理、运营资产管理公司等业务、人员形成合力	①筹划金融资产集中管理，动态管理； ②开展保险相关牌照申请（也可发起并购一家现有的保险公司\保险经纪公司）； ③考虑银行类股权或控制权的并购

续表

年　份	业务部门及公司设立	牌照推进
2016	完善金融事业部管理架构，争取银行、金融租赁、保险业务牌照	①金融租赁牌照申请工作； ②对合适的银行标的进行入股或收购； ③获得保险类牌照并开展业务； ④开始证券公司、公募基金管理公司的筹备工作； ⑤开始信托牌照申请准备工作
2017～2018	成立信托公司、证券公司、公募基金及金融资产管理公司	完成金融资产管理公司各项牌照的资源整合
2018～2023	成立与主业发展相关的全牌照金控平台公司	与主业相关牌照基本齐全

（3）金融业务发展重点

①资产证券化。一般资产证券化业务包括基础设施收费项目、设备租赁项目、楼宇出租项目等。运营资产证券化业务包括以运营类资产为载体，引入社会债权资金，获得资产流动性；创新金融手段，将运营类资产股权证券化，降低资产负债率，获得资产中长期流动性，创造运营资产股权交易平台。

②深化产融结合，引导社会资本共享基础设施项目收益。分类设置基础设施项目融资产品，衔接设计、投资、施工、运营、退出环节；协调集团内部金融机构，提供项目融资一揽子产品，优化资产负债结构；深化产融结合，运用金融手段，引入社会债权、股权资本，共享投资项目发展成果。

③资本市场资本运营计划。对中国交建系上市股权进行主动市值管理，把握股权投融资窗口。探索板块分拆上市，打造中国交建上市群。业务的分拆上市是发展混合所有制、打造中国交建控股平台、增强股权流动性、扩大直接融资比例、做大实际控制资产规模、实现股权二次溢价的良好途径。

第6节　中国交建房地产业务发展现状与战略思考

一、中国房地产行业发展现状及趋势

1. 商品房销售额排名前十的房地产企业情况

（1）2014年销售额排名前十企业基本情况

表6　　2014年销售额排名前十企业主要经营指标

企业名称	销售额（亿元）	总资产（亿元）	净资产（亿元）	营业收入（亿元）	净利润（亿元）	销售均价（元/平方米）	新增土地储备（万平方米）	周转率（次）
绿地集团	2408						967.0	
万科地产	2151.3	5084.1	1158.9	1463.9	192.9	11531.0	323.4	0.32
保利地产	1366.7	3657.7	808.7	1090.6	142.3	12814.0	447.0	0.28
恒大地产	1315.1	4744.6	1123.8	1114.0	126.1	7226.6	172.8	0.32
碧桂园	1287.9	2680.3	624.4	845.5	102.3	6680.0	760.4	0.48
中海地产	1127.6	2783.7	1085.2	951.8	219.56	11998.8	289.6	0.41
绿城中国	794.0	1271.4	348.5	320.5	48.9	20306.9	135.7	0.38
世茂房地产	702.2	2205.3	649.8	560.8	81.0	12129.6	238.7	0.36
华润置地	692.1	2620.1	849.7	701.1	116.7	10484.9	211.3	0.36
融创中国	658.5	1123.6	209.8	250.7	32.2	19412.4	137.1	0.42

（2）销售额

2014年房地产企业销售额进入前10的门槛为650亿元。销售额排名前10企业中，超过2000亿元的企业2家，在1000亿～1500亿元之间的企业4家，低于1000亿元的企业4家，分成三个梯队。10家对标企业2014年销售额均值1250亿元，中位数1208亿元。2014年绿城排第7位，位于第三梯队。

（3）营业收入

2014年，销售额前十企业中营业收入超过1000亿元的企业3家，500亿～1000亿元之间的企业4家，低于500亿元的企业2家。

（4）净利润

2014年，十强企业中净利润超过150亿元的企业2家，100亿~150亿元之间的企业4家，低于100亿元的企业3家。

（5）2015年1~6月销售额排名前十企业情况

表7　2015年1~6月销售额排名前十企业主要销售指标

企业名称	销售金额（亿元）			销售面积（万平方米）			平均价格（元/平方米）		
	2015年1~6月	2014年1~6月	同比	2015年1~6月	2014年1~6月	同比	2015年1~6月	2014年1~6月	同比
万科	1100	1009	9.0%	903	821	9.9%	12183	12288	-0.9%
恒大地产	871	693	25.7%	1138	980	16.1%	7656	7076	8.2%
保利地产	760	651	16.8%	585	501	16.7%	13004	12996	0.1%
中海地产	685	581	18.0%	582	442	31.7%	11774	13149	-10.5%
碧桂园	545	584	-6.7%	845	879	-3.9%	6446	6644	-3.0%
绿城中国	373	317	17.7%	186	136	36.8%	20054	23309	-14.0%
华润置地	370	256	44.5%	325	230	41.4%	11377	11108	2.4%
世茂房地产	315	321	-1.7%	263	262	0.3%	12010	12255	-2.0%
融创中国	272	260	4.8%	122	120	1.5%	22365	21722	3.0%
龙湖地产	216	203	6.6%	179	185	-3.1%	12076	10980	10.0%

除2014年销售额排名第一的绿地集团为非上市企业，暂无公开的半年销售数据外，上表中排名1~9的企业均为2014年销售额排名前10的企业。故可以认为2015年上半年销售额排名前10的企业较2014年没有发生变化，但其中恒大、中海的排名较2014年有了明显的提升。

2. 房地产行业发展特征

（1）行业集中度显著提升

2008年以来，商品房销售额排名前10、前20、前50企业的市场份额（销售额）逐年提高。2014年开始，房地产市场步入调整期。品牌价值凸显，成为影响和决定消费行为的重要因素，成为企业提升盈利空间、创造经营效益的重要保障。品牌企业充分发挥品牌作用，维持销售溢价优势，更快地实现了业绩逆市提升，带动市场份额的进一步集中。

从市场份额来看，2014 年百亿房企的市场占有率为 36.6%，同比增长 7.8 个百分点，7 家千亿房企市场份额占比 14.8%，同比提高 5.3 个百分点，房地产市场集中度持续提升。绿地、万科、万达商业、保利、恒大、碧桂园、中海 7 家企业销售额突破千亿，销售额平均增长 23.8%。

（2）土地红利逐渐消失

从十强企业平均售价、土地楼面价看，过去五年平均售价基本稳定，但土地楼面价不断上升，利润主要环节逐步向价值链后端转移。

（3）行业分化加剧

一是企业分化。房地产企业的马太效应日趋明显，“越大越快，强者恒强”。

①企业发展模式分化。例如万达转型商业、院线、旅游运营商，华夏幸福立足于工业地产、华侨城专注于主题乐园。

②产品分化。随着房地产市场规模峰值的逐渐临近，传统住宅产品的市场需求逐渐饱和，非住宅的“多元化需求”涌现，以养老养生、旅游地产、产业地产等为代表的主题地产可能成为新的业态。

二是城市、区域分化。不同城市量价走势和政策导向差别化继续加剧，不再“齐涨齐跌，齐步走”。多数三四线城市供过于求特征显著，平均土地消化时间超 5 年，去化压力显著大于一、二线城市。

三是运营模式分化。随着行业竞争加剧，市场细分和专业化程度进一步提高，传统的集投资、开发和物业服务于一体的房地产开发模式，已开始向投资商、开发商、服务商相分离的专业化分化。

①随着利润点向后端的商业运营、资产管理（地产金融）等环节转移，开发商向轻资产转型，如绿城的代建模式、万科的“小股操盘”、花样年的彩生活，是房地产开发向服务商转型的典型。

②随着传统住宅产品的市场需求逐渐饱和，房地产企业在纷纷转向非住宅的旅游地产、养老地产、产业地产领域积极拓展，寻找新的增长点。

③互联网消费时代，使原来的商业地产运营模式面临全面挑战，将发生巨大改变。

3. 房地产行业发展趋势预测

一是从行业本身来看，房地产行业已从高速发展的“黄金时代”步入平稳增长的“白银时代”。（对比黄金、白银的价格，就知道房地产行业的盈利能力下降到了什么阶段。）

①市场增长放缓，企业需要平衡规模、利润、现金流等综合指标；②房地产市场开始向买方市场转变，消费者细分，需求向“生活导向”转移，市场进入“产品竞争，以质取胜”时代；③资产价格逐渐稳定，资产持有成本不断提高，开发商逐步走向轻资产运营；④城市需求向“多元化需求”转变，非住宅需求更多释放出来，持有、运营、服务等业态更加丰富多元。

二是从社会经济环境来看，人口的增长、城镇化率的持续提升，以及经济发展带来的住房改善需求，仍将在“十三五”期间推动房地产行业的增长。

预计“十三五”期间，中国人口增长率为1.12%，至“十三五”末中国人口将达到14.5亿，人口的增长将带来新的住房需求。

预计“十三五”期间，中国城镇化率将继续提升3%～3.5%，将累计产生约25亿平方米的住房需求。随着经济发展，以及20世纪80年代及以前的老房子过半，以房换房、拆迁换房的改善型需求将持续增长。

总体来看，“十三五”期间整个房地产行业的发展模式将从“资源驱动”、粗放经营向精细化、规模经营、品牌和服务增值型的“凭质取胜”转变，整个市场在“十三五”期间仍将保持一定的增长。同时，据官方统计，截至2015年11月末，全国商品房待售面积约6.96亿平方米。而有专家测算，如果算上在建未售和待开工面积，全国楼市库存量将超过80亿平方米，按照今年以来的销售速度衡量，需要7年以上的时间才能卖完。根据2015年中央经济工作会议部署，房地产业去库存将是今后一段时期的一项主要经济任务。根据楼市库存量统计，去库存的重点主要在三、四线城市，北、上、广、深四大一线城市和部分二线城市，在刚需的支撑下房市仍将保持一定的热度。

二、房地产业务发展现状

1. 房地产业务总体情况

中国交建房地产业务主要由两大部分组成，其一是整合中房集团后，靠自身力量发展起来的以中交地产、中房集团和联合置业为主业公司的，其他内部单位广泛参与的自有房地产业务；另一部分是通过收购绿城中国28.9%的股权，成为绿城中国第一控股股东所带来的业务。目前，中国交建在绿城董事会中占绝对多数（5:2），已完全具备并表条件。

在合并绿城报表的情况下，预计2015年，中国交建房地产业务可实现销售额740亿元、营业收入360亿元、利润总额40亿元，仍处于十强阵营的第三梯队。

2. 自有房地产业务情况

（1）整体情况

表8　　中国交建房地产业务2011~2015年发展情况　　单位：亿元

指　标	2011年	2012年	2013年	2014年	2015年上半年
资产总额	106	209	369	519	526
销售合同额	19	43	78	75	63.8
营业收入	22	29	40	63	16.7
利润总额	2.87	3.18	7.93	9.12	0.02
毛利率	35.97%	32.88%	38.72%	32.66%	36.52%
销售净利率	8.08%	8%	16.62%	10.22%	

房地产板块资产总额从2011年的106亿元发展到2014年的519亿元，年复合增长为48.75%。销售合同额从2011年的19亿元增长到2014年的75亿元，复合增长率41%。营业收入和利润总额实现四年连续增长，营业收入从2011年的22亿元增长到2014年的63亿元，年复合增长率为30%；利润总额从2011年的2.87亿元增长到2014年的9.12亿元，年复合增长率为33.5%。毛利率连续四年稳定在30%以上，销售净利率波动较大，但仍维持在10%

左右。

（2）自有业务现状

①经营情况。2014 年，中国交建房地产业务资产为 519 亿，占集团总资产的 7.84%，实现营业收入 63 亿，占集团总收入的 1.7%，实现利润总额 9 亿，占集团总利润的 5.06%。

表 9　2014 年房地产板块占集团业务比重表　　单位：亿元

指　标	房地产板块	中交集团	占　比
资产总额	519	6619	7.84%
营业收入	63	3704	1.70%
利润总额	9.12	180.29	5.06%

②业务布局现状。区域分布分散、三四线城市偏多。截至 2015 年 6 月底，境内 55 个房地产项目分布在 8 个区域、19 个省、自治区、直辖市。近几年，加大了重庆、南京、长沙、三亚等城市的拓展力度，在这些城市有所集中，但总体来看，区域深耕不足，尚未形成自己的核心城市，区域布局有待优化。

目前，房地产板块境内房地产二级开发项目 55 个，根据中国指数研究院对城市的等级归类：一线城市项目 5 个，建筑面积 127.35 万平方米，占总建筑面积的 5%；二线城市项目 33 个，建筑面积 1506.19 万平方米，占总建筑面积的 59%；三、四线城市项目 17 个，建筑面积 903.09 万平方米，占总建筑面积的 36%。

③项目开发建设现状。57 个房地产开发项目（含海外项目 2 个）总建筑面积 2565 万平方米，截至 2015 年 6 月底，已开工面积 1163 万平方米，开工率 45%；已竣工面积 413 万平方米，竣工率 16%。

④开发模式现状。中国交建通过四年多的摸索，现已形成两种初步成型的开发模式，分别为巴中模式和即墨模式。

1）巴中模式：巴中市区市政基础设施及安置房项目 BT + EPC 投资建设项目（以下简称巴中项目），是中交地产实现创新经营模式的实践工程。巴中项目运作模式的突出特点是：市政基础设施投资建设与房地产开发联动开发，实现一份投资、运作两个项目、获得三份收益，即基础设施投资建设收益、房地产开发收益和低价获取土地后的溢价收益。这种模式充分发挥了中国交建全产业链优势，将资金的杠杆效率发挥到较高水平，是基础设施投资建设项目获取政府其他支付方式的有益途径，也是房地产开发获取土地的重要方式。该项目自有资金2.78亿，撬动近30亿BT基础设施+安置房，90万平方米商品房约40亿。

2）即墨模式：即墨棚改模式是由政府和开发商共同对整个棚户区进行统一规划，将其中一部分土地作为安置房用地，其他作为商品房开发用地；开发商通过为政府无偿建设（或代建）安置房来获取另外一部分的商品房开发用地；通过政府的税费返还（如代建则收取部分费用）和商品房开发部分的利润来平衡收支的模式。其成本=较低的土地出让金+安置房建设成本+商品房开发成本；其收益=政府税费返还+商品房开发利润。如：即墨项目采用的是税费返还的方式——项目为政府建设安置房；以24万每亩的极低价格获取商品房开发土地，进行开发销售；每年年初，政府对上一年的税费按约定进行返还；即墨项目通过商品房销售和税费返还实现利润。

（3）自有业务存在的问题和不足

①规模贡献度不足。房地产业务资产规模、营业收入和利润总额分别仅占中交集团的7.84%、1.7%和5.06%，规模和贡献度都相对偏小。

②区域布局分散，三四线城市偏多。

③项目开发周期较长，周转速度较慢。2014年，板块总资产周转率0.14，低于前十强房企总资产周转率均值的0.3。

④板块盈利能力偏弱。2014年，板块净资产收益率3.2%，较前十强房企净资产收益率19.3%有很大差距；销售净利率10.22%，也低于前十强房企13%～14%的总体水平。

⑤开发主体分散。除了房地产主业公司中交地产、中房集团、联合置业以外，还有众多的非主业公司开展房地产业务，但非主业公司的销售合同额

只维持在每年5亿元左右，对板块发展支持不大。

3. 绿城中国业务现状

（1）绿城中国2015年经营情况预测

预计2015年绿城中国可实现销售额660亿元、营业收入310亿元、利润总额32亿元。

（2）绿城中国的优劣势

①绿城中国的优势

一是强大的品牌。绿城集团荣获“2007中国城市管理进步奖”，连续四年获得“中国城市居民居住整体满意度”全国第一，荣获“规划设计、工程质量、销售服务、物业服务、企业形象、企业忠诚度”六个单项第一和全国唯一一个“中国房地产顾客满意度领先品牌”。绿城集团连续11年位列“中国房地产百强企业综合实力TOP10”、连续12年上榜“中国房地产公司品牌价值TOP10”，2014年绿城品牌价值为198.83亿元，位列“中国房地产公司品牌价值TOP10（混合所有）”第二。绿城中国2014年位列中国企业500强第190名。“绿城房产”荣膺“中国驰名商标”“浙江省知名商号”。

二是高品质的产品系列。绿城集团已完整形成居住物业（别墅、多层公寓、高层公寓、大型社区）、商用物业（商业中心、酒店、写字楼等）、城市综合体、理想小镇、公用物业（学校、医院、市政公园、城市广场等）、保障物业（安置房、保障房）六大产品品类以及相应的产品研发、升级体系，目前高层公寓已进入第三代，别墅已进入第四代。

三是强大的开发队伍和能力。绿城集聚了行业优秀的人才，拥有员工约5500人，其中，绿城工程管控团队超过1300人，绿城营销团队超过1700人。

②绿城中国存在的问题和短板

一是一、二线城市土地储备不足。截至上半年，绿城集团按权益计算，占地面积为927万平方米，总建筑面积1755万平方米。其中，52.3%的土地储备分布在三、四线城市，一线城市占比仅为3.5%，二线城市占比44.3%。

土地储备布局分散，一线城市、重点城市占比不高。

二是资本金不足，融资成本过高。绿城自有资金短缺，融资渠道单一，资金成本居高不下，这直接制约了公司的发展能力，影响了发展速度，并演化成相对单一的高负债发展模式，已经成为企业发展的主要瓶颈。

三是运营效率偏低，开发成本较高。

（3）中国交建进入绿城后所做的主要工作

①推动解决融绿平台的处置。

②成功发行境外美元债5亿元，发行年利率5.875%，对公司现有的高息债进行置换，解除债务违约风险。

③2015年7月底，绿城房地产集团收购绿城鼎益、绿城时代，组建绿城代建集团，进一步统一绿城品牌。

④截至2015年9月上旬，成功发行70亿人民币债，提前实现了中国交建对绿城提出的财务成本降低10%的要求。

三、房地产业务发展的战略思考

1. 战略目标

中国交建房地产业务发展的战略目标是成为全球领先的房地产企业集团、中国房地产行业十强企业、中国最大的海外房地产商。

2. 总体思路

当前，中交房地产业务面临国家宏观经济下行和房地产行业调整的压力，要实现未来的快速发展面临巨大的挑战。从当前现状来看，商业模式不如万达成熟、运营效率很难超越万科、盈利能力不及中海；与此同时，土地红利消失使得重资产投资的开发模式难以为继，要实现“十三五”发展目标，中国交建房地产业务必须采取差异化的发展战略，通过创新、兼并、“做整合”，通过转型、升级、“走出去”，才能实现真正的腾飞。

3. 战略重点

①国际化发展做增量。海外房地产联合绿城代建；利用中国交建海外在

130 多个国家和地区的经营网络平台和成熟的海外经营、商务能力，结合绿城优秀的营造能力，寻找海外的“北上广深”，整合本土化资源，快速形成规模。

②差异化发展寻模式。培育适合中国交建房地产业务的发展模式。利用中交房地产集团纯国有、央企房地产及中国交建基础设施承包商身份，创新旧城改造、基础设施与房地产开发联动，交通与房地产开发相结合等中交特有的开发模式。

③做强品牌增利润。支持绿城重点以一、二线城市布局，以高端房地产、高品质，获得品牌溢价；促进绿城“美丽建筑”开发商向“美好生活”服务商转型。

④加快整合打基础。进一步加快将中交地产、中房集团和联合置业整合成新的中交地产，解决“分散”困扰。中交房地产业务整合后，将形成绿城中国、中交地产、中交海外房地产三个开发平台、中房集团作为资产管理和运营平台，中交鼎信基金作为金融支持平台的“3 +1 +1”的业务架构。

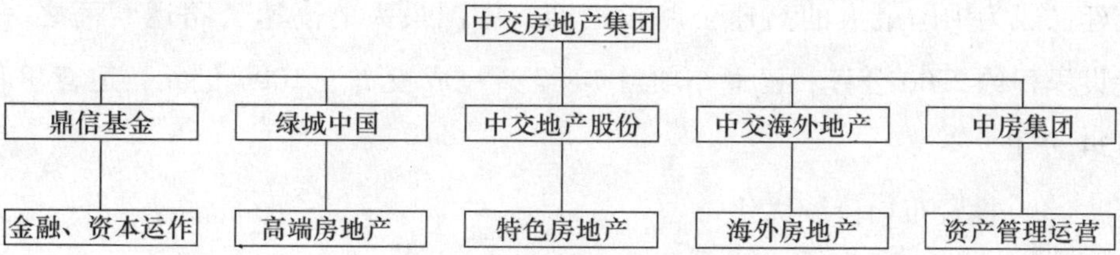

图 1　中交房地产集团未来组织架构

第 7 节　中国交建投资业务发展现状及战略思考

中国交建投资业务历经八年发展，从顶层设计出发，紧跟国家发展形势要求，洞察和把握市场机会和投资机遇，规模稳步扩大，效益逐年攀升，逐渐从“提升企业竞争力”转变为“企业竞争力核心要素”，已成为中国交建持续健康发展的重要引擎之一。在中国经济进入新常态的背景下，投资业务势必将在中国交建未来发展中占据更加突出的位置。

一、投资业务发展现状

1. 基本情况

（1）投资规模和效益双发展

截至“十二五”末，中国交建投资业务共有投资项目130余个，投资总额近6000亿元，累计完成投资额约3000亿元，贡献利润330亿元。“十二五”期间，中国交建投资业务较“十一五”期间数量增幅超过1.5倍，规模增幅近5倍，对中国交建总体利润贡献率保持在30%左右。已基本上形成了以经营类（含准经营类）、非经营类和城市综合开发业务为主的三大投资业务发展格局，各类型投资项目分别占投资总额的44.4%、25.7%、29.9%。

（2）经营性资产比重逐年攀升

截至2015年末，中国交建投资业务能够形成经营性资产的项目共计37个，预计形成资产约2500亿元；已形成经营性资产的投资项目约20个，经营性资产额达1500亿元，约占公司2015年资产总额的17%。通过投资中国交建已成为中国最大的高速公路投资商、中国最大的高速公路运营商之一，建设里程约2300公里，已通车项目14个，完成投资近1000亿元，运营里程1134公里。

（3）投资布局持续优化

目前，中国交建累计与59个省市区的地方政府签订72份战略合作协议，投资业务领域包括公路、桥梁、港口码头、吹填造地等传统领域，以及城市轨道交通、城市综合体开发、生态环保等新兴领域。投资区域形成了以江苏、广东、浙江等经济发达省份为要，以重庆、湖北、云南、贵州、福建等发展潜力巨大的省份为主，以其他省份为辅的区域格局。

（4）投融资模式不断创新

自2013年以来，国家力推PPP模式是大势所趋，而中国交建已经成为国家PPP投资模式创新的先行者，对PPP已经有了近10年的探索。从最初的BT/BOT，不断探索出“BOT + EPC”“BOT + EPC + 政府补助”“BOT + EPC +

社会投资人收益率保底”“BOT + EPC + 引入基金”等模式创新，并将更多的创新商业模式扩大到交通建设领域，比如贵州、云南高速公路，佛山、哈尔滨、青岛地铁等项目以及多个城市综合开发项目。在融资模式方面，通过产融结合及资本运作的方式，不断拓宽融资渠道、降低融资成本。在投融资管理体制上，中国交建在“十二五”期间相继成立了投资事业部、区域总部、区域投资公司及相关专业投资公司等，与原有各子公司共同发力，全面推动投资业务快速发展。

2. 存在问题

(1) 经济下行压力大，基础投资过剩

近年来，国内经济下行压力加剧，政府不断加大基础设施投入，在消化钢铁、水泥等过剩产能的同时，也导致劳动力成本不断上升，政府债务持续增加。政府主导的基础设施投资不断进行重复建设，空置、低效现象严重。尤其是交通基础设施投资，往往在同区域内存在多条功能相同竞争性道路，公司可选择基础设施投资的项目范围进一步收窄。

(2) 政策环境变化，市场竞争加剧

随着国家推行 PPP 模式，不断出台的政府与社会资本合作新政策，正在使政府和社会资本角色发生巨大改变；短周期投资项目减少、长周期增多，高收益项目减少，政府低成本项目增多；投资项目可协商的空间进一步规范，公开竞标成为主要方式，项目获取难度加大。同时，同行央企纷纷加入竞标行列，相互压价、不计成本投标现象屡见不鲜，对中国交建投资业务形成较大挑战。

(3) 长期投资比重偏大，投资结构需调整

“十二五”期间，中国交建投资业务为推进公司由生产经营为主向生产经营和资本经营并重的转变，投资了较多长线 BOT、BOO 项目，上述项目将在“十三五”期间全部投产运营。受经济下行压力和国家政策变化的影响，部分项目难以达到预期收益水平，个别项目预计将会有较大幅度的亏损，扭亏增盈压力迫在眉睫，将严重影响投资业务利润贡献率。

(4) 资金需求大，融资模式单一

目前公司的投资项目资产规模不断扩大，带息负债逐年攀升，企业现金流和可持续投资能力难以为继，这对拓宽融资渠道、创新融资方式提出了更高的要求。公司投资业务应适时通过发行项目收益债、出售、转让、证券化等资产盘活及处置方式，逐步加强项目资本运作能力，探索产融结合发展的新路子，从而获得资本溢价收益和货币资金，增强投资项目自身“造血”能力。

二、投资业务发展的战略思考

1. 发展思路

“十三五”期间，公司投资业务原则上必须采用PPP模式进行项目投资，通过依法合规运作，完善项目甄别体系，健全公司决策程序，严控投资风险；继续通过项目投资，推进“五商中交”战略落地，发挥好引领、拉动、杠杆、引擎作用；以推行PPP模式稳固公司传统领域市场份额，扩大轨道交通、综合管廊、智慧城市、海绵城市等新兴领域市场占用率；培育生态环保、能源设施等开拓领域市场。

2. 发展定位

中国交建将继续把投资业务作为公司发展的重要引擎之一，通过项目投资、收购和并购投资整合公司发展要素资源，延伸产业链，创造价值链，推动公司全面转型升级。力争在“十三五”期间，控制经营性资产规模3000亿元左右，年均贡献利润总额达到100亿元，对公司利润总额贡献度超过40%，成为公司未来发展的持续动力和主要利润来源。

3. 实现六个转变

中国交建投资业务要确保健康持续发展，需实现六个转变：一是从重资产投资为主向轻重资产投资合理搭配转变；二是从拉动主业投资向扩展专业投资与拉动主业投资相互支撑转变；三是从项目投资向并购重组与项目投资有机结合转变；四是从国内投资为主向国内投资与海外投资协同发展转变；

五是从引导各单位 PPP 项目运作由使用者付费向政府付费项目转变；六是从项目资本金 + 银行贷款的传统投资方式，向表外融资、资产证券化等产融结合方式转变。

4. 加强七项能力

面对经济和政策环境变化所带来的挑战，中国交建投资业务应加强七项能力建设：一是项目策划能力。要根据国家的政策调整，主动与各级政府对接，共同策划发起项目，创造投资机会。二是资源整合能力。要高度重视公司内外部资源、差异性战略投资者在项目前期的介入程度，形成内外部资源合力。三是项目商务能力。进一步提高中国交建在投资项目上的要价能力，确保预期经济效益的实现。四是风险管控能力。建立项目中止与退出机制，最大限度地降低政府履约风险。五是金融创新能力。要打通利用社会资本的通道，既要把财务杠杆作用放大，又要有效降低带息负债和资产负债率。六是资产经营能力。调整已有运营资产的产权关系，集中到专业资产运营平台公司，提高运营管理效率。七是布局能力。中国交建应集中有限的资源深耕 GDP 万亿元一线城市，并在千亿元省会城市、副省级城市、计划单列市等区域进行投资业务广泛布局。

第八章 中国建筑企业国际化面临的挑战与变革

本章结构图

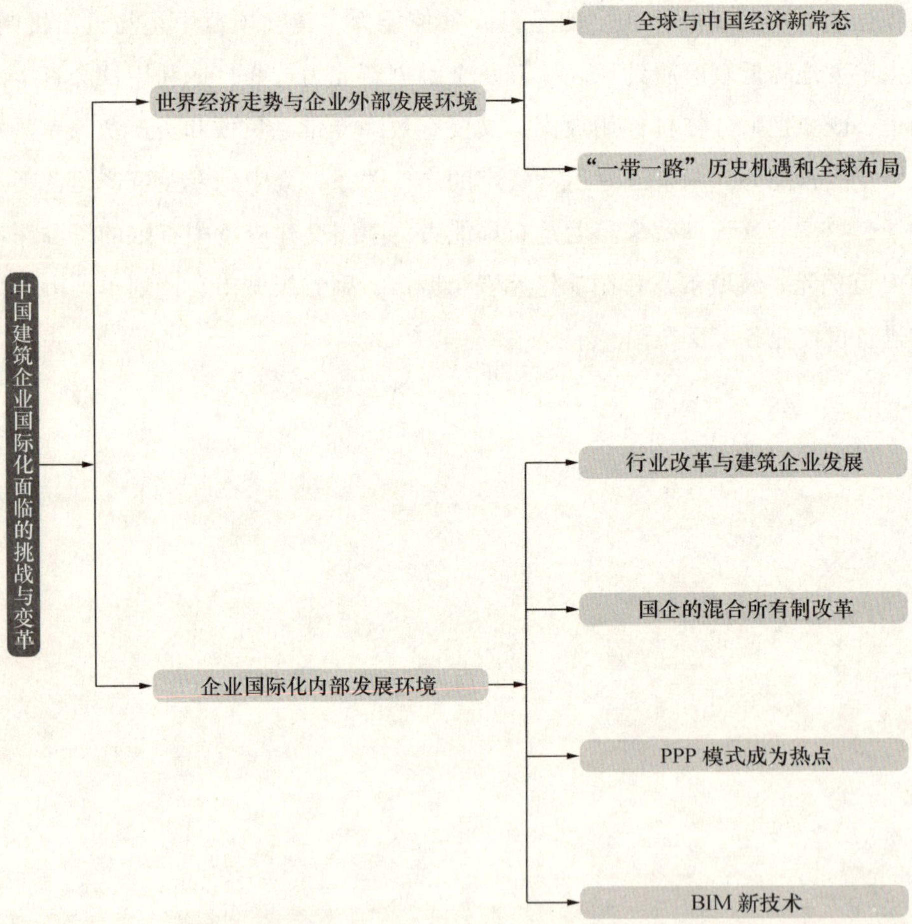

第1节　世界经济走势与企业外部发展环境

一、全球与中国经济新常态

1. 全球经济新常态：平庸与黑天鹅事件交织

对于全球经济的预判，不同的经济学家的表述方式不同，但是普遍观点认为，全球经济危机并不乐观，经济停滞与意外事件即“黑天鹅事件”的交织，可能将会成为常态。

在国际货币基金组织（IMF）发布的2015年《世界经济展望报告》中，预计2015年全球经济将增长3.1%，这个预测值，屡次被调低。同时，IMF也下调了2016年全球经济增长前景至3.6%。IMF认为，曾经作为世界经济发动机的新兴经济体的经济增速将持续放缓，而发达经济体的经济增速会有所提升，全球经济下行风险在增加。IMF总裁拉加德（Christine Lagarde）认为，目前全球经济正步入“新平庸”（new mediocre）时期，其典型的特征是，较低的经济增长率以及较高的失业率并存。

美国经济咨商局认为全球经济卡在一个停滞状态之中，预计2016年全球经济将增长2.8%，将略高于2015年的2.5%。美国前财政部长Summers认为，自2008年金融危机以来，全球经济特别是主要发达经济体进入了所谓“长期停滞”（secular stagnation）时期。

高盛投资研究部门认为2016年全球GDP增速会超过2015年，升至3.6%。从前景看，发达经济体和新兴经济体未来经济增长比较稳定。高盛认为，2016年只有中国、印度和印尼三个国家GDP增速超过上述全球增速。

中国财政部副部长朱光耀在2015中国企业领袖年会上发表的讲话中，用一系列的统计数据分析了目前全球经济形势的严峻性、复杂性。首先，他认为IMF将全球经济增长速度的持续性下调，已经成为了2009年全球金融危机爆发以来后的最低点。其次，全球贸易增长在2015年只有2.8%，也是近三年来的最低值。同时，全球货币分化严重，石油、矿石等大宗商品的价格持续性低迷，都引起了全球经济的停滞。

那么造成全球经济目前现状的原因究竟是什么？一些专家学者认为有两个重要因素，一个是劳动生产率，另一个是人口结构。虽然技术革命会带来劳动生产率的大幅提升，但是目前创新型国家所引领的技术创新并不是革命性的，对整个社会的带动和推动力还很有限，对经济的刺激能力也明显不足，最终还是导致了劳动生产率的衰退。同时，由于劳动力人口的下降，特别是这种现象从美国、欧洲、日本等发达经济体向发展中经济体的辐射，人口的红利已经成为了历史，没有大量劳动力人口的社会劳动生产率必将出现滑坡和衰退。此外，贸易壁垒导致了贸易保护主义抬头，国际政治形势的瞬息万变，都让国际经济形势前景并不乐观，在全球经济一体化背景下，中国经济要想独善其身，实现既定目标，需要采取更多的应对措施。

2. 中国经济新常态的四个表现

2014 年 5 月 10 日，习近平主席在河南考察时首次明确提出新常态。他指出："我国发展仍处于重要战略机遇期，我们要增强信心，从当前我国经济发展的阶段性特征出发，适应新常态，保持战略上的平常心态。"在此后半年时间里，他四次在公开场合对新常态的特点进行阐述，并强调：中国经济发展已经进入新常态，向形态更高级、分工更复杂、结构更合理阶段演化，这是我们做好经济工作的出发点。

自从中国经济新常态一词被提出，就引起了国内外政界、商界、学界的高度关注，截至 2015 年 12 月 10 日，通过百度搜索引擎搜索出来的相关结果多达 59.6 万个。国内外各界对中国经济新常态的解读不尽相同，但是有四个基本特征基本保持一致：一是新旧增长方式的更替，二是结构调整的持续推进，三是改革的持续深化，四是中国经济与世界经济的关联性日益密切。

2015 年底，中国国务院总理李克强为《经济学人》年刊《世界 2016》撰文《中国经济的蓝图》，将中国经济新常态的认识再次升华。他强调中国经济总量已经超过 10 万亿美元，过度依赖投资和出口拉动不可持续，必须推动结构性改革。中国经济具有两大经济增长引擎：一个是大众创业、万众创新；一个是增加公共产品、公共服务供给。其核心要素便是“创新驱动”和“消费拉动”。中国经济强调结构性改革不仅是寻找新的增长点，也包括挖掘传统产业的竞争力。

目前中国经济已经由高速增长向中高速增长转变，虽然增速放缓，但是转型升级已经成为共识。中国有13亿人口，9亿劳动力，7000多万市场主体，但是中国的城镇化率只有50%，与发达国家相比差距甚远。基础设施投资与公共服务体系的建立、产能的升级再造、公共产品和公共服务供给的增加、城乡消费的刺激性举措将进一步促进中国经济从“求快求大”到“求优求精”的转变。

新常态背景下，中国经济究竟该如何实现持续发展？十八届五中全会提出的国家“十三五”规划建议对其进一步明晰了发展思路：一是，未来五年我国经济的年均增长底线是6.5%以上；二是，加快落实1亿左右农民工和其他常住人口在城镇定居落户的目标；三是，通过改革保障金融安全，有效防范系统性风险；四是，实行能源和水资源消耗、建设用地等总量和强度双控行动，倒逼经济发展方式转变。

世界经济阴云频现，中国经济也时常出现山雨欲来风满楼的景象，唱衰中国的论调屡屡出现，如“断档失速”“增长极限”“经济崩溃”等。但是，许多专家认为，经过2015年的全面深化改革的开局，中国经济与世界经济的互动方式在变化，中国经济已经在主动适应、引领全球经济新局势，正为世界经济发展与治理提供着新的生机活力。有的专家甚至提出了中国经济是世界经济制氧机的观点。中国经济的发展不仅改变了中国，而且对世界产生了重要影响，正如习近平主席所说的那样“为各国发展创造机遇”。

3. 必须跨越的三大发展陷阱

陷阱理论认为，在社会发展进程中，当发展到一定阶段，政治、经济、社会的发展不可避免会遇到一些陷阱。其中，有三个陷阱理论最被关注，在一些场合中国国家领导人也曾经提及过，也是西方经济体许多国家经历过的重要经验教训。因此，对这些具有一定规律性的陷阱保持高度警觉性并积极应对，是很有必要的。

（1）中等收入陷阱

“中等收入陷阱”是指当一个国家的人均收入达到中等水平后，由于不能顺利实现经济发展方式的转变，导致经济增长动力不足，最终出现经济停滞的一种状态。2015 年财政部部长楼继伟在出席“清华中国经济高层讲坛”上曾表示，中国在未来的 5 ~ 10 年有 50% 以上的可能性会滑入“中等收入陷阱”，当前中国想要跨过“中等收入陷阱”，实现 6.5% ~7% 的经济增长速度，就需要在 5 ~7 年的时间里进行全方位改革，解决市场中的扭曲环节。他特别提出了要重点解决的五项改革，分别是农业改革、户籍改革、土地改革、社保改革以及劳动关系改革。

2015 年 12 月李克强总理在全国政协十二届常委会第十三次会议开幕式上的报告中也提到了中等收入陷阱。他认为，“十三五”时期是我们跨越“中等收入陷阱”的关键时期，我们国家的目标是到 2020 年人均国内生产总值将接近高收入国家水平，其时中国基本跨越“中等收入陷阱”，这将是我国现代化进程中又一个里程碑。

（2）修昔底德陷阱

“修昔底德陷阱”是古希腊著名历史学家修昔底德的一句名言，出自《伯罗奔尼撒战争史》第一章，原意是说雅典势力的强大，引发了斯巴达的恐惧成为了导致战争的真正原因。他的引申含义是新崛起的大国和现存大国之间的战争会不可避免。2014 年《世界邮报》在对习近平主席专访时针对“修昔底德陷阱”抛出话题，表达了国际社会针对中国迅速崛起后，必将与美国、日本等旧霸权国家发生冲突的担忧。习近平主席明确地阐明了中国的立场，他表示中国没有追求霸权的基因，这种观点不适用于中国，中国会努力打消国际社会的所谓“修昔底德陷阱”疑虑。2015 年习近平主席访美时，“修昔底德”陷阱再次成为热点词汇，而习近平主席在西雅图更加明确地率先提出世上本无“修昔底德陷阱”的观点。美国总统奥巴马随后表示他也不认同

"修昔底德陷阱"。习近平主席认为，世界上本无"修昔底德陷阱"，但大国之间一再发生战略误判，就可能自己给自己造成"修昔底德陷阱"，能否避免冲突，更多的是自我选择结果。

（3）塔西佗陷阱

"塔西佗陷阱"得名于古罗马时代的历史学家塔西佗。该陷阱理论认为，在社会发展到一定程度，政府的公信力受到了威胁，无论政府言论是真是假都会被怀疑，无论怎样做都会遭到公众的质疑和批评。

如何远离"塔西佗陷阱"是当前中国政府居安思危所高度关注的社会问题。2014 年 5 月，习近平主席在兰考县委常委班子专题民主生活会上讲话时，引用了这一观点，强调党和政府要密切与人民群众的联系，赢得人民群众的信任和支持。随着中国经济社会高速发展，如何实现权力的公信度逐步成为难题。公信力是权力的生命，得民心者得天下，失信于民将失去民心。以习近平为总书记的中国领导集体，认识到了这个社会发展的现实问题，为了避免"塔西佗陷阱"的出现，正在做着积极的努力，例如，推进政府职能转变、促进信息公开透明、促进决策流程公开化、政府简政放权、强力反腐等。

二、"一带一路"历史机遇和全球布局

2013 年 9 月，习近平主席首次提出"一带一路"。同年 12 月，习主席又在中央经济工作会议上明确指出，推进"丝绸之路经济带"建设，抓紧制定战略规划，加强基础设施互联互通建设，建设"21 世纪海上丝绸之路"，加强海上通道互联互通建设，拉紧相互利益纽带。

2015 年 3 月，国家发改委、外交部、商务部联合发布了《推动共建丝绸之路经济带和 21 世纪海上丝绸之路的愿景与行动》，这标志着国家层面的"一带一路"路线图正式出台。"一带一路"是中国新一轮更高层级的改革开放，因为它不仅能够加强区域协同、盘活存量经济、消化产能过剩，还能够实现资本带动产能输出、拓展外交存在、扭转国际收支困境。"一带一路"也是现阶段我国最重要的战略，因为它将促使中国第一次从被动的全球化参与

者成为主动的国家合作模式的创造者。

1.“一带一路”与新亚欧大陆桥

依据“一带一路”总体框架思路，丝绸之路经济带的重点方向是畅通中国经中亚、俄罗斯至欧洲（波罗的海）；中国经中亚、西亚至波斯湾、地中海；中国至东南亚、南亚、印度洋。21世纪海上丝绸之路的重点方向是从中国沿海港口过南海到印度洋，延伸至欧洲；从中国沿海港口过南海到南太平洋。根据“一带一路”走向，陆上依托国际大通道，以沿线中心城市为支撑，以重点经贸产业园区为合作平台，共同打造新亚欧大陆桥、中蒙俄、中国—中亚—西亚、中国—中南半岛等国际经济合作走廊。其中新亚欧大陆桥是陆上丝绸之路的第一通道，是近期我国“一带一路”的建设重点。

目前亚欧大陆有两条洲际大陆桥，一是西伯利亚大陆桥，也称为亚欧第一大陆桥。这条大陆桥东起俄罗斯东部的符拉迪沃斯托克港口，西至荷兰鹿特丹，已有百年历史。二是新亚欧大陆桥，也称为亚欧第二大陆桥。新亚欧大陆桥起点江苏连云港、山东日照，从新疆出境，终点荷兰鹿特丹港，全长10900公里，辐射世界30多个国家和地区，开通于20世纪90年代初。

战略构想中的“第三亚欧大陆桥”是以深圳港为代表的广东沿海港口群为起点，昆明为枢纽，经缅甸、孟加拉国、印度、巴基斯坦、伊朗，从土耳其进入欧洲，最终抵达荷兰鹿特丹港。而“第四亚欧大陆桥”，则是从满洲里分出支线，连接两伊铁路与白阿铁路和平齐铁路接轨，连接兴安盟，通辽市，赤峰和北京为一个支路，另外通过复线建设长白铁路可以接轨长图铁路与朝鲜铁路线连接。

亚欧大陆桥串联起来的“一带一路”具有非同寻常的战略意义。它能够促进区域协同发展，优化空间格局，推动全方位开放，加快外交突围，消化过剩产能，化解债务风险，提升国民收入，扭转国际收支困局。目前看来，“一带一路”战略扩大了中国的“朋友圈”。“一带一路”以来，中国与包括沙特、卡塔尔、斯里兰卡、土库曼斯坦、哈萨克斯坦、吉尔吉斯斯坦、俄罗斯、印度尼西亚等多个国家，达成了建设“一带一路”的共识。据商务部公布的数据，在对外贸易方面，2015 年前 10 个月，我国与沿线国家双边贸易总额 8203.93 亿美元，占同期我国进出口总额的 25.4%，投资合作势头良好，双边投资均有所增长。

在中国经济转型升级的大背景下，我们在积极寻求与其他国家经济的互补性，"一带一路"涉及的国家或地区，合作的潜力和空间很大。2015 年 12 月召开的世界互联网大会，共有"一带一路"沿线 40 多个国家的代表参加本次会议。中宣部副部长鲁炜在接受采访时表示，"一带一路"，"一带"是合作的一带，"一路"是共赢的一路，就是合作之带、共赢之路。"一带一路"既可以将中国国内积蓄的生产力运用于沿线各国的生产建设上，同时能够打破国与国之间发展瓶颈，实现 1 +1 大于 2 的共赢，形成一种新型的世界经济发展生态。

2. "一带一路"对全球经济的价值和贡献

中国商务部数据显示，中国目前已在全球 50 个国家建设 118 个经贸合作区，而且还有一些经贸合作区正在建设中。中国在国际产业格局中的地位越来越重要。中国正从经济大国向经济强国转变，"一带一路"战略构想意味着中国正努力将自身的经济增长体系转化为区域增长体系。

（1）"一带一路"构建世界贸易格局

共建"一带一路"的总体思路①是：秉持和平合作、开放包容、互学互鉴、互利共赢的理念，以"五通"（即政策沟通、设施联通、贸易畅通、资金融通、民心相通）为主要内容，全方位推进务实合作，打造政治互信、经济融合、文化包容的利益共同体、责任共同体和命运共同体。可见，"一带一路"以贸易为核心，以基建为先导，以金融为驱动，其中贸易是最重要的。

商务部发布的《中国对外贸易形势报告（2015 年春季）》显示，2014 年，中国与沿线国家的货物贸易额达到 1.12 万亿美元，占中国货物贸易总额的 26%。"一带一路"地区覆盖总人口约 46 亿，超过世界人口 60%，GDP 总量

① 内容来源：《人民日报》，推进"一带一路"建设工作领导小组办公室负责人就"一带一路"建设有关问题答记者问。

达20万亿美元，约占全球1/3。初步预计，未来10年这一数字有望翻一番，突破2.5万亿美元。各国双边贸易额的扩大是“一带一路”战略中最直接能够看得见的成果，要扩大贸易就要先搞基建做到互联互通，与以自贸区为代表的现有区域合作机制不同，“一带一路”将会以开放多元的特征推进区域合作的进程，并有可能成为最终推动全球贸易投资自由化的一个新途径。

联合国贸发组织投资与企业司司长詹晓宁认为，中国提出的“一带一路”战略顺应了全球及亚洲新一轮产业转移以及基础设施建设的大趋势。“一带一路”虽是中国提出的区域经济合作与发展战略，其成效可能超过其自身的战略预期，在地区乃至全球产生巨大的外溢效应。

“一带一路”沿线区域经济增长较快，贸易依存度和投资依存度都明显高于全球平均水平。2015年，英国外交部和英中贸易协会联合发布的《英国企业在“一带一路”发展中的作用》报告认为，“一带一路”将在中国国内及沿线国家创造更多振奋人心的新商机。

（2）“一带一路”与基础设施建设新格局

以交通设施为主的基础设施联通是“一带一路”的“五通”重点之一，也是其优先发展内容。2014年，中国对外承包工程新签合同额1918亿美元，完成营业额1424亿美元，业务遍及190多个国家和地区。其中，中国企业在非洲国家新签合同额755亿美元，完成营业额530亿美元，分别占中国对外承包工程总量的39%和37%。中国在铁路、电力、通信、建材、工程机械等行业具有比较优势，能够与“一带一路”沿线国家和地区开展广泛的互利合作。

据推算，大规模境外基建将直接带动高铁等运输设备、建筑机械等出口，估计在未来十年间将给中国带来超过4万亿美元的新增贸易总量，仅此可带动中国GDP每年增长0.25个百分点。

随着“一带一路”战略的推进，中国与俄罗斯签署了《丝绸之路经济带建设和欧亚经济联盟建设对接合作的联合声明》，与匈牙利签署了《关于共同推进“一带一路”建设的谅解备忘录》，中蒙俄三国签署了《关于编制建设中蒙俄经济走廊规划纲要的谅解备忘录》，国家部委与塔吉克斯坦、哈萨克斯坦、卡塔尔、科威特等国签署了《共建“一带一路”的谅解备忘录》，中国与哈萨克斯坦签订了总额达230亿美元的基础设施建设合作合同。中国与巴基斯坦经济走廊建设顺利推进，签署项目累计金额达460亿美元。中国与印尼签署雅加达—万隆高铁合作建设框架协议。“设施联通”不仅成为中国“一带一路”的先导，还正在促使全球形成新的基础设施建设新格局。

（3）“一带一路”与金融合作模式

“一带一路”基础设施建设的落地，需要资金作为保障。众所周知，由于资金需求量大，回报周期长、涉及国家和币种多，打造国家之间的金融合作新平台已成当务之急。习近平主席在2013年9月首次提出一带一路的构想后，紧接着于10月提出倡议筹建亚洲基础设施投资银行的构想。亚投行初期投资的重点领域主要包括五大方向，即能源、交通、农村发展、城市发展和物流，它是一个中国占主导地位，向亚洲国家和地区的基础设施建设提供资金支持的政府间性质的金融投资机构。2014年10月，21个首批意向创始成员国在北京签约，共同决定成立亚洲基础设施投资银行。2015年6月，《亚洲基础设施投资银行协定》签署仪式在北京举行，亚投行57个意向创始成员国财长或授权代表出席了签署仪式。2016年1月16日上午，亚投行举行开业仪式，习近平主席出席大会并致辞。同日下午，亚投行理事会正式成立，李克强总理出席大会并致辞。亚投行成立对于中国而言，是合作共赢的平台，它立足于“三个有利于”，一是有利于推动人民币国际化和中国参与制定国际金融规则，二是有利于输出中国资本、劳动力和工业标准，带动中国企业走出去，三是有利于推进国家战略，成为展示国际形象的新窗口。亚投行对中国“一带一路”战略的实施提供有力支撑，并促进中国树立负责任的国际大国形象。

第2节　企业国际化内部发展环境

一、行业改革与建筑企业发展

随着中国企业改革升级的不断推进，以及“一带一路”战略的逐步落地，中国建筑企业如何在机遇中找准契合点成为一个重要课题。据统计，2015年“一带一路”沿线64个国家建筑业总产值6.14万亿美元，约是中国建筑业总产值的1.6倍；潜在市场空间达4124亿美元，占中国建筑企业总收入的11.4%，建筑企业将从中充分受益。面对新政策、新市场、新机遇，如何激发建筑企业的活力和动力已成为行业改革发展的重中之重。

自2014年以来，国务院、住建部和相关部委密集出台了一系列重大改革政策。仅2014年一年，住房和城乡建设部牵头或参与的改革有31项，其中包括建筑业深化改革纲领性文件《关于推进建筑业发展和改革的若干意见》及《关于扎实开展国家电子招标投标试点工作的通知》，《建筑业企业资质等级标准》《建筑业企业资质管理规定》《建筑业企业资质管理规定和资质标准实施意见》《推动建筑市场统一开放的若干规定》《建筑业企业资质管理有关问题的通知》等等。这一系列文件聚焦于建立统一开放的建筑市场、工程招投标改革、行政审批制度改革、促进建筑产业管理现代化、推动行业改革发展等关键问题。可见，建筑企业转型升级已经势在必行，其转型升级方向涉及经营模式、管理模式、区域范围、承包方式、项目角色、生产方式等各个层面。

此外，建筑业“营改增”将是大部分建筑企业所面临的巨大挑战。2015年5月，国务院批转发改委《关于2015年深化经济体制改革重点工作的意见》，要求力争全面完成营改增，将营改增范围扩大到建筑业、房地产业、金融业和生活服务业等领域。同年10月，财政部副部长史耀斌表示，积极稳妥推进增值税改革，研究拟定建筑业、房地产业、金融业和生活服务业的营改增试点方案。因此营改增后企业如何实现软着陆成为了重点和难点。目前有一种观点认为，“营改增”是一把双刃剑，企业可借此机会改变粗放型管理经营模式，进行精细化管理，使得企业能够借助“营改增”实现较为稳定的资金链管理模式，从而降低企业的资金成本。

二、国企的混合所有制改革

改革始终是中国发展的主题之一，2015年国务院及各部委出台的经济体制改革文件达100多个，涉及财税体制、户籍制度、央企负责人薪酬制度、考试招生制度、环保督察机制、律师制度、医保制度等方面，其中关于国有企业改革的内容备受关注。

2015年9月24日，国务院发布了《关于国有企业发展混合所有制经济的意见》；国家发改委在随后的解读中指出了发展混合所有制鼓励三种方式：一是引入非国有资本参与国有企业改革。鼓励非国有资本投资主体通过出资入股、收购股权、认购可转债、股权置换等多种方式，参与国有企业改制重组，参与国有控股上市公司增资扩股，参与国有企业经营管理。二是引入非国有资本参与国有企业改革充分发挥国有资本投资、运营公司的资本运作平台作用，通过市场化方式，以公共服务、高新技术、生态环保和战略性产业为重点领域，对发展潜力大、成长性强的非国有企业进行股权投资。三是探索实行混合所有制企业员工持股。

混合所有制是国企改革的热点问题，实现混合所有制的途径是双向的，既鼓励国有资本入股非国有企业，又鼓励非国有资本参与国有企业改革，最终实现“国民共进”。混合所有制改革以促进国有企业转换经营机制，放大国有资本功能，提高国有资本配置和运行效率为主要目标，一方面鼓励非国有资本投资主体通过多种方式参与国企改革，另一方面也鼓励国有资本通过市场化方式，对发展潜力大、成长性强的非国有企业进行股权投资。

国家发改委副主任连维良在出席第十三届中国改革论坛上表示，国有企业和重要行业改革将跨越深水区。电力、油气、铁路、民航、电信、军工等重要领域已开展混合所有制改革试点示范，电力、石油等竞争性环节将真正放开。其中，石油天然气、盐业等重要行业改革方案即将出台。

2014年初，中石化率先试点混合所有制改革，拉开了央企深化改革的序幕。混合所有制试点是探索发展混合所有制经济的有效路径，这其中包括探索建立混合所有制企业有效制衡、平等保护的治理结构，探索职业经理人制度和市场化劳动用工制度，探索市场化激励和约束机制，探索混合所有制企业员工持股，探索对混合所有制企业的有效监管机制，探索混合所有制企业党建工作的有效机制。

三、PPP 模式成为热点

PPP 是指政府和私人部门之间就公共产品的提供而建立的风险共担的长期伙伴关系，PPP 项目通过引入私人的资金与专业技能，提供公共服务或公共设施，并通过合同界定各方权利与责任，公共部门制定清晰的标准，并在此基础上进行长期深入合作。PPP 应用范围既可以是基础设施的投资建设，又可以是非盈利设施的建设，PPP 模式有助于缓解财政约束、提高服务质量、分担建设成本、促进经济增长与市场化改革。

自 2013 年末，国务院开始大力倡导发展 PPP 模式。2014 年 4 月和 10 月，国务院召开的两次常务会议都对 PPP 模式进行了积极推广。当年 5 月，国家发改委公布了 80 个领域鼓励社会投资的项目，并由财政部正式成立 PPP 工作领导小组与 PPP 中心。此后，国务院、发改委、财政部等有关部门相继发布了《关于推广运用政府和社会资本合作模式有关问题的通知》《关于加强地方政府性债务管理的意见》《地方政府存量债务纳入预算管理清理甄别办法》《政府和社会资本合作项目政府采购管理办法》、PPP 项目操作指引和指导意见等重要通知与管理办法。2015 年 4 月，国务院常务会议审议通过了《基础设施和公用事业特许经营管理办法》。PPP 俨然已成为行业焦点。至今，我国近 30 个省份启动了 PPP 试点，推出了 2000 多个招商项目，项目总投资额近 4 万亿元。PPP 最终的目标是建立全国统一规范、透明、公开的 PPP 大市场，而且中国在三年内会成为全球最大的 PPP 市场。2015 年 1 ~5 月我国交通固定资产投资达到 4601. 32 亿元，同比增长 13. 37%，其中 5 月单月完成 1387. 18 亿元，同比上升 15. 03%，基建投资是稳增长引擎，也为 PPP 培育了市场。

虽然 PPP 模式能够实现私人资本对公共财政领域的合理参与，有效解决财政直接投资在效率上的不足，但是 PPP 融资模式仍存在一些操作难点。比如操作技术缺失、缺乏法律支撑、盈利相对困难、契约精神缺失、财政压力风险等。这就要求更多的企业借助 PPP 大力推广的契机，加快转型升级步伐，由建筑施工向规划设计、投融资、施工建设、运营养护或移交等综合运营一体化方向发展。

四、BIM新技术

李克强总理在政府工作报告中指出要把“大众创业、万众创新”打造成推动中国经济继续前行的“双引擎”之一。建筑行业作为典型传统行业之一，科技创新发挥着重要的推动作用。尤其是以BIM（建筑信息模型）为代表的信息技术的出现，为企业集约经营、项目精益管理的管理理念的落地提供了手段。

BIM是贯穿规划、设计、施工和运营的建筑全生命周期，可以供全生命周期的所有参与单位基于统一的模型实现协同工作。BIM可以简单地形容为模型+信息，模型是信息的载体，信息是模型的核心。BIM技术正在推动着建筑工程设计、建造、运营维护等多方面的变革。近年来在国内工程建造行业高速发展的背景下，BIM在国内被广泛认可与应用。

2012年1月，住建部发布的《关于印发2012年工程建设标准规范制定修订计划的通知》宣告了中国BIM标准制定工作的正式启动。2015年6月，住建部又印发了《关于推进建筑信息模型（BIM）应用指导意见》。该意见中指出，到2020年末，建筑行业甲级勘察、设计单位以及特级、一级房屋建筑工程施工企业应掌握并实现BIM与企业管理系统和其他信息技术的一体化集成应用。

欧特克有限公司与Dodge Data&Analytics联合发布的《中国BIM应用价值研究报告》显示，中国的BIM应用日益普及，目前已跻身全球前五大BIM应用增长最快地区之列。当前在中国使用BIM的建筑师在所有项目中的占比为21%，而施工企业的占比达到24%。随着中国对BIM的深度投入，中国机构在BIM的投资回报上提升显著。目前，超过68%的BIM应用率较高的企业取得了积极的投资回报。未来几年内，中国BIM应用率较高（在30%以上的项目中应用BIM）的施工企业数量将会有108%的增长，而BIM应用率较高的专业设计人士数量将有200%的增长。

然而，BIM在中国市场的推广还面临诸多障碍，尚有许多非注册用户。在2015年9月举行的“BIM技术促进建筑产业现代化高层论坛”上，住建部副部长易军认为针对建筑产业化和BIM技术应用的发展，必须要推广应用BIM等先进的信息技术，实现工程项目各阶段信息共享和传递，提升工程建设的效率和品质。谁掌握了BIM的全过程运用，谁就赢得了未来，特别是工程总承包的企业。支持软件企业自主研发适合中国国情的BIM应用软件，鼓励BIM软件产业化、系统化、标准化，解决BIM平台和数据集成等一系列重大技术问题。

第九章 中国建筑企业国际化发展应对之策

本章结构图

- 中国建筑企业国际化发展应对之策
  - 服务于国家战略
    - “一带一路”为中国企业“走出去”带来新机遇
    - 中国建筑企业“走出去”应把握的几个问题
  - 企业家精神
    - 创新精神与企业国际化
    - 敬业精神与企业国际化
    - 合作精神与企业国际化
  - 跨文化管理
    - 建筑企业实施跨文化管理的难点
    - 建筑企业实施跨文化管理的策略
  - 产融结合
    - 产融结合相关概念
    - 规模以上建筑企业实施产融结合路径选择
    - 产融结合典型案例——以西安中交科技城项目为例
  - “互联网 +”
    - “互联网 +”的背景
    - “互联网 +”背景下大型跨国公司转型升级案例
    - 中国交建实施“互联网 +”的思考
  - 国际化人才管理
    - 坚持先进理念与科学导向，引领国际化人才管理
    - 夯实人才管理基础，支撑国际化人才队伍发展
    - 聚焦“选育用留”，塑造一支优秀的国际化人才队伍
  - 强化“五力建设”，提升企业核心竞争力
    - 提升战略领导力
    - 增强创新驱动力
    - 深化收购整合力
    - 构建人才保障力
    - 塑造文化凝聚力

第1节　服务于国家战略

一、“一带一路”为中国企业“走出去”带来新机遇

“一带一路”是指“丝绸之路经济带”和“海上丝绸之路”，它是一种合作发展的理念和倡议，将充分依靠中国与有关国家既有的双多边机制，借助既有的、行之有效的区域合作平台，陆续推出基建、交通的互联互通及贸易投资的便利化等措施。目前普遍观点认为，“一带一路”可能将成为新中国成立以来最重要的国家战略布局。

在“一带一路”战略的引领下，未来5～10年是中国企业深入实施国际化经营战略和打造世界一流跨国企业集团的黄金机遇期和重要跨越期。主动顺应“一带一路”战略，将极大加快打造具有较强国际竞争力的一流跨国企业的步伐。未来10年，基础设施互联互通为优先领域，对外工程承包市场未来发展前景看好，国际基础设施建设市场总体规模保持稳定增长。目前各地“一带一路”拟建、在建设施规模已经超过1万亿元，跨国投资规模约524亿美元。2015年内“一带一路”投资金额在3000亿～4000亿元。初步估计，未来十年中国对“一带一路”地区的出口占比有望提升至1/3左右，中国在“一带一路”上的总投资有望达到5万亿美元。据测算未来十年每年亚洲基础设施的投资资金规模约8000亿美元，建筑行业市场空间巨大；国内基建投资将继续维持高位，内外互补需求旺盛。

“一带一路”中走出去的热门领域涉及以下五个方面：

一是高铁。我国高铁技术已达到世界一流水准，有能力与德法日等国竞争，目前在拉美、东欧、亚洲等区域已有1万公里左右规划，发展潜力巨大。

二是核电。国家领导人在捷克、英国、法国和拉美等地区访问期间大力“推销”中国核电并形成了合作关系。

三是工程机械。巴西、澳洲、俄罗斯、中东、中亚等主要发展中国家普

遍显示出对中国工程机械的重视。例如中国交建旗下振华重工的港机、海工装备制造能力享誉全球，是“中国创造”的重要体现之一。其港口集装箱机械连续17年占据世界第一的市场份额，市场占有率达70%以上，是世界公认的港口机械领军企业。

四是港口运输。海上丝绸之路覆盖了大多数沿海港口，在对外贸易提速的背景下，港口基建的发展潜力被大力激发。

五是工程建筑。基础设施建设、互联互通是“一带一路”的重点，海外基建工程景气度已经提升并有望加速上行，海外工程承包公司迎来历史发展新机遇。

二、中国建筑企业“走出去”应把握的几个问题

关于中国建筑企业如何“走出去”的问题，中国交建董事长刘起涛在2015年12月第五届中非合作论坛峰会上代表中资企业提出的五点倡议可以说是给予了最好的回应，同时也发出了行业共同的心声。这五点倡议，虽然针对的是非洲，但同样适合于全球其他区域，是中国建筑企业“走出去”总的指导思想，更是影响中国建筑企业能否走好走远的关键因素。五点倡议的核心内容为：一是继续按照“真、实、亲、诚”的工作方针在非洲开展各项业务，将诚信打造成中国品牌的核心；二是始终珍惜非洲良好的生态环境，交付一批又一批质量优良、符合环保标准的“绿色工程”，实现经济效益和环境保护的双丰收，达到人与自然的和谐发展；三是积极与非洲企业分享经济发展的成功经验，互相学习，积极创新合作模式，实现互利共赢，共同成长进步；四是在促进非洲区域化发展，互联互通及通关便利化上发挥企业的独特作用；五是中资企业不仅关注自身发展，还会充分发挥中非合作纽带的作用，更好地履行社会责任，为中非全面合作书写新的篇章。

基于以上五点倡议，中国建筑企业还应该从宏观环境把握、发展战略定位、自身能力建设等维度重点把握8个问题。

1. 坚持正确的价值导向

实践证明，只有将企业扎根当地，与当地经济社会共生共赢，才能在所在国真正实现可持续发展。“合作共赢”是构建区域经济新格局、融入全球价值链竞争和推进对外承包工程行业转型升级的基本理念，要正确认识和处理好企业自身发展与东道国人民福祉诉求之间的关系，要跨越关于环保和社会责任绩效方面的挑战，从文化融合、跨文化管理、弘扬中华优秀传统文化、境外企业文化建设等角度，系统打造以软实力为主导的未来型主流综合竞争力，并树立中国企业负责任、讲诚信、守规矩的良好形象。

2. 紧跟国家外交、外经战略

只有及时把握我国与其他国家双多边关系的大势，应时而动，顺势而为，方能占据主动、赢得先机。要紧跟“一带一路”及沿线国家的政策导向，立足自身，准确把握市场发展方向，积极推动商业布局与国家战略互动融合，实现企业全球化战略转型。而且，践行国家战略，不仅是自身发展的需要，也是中国企业义不容辞的责任。

3. 积极推动“中国标准”走出去

目前，中国的标准规范尚未被国际工程承包市场普遍认同，欧美标准仍然占据主导地位，这在一定程度上制约了中国企业的“走出去”步伐。在当前国际化进程中，要致力于推动“中国标准”走出去。一方面，通过积极承接 EPC 项目，将中国标准应用于更多的境外项目，使其为所在国所认知和认同，特别是在推进“一带一路”建设过程中，主动承担相关项目的勘察设计和规划咨询工作，努力为中国标准的推广占得先机；另一方面，主动推动我国公路、水运等领域工程标准的翻译工作，并积极向国际市场进行推介。

4. 加强国际化经营顶层设计

抓住世界经济深刻调整的新机遇，大力实施国际化优先发展战略，真正做到“走出去、走进去、待得住、出得来、回得去”。首先，应该编制《国际化经营战略规划》，围绕企业战略目标，构建适应性的海外发展与管理平台，形成共享、融合发展的生态系统网络，推动从市场的国际化向管理体系的国际化、企业文化的国家化、人才集聚的国际化延伸；其次，要按照整体配套、有力保障、重点突出的原则，积极稳妥地提升海外各种资源配置的比例，坚持把优质资源优先向国际业务配置，在人力、物力、财力等各方面优先供给，在政策上加大支持力度；最后，要坚持“有所为、有所不为”的策略，抑制急于求成的冲动，有序引导，坚决遏制低价竞标行为，避免同质化发展，坚持比较优势、差异经营，依法合规，把商誉当生命，牢固树立中国企业的品牌形象。

5. 稳步推进外部战略联盟和并购

在现有竞争优势基础上，通过实施战略联盟、跨地区兼并重组，有选择地培育新的竞争优势，补齐能力短板。加速实施海外并购，快速拓展海外市场，引进海外管理经验、科学技术、人才资源，促进企业机制创新，使市场布局更加合理，产业结构与市场需求更加匹配，实现企业核心竞争力的扩展和强化，快速提升企业国际竞争力。高度重视战略联盟，不简单地以自我扩张为主，建立与外部相关单位以资源与能力共享为基础的长期联合与合作关系，最大限度地提升企业竞争力。

6. 打造多渠道、国际化的融资体系

以促进金融资本和产业资本的有效对接为着眼点，立足全球资源，探索股权投资、股权置换、参与股权基金、项目债券、资产证券化、发行永续债等多种融资形式，深化与国内外金融机构的互利合作，加快推进产业基金、融资租赁、信托等新业务的开展，加速打造全球金融版图，构建起金融产业对海外发展的有力支撑。

7. 坚持国际化人才培养选拔优先

人才培养是中国建筑企业推进海外战略的第一要务，可以说，国际化人才有多少，“走出去”的市场就有多大。现在海外经营规模的快速扩大和海外人才尤其是高端商务人才、新型专业化人才、高级复合型人才、大型项目的项目实施人才不足的矛盾日益凸显，成为未来海外大发展的一个大问题。中国建筑企业要从战略和战术层面做好海外人才战略的部署与安排，要将“国际化人才优先发展”作为公司发展的一项重要战略来抓。要坚持国际化人才资源优先开发，国际化人才结构优先调整，国际化人才投资优先保证，国际化人才制度优先创新。要积极构建与国际接轨的人才管理体系，在引进选用、评价激励等方面进行政策突破和体制机制创新。

8. 坚持属地化发展

属地化是实现企业在所在国长期发展的重要手段。要坚持稳发展、深耕耘的经营开发战略，加强境外区域化、本土化、专业化布局。在项目实施过程中，充分整合所在国资源，积极引入当地雇员，并为他们提供成长成才机会，努力培养一批能够支撑公司在当地长期发展的优秀人才队伍。

第2节　企业家精神

在由“管理型经济”向“创业型经济”的转型过程中，最为稀缺的不是资源、资金、资本，而是拥有企业家精神的高素质企业家人才，这是目前中国企业最严重最突出的发展瓶颈之一。而国际化的企业更是需要具有企业家精神的企业家来掌舵和运营。

企业家精神是企业家经营管理企业的理想模式、价值取向和基本信念，是企业家进行企业管理的指导思想，是企业家群体所共有的特质和价值观体系。关于企业家精神的内涵，学者一般把将其概括为三个方面，首先是熊彼特所说的创新精神，其次是韦伯说的敬业精神，第三是诺斯从新制度经济学里提出来的合作精神。企业家精神在企业国际化经营中体现得非常明显，企业家只有勇于创新、乐于敬业、善于合作才能提升资源整合和价值创造的能力，才能在风云变幻的国际市场中稳步开拓市场，提升市场竞争力。

一、创新精神与企业国际化

创新能力作为科技竞争力的核心、产业竞争力的突破口和市场竞争力的基石，正在以前所未有的力量左右着竞争的格局。所有世界一流企业的发展经验都表明，以创新驱动的发展，才是最有质量的发展、最有效率的发展；任何一个成功的企业家，最为突出的特征往往也是创新。应该说，创新能力是一个企业家最本质的核心能力，要求企业家在企业经营管理中立足实际敢于创新、敢于竞争、敢于决策，最大限度地发挥自己和员工的创造力，并成功地运用到企业生产经营中。

在国际化进程中，发挥企业家的创新精神就是要把创新发展作为基本动力，以创新观念为先导，以创新体制为动力，以创新管理为保障，切实通过创新突破瓶颈，调动全员“走出去”的积极性，真正实现创新驱动走出去。

一方面，要高度重视走出去的模式创新，不断优化市场布局和业务结构。目前国际市场的发展，迫切需要我们要着眼长远、创新模式，不仅仅是做一个短期的投资者，还要做一个国家和地区发展的分享者和承担者。所以要认真探索进入新市场的合适切入点与开发路径，致力于谋划和打造集现汇、政府框架、投资三位一体，更具对项目实施资源乃至全球资本具有吸纳效应的发展平台，打造一个稳定并且有长期合作价值的投资机会和环境，持续推进市场、业务的转型升级和盈利模式的优化调整。

另一方面，要积极探索走出去的体制机制创新。近年来，在中国企业“走出去”的过程中，员工思想与行动上跟不上节奏已经成为海外市场发展的最大阻力，进一步深化改革、激发全体员工走出去的动力和活力已是迫在眉睫。而解决这一难题的首要举措就是打破常规，创新体制机制，为“走出去”创造良好的机制与环境。首先，要建立符合国际化要求的组织架构和经营管理体制；其次，要建立一个让广大干部职工能积极投身海外、奉献海外的激励和约束机制；最后，还要深入研究企业生产关系、组织机构、经营模式和资源整合，创新海外人才培养机制，积极适应国际化建设的需要，保障国际化战略的有效推进。

二、敬业精神与企业国际化

敬业精神是企业家的基本政治品格和素质要求，体现的是志存高远、勇于攀登，是坚定敏锐、孜孜以求，反映的是企业家的胸怀、勇气和格调。

在当前深度调整变革的新形势下，敬业精神更体现在责任重于泰山的使命意识，勇于担当、主动作为。著名经济学家袁宝华指出，企业家要有对国家对民族的历史使命感，对发展我国国民经济的责任感，对企业在激烈的市场竞争中时刻存在的危机感和力争进一步改变企业自身的紧迫感。"走出去"战略是国家战略的重要组成部分，也是中国企业寻求发展突破、做强做大、打造国际竞争力的重要选择。这也必然要求企业家在"走出去"过程中发扬敬业精神，勇于担当、主动作为、顽强拼搏，在做强做优做大企业自身的同时，为国家经济发展、民族强盛做出应有贡献。

发扬敬业精神，就要有强烈的事业心和不屈不挠、奋发有为的进取意识。在复杂形势面前和发展的攻坚时期，要战胜困难挑战，就必须坚定发展信心，提振起更加高涨的士气，让顽强拼搏的精神、敢打必胜的干劲成为国际化经营中的强大动力和核心优势。要发扬果敢顽强的作风，敢于攻坚，勇于奉献，积极跟踪和参与国家战略，加快在全球范围内整合、配置和利用各类发展资源，坚持投资、参股、并购等多措并举，加快全球市场的谋篇布局和抢滩夺点，不断推动从市场的国际化向管理体系的国际化、企业文化的国际化和人才集聚的国际化延伸，不断提升在全球产业链与价值链中地位。

三、合作精神与企业国际化

合作精神是当今时代企业家必备的重要能力要素之一。它体现的是一个企业家的大局意识、包容精神、沟通能力、团队协作能力以及资源整合能力。

21 世纪，全球经济发展的一个重要特征就是"竞合"，其本质就是基于合作，放眼全球去充分竞争。尤其是随着全球经济的一体化、互联网信息技术的普及，企业彼此之间的合作越来越紧密，而靠市场垄断、单兵作战获取竞争优势的时代已经一去而不复返。大到一个国家，亦是如此。"一带一路"战略中的重点内容"五通"，其本质就是彼此联通、相互合作，这也进一步要求正在开展国际化经营的中国企业，更加注重开放包容、加强资源整合，基于合作而参与国际竞争。

发扬合作精神，就是要求企业家从对内与对外两个层面，通过强大的组织凝聚力与资源整合能力提高企业核心竞争力。对内，即强化团队协作、组织协同，形成强大的组织凝聚力与协同作战能力，为参与国际竞争奠定坚实基础；对外，即加强资源整合、联盟协作，打造自己的产业链整合能力与战略联盟能力，并全面提升企业在品牌、声誉、技术、研发、管理等方面的先进能力，大大增强企业的综合实力，为企业国际化经营提供强有力的支撑。

第3节 跨文化管理

企业国际化经营活动既是一个经济活动，又是一个社会文化活动，必然会面对来自不同文化体系碰撞而造成的文化差异。如何消除国际化经营过程中因文化差异引起的文化冲突和文化风险，提高海外经营管理水平，增强海外团队凝聚力和战斗力，是摆在建筑企业面前的一个重要课题。

一、建筑企业实施跨文化管理的难点

受地理环境、发展历程、历史背景、价值观念以及其他因素影响，海外项目所处国的思维方式、风俗习惯、法律法规、沟通方式等与国内往往有着天然的差异，为建筑企业“走出去”带来了诸多风险与阻力。

从主观方面来看，企业自身受传统发展模式影响，重国内市场、轻海外市场的思想观念较重，没有形成科学完整的境外企业发展理念；缺乏跨文化管理知识，习惯于用“国内思维解决全球化问题”，对海外项目的文化风险认识不足，易造成海外项目的巨额亏损；企业文化建设基础工作薄弱，尚未对海外员工产生引领作用，致使其文化自觉性不够；受管理体制影响，品牌资源分散，没有形成强有力的品牌文化，对企业国际形象树立缺乏支撑。

从客观方面来看，“走出去”的建筑企业需接触不同国家、不同民族、不同机构、不同人员的文化，这种文化的多样性与复杂性给企业的跨文化管理

工作带来极大的挑战，企业既要考虑到自身文化的优势，又要考虑到海外文化的特点，同时还要保持创新能力，在不同文化的融合过程中，不断提升企业软实力，实现企业价值最大化。

二、建筑企业实施跨文化管理的策略

1. 识别文化间的差异

文化差异是跨文化管理冲突的根本原因，要消除文化冲突，首先要做的就是分析识别文化差异。在分析识别过程中，我们有必要借助四个重要理论工具，即克拉克洪与斯乔贝克的六大价值取向理论、郝夫斯特的文化维度理论、蔡安迪斯的个体主义—集体主义理论以及强皮纳斯的文化构架理论。这四项理论提出了区分文化差异的方法和维度，对于理解、解释和识别特定群体的文化行为有着重要的指导作用。

作为建筑企业，应该基于文化差异分析及其风险识别，由经营管理人员根据项目内外不同文化特质的差异，及时调整管理思维与文化管理模式，从而有针对性地消减文化冲突，减少文化差异发生的障碍，推进文化融合，降低风险，增强文化的内生力。

2. 增强跨文化沟通能力

跨文化沟通通常是指国际间不同文化背景的人之间的信息、知识和情感的互相传递、交流与理解过程。组织内部必须通过各种渠道促进不同背景的员工相互了解、理解、适应和融合彼此的文化。这种沟通是广泛而深入的立体交流，既存在于不同民族文化、企业文化和员工个人素质各层面之间，又贯穿于企业文化的精神、制度、行为与形象四个层次。在建筑企业国际项目中，有些工作没有旧例可循，复杂问题的出现需要在项目决策时多方参与，有效的双向沟通显得尤为重要。

作为建筑企业，要想克服跨文化沟通障碍，首先是培养文化敏感性，这是提高跨文化沟通技巧的第一步。其次是注重信息传递的有效性。例如，欧美文化多为低情景的文化，不习惯含蓄、委婉的表达方式，信息表达就要比平时更加具体细致。第三是掌握必备的沟通艺术。例如沟通过程中保持注视与微笑，认真倾听对方，并掌握问候、开场、结尾及不同场合的沟通技巧与策略。最后是提高沟通的主动性。要加强与业主、监理、咨询公司等沟通交流并保持良好关系，主动了解和适应海外文化背景和工作习惯，增进互信与协作，提高工作效率；要加强与东道国有关部门的沟通协调，为企业国际化发展营造良好的外部环境。

3. 提高跨文化谈判水平

跨文化谈判是指分属于不同国家的商务活动主体，为实现各自的目的而在相互之间进行的磋商过程。由于不同文化背景的商务活动主体的谈判风格各异，势必会给谈判活动增加难度，同时也对谈判者的素质与能力提出较高的要求。因此，在建筑企业跨文化商务谈判中，考虑文化变量至关重要。

作为建筑企业，要想提高跨文化谈判水平，首先要做的是提高谈判参与者的素质与能力，具体学习内容包括国际商务谈判的基本常识、谈判技巧与策略等。其次，是做好充分的谈判准备。具体包括制定谈判方案、明确角色分工、制定灵活的谈判战略和策略等。最后，就是要灵活运用所掌握的知识、能力应对来自不同文化和国家的谈判者，并根据谈判对手不同的文化特征和谈判风格，得心应手地应用时间战术和空间战术等。

4. 打造高效的跨文化团队

建筑企业跨文化团队最典型的特征就是文化多样性。团队成员必须相互尊重、信任和理解彼此之间的文化差异，同时积极学习跨文化交际的技能，充分了解跨文化团队的性质、团队成员的文化多样性和团队成员之间的沟通方式和思维方式，不断强化跨文化团队成员的文化融合。

（1）积极开展多层次培训，提高员工适应能力

作为建筑企业，可开展语言能力、商务交往等多种专业培训，加速培养一支熟悉菲迪克条款、懂法律、通英语、善谈判的海外项目管理和商务人才队伍；进行全方位的跨文化培训，提高员工对不同文化的适应性，使其迅速进入工作角色，融入国外项目团队；对领导干部和主要管理人员，要加强外

事纪律和作风建设方面的培训，筑牢思想防线；对外国员工，要通过岗位培训等，适度将本企业文化和管理理念向其延伸。

（2）员工外派与本土化结合，提高素质降低风险

建筑企业在“走出去”过程中，要慎重选择外派员工。驻外人员除了具有良好的专业技能外，还要有较强的语言能力和为人处事能力。要合理配备领导团队，除考察专业技能和管理经验外，还应充分考虑主要领导成员之间在性格和观念上互补，合理搭配，充分发挥项目合力作用的最大化。要逐步实施管理人才本土化策略，并适当扩大劳务人员本土化比例，从而降低成本，规避风险。

（3）切实落实人性化管理，营造内外和谐氛围

切实解决员工实际困难，特别要重视年轻员工婚恋等现实问题，尽最大可能提供便利条件。积极组织业余文化活动，创造轻松活泼的团队氛围，缓解员工情绪。项目领导要主动加强与员工的平等沟通和思想交流，建立良好的干群关系。同时，要弘扬艰苦拼搏的中华民族优秀传统，防止员工受当地文化及外籍员工享乐主义思潮的影响。此外，要对员工进行严格管理，用完善的制度规范外派员工和当地雇员的行为，防止因为管理不善酿成内外冲突事件。

（4）增强员工守法合规意识，确保项目健康发展。

要引导和教育海外员工，严格遵守所在国的法律法规，各项工作要执行国际通行的普适标准，提高全员的守法经营意识和风险防范意识，逐步建立海外合规风险管理体系。此外，应充分吸收东道国文化的优秀基因，修正完善规章制度，规范中外员工行为，加强团队管理。

5. 加强跨文化人力资源管理

一是加强跨国人力资源规划。预测跨国公司及其海外子公司发展中人力资源的供给与需求状况，并采取相应措施，确保企业在需要的时间和需要的岗位获得所需的人选，以实现跨国公司及其海外工程项目部人力资源的最佳配置，使企业与员工的需要得到满足。

二是完善跨国人员招聘与选拔。在招聘和选拔过程中，科学确定跨国人员招聘与选拔标准，充分考量专业技术能力、跨文化交际能力、语言能力、出国动机、婚姻家庭情况等，并根据岗位不同，明确选拔招聘的侧重点。

三是进行有效的跨文化培训。培养派出人员在跨国经营中的跨文化理解能力和文化适应能力。通过适应性训练，提高员工对不同文化的适应性，在此基础上进行文化整合，进而消除文化冲突，实现文化协同。跨文化培训中应注重强化海外项目员工五大意识：使命意识、合规意识、风险意识、道德意识和社会责任意识。

6. 通过文化整合消除文化冲突

按照文化要素对象的不同，文化整合的工作主要包括三方面的内容。

一是价值理念的整合。建筑企业在“走出去”过程中，应当通过宣传、动员，将不同的观点、看法整合统一为一种大家共同认同的新的、适应企业发展战略的价值理念。价值观的统一是文化整合的核心，如果一个企业的员工在思想认识、价值判断上存在很大的分歧，那么团结协作精神、交融天下精神就无从谈起。

二是制度文化的整合。制度文化是企业文化的一个重要方面。制度设立不宜过于烦琐，但制度一定要充分融入企业所倡导的价值理念，并且要求严格执行，做到“制度文化化”。

三是物质文化的整合。这里主要指视觉识别系统的统一建立。视觉识别系统是企业文化理念的具体物质与形象表现，即文化“外化于形”的过程，主要通过 VI 设计、载体建设、外观环境建设等，从上至下、从内到外建立和完善视觉识别系统，并重点将企业文化核心理念、行为规范、统一形象与风格等企业文化内涵向企业内外部员工、社会公众进行广泛、有效的传达，能够强化员工对企业的归属感、自豪感与荣誉感，并加强其对企业核心理念的理解，同时还能对外树立和传播企业良好的社会形象。

第4节　产融结合

“十三五”规划关于“工业结构优化—新兴产业升级—完善金融服务”的发展战略，为我国建筑行业战略型和超大规模建筑企业集团走产融结合发展模式提供了难得的外部性机遇。那么，面对新战略、新机遇，以中国交建为行业引领者的超大规模建筑企业集团，应该如何深刻地理解产融结合概念并有效实施产融结合发展路径选择呢？

一、产融结合相关概念

规模以上战略型建筑企业实施产融结合发展路径选择过程中，必然要涉及跨学科方面的基础性知识，需要厘清以下几个基本概念。

1. 国民经济体系

二战后，经济学家约翰·克拉克（1847～1938）和西蒙·库兹涅茨（1901～1985）关于国民经济体系一（农业）、二（工业）、三（服务业）产业的划分及其百分比构成的变化可度量国民经济体系成长阶段的思想获得认同。70多年来，以车间制造为特征的大工业时代，管理国民经济体系的政策和不断调整一、二、三产业的百分比构成画上了等号。

其实，两位经济学家关于“三产”的思想在国民经济核算的运用中，还有一个重要的思想容易被忽略，即GDP不仅是一个经济体（通常以国家为单元）单位年度内生产的物质产品和劳务的综合，还包含产业的结构和分布。因此，国民经济体系是指一个国家的生产能力及其以产业为单元形成的板块构成，例如一、二、三产业的总和。

2. 长链产业与长链市场

设定某个产业上下道工艺顺序有 m 个链条环节数，若第i个链条环节上集聚的企业个数为 x_i，该产业链上厂商总数为 X，则 $X = \sum_{i=1}^{m} X_i$ 。

今天绝大多数产业链，与20世纪80年代以前比，都是倍加数字或几何倍数字，我们称其为长链产业（图1）。显然，集聚在产业链条环节上下道工艺顺序上的厂商之间的厂商形成要素产品（绝大多数为不可再生资源类）交易、中间品交易或细分产品交易，从而形成长链市场。

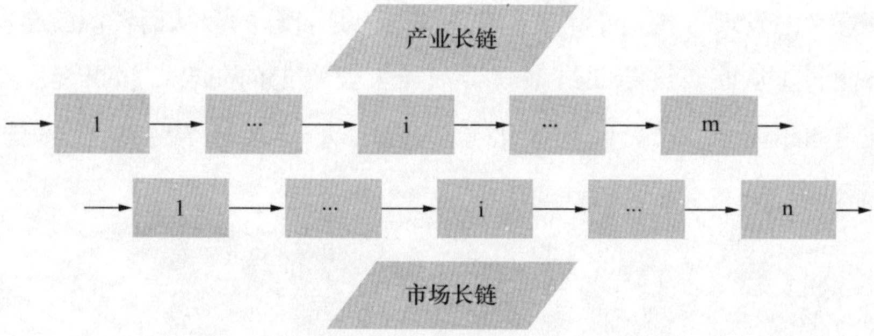

图1　长链产业和市场长链配套成长示意

有了长链产业和长链市场的配套成长，产业才能具有细分的内在资源配置动力。比如，在今天大交通领域的细分产业中，交通科技产业又可进一步细分为更多分支产业。正是由于产业链在长链市场配置资源的助推下，一个行业的发展不仅会具有规模收益，还有竞争力质量收益（图2）。

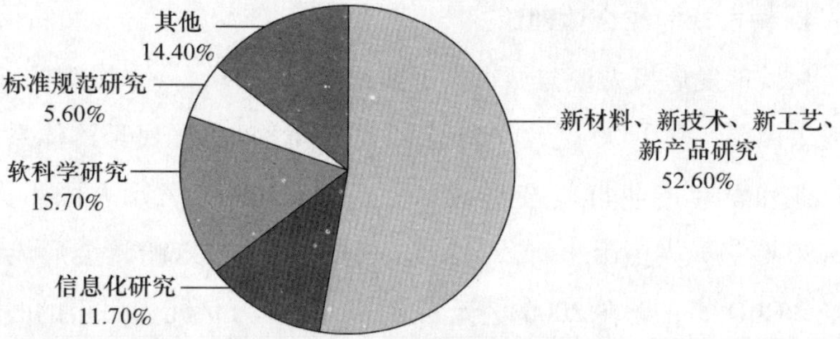

图2　2012年交通科技产业结构

3. 长链金融修复产业长链机理

在图3中，金融业发展一般有五个相连的发展阶段，工商企业信贷金融、产业链金融、中介类金融、实点OTC市场金融和交易所金融。但金融业发展不断地突破上述阶段，金融业链条变得越来越长。金融长链是指，当一个国民经济体系中金融板块的业务，不论是与产业长链还是与市场长链中相关联，其自身的链条长且业务是闭合的，既能动员资源也能交易流转资源，而且风险在系统管理意义上是可控的。

长链金融升级长链产业的内在机理如下，当给定长链产业中的某个链条环节，比如第 j 个链条断缺，含有金融成分的第三方市场长链就会在股权投资报酬率意义上发现，投资于第 j 个链条环节上是合算的，从而资源就会向该链条环节倾斜。从而，该断缺链条就会被加大投资走向闭合。结果是：产业链的成长走向了闭合。产融结合优化产业升级，企业通过产融结合实现转型升级（图3）。

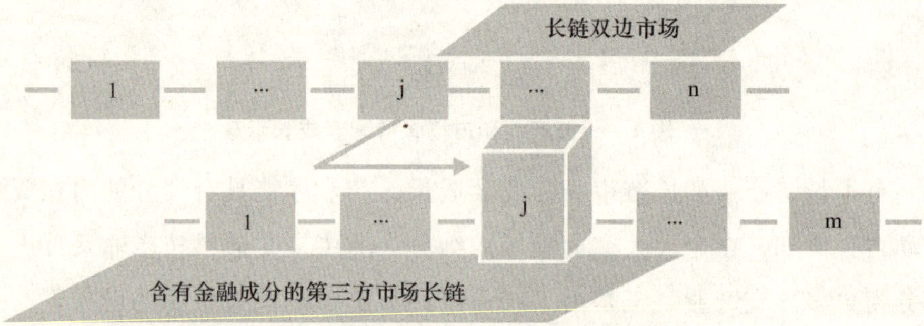

图3　含有金融成分的市场长链修复机理示意

4. 城市功能综合体理论

从城市发展拟人说与城市发展阶段理论来看，一个城市的 GDP 越过 1000 亿元人民币，在 1000 亿 ~4000 亿元人民币之间，国民经济体系的骨骼，即主导产业和配套产业群就会形成；一旦越过 4000 亿元人民币大关，在 4000 亿 ~8000 亿元人民币之间，国民经济体系的五脏六腑就会形成，主要指城市广场、CBD 等；而在 8000 亿元人民币到 1.2 万亿元人民币的时候，该城市的国民经济体系的大脑和心脏也将会形成，即运营城市资源的经济中枢部分，主要指市场群所形成的交易集聚区。

独立城市功能综合体是指，在一个给定的核心区域内，汇集了一定数量的企业总部、市场中介，依据资源配置的内在逻辑形成一、二级市场动态过程的集聚区域。在此基础上，广域范围的产业竞争力、市场整合力和城市影响力逐步形成。

二、规模以上建筑企业实施产融结合路径选择

依据上述产业链成长、金融长链整合、城市功能综合体生成以及国民经济体系升级三者之间互动机理，规模以上建筑企业应从以下三个方面来实施产融结合。

1. 掌握规模以上建筑企业实施产融结合的增效机理

经济学的基本原理是，企业是对市场的替代。如果企业内部的“科层—项目”资源整合和决策过程带来的收益是大于市场整合的，则企业制度替代市场制度——价格合约占优。但实际观察发现，随着企业数量的增加和规模的扩大，市场不是萎缩而是扩张了。这一现代经济的佯谬现象告诉经济学家企业和市场二者的替代关系是机会成本均等意义上的替代，是企业生成的解释，而并非企业发展的圭臬。

但是，机会成本均等原理提供了企业战略抉择时实施产能化拓展和资本化拓展战略取舍时的权衡重要性。如果产能化拓展达到一定规模，投资于生产性能力扩张的投资报酬率将会下降（当然不会出现科斯意义上的外部性）。这时候，如果适时启动资本化拓展战略，适度将资本投资于与企业成长相关的要素、资源和资本一、二级市场，获取资源整合的收益，投资报酬率将会递增。显然，长远来看，启动产能化拓展和资本化拓展两个轮子均衡发展战略是企业发展在顶层战略上的不二法门。

2. 谨记实施产融结合发展战略的误区

从上述机会成本战略抉择的原理来看，不见得一定能够实现产融结合的增效结果。下述几个常见的误区需要谨记。

第一，产融结合不单是建筑企业入股金融机构的投资多元化那么简单。在1998至2008年期间，我国不少超大企业集团，包括建筑集团，在企业多元化发展战略中都不同程度地入股了非银行类的金融机构，比如投资公司、证券公司甚至保险公司等。但效果都不如入股上下游实体企业的效果好。

第二，大型企业集团都在原来自己的集团架构中引进了金融人才，形成旗下多种投资、基金和非银机构，但一线企业资金短缺问题未见根本扭转。

第三，产融结合与地方政府的合作也遇到了一些执行瓶颈。通常表现为项目初期合作畅顺，中期出现问题，后期又走回了原来经营模式的老路。

3. 有效实施产融结合的路径选择

（1）切入点路径选择

建筑企业的成长路径表明，其轻要素实物资产、重项目施工流程及关联资产的特征，要求建筑企业走产融结合的道路切入点必须是项目关联资本资源在先，金融资源在后。选择产融结合，不是离开建设流程和纯金融过程的结合，而是依托项目资源整合，形成有价值资产。

（2）合作对象路径选择

产融结合的合作对象应该是一级资本市场上的非银行系和非银行类金融中介，而不是银行、证券和期货类二级市场中介。过去几年的业界案例发现，银行系金融机构和证券系金融机构对建筑类企业的一级资本市场业务缺乏深刻认知，仅仅局限于证券发行和债券发行的一级市场临界和二级市场的对接业务。这对建筑企业产融结合的战略帮助是非常有限的。

目前看来，地方政府因重大工程投融项目而生成的投融资平台，在平台政治经济学资源方面有比较优势，银行间市场表外业务形成的资产管理公司，在对接基础建设业务方面有经验的基础牌照机构，如果和建筑企业形成 PPP 项目实体，经过适当的创新培训，应该是一个不错的选择。

（3）产融结合的路径选择

基于上述切入点和合作对象路径选择，建筑企业产融结合的路径则已非常清晰：基于历史积淀和项目滚动形成资产划拨性整合——与地方金融机构重大项目形成 PPP 平台——平台政治经济学资源与效益经济学资源在整合后，结合特许经营形成初次定价评估——委托非银资深机构询价形成主承销和二次承销组合——对赌形成高流动性资产用于投资和经营性支出——回购过于低价换回高流动性资产的股权——形成自己旗下非银行系、非银行类金融机构群，实现“惊险一跳”，与广域范围市场有效对接并可持续。

三、产融结合典型案例——以西安中交科技城项目为例

1. 中交科技城项目概况

中交科技城以“城市综合体开发运营”为表现形式，以土地为载体、产业为根基、科技为动力、投资为手段，以“交通高新技术产业聚集”为核心内容、以“交通科技产权交易所”和“国家及交通行业重点实验室”为把手，通过打造“高技术产业园综合体”这一全球竞争新型方式，建设研发、转化、生产、销售、服务“五位一体”平台，集聚交通领域企业、技术、人才、资本等各类创新资源，依靠技术、产品、管理及商业模式创新，培育并形成以中交为“智慧核心”的“交通领域高技术产业集群”，充分发挥产业集聚效应，建设具有强大国际竞争力的交通科技产业规模化集群，形成交通建设行业相关产品的全国最大供销基地。主推中交主导产业进入全球“价值链”，并在其中不断升级，从而促进中国交建经营模式转变、产业链条延伸、资产结构改善、盈利水平提升，以抵御行业衰退风险、推动产业转型升级、带动业务整体发展，实现利润长效高速增长。

2. 中交科技城产融结合发展平台建设

中交科技城产融结合发展旨在通过搭建贯穿产业运营全过程的金融平台为基础，以技术平台、市场平台、商务平台为抓手，发挥平台综合优势，探索技术输出、产品融资采供、全产业链运营等产业引领模式，达到扶持入园企业快速发展，促进产业协调及可持续发展的目的。

（1）金融平台

①投资基金管理中心。中交科技城公司邀请中交基金及其他外部资金入园合作，并设立项目开发建设、产业扶持发展基金，基金为开放式平台，着力于吸引大量外部资金引入，基金主要用于园区的前期土地开发和通过以股权或债权等方式，向符合条件的企业提供基金融资服务，重点扶持有利于中国交建转型升级和发挥全产业链优势的企业和园区内的优质企业。

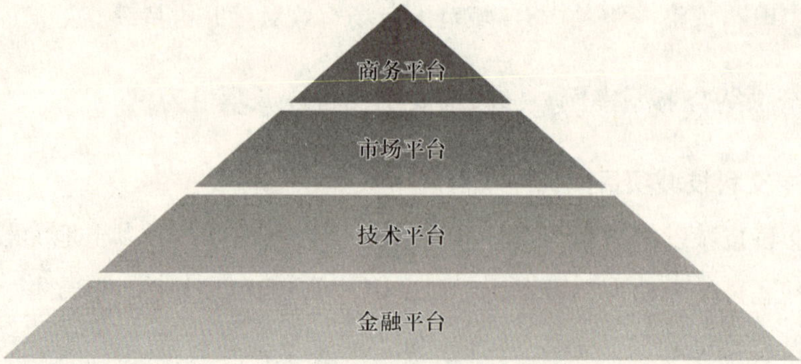

图4　中交科技城产融结合示意图

②企业融资服务中心。由中交科技公司组建融资团队，聘请证券公司、投行、研究机构等智库，进行金融市场行情及融资工具调研、分析，为中交科技公司及中交科技城入园企业提供融资业务、渠道及信息咨询、财务顾问服务，负责中交科技公司或协助入园企业完成融资方案的制定与实施。由中交科技公司引入银行、基金、信托、典当、担保等各类金融服务合作机构，形成战略性合作伙伴关系，以中交科技城为桥梁，组织资金链上下游企业开展投融资业务对接交流会，协助入园企业进行融资或投资。

（2）技术平台

①科技创新体系。中交科技城技术平台建设旨在践行园区发展特色产业和增强自主创新能力“双轮驱动”的发展模式，以发展交通高新科技产业为重点，以推进科技成果产业化为方向，以完善创新体系为中心，以优化创新环境为基础，切实提升自主创新和引进吸收再创新能力，全力推动产业集聚和可持续发展。技术平台重点打造科技研发中心、转化中心、创新服务中心、协同创新中心。

②产学研用平台。技术平台通过有效整合创新资源，将政府的资助、高等院校及科研院所的科研能力以及企业的生产制造研发能力联合在一起，完成共性技术和关键技术项目研发，提供公共技术服务，打造中国交建智慧核心，促进园区产业发展和企业自主创新能力提升。

③中国交建产品质量及服务控制管理体系。由中交科技城牵头，联合中

交物资公司、检测检验机构、产品认证机构，共同组建“中国交建产品质量及服务控制管理体系”，体系旨在通过构建“标准规范体系、出厂检验体系、产品认证体系和质量监管体系”四位一体监督体系，保障中国交建物资采购及使用过程中的产品质量，初步确立小范围试点、大范围试用、全面推广应用的推进模式。

（3）市场平台

①产业联盟合作平台。建设“交通科技产业联盟”，吸引国内外权威知名科研院所、企业单位、服务机构加入，搭筑“研发—转化—生产—销售—服务”的立体高端合作平台，为合作单位提供各项合作的优先权和优惠权。同时设立入园企业俱乐部，企业家交流协会等，助力企业参与头脑风暴和行业交流。

②客户对接交流平台。定期或不定期组织开展正式的“产品应用对接交流会”，并组织设计单位、建设单位、项目业主等参加，提供供应商和应用客户的高端对接与合作交流机会，同时设立专人代表中交科技城协助入园企业开展客户拜访活动。针对重点工程项目和大客户群组织入园企业开展定向沟通和服务对接，促进入园企业的产品销售。

③信息共享网络平台。建设运营“中交科技网暨信息网络共享中心”，建立企业（以产业联盟企业为范围，以入园企业为核心）、产品、工程项目、产品需求、建设单位、招投标项目等围绕产品销售的信息库，并设立入园企业和相关单位的网络共享入口和权限，实现信息共享和快速流转。

④物资采供交易平台。中交设备物资采购系统（西北分中心）——在中交集团内部，建立产品质量和供应价格考察体系，推荐质优价廉供应企业（以产业联盟企业为范围，以入园企业为核心）进入中交物资采购供应商名录，参与中交物资采购投标，向入园企业开放同等条件下的优先供货权。同时，针对入园企业所需原材料，建立材料考察供应系统，为入园企业提供原材料采供服务。电子商务系统——结合当前互联网发展趋势，研究建设交通产品网络交易系统，打造交通产品的“京东商城”，实现工程建设领域高科技

产品的线上交易。

（4）商务平台

①产品展示宣传平台。建设园区、入园企业乃至整个交通行业先进技术及发展愿景的展览展示厅；设立中交科技城统一宣传VI体系及宣传物料供园区企业选用；组团参加各类相关行业峰会进行园区及企业的技术和产品宣传；引进国内一流的宣传策划和品牌推广专业服务团队（合作商），为园区及企业提供定向化、专业化的品牌营销服务。

②品牌塑造提升平台。建立园区内年度优秀和品牌企业评选系统，并联合相关权威机构（行业协会、中交集团、高新区政府等）授予相关荣誉称号，并进行广泛的品牌宣传和信息发布，协助入园企业塑造其企业和产品的品牌知名度。

3. 中交科技城产融结合发展模式解析

中国交建作为业内少数在系统上实现产业链全覆盖的企业，着眼于产业链的全链条，融贯核心企业与上下游企业科技创新、采购和销售流程，沿着产业链链条深度挖掘，并结合建筑工程行业的行业生态及供应链特点，为核心技术和重点行业客户提供交通领域全产业链融资综合解决方案。

（1）高新科技企业孵化培育

中交科技城产业扶持发展基金（科技创新子基金）择优引进社会优秀科技成果，以科研经费资助技术平台与入园企业、高等院校、科研院所联合展开产学研研究，取得的科技成果优先输出到入园企业进行转化，具体输出模式根据成果类别与入园企业进行协商，可采用技术转让、技术授权、技术入股等多种方式。对于园区的核心产业及技术成果，由中交科技主导，联合相关单位进行产业投资合作，实现科技成果的技术转化和产业发展。

中交科技城依托中国交建持有的知识产权资源，出资参股入园企业成立相关高新科技企业，可实现运营阶段股权分红及扶持企业上市IPO投资回报。参考国家统计局交通运输行业规模以上企业统计数据，行业平均利润率为10%，参考中交科技城五大产业的现有产值规模均值，预估产值354.51亿元，按50%的企业参与股权合作计算，预估中国交建相关机构每年可获得收益分红4.43亿元。

（2）产品融资采供

“产品—融资—采购与供应”模式（简称“FPS模式”），具体指通过中交科技城引进金融机构（资金提供方），采用订单交易或产权交易形式买入产品，并以赊销方式供货给工程单位，同时辅以相关担保化解各方资金风险，最终实现产品采供的商业模式。该模式是中交科技公司为了扶持中交科技城入园企业发展壮大，立足当前交通行业及其相关产业链发展现状，发挥平台对接与资源整合优势，综合解决交通工程建设领域有关的产品、资金与市场各方面发展核心问题的系统性商务与金融合作方案，旨在解决“生产制造企业的产品销售、工程施工单位的资金缺口、金融机构资金投资的收益保障”三大难题。

（3）全产业链运营

重点选准几个市场前景好、附加值高、技术具有核心竞争优势的产业领域，由中交科技联合相关科研机构、设计单位、建设单位、生产企业及资金方共同开展全产业链运营，打造园区的核心产业和品牌技术。

4. 中交科技城项目意义

（1）促进园区产业发展

通过三至五年的运营发展，入园企业可实现从产品市场向资本市场的跨越。以上市目标为例，由中交科技公司联合金融服务机构、上市辅导机构、西高新管委会等主体，对符合条件的入园企业提供上市服务，最终实现中交科技城30%的入园企业成功上市。

（2）推动中交科技城全面发展

中交科技城项目（一期）通过建设运营，到项目成熟期形成产业功能完整、布局合理、科技创新优势突出、商业服务配套完善的产业新城。

在此基础上，由中交科技公司作为控股股东联合其他战略投资者，于项目成熟期（进入稳定的盈利阶段时）发起设立西安中交科技城股份有限公司

（暂定名），以中交科技城项目（一期）为基础资产打包注入，以IPO、借壳上市、私募股权等方式实现在境内外资本市场的成功发行，完成西安中交科技城项目从产品市场向资本市场的跨越式提升。

在中交科技城项目（一期）发展提升的基础上，顺势推进项目二期、三期建设运营；与此同时，中交科技公司以连锁复制方式，稳步推进中交科技城项目全国化、国际化的区位布局，将中交科技公司打造成为中交集团化控股公司，最终实现中交科技公司在境内外资本市场的成功上市。

附：中交科技城项目实施规划

根据中交科技城项目实施方案，项目占地1025亩，开发总建筑面积127.9万平方米（地上115.8万平方米，地下12.1万平方米），其中销售面积110.7万平方米，持有物业17.2万平方米，项目开发周期8年。

1. 起步阶段：核心区基础设施平台软硬件建设

（1）为入园企业提供服务

入园企业服务协调办公室：设立入园企业服务办公室为企业提供入园后全方位服务，包括协调对接政府、集团的相关平台资源以及园区内其他入驻的产业服务机构等，协助解决入园企业在建设、运营、发展过程中遇到的各种困难。

中交科技城物业管理公司：成立中交科技城物业管理公司，引入国际高端物业服务、咨询机构，为园区企业提供高端化、智能化、人性化的物业服务，将园区打造成国内一流的绿色、智能园区。

打造“园区—企业”两级专项公共创新平台，建立风险共担、利益共享机制：以重点企业为中心建立一批重点实验室、工程中心、技术中心和行业共性技术平台等创新资源。建设科技科技成果中试服务平台，承担重点企业、高等院校及国内外科技成果的中试任务，构建高效的科技成果转化机制。建立以政府资金为引导、企业自筹为主体、银行资金作支持、社会投资和境外投资共同参与的多层次、多渠道、全方位投融资的体系。充分利用基金、贴息、担保等方式，引导金融机构支持科技产业自主创新和成果转化。

（2）建立公共技术服务体系

技术平台建立健全符合园区产业发展需求的科技服务体系，整合区域创新资源，为创新主体提供检验检测、高新产品出口认证、工程化人才培养等创新服务；实现科技基础资源共享，为社会创新活动提供基础支撑；结合市场与企业需求，建立高端技术交流机制，促进行业技术、企业及产业健康可持续发展；提高社会信息化水平和科技公共服务水平。

科技服务体系是由科技中介服务机构以及社会化的科技中介服务组成的体统的有机整体，其主要通过整合科技服务资源，为政府、高校、研发机构以及企业提供科技投融资、管理咨询、信息交流等科技中介服务，从而提高知识和技术转移的速度，加速技术成果的产业化和社会化。因此，科技服务体系的实质在于以科技中介服务机构为核心，以科技中介服务为纽带，畅通科技创新主体之间的联系，促进科技服务资源的优化配置。科技中介服务机构是为社会及企业提供科技咨询、技术转化转移、信用担保等专业化、社会化服务的机构。

2. 成长阶段：各类专业服务机构聚集

（1）专业金融长链服务

吸引交通科技产权交易通用市场服务中介入驻，吸引专业服务商入驻，评估、授信、增级、合约复合于分离、结算支付、买方回购、第三方担保、托管置换、融资租赁、信托基金、进入退出、法律会计关联、信息咨询及关联等实体和中介。

（2）知识产权服务

引入专业知识产权服务机构，为园区企业提供专利、商标、版权、著作权、软件、集成电路布图设计等的代理、转让、登记、鉴定、评估、认证、咨询、检索等活动。

（3）人力资源招聘

与西安高新区人才市场合作，设立中交科技城分支机构，协助入园企业招聘管理人才、专业技术人才，引进高精尖人才；设立中交科技城“百人”人才引进计划，筹措专项资金，为企业引进国内外高级人才提供保障。

(4) 税务服务

中交科技与高新区管委会建立税务对接机制，为企业争取减免税和税收返还政策等服务；与中介机构合作，为企业提供企业税务、并购税务、海关和国际贸易税务、个人所得税、海外雇员个人所得税等税务咨询服务。

(5) 物流平台

引进国内外知名物流企业，搭建服务园区产业为主，服务区域产业为辅的物流平台，为园区企业提供原材料采购、产品销售全程物流服务。

3. 成熟阶段：交通科技长链企业聚集

随着中交科技城的入驻机构累积，交通科技产权交易所市场和交通重点实验室不断发展，覆盖交通行业最为先进的科技产业群，与西安高新区科技产权交易所中参与交易的成果数量不断增加，吸引交通行业的科技企业集中交易形成集聚。交通科技产权交易所，综合基础实验室，中交拍卖所，重点实验室等的建设，不断通过确权、授权过程进行资本化，并重点发挥“交易、共享、服务、交流”四位一体功能。

(1)“交易”功能

通过线上线下、网内网外的有机融合，汇集技术、成果、资金等科技资源供需信息，依托政策引导和市场交易，促进技术转移和成果转化。

(2)“共享”功能

通过技术平台、仪器设备、科技文献、专家人才等资源的共享，实现科技资源的开放整合与高效利用。

(3)“服务”功能

通过人才创业、政策落实、知识产权、科技中介、联合创新等专业化和集成化服务，构建流动、高效、协作的创新体系，推动科技创新创业，实现科技资源与产业的有效对接。

（4）“交流”功能

通过举办科技大集市和各种专业论坛，开展科技宣传、咨询、培训等活动，促进科技资源的交流与合作，推动科技成果的商品化、产业化与国际化。

第5节　“互联网+”

一、“互联网+”的背景

2008年IBM提出“智慧地球”概念以来，物联网、云计算、移动互联及大数据等新一代信息技术先后快速进入信息化建设领域，使得信息化建设架构、建设方式以及基础设施建设等都发生了重大变化。新一代信息技术极大地拓展了信息化作用范围与形式，近年来电子商务已经成为我国经济社会发展的主要推动力量。但随着产业结构调整、前期刺激政策消化以及经济增长速度放缓等宏观政策落地，加上发达国家再工业化及第三次工业革命，对我国产业发展和出口构成了严峻挑战。为此，我国积极展开新形态下的产业发展政策研究。2015年3月，李克强总理在政府工作报告中首次提出“互联网+”行动计划，标志着“互联网+”已被列入国家战略范畴，“互联网+”已经成为我国产业结构调整和经济社会发展的新引擎。“互联网+”的提出有着深刻的社会背景，是国际宏观工业革命和国内产业经济发展的必然产物。

1. 国际环境

（1）德国的“工业4.0”[①] 战略

“工业4.0”项目是2010年7月德国政府《高技术战略2020》确定的十大未来项目之一，旨在支持工业领域新一代革命性技术的研发与创新，2013年4月在德国汉诺威工业博览会上被正式推出，同年9月“工业4.0”工作小组的最终工作报告出炉，才正式将物联网在制造业中的应用定义为第四次工

① 本文内容及图片主要来源：北京兰光创新科技有限公司。

业革命。

前三次工业革命源于机械化、电力和信息技术，而现在将物联网和服务应用到制造业正在引发第四次工业革命（“工业 4.0”）。将来，企业将建立全球网络，分布在全球的机器、存储系统及其他生产设施将融入到 CPS 中。在制造系统中，这些智能机器、存储系统、生产设施能够相互独立的自动交换信息、触发动作和控制。这有利于从根本上改善包括制造、工程、材料使用、供应链和生命周期管理的工业过程。“工业 4.0”拥有巨大的潜力，但其实质可以简单归纳为“123 + 2”，即 1 个核心（CPS 赛博物理系统），2 个主题（智能工厂与智能生产），3 项集成（纵向集成、端对端集成、横向集成），再外加“双领先的策略”，目的是确保德国制造业的未来，具体如图 5 所示。

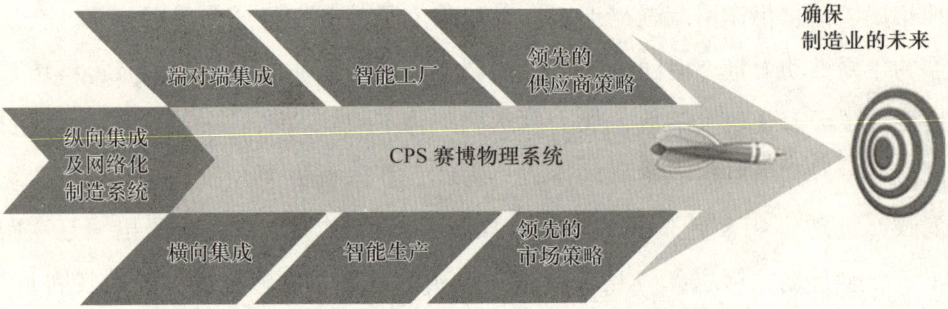

图 5　德国工业 4.0 的“利箭”战略布局图

（2）美国的“工业互联网”

为了在新一轮工业革命中争夺话语权，面对德国政府的“工业 4.0”这一国家战略，美国政府则迅速推出了“工业互联网”概念，二者基本理念相近，都是将虚拟网络与实体连接，是对工业未来发展方向和发展模式的探索。但是与“工业 4.0”不同的是，“工业互联网”更多的是关注软件、网络和大数据，其目的是为了形成开放且全球化的工业网络，实现通信、控制和计算的集合，而并非只是为了实现高度灵活的个性化和数字化生产或服务。因此，二者在发展方式、应用范围等方面的侧重点都有所不同。例如，从发展方式来看，“工业 4.0”侧重于生产制造的“硬”环节，即偏向于产业链环节的中端，而“工业互联网”则是偏重分析服务的“软”环节；从应用范围来看，“工业4.0”强调生产过程的智能化，而“工业互联网”则是强调生产设备的智能化。美国政府之所以将优先发展制造业与工业互联网上升为国家战略，是希望以新的革命性生产方式重塑制造业，从而推动美国经济再次走上可持续增长之路。

（3）英国的“工业2050战略”

英国是第一次工业革命的起源国家，但是随着信息化与互联网的发展，英国开始推行去工业化战略，集中精力发展金融、数字创意等高端服务产业。2008年金融危机后，英国政府意识到其不像德国、美国等工业发达国家能够从危机中快速走出的原因是仅以金融为核心的服务业无法持续保持国际竞争力，因此，英国政府开始摸索重振制造业，于2013年推出了面向2050年的未来制造业战略研究，并于同年10月发布了《未来制造业：一个新时代给英国带来的机遇与挑战》。报告认为制造业并不是传统意义上“制造之后进行销售”，而是“服务+再制造（以生产为中心的价值链）”，并在通信、传感器、发光材料、生物技术、绿色技术、大数据、物联网、机器人、增材制造、移动网络等多个技术领域开展布局，从而形成智能制造的格局。

（4）日本的“机器人战略”

德国“工业4.0”、美国的“工业互联网”等相继涌现，加速了以新一代信息技术为主线的制造创新趋势。为了适应产业变革的需求和保持其“机器人大国”的地位，日本政府也积极跟进，决定设置“物联网升级制造模式工作组”，并于2015年1月发布了《机器人新战略》，明确规划出在制造、服务、医疗护理、基础设施、自然灾害应对、工程建设、农业等领域广泛使用机器人，并随着物联网的发展和数据的高级应用，未来机器人也将通过互联网交换和存储数据。

2. 内部环境

（1）“中国制造2025”

2015年5月19日，国务院正式发布《中国制造2025》，部署全面推进实施制造强国战略，聚焦制造业绿色升级、智能制造、高端装备创新三大方向，并提出到2025年迈入制造强国行列，2035年制造业整体达到世界制造强国阵营中等水平，新中国成立100年时制造业大国地位更加巩固，综合实力进入世界制造强国前列。

《中国制造2025》是在新一轮科技革命和产业变革与我国加快转变经济发展方式形成历史性交汇、国际产业分工格局正在重塑的关键时期提出的，《中国制造2025》是中国工业未来10年的发展纲领、顶层设计，更是我国实施制造强国战略第一个十年的行动纲领，同时也标志着“中国版4.0”规划的正式落地。

《中国制造2025》将智能制造作为主攻方向，推进制造过程智能化。在重点领域试点建设智能工厂/数字化车间，加快人机智能交互、工业机器人、智能物流管理、增材制造等技术和装备在生产过程中的应用，促进制造工艺的仿真优化、数字化控制、状态信息实时监测和自适应控制。加快产品全生命周期管理、客户关系管理、供应链管理系统的推广应用，促进集团管控、设计与制造、产供销一体、业务和财务衔接等关键环节集成，实现智能管控。

（2）“互联网+”战略

2015年3月，李克强总理在政府工作报告中首次提出“互联网+”行动计划，以此推动移动互联网、云计算、大数据、物联网等与现代制造业结合，促进电子商务、工业互联网和互联网金融健康发展，引导互联网企业拓展国际市场。2015年12月16日，习近平主席在乌镇举行的“世界互联网大会”上明确提出，中国将积极推进“互联网+”行动计划，并大力支持各类基于互联网的创新。这意味着“互联网+”已上升为国家战略。

2015年12月，中国工业和信息化部正式发布“落实《国务院关于积极推进“互联网+”行动的指导意见》的行动计划（2015～2018年）”，提出到2018年，互联网与制造业融合进一步深化，制造业数字化、网络化、智能化水平显著提高。其主要思路是以加快新一代信息通信技术与工业深度融合为主线，以实施“互联网＋”制造业和“互联网＋”小微企业为重点，以高速宽带网络基础设施和信息技术产业为支撑，不断打造产业竞争新优势。

行动计划的主要内容包括：两化融合管理体系和标准建设推广行动、智能制造培育推广行动、新型生产模式培育行动、系统解决方案能力提升行动、小微企业创业创新培育行动、网络基础设施升级行动、信息技术产业支撑能力提升行动。

“互联网＋”行动计划的实施，从战略高度为传统的制造业和新兴产业融合发展带来了全新的定位，为促进互联网与制造业融合的深化，加速制造业服务化提供有力的契机。依托“互联网＋”构建的制造业服务化转型升级将成为新常态下我国经济增长的新动力。

（3）供给侧结构性改革

2015 年 11 月以来，“供给侧改革”成为高层讲话中的高频词。国家主席习近平在中央财经领导小组第 11 次会议和亚太经合组织 APEC 工商领导人峰会上两次强调，要“加强供给侧结构性改革”。国务院总理李克强在“十三五”规划纲要编制工作会议上称，“要在供给侧和需求侧两端发力促进产业迈向中高端”。而中财办主任刘鹤、副主任杨伟民，以及国家部委领导人也均在不同场合强调“加强供给侧结构性改革”。

在刚刚举行的第十五届中国经济论坛上，国务院研究室工业与交通司副司长张泰也认为：离开了供给侧改革，我们中国制造 2025 的目标是难以实现的，我们由制造大国向制造强国的目标也是难以实现的。

所谓供给侧改革，就是从供给、生产端入手，通过解放生产力，提升竞争力促进经济发展。具体而言，就是要求清理僵尸企业，淘汰落后产能，将发展方向锁定新兴领域、创新领域，创造新的经济增长点。因此，供给侧改革必将加速我国经济结构转型，同时也意味着我国制造业在过去 30 余年靠低成本的劳动力、土地、环境参与国际竞争的黄金时代已经结束了，这也要求中国制造业必须从过去简单的模仿、抄袭、仿制发展模式向科技创新、商业模式创新、市场创新、管理创新、文化创新等方向转变。

（4）大数据[①]

2013年9月，工信部正式发布《信息化和工业化深度融合专项行动计划（2013～2018年）》，在其中的互联网与工业融合创新行动中明确提出要促进工业大数据集成应用。同期，工信部在解读《促进大数据发展行动纲要》时也重点提到，将利用大数据推动信息化和工业化深度融合，研究推动大数据在研发设计、生产制造、经营管理、市场营销、售后服务等产业链各环节的应用，积极推动制造业网络化和智能化。

近年来，随着互联网、物联网、云计算等技术的迅猛发展，信息技术和制造业系统正在深入融合，制造业企业生产的数据涉及到大量结构化数据和非结构化数据。如在产品方面就包含设计、建模、工艺、结构、材料、加工、测试等数据；在运营方面有组织结构、业务管理、生产设备、市场营销、质量控制、采购、库存、生产计划、电子商务以及客户、供应商、合作伙伴等数据；同时企业还需要收集经济运行数据、行业数据、市场数据、竞争对手等方面的数据作为决策参考。大数据技术的发展，为分析挖掘种类多、体量大的传统制造业领域数据提供可能，给传统制造业带来深刻变革，创新企业的研发、生产、运营、营销和管理方式，为我国传统制造业转型升级提供了千载难逢的机遇。

二、"互联网+"背景下大型跨国公司转型升级案例

1. 博世的"慧连制造"解决方案[②]

博世（Robert Bosch GmH）成立于1886年，是全球最大的汽车零件供应商之一，总部设在德国Gerlingen。博世旗下的工业技术集团Bosch Rexroth提供的压力、动力、控制系统，被广泛应用于从运输业到采矿业等重型工业企业。博世是德国政府的"工业4.0"工作小组的主要成员，联席主席之一。

① 内容来源：新华网，《王海峰：运用大数据促进传统制造业转型升级》。

② 本文内容及图片主要来源：腾讯研究院研究报告《互联网+：制造业篇》。

博世近来推出的“博世物联网套装”（Bosch IOT Suite），堪称博世物联网应用战略的基石。图6是“博世物联网套装”具体示意图。

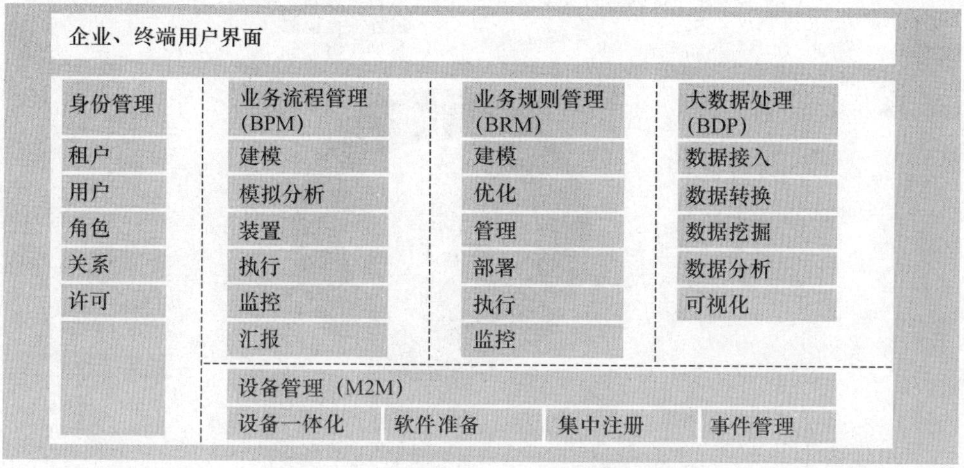

图6　博世物联网套装示意图

具体到制造业，博世的主打概念为“慧连制造”解决方案，方案核心为制造-物流软件平台，以之作为本地（on-prem）和云端的软件基础，对整个生产流程进行云化和再造。方案包括三个部分，一是制程质量管理（Process Quality Manager），二是远端服务管理（Remote Service Manager），三是预测维护（Predictive maintenance）。

①制程质量管理：对生产全过程中所有的车间、流水线、作业区、机器设备实时监控；操作界面把各环节的表现指标和容忍度可视化，并对可能出现的波动提前预警。工作人员可以直观地感受到整个流程是否顺畅，及早对表现不正常生产环节进行纠正。

②远端服务管理：这一系统允许机器的制造者在远端控制产品，帮助客户解决在机器装配、使用中遇到的问题。例如博世的工作人员可以在办公室里，对在世界其他角落的设备进行功能测试、参数设置、数据接入、错误排查、故障解除等工作。大幅缩减设备交割、安装、售后维修的工作量。

③预测维护：基于博世物联网套装，厂家可以通过装在产品上的传感器实时掌握其工作状态，并对可能出现的检修维护做准确预测，减少用户停产

检修的次数。

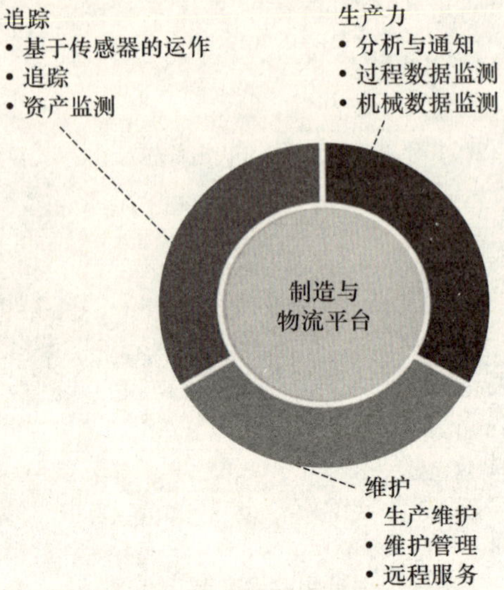

图 7 "慧连制造"解决方案

可以看到，制程质量管理已经具备了工厂内信息实时互联等智慧工厂的基本要素；远端服务管理、预测维修，都是基于物联网产生的价值链延伸。从这个意义上说，博世的慧连制造，已经具备"工业 4.0"的一些关键基础，未来发展值得关注。

2. 西门子"数字工厂"解决方案①

西门子（Siemens AG）成立于1847 年，是欧洲最大的工业集团之一，总部设在德国柏林和慕尼黑。公司以电报业务起家，架设了欧洲第一条长途电话线，历史上曾生产过收音机、电视、洗衣机等家电；也生产过半导体、手机、电子显微镜、医疗器械；建过水坝、铁路、风电场；接过国防产品的大单。一部公司的历史，几乎可以看成是迷你版的工业革命史。目前，西门子是德国工业自动化的排头兵，"工业 4.0"的重要参与者和推手。西门子对于未来的制造业有自己的一套蓝图和实现路径设想、方法论，认为软件、数据、

① 本文内容及图片主要来源：腾讯研究院研究报告《互联网 +：制造业篇》。

连接造就所谓“数字工厂”（digital factory），是未来互联网与传统制造业结合的落地场景。

为实现这一目标，西门子2006年以32亿美元收购PLM软件商UGS。UGS的软件弹药库中包括在线设计软件平台NX，其中内置CAD、CAM等一系列设计软件。还包括数字化生产流程规划软件Tecnomatix，以及市面上领先的CPDM解决方案Teamcenter。以Teamcenter为基础，西门子将UGS的弹药库嫁接在自家的工业自动化生产系统Simatic之上，形成较为完善的制造业解决方案。整合之后，西门子数字工厂蓝图初具规模。其核心是基于数据分享的合作平台Teamcenter。平台之上，生产者与用户、供应商共同组成“数字工厂”，通过PLM、MES、TIA三位一体的软件系统平台，实时沟通，达成产品从研发设计到售后服务的全周期管理。

“数字工厂”的工作流程可以大致描述如下，通过PLM前端NX软件，和用户一起设计产品，同时从TIA中调取制造流水线的组成模块信息，模拟生产流程。制造过程模拟信息实时反馈至设计环节，互相调整、配适。在模拟无误之后，产品设计、制造流程方案传递至加工基地，由MES实现由生产设施构建、生产线的改装、产品生产、下线、配送到用户手中的全过程。

“数字工厂”可以看成是部分实现的“工业4.0”第二构想全价值链工程端到端数字整合：从产品设计这一“端”到产品出厂的这一“端”，都事先在数字模拟平台上完成详尽的规划。与现实中在工厂走流程的产品相对应的，是数字模拟平台在云中分享的一个一模一样的虚拟产品。工厂内的具体执行系统，可以根据数字模拟平台的要求进行一定程度的重构。

3. GE的炫工厂①

GE的炫工厂，是工业互联网和先进制造相结合的产物。它用数据链打通设计、工艺、制造、供应链、分销渠道、售后服务，并形成一个内聚、连贯的智能系统。

---

① 本文内容及图片主要来源：腾讯研究院研究报告《互联网+：制造业篇》。

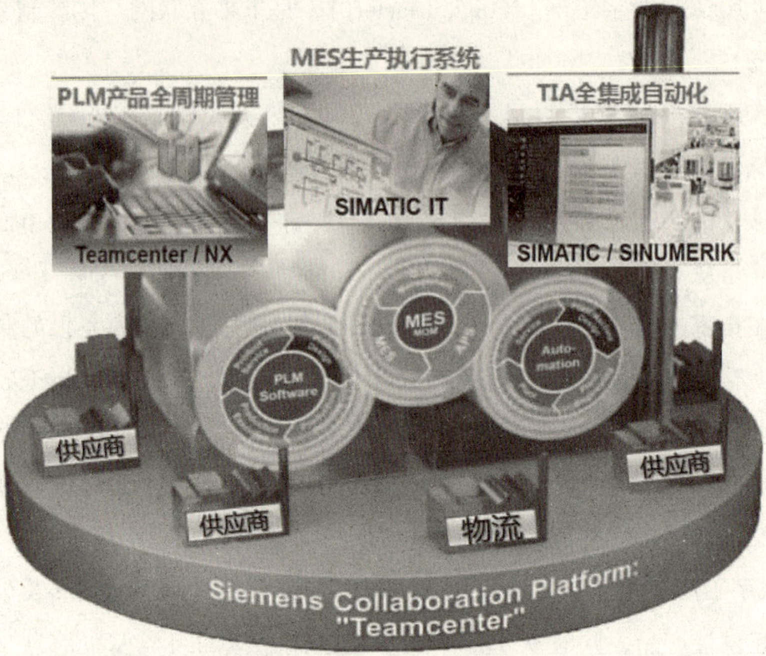

图8 "数字工厂"工作流程

在2014年年报中，GE把工业互联网描述为"大铁块+大数据=大成果"(big iron + big data = big outcomes)。其中大铁块意指涡轮机、发动机、风机、火车机车等工业用机器设备，大数据即云基分析（cloud - based analytics）。从总体看，GE的工业互联网与"工业4.0"中的CPS十分类似，都强调数字世界和现实世界边界变得模糊，装载了各种传感器的铁块之间、铁块与人之间，通过互联网实时交换信息。铁块们因而变得可预测、会反应、社会化。

先进制造，包括3D打印、创新材料科技等模块。工业用3D打印，或称增材制造（additive manufacturing），在很大程度上实现了工业设计的所见即所得。3D打印的应用场景在很大程度上受材料科技的限制。配合创新材料科技的发展，先进制造技术让很多从未有过的零件设计很快变成原型机。

2015年2月14日，GE在印度Pune建设的炫工厂揭幕。区别于传统的大型工业制造厂，这间工厂具备超强的灵活性，可以根据GE在全球不同地区的需要，在同一厂房内加工生产飞机发动机、风机、水处理设备、内燃机车组

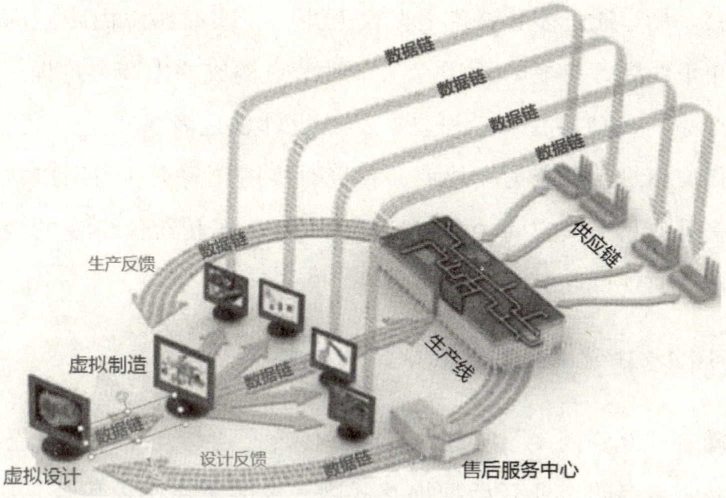

图9　GE 的炫工厂示意图

件等看似完全不相干的产品。理论上说，这一灵活性将极大提升 GE Pune 的生产效率：通过分析云端从全球实时反馈回来的数据，炫工厂会自行在各个生产线会分配人力、设备资源，减少设备闲置时间、提升对市场需求反馈的反应速度。

虽然 GE 常常被视为美国工业的代表，独立于德国的“工业 4.0”体系之外，但不难看到两者之间的共通之处。贯穿炫工厂的数据链与西门子的 PLM 平台类似；产品传回数据用来做售后的增值服务，与博世慧连制造中的“预测维修”相同。而 GE 的雄心不止于此。美国作为互联网诞生地，对于物联网本身显然有更多的想法。GE Software 推出与工业互联网配套的 Predix 软件平台，为各种大铁块提供统一的软件标准，希望做成基础性操作系统、工业互联网的安卓。

4. 海尔智能制造

2012 年，海尔开始谋划建设数字化互联网工厂，探索智能制造的模式创新。目前，海尔已建成两大支撑平台——众创汇用户交互定制平台和海达源模块商资源平台，四大互联工厂——沈阳冰箱、郑州空调、佛山洗衣机和青岛热水器，开启定制化大规模生产模式，很好地契合了“工业 4.0”的智能制造之路。用户通过多种终端登陆交互平台，实时跟踪由定制内容、定制下单、订单下线到订单配送等10个关节性节点构成的生产全过程。从此，用户不再是产品的被动接受者，而是产品的设计创造者。在生产制造的另一端，零部件供应商纷纷升级为模块商，直接对接用户需求，与用户共同参与产品设计，提升产品增值空间。海尔互联工厂颠覆了传统家电业的制造模式，在全球范围内实现行业引领。

三、中国交建实施“互联网+”的思考

伴随着“互联网+”时代的来临，传统产业与互联网结合已经成为大势所趋，越来越多的企业开始拥抱互联网。中国交建作为传统基础设施投资、建设企业，与世界一流企业相比，在基础管理、集团管控、运营质量、跨国经营和管理信息化等软实力方面还有一定差距。例如，基础管理工作滞后于战略业务发展，标准化和流程化的管理体系还不够健全和完善，仍然存在着核心资源整合统筹不足、价值链协同不畅、管理决策缺乏量化支持、项目精细化管理水平不高、风险防控体系滞后、全局管控能力欠缺、对一线和基层的服务能力不足、对主营业务专业支持滞后等问题。中国交建要破解以上发展面临的瓶颈问题，依靠传统理念和手段已难以实现，必须要通过以“互联网+”为代表的管理创新来驱动和支撑公司实现管理水平和管理模式的根本性提升。

1. 实施“互联网+”的思考

(1) 以“互联网+”推进工程项目标准化管理

推动互联网与公司项目管理活动的深度融合，提升项目管理的数字化、网络化、智能化水平，促进项目设计、施工、运营产业链协作，发展基于互联网的项目全生命周期管理新模式。

以工程项目全生命周期的精益管理为发展方向，开展基于“互联网+”的项目管理系统在全公司的试点示范和全面推进，加快推动物联网、移动互联网、BIM、智能制造等技术在项目管理过程中的应用，推动公司项目管理的

流程优化、生产安全和项目基础数据共享。着力在公司级项目管理规范标准、项目管理基础信息平台、施工现场智能感知终端设备、BIM 项目信息模型等方面取得突破，加强项目全生命周期大数据的开发与利用，有效支撑围绕项目的设计环节、施工环节和运营环节的产业链协同，构建开放、共享、协作的创新项目管理模式。

“互联网+”的本质包括两个方面，一是连接，二是开放。习近平主席在 2015 年 12 月 16 日乌镇举行的世界互联网大会上的讲话中强调“互联互通”，网络的本质在于互联，信息的价值在于互通。针对任何行业，产业内部的企业“互联互通”至关重要。中国交建要提升工程项目管理的效率和质量，内部各部门必须互联互通。具体而言，要围绕项目的设计环节、施工环节和运营环节进行协调和沟通，甚至从对外项目的招投标环节就要进行协同共享。

（2）以“互联网+”构建公司统一的运营管理平台

充分发挥互联网的创新驱动作用，以促进管理模式创新为重点，推动人力资源、财务资金、资产装备、生产经营、综合管理等各项管理运营活动的提质增效，打造公司管理创新和管理提升的新驱动力。

引导各级管理者和业务部门充分利用互联网，把握管理需求和问题导向，提高信息化应用水平，加强人财物等核心资源的管理和共享，加强对市场经营、生产指挥、集中采购、供应链管理、金融服务等支持和服务，驱动公司产业链协同和核心资源管控的模式创新。着力在人力资源系统、财务资金系统、资产管理系统、市场经营系统、生产指挥系统、综合采购系统、综合管理系统等方面取得突破，为公司管理运营工作提供效率高、流程优，有保障的“互联网+”支撑服务。

对于中国交建的内部各层管理部门和业务部门，“互联网+”提出的要求是必须采取开放的态度。不能守住部门利益不放，采取各自为战，垄断思维的经营模式。各自为了自身利益，一方面千方百计设置壁垒，另一方面又希望他人跟自己共享。这绝对不是互联网思维模式。互联网思维讲究“先主动给予，后自然获益”。“连接”的价值是习近平主席提出的“发展分享经济，实现各类创新，提高发展质量和效益”的重要前提。具体对中国交建来讲，可以在各业务部门之间开展内部创业，大胆鼓励创新。在这个方面，Google是一个很好的学习榜样。

(3) 以“互联网+”推进公司财务业务一体化

利用“互联网+”信息技术，实现公司财务资金管理系统与项目管理系统、生产经营系统、综合采购系统等相关业务系统的深度融合，深入分析项目收益及成本支出，支撑公司开展生产经营状态与财务数据的对比分析，实现对资产管理、预算完成情况以及重大资产交易等的动态管理，为管理层提供有效的决策支持。

利用“互联网+”技术，以主数据为核心，搭建财务系统与业务系统间互联互通平台，全力整合公司财务核算、财务报表、资金管理、债权债务等各项财务资金系统，推进财务信息系统“云”平台建设，建立统一的财务大数据平台，与公司“互联网+”工程项目管理、“互联网+”企业运营管理的相关系统相衔接，逐步推进财务业务一体化。

基于中国交建多年累积的数据，完全可以建立多个数学模型。根据各项目前期收集的数据，以分析和预测未来各项目的盈利能力、盈利周期以及亏损的概率，以在财务上提前做好准备。

(4) 以“互联网+”提升公司风险管控能力

当前中国交建正处于“五商中交”战略部署的落地转型时期，海外工程、投资、城市综合体开发、轨道交通等高端业务正快速拓展，企业运行中一些深层次矛盾问题也不断显现，其中规模扩张与管理资源匹配之间的矛盾尤为突出，施工安全、质量管理工作面临新的形势，以“互联网+”技术为抓手，推动信息化与安全生产、质量监控工作的深度融合，是解决这一矛盾的有效手段。

物联网技术、移动应用的使用，可以提升危险源辨识和管控、事故调查处理、应急救援等的管控方法和手段，逐步驱动安全管理向现代化、智能化的革新。

云计算、大数据的应用，可以实现中国交建的扁平化管理。对下以知识推送方式提供标准化固化作业流程，有效减轻基层现场人员工作量，对上通过大数据引擎辅以风险防控模型，变抽样为全量分析，深入挖掘数据价值，梳理风险事前预警、事中控制和事后分析流程和体系，提升风险预警和突发事件应对管控水平。

（5）以大数据技术提升公司管理决策能力

充分发挥“互联网+”技术，尤其是大数据在资源统筹、智能分析等方面的高效便捷优势，为公司整体管控、资源整合、业务协同、决策支持、风险防控等核心能力提供量化的精确支持。

利用大数据、云计算等技术，构建公司商务智能分析大数据云平台（中交BI），打造人力资源云、财务资金云、生产经营云、设备资产云、综合管理云，为公司准确掌握全局生产经营情况和人财物等核心资源状态提供手段支持，为公司制订精确的市场经营策略，实现人财物核心资源的统筹指挥调度，分析项目采购及成本定额，实现投资、项目实施、财务资金、信息安全、资产流失等风险的有效预警和防控。

在这个方面，“互联网+”对于中国交建有很重要的意义和价值。亚马逊在大数据的挖掘和分析方面的经验可以借鉴，借助上述构建的各种云平台，通过数据的收集、整理、建模、分析和挖掘，以随时掌握中国交建的整体运营状态，为各部门以及集团层面的决策提供数据支撑。

（6）以“互联网+”推进中交产信融合，实现产业升级

加快推进以“互联网+”为代表的信息技术与公司“五商中交”的传统产业深度融合，以“产信融合”促进产业升级，使公司从传统的“钢筋+水泥”的承包商，转变为“互联网+”工程承包商、“互联网+”基础设施投资商、“互联网+”城市综合体运营商、“互联网+”特色房地产商和“互联网+”装备制造商，推进公司“互联网+”金融业务发展商。

把握“互联网+”时代公司主营业务从传统的建造为主向投资+建造+运营的产业升级需求，围绕“五商中交”主营业务与“互联网+”的结合

点，按照产业化的发展理念利用信息技术打造差异化优势业务，实现公司新的业务增量。

未来行业之间的界限会趋于模糊，中国交建的“五商中交”也可能会进行重组和整合，也可能会产生新的业务板块。例如，“互联网+”特色房地产商板块可能会迎来变革，房地产知名企业万科，为选定的主题产业聚集、融合、协同提供空间和服务的产业地产全新模式“万科云”、采用集群设计建造的设计公社以及“不动产+互联网”首次跨界合作的试验“路由器计划”等都是基于互联网的创新实践。

2. 强化中国交建自身能力建设

（1）夯实“互联网+”基础设施

①加强网络建设：在现有网络条件的基础上，加快打造覆盖全球的信息网络。一是加快海外网络主干线路建设，提高海外网络服务能力，二是逐步完善到各三级单位及重点项目部的专线网络。促进各级单位之间的互联互通，提高网络访问速率，把中国交建位于全球的各子公司以及各项目从各个层面“连接”起来，增强总部对各公司和各业务单元的掌控能力。

②强化应用基础：着力打造云计算数据中心，构建北京—厦门两地双中心的数据服务模式，完善和加快业务系统的开发和应用，为系统运行提供支撑保障和数据共享平台，为总部及二级单位提供方便，灵活和高效的云服务架构。

③保障安全基础：提升网络安全管理、态势感知和风险防范能力，加强信息网络基础设施安全防护和信息保护。实施信息安全专项，开展网络安全应用示范。按照信息安全等级保护等制度和网络安全国家标准的要求，加强业务生产系统重要信息系统的安全保障。建设完善网络安全监测评估、监督管理、标准认证和创新能力体系。构建与中国交建“互联网+”行动相适应的信息安全防控体系。

（2）加强标准体系建设

①管理规范化和标准化体系：“互联网+”中国交建行动计划的有效推

进，在信息化深入应用的同时，更有赖于公司的管理提升，尤其是推进公司的流程化组织进程。因此，要围绕管理与信息化的融合需求，系统梳理管理规范和流程，不断完善集团“互联网＋”融合标准体系，通过标准化来实现管理流程的优化再造和固化执行，从而提高管理的规范化和标准化水平。

②信息化技术标准体系：积极借鉴或开发信息化技术标准体系。围绕“互联网＋”中国交建行动计划对信息化的工作要求，着力在信息系统应用标准、数据资源及主数据标准、基础设施建设及服务标准、数据信息对接及共享标准等方面开展工作，提高信息化建设、应用、共享和服务的标准化水平，保障公司信息化的有序进展，支撑“互联网＋”在中国交建的积极推进。

（3）加快打造中国交建信息化产业平台

面向“互联网＋”中国交建行动计划的融合发展需求，统筹整合内部各级单位的信息化力量，形成自有的、规模化、专业化的信息化产业平台，同时加强信息化专业管理人员培养，打造复合型的，适应公司业务管理特点的专业管理队伍，面向“互联网＋”融合发展需求，支撑“互联网＋”中国交建行动计划。

（4）确保中国交建内部之间的资源开放与共享

这是“互联网＋”的基本要求，也是内部实现互联互通、提升沟通效率和质量、降低交易成本和沟通成本、减少集团内部无谓内耗、增加员工凝聚力和向心力、打造“开放心态”企业文化的重要途径。同时，这也是互联网思维的本质之一。

一是要提升集团总部信息和资源的掌控能力，建立集团资源数据库和统一调度平台，开展集团公共资源开放利用和共享试点。二是要出台相应的管理规定，按照标准分级分类，推进集团各级单位资源开放共享，充分挖掘全集团共有资源的商业价值。

（5）加强应用能力培训

鼓励各单位采用各种方式开展互联网知识技能培训，聘请研究机构和专家开展“互联网＋”基础知识和应用培训。与互联网企业建立信息咨询、人才交流等合作机制，促进双方深入交流合作。逐步培养和集聚符合“互联网+”要求的高端复合型人才。这些能够创造出新产品、新服务或新商业模式的人才，是市场的主要支配力量，是“互联网+”中国交建行动计划的关键。

（6）企业发展模式互联网化

借“互联网+”大势，抓“一路一带”良机，结合集团“五商中交”战略，做真正融入互联网的企业，而不是仅仅应用互联网技术的企业，即商业模式、管理模式和营销模式的逐步互联网化。

第6节　国际化人才管理

人才资源是企业唯一具有主观能动性的资源，是生产力中最活跃的资源，是支撑企业创新发展的第一资源。没有一支优秀的人才队伍作保障，中国建筑企业的国际化很难推进，国际化目标也难以实现。

中国交建坚持先进的人才发展理念与科学的人才管理工作导向，不断夯实人才管理基础，聚焦于国际化人才的“选用育留”四个关键环节，致力于打造一支具备全球化视野和思维模式、掌握国际最先进的知识和技术、精通国际法律和市场规则、拥有跨文化沟通交流能力、具有较高的外语水平和较强的国际竞争能力的国际化人才队伍，为推动中国交建国际化事业持续健康发展、实现集团远大的战略目标提供坚强的人力支撑。

一、坚持先进理念与科学导向，引领国际化人才管理

1. 秉持先进的人才发展理念

2015年12月25日，中国交建在首届人才工作会上响亮的提出“以价值创造者为本”的人才理念，这是对中国交建长期以来人才管理理念的提炼与升华，更是中国交建未来国际化人才管理必须坚持的先进理念。

以价值创造者为本，就是尊重个人价值，不断强化公平发展、充分发挥聪明才智、崇尚价值创造的文化，并以为企业、为客户、为社会创造价值为

最终目的的三角逻辑。以价值创造者为本，前提是要大力培养和提升价值创造意识，引导全体员工真正把价值创造作为一种责任、一种工作方式、一种精神追求。以价值创造者为本，核心是要使全体员工持续为企业、为客户和为社会创造价值，要依靠创造力、创新力提高企业生产经营效率，实现企业价值最大化，为股东提供持续、稳定、高水平的价值回报；要以客户为中心，依靠运营思维与商业模式创新提供更具竞争力的产品和服务解决方案，努力实现客户价值最大化；要积极履行央企社会责任，努力回报社会，为社会发展做出积极贡献。以价值创造者为本，关键是“以价值体现价值”，让机会和资源向价值创造者、持续贡献者倾斜，让价值创造者有幸福感、成就感，激发价值创造活力与能力，促进企业向注重价值管理转变。以价值创造者为本，原则是体现公平，要营造机会公平、规则公平的制度环境，建立健全努力创造价值、科学评价价值、合理分配价值的价值管理机制。习近平主席说过，“有梦想、有机会、有奋斗，一切美好的东西都能够创造出来”。以价值创造者为本就是要让广大员工都有公平竞争向上发展的机会和通道，都有持续创造价值的追求和信念，让人生出彩的舞台无比宽阔，让企业发展更具活力、更富生机。

2. 坚持科学的人才管理工作导向

（1）战略导向

战略与人才工作的良性互动是实现企业持续健康发展的根本保证。人才资源是国际化战略实施的重要载体，以人才资源为管理对象的国际化人才工作是推进战略部署和实现战略目标的保障。以前瞻性和系统性构思，使国际化人才工作深度融入到中国建筑企业的战略布局中，不断健全完善与发展战略相协调，与项目、技术、资金等多种要素互动促进的人才工作体系，打造适应性人才队伍。

（2）创新导向

党的十八届五中全会确立的“五大发展理念”，首要的就是“创新发展理念”。创新驱动，本质上就是人才驱动，人才工作是否富有活力是创新驱动发展战略能否有效推进的关键。以体制机制创新为突破口，大力推进人才工作创新，形成充满活力、具有国际竞争力的人才制度优势。具体包括选人用人机制、人才考核评价机制、人才分配激励机制、人才培养机制与人才资源配置机制等。

(3) 问题导向

中国建筑企业在人才队伍建设方面存在的问题无外乎有三个方面：数量、质量和活力。在解决数量问题上，重在调结构，即不断优化人才结构，积极引进紧缺人才，弥补人才结构上的缺陷。在解决质量问题上，重在提能力，即提高人才的创新精神和适应能力，建立各具特色的培养开发机制，全面提升人才资源质量。在解决活力问题上，重在活机制，即全面推进人才工作体制机制创新，更好地发挥人才作用，释放创新创造活力。

(4) 实践导向

实践是培养人才最管用、最有效的途径，人才的价值只有在实践中才能得以体现、发挥和升值。坚持实践导向，第一是要走符合自身实际的人才发展之路，不好高骛远，不跟风攀比，不盲目追求；第二是要以实用、实干、实绩为核心，注重绩效考核。为实践而引进，在实践中培养，看实绩来激励；第三是要牢固树立人人皆可成才的观念，对人才不求全责备，注重靠实践和贡献评价人才，坚持在实践中识别人才、发现人才。

(5) 发展导向

服务科学发展是人才工作的根本任务，只有紧紧围绕企业发展中心任务培养、吸引、用好人才，人才工作才能更加有为。要把加强人才队伍建设作为发展之基，围绕科学发展目标确定人才队伍建设任务，根据科学发展需要制定人才工作措施，用科学发展成果检验人才工作成效，努力把人才资源优势转化为人才资本优势，把人才资本优势转化为科学发展优势。

二、夯实人才管理基础，支撑国际化人才队伍发展

1. 开展海外对标，拓展国际化视野

随着中国经济近三十年来的飞速发展，中国建筑企业人才管理与开发的

总体水平有了很大提高，但无论在理念上还是在制度设计上，与世界一流企业相比还存在差距。人才引进、培养、选拔使用和激励机制有待进一步完善，人力资源开发运营水平需要进一步提升，各类人才发展空间有待进一步拓宽，迫切需要我们以全球化视野谋划和推动人才管理工作，通过对标，积极借鉴国际先进经验，向世界一流企业学习，全面提升人才管理工作水平。

2. 深化文化融合，打造人才向心力

企业文化重在融入，可以激发源自内心的认同与主动跟随。中国建筑企业在国际化发展中，势必频繁遭遇来自海外的文化冲击、冲突甚至斗争，只有通过强大的文化融合，使企业文化深入人心，才可能形成思想上的高度统一，从而形成行动上的高度自觉。中国建筑企业在国际化人才管理中，应该坚持将深化思想认同、战略认同、管理认同、文化认同和情感认同贯彻始终。以上“五个认同”的起点是思想认同，落脚点在情感认同，使企业文化有效地发挥引导和凝聚的功能，构筑起同心同德、同舟共济的责任、利益和命运共同体。

3. 创新体制机制，激发人才活力

人才竞争最关键的是机制的竞争，人才工作的活力取决于体制和机制。健全人才工作的体制和机制，通过改革创新机制，目的就是打破人才工作存在的体制、机制壁垒，解放人才，激发活力。

需要着力健全完善五大机制：一是选人用人机制。坚持“创新、阳光、竞争、联动、分类”的选人用人理念，着力做到任人唯贤，努力做到让各类人才脱颖而出、充分施展才能。二是人才考核评价机制。坚持把品德、知识、能力和业绩作为评价人才的根本标准，重学历、不唯学历，重职称、不唯职称，重资历、不唯资历，重身份、不唯身份，以绩效目标为核心，尊重人的个性化发展，对人才进行分类考核，构筑适合不同类型人才的考核评价体系。三是人才分配激励机制。建立健全以绩效为依据、与市场接轨的分配制度，形成一个向价值创造者倾斜、与岗位责任风险相挂钩的分配机制。四是人才培养机制。遵循系统培养的人才开发规律，全面规划、系统培养各类人才。

五是人才资源配置机制。“用得其长，则才无或弃”，要更加有效地组合人才，因岗选人、按能配岗、岗能相宜。

4. 保障优先投入，投资人才资本

人才具有资本的属性，人才投入是效益最大的投入，是赢得未来的战略性投入。要实现中国建筑企业的国际化，就必须在国际化人才开发上舍得投入，牢固树立“人才资本投资是第一投资”的观念，做到人才投入优先保证。认清培训工作是员工素质能力提升的最基本、最有效的途径，是产生显著效益的投资，而不是增加企业经营负担的成本，要加大对人才培养工作的政策支持力度，制定奖励措施，将人才培养开发工作落到实处。加大对人才培训培养等工作的资金投入力度，设立专项账户，提高投入产出效率。

5. 加强信息化建设，实现人才大数据管理

中国建筑企业在国际化发展中，往往存在办公属地分散、人员类别丰富、数量众多的特点。管理好一支庞大复杂的人才资源队伍，必须借助信息化手段整合和管理人才资源，将人才资源数字化、集中化、标准化，加强对各类人才数据库的分析和动态跟踪监控，分析人才队伍的发展变化趋势，提高系统调配人才资源的能力，增强企业对人才资源的管控能力。既要建立人才资源大数据库，对全球宏观环境、国内宏观环境、行业竞争环境和企业人才资本效能等方面进行定期维护和更新；又要分门别类建立各类人才信息库，明确人才入库标准，制定相应的管理办法，建立有效的考核评价机制，实行淘汰化动态管理。

6. 由职能到管控，实现人力资源部门转型升级

作为人才资源开发的职能部门，自身建设的好坏直接影响和决定着人才工作的优劣。人力资源部门逐渐从传统的职能部门转型成为企业发展的战略合作伙伴，企业的绩效管理转型成为内部咨询和问题解决专家，企业的培训转型成内部商学院，企业的招聘用人转型成为专业测评和猎头公司，从而更好地为企业创造价值。另外还要高度重视人力资源工作者也就是 HR 能力、水平和作风的转型升级，使他们真正成为人才管理的专家。

三、聚焦“选育用留”，塑造一支优秀的国际化人才队伍

1. 国际化人才的“选”

国际化人才的“选”是指选拔、招聘和引进等人才管理环节。中国建筑企业大都处于改革求变、转型升级的阶段，企业发展急需的高层次、复合型的国际化人才不足，金融投资、资本运作、国际商务等领域人才紧缺，是中国建筑企业国际化面临的基础性矛盾，因此国际化人才的“选”是人才管理工作的当务之急。

（1）唯才是举，创新发展选人机制

在国际化人才引进方面要有国际化的视野和“海纳百川”的胸怀，要根据中国建筑企业国际化发展需要，实施开放的人才引进政策，积极探索人才引进的新渠道、新模式，按照“公平公正、竞争择优”的原则，努力吸引和集聚各类优秀人才。创新国际化人才引进机制，多种形式充分有效引进海外人才。一方面直接引进高素质的海外留学人才，以直接引进作为推进人才国际化最快捷、最经济、最有效的途径，研究制定海外高层次人才引智计划，推进人才引进、智力引进和项目引进相结合的柔性引进机制，以包容开阔的胸怀和气魄聚英才、融智力，提升公司人才国际化的整体水平；另一方面加强人才属地化建设和管理，加大海外当地人才的引进力度。

（2）大力引进，丰富拓展选人手段

加大境外专业优秀人才和外籍人才的引进力度，整合海外人才招聘需求，建立统一的海外人才招聘平台，在重点国家或地区集中开展海外人才专场招聘，增加外籍人才的招聘数量。加强和国内外优秀人才机构的合作，依托重点工程、重大课题和博士后流动站等平台，吸引高层次人才。根据海外市场开发和项目管理需要，结合当地劳动力市场环境，因地制宜，积极推进海外人才的属地化配置。积极与优秀猎头机构开展合作，引进紧缺的高层次和新业务领域的国际化人才。对于特殊人才引进开辟绿色通道，适当放宽任职资格条件，实行谈判工资制。灵活运用兼职工作、技术引进、项目合作等柔性

引才政策，整合优秀国际化人才资源为企业所用。加强对人才引进工作理论和技术的学习研究，完善岗位分析、职位评价等基础性管理工作，制定科学、合理的国际化人才招聘标准。学习、借鉴先进的理论研究成果，运用现代先进的人才测评技术和工具，提高国际化人才引进工作的指导性、针对性、适用性和前瞻性，提升国际化人才引进的质量和效率。

2. 国际化人才的“育”

国际化人才的“育”是指培训、培养等人才管理环节。如果说国际化人才的“选”是人才管理工作的当务之急，以提高现有人才国际化素质为目的和手段的“育”则是推进人才国际化的长久之计。加快构建国际化人才教育培训体系，以教育培训的国际化推动人才国际化，以重点人才培养工程推进人才资源整体性开发，开展大规模培训，传授国际化所需的各方面知识，提升人才队伍适应国际化竞争的能力素质。

（1）学用相长，健全完善育人机制

采取学历教育和非学历教育相结合、国内教育与国外教育相结合、长期培养与短期培训相结合方式，打造特色培训品牌，持续开发新的培训项目，构建国际化人才教育培训体系。建立跨国人才合作培养机制，采取依托境外培训机构和高等院校等形式，选拔一批优秀人才到国外直接接受继续教育，在海外地区设立培训基地，对所有新入职员工，按专业背景和特长，派至培训基地进行集中培训。创新教育培训模式，积极探索开展研究式、案例式、实践式、模拟式教学以及网络培训，对培训效果进行跟踪、评估和反馈，提高培训的效果和效率。进一步整合系统内外优秀培训资源，加强师资队伍建设，充分挖掘内部优秀师资力量，建立特聘专家数据库。拓宽培训渠道，整合内外部培训资源。与国内外优秀培训机构、知名院校建立良好的合作关系，立足国际化，培养适应企业发展需要的优秀人才。

（2）境外实践，锻炼打造国际化人才

遵循实践成才规律，坚持实践导向，在实践中塑造人才、打造人才。按照“以用为本”的培养方针，通过在境外项目、办事处的实际锻炼培养国际化人才。依托境外区域中心，在海外建立区域化人才培养基地，有选择地、分期分批对区域内各级驻外机构的国际化人才集中组织开展专项培训。在实践中检验人才培养成果，将海外一线作为国际化人才的“锻炼场”和“试金石”，鼓励人才到海外一线中锻炼成长。拓宽、创新国际化人才培训渠道，根据境外的组织和人员特点，采取送学上门、网络化培训等多种培训方式，扩大海外人才培训的覆盖面。重点开展好国际项目管理、国际商务管理、国际投融资管理等重点培训项目，将参加培训人员送到国外一线项目或办事处锻炼使用。

（3）分类管理，全面培养五类人才

中国建筑企业在国际化发展中一般需要五类重点人才：一是经营领军人才，二是骨干管理人才，三是项目管理人才尤其是国际项目管理人才和国际商务管理人才，四是专业技术及业务骨干人才，五是高技能人才。

根据各类人才的成长规律和特点，科学确定培训内容和形式，分层分类地制定培训方案。对于经营领军人才，采用国内理论培训与国际对标培训相结合的培养模式，利用全球优质资源打造与公司战略发展和当前生产经营需要相适应、契合产融结合发展思路的高端培训。对于骨干管理人才，实行“理论培训 + 互动研讨 + 撰写论文”的培训模式，通过知识理论的系统梳理、学员间相互沟通交流、相关主题的深入探讨，促进知识的更新、观念的转变和能力的提升。对于项目管理人才、专业技术及业务骨干人才、高技能人才这三类人才的培训实行统一领导、分工负责、分类指导、分级组织的实施模式。

3. 国际化人才的“用”

国际化人才的“用”是指对于人才进行系统性评价、规划和调配等人才管理环节。国际化人才的“用”是人才管理工作的重中之重，是将人才价值转化为企业经营业绩的必经通道，是实现由潜在“人才”向现实“人财”转变的必备管理工具。以全球视野把握国际化人才的使用要求，不断完善与国际接轨的人才管理制度体系，用人时要以海外项目工作经历作为重要参考依据，形成符合国际惯例、具有企业特色的国际化人才使用模式，切实体现国际化人才优先。

（1）用好指挥棒，提升全员绩效考核体系

充分发挥绩效考核的导向作用和激励约束作用，健全完善以岗位职责为基础，以业绩目标为导向，以激励发展为目标的全员绩效考核体系。为使绩效管理真正成为促进企业可持续发展的有效管理手段，首先应强化组织，完善绩效管理体系，从制度体系上保障考核工作有效实施。其次设置科学合理的考核指标，使指标体系具有鲜明的导向性，针对不同行业、地区、岗位等情况，差异设置考核指标和权重分配，充分体现科学性、针对性和可操作性。最后通过规范运作，建立严密高效的绩效考核运行机制，并对考核结果认真分析、切实应用，将考核结果与其他人才管理模块对接起来，真正发挥绩效管理的激励约束功能，提升绩效管理的激励性和实效性。

（2）建立多通道，开展人才职业生涯规划

积极拓宽国际化人才成长通道，建立除管理以外，技术、技能等多序列职业发展通道，在薪酬待遇上预留发展空间。特别是打通优秀专业技术人才的成长通道，尊重各专业人才的差异化特征，让每类人才都能在其合适的职业和适当的岗位发挥作用，使每个人的特长和比较优势得到最大程度的发挥。开展人才职业生涯规划与任职资格体系建设，通过职业发展通道与转换关系设计、任职资格标准等方面的研究，明确人才职业发展蓝图，实现对人才职业发展的有效牵引、指导，使人才的个人发展需求与组织发展目标相一致。

（3）交流促成长，储备国际化后备人才

统筹国际化人才资源的优化配置，有序推进人才跨组织、跨板块的横向交流和跨层次的纵向交流，多渠道、多岗位锻炼人才。鼓励管理干部向国际化、职业化转变；鼓励专家型人才进入技术或业务专家发展通道；鼓励员工到一线特别是海外艰苦地区工作，各类激励措施向一线倾斜，向海外艰苦地区大幅度倾斜。

4. 国际化人才的“留”

国际化人才的“留”是指与利益分配密切相关的薪酬分配和激励约束等人才管理环节，是人才管理工作的根本之策。中国建筑企业应树立“以价值创造者为本”的理念，以鼓励和尊重价值创造为目的，建立和完善与国际接轨的人才激励约束机制，最大限度地激活人才价值创造，形成对人才价值的普遍认同，让有才华就有施展的舞台，有贡献就能得到应有的回报，有创造就有成功的机会。

（1）鼓励价值创造，改革薪酬分配制度

研究制定国际化人才薪酬管理办法，指导规范海外人员的薪酬管理体系，适度提高国际化人才薪酬待遇水平。遵循“效率优先、兼顾公平”的分配原则和“业绩升、薪酬升，业绩降、薪酬降”的分配理念，规范收入分配秩序，发挥薪酬分配的激励效能和杠杆作用，让海外员工的收入与国际化的发展同步增长，让国际化人才持续享受到企业国际化发展的成果。对企业的岗位、职级体系进行梳理和规范，在集团内建立相对统一的薪酬体系，推行“以岗位价值为基础，以工作业绩为导向”、内具公平性、外显竞争性的岗位绩效工资制，发挥价值规律在收入分配中的调节作用，保证薪酬分配的公平性和激励性。

（2）激发人才活力，优化国际化人才激励机制

在薪酬激励等方面切实体现国际化人才优先，按照市场要求和人才激励实际，大幅提高境外人员的福利待遇水平，大幅提升境外人员薪酬水平。积极探索多渠道、多途径的、对人才价值进行认可肯定的多元化激励制度，在改革完善工资薪酬制度的同时，坚持精神激励和物质奖励相结合，建立规范有效的人才奖励制度，保护人才创造的激情和活力，使各类国际化人才的价值得到认可和提升。

第7节　强化“五力建设”，提升企业核心竞争力

十八届五中全会提出了“创新、协调、绿色、开放、共享”的五大发

展理念，创造性地回答了新形势下我国要实现什么样的发展、怎样实现发展的重大问题，明确了“十三五”乃至更长时期我国的发展思路、发展方式和发展着力点。五大发展理念不仅是我国经济社会发展的指引，同样也可成为中国企业国际化经营的指导思想，引领中国企业在“走出去”的过程中，始终要坚持创新发展、协调发展、绿色发展、开放发展、共享发展的理念和道路。

深入践行五大发展理念，推动中国企业国际化经营行稳致远；遵循中资企业代表刘起涛先生提出的五点倡议，不仅在非洲，更要在全球，为中国企业国际化经营创造良好的政治经济环境。此外，中国企业“走出去”参与国际竞争，还必须加强自身能力建设。

2015 年 9 月 6 ~ 18 日，作者有幸随国资委率队的学习交流团，赴总部在美国旧金山硅谷的思科公司（Cisco）进行了为期 12 天的学习交流活动。访学期间，由 10 余位负责相关工作的思科副总裁级以上人员为交流团成员授课，思科公司董事会执行主席约翰·钱伯斯和 CEO 罗卓克作了主题演讲。总结本次学习的感受和体会，作者认为中国企业“走出去”成功的内在要素在于加强“五力建设”，即“提升战略领导力、增强创新驱动力、深化收购整合力、构建人才保障力和塑造文化凝聚力”。本节内容主要聚焦国有企业论述，对民营、合资等其他经济成分的企业也有参考和借鉴意义。

一、提升战略领导力

战略领导力是应对变革、走向胜利的根本。企业领导人的作用，再怎么强调都不为过。在与思科等公司领导人的近距离接触中，最令人感动的是他们的敬业精神。这些领导人个性鲜明、激情四射、思路开阔、善于学习、敢于颠覆自我、主动迎接挑战，正如钱伯斯所说，“竞争对手是我们前进的动力，需要超越的是我们自己”。思科的第四代领导人、同时也是思科在位时间最长的 CEO 钱伯斯先生，是当今世界最出色的企业经理人之一，长期担任思科 CEO。思科成立于 1984 年，但走上发展的快车道，却是钱伯斯在 1995 年接手之后。从倒闭的王安公司出来的钱伯斯，具有很强的危机意识。他认识到，技术创新日新月异，仅靠自身研发，不可能持续保持技术上的领先地位。他超前的战略思维和他倡导的聆听（客户、员工）和创新文化在思科深入人心，他任职期间公司收入的指数级增长显示了其卓越的领导能力。在钱伯斯的领导下，思科形成了一整套系统的运行管理模式并持续改进，稳健保持行业领先地位。在这样的领导人带领下，短短几十年，思科经历九次转型，成为业内翘楚，其领导人也受到业内的广泛尊重。

卓越的领导者往往具备许多优秀的条件，比如学识、经验、智商、情商等，但领导力并不是领导人与生俱来，也不是各种能力的简单综合。钱伯斯及其团队的卓越领导力是思科在一次又一次的危机和变革中获取的。正如钱伯斯认为，在压力和失败时创造奇迹，发现并抓住商机的人，是领导力的真正体现。领导者要把握领导力要素，弘扬企业家精神，执行一把手职责，打造企业核心竞争力。

1. 把握五大要素，打造领导力

（1）以身作则，德才服人

以身作则之所以重要，是因为领导者需要通过以身作则来赢得权力和尊重。职位是被授予的，领导者的行为才是赢得尊重的前提条件；员工首先追随的是人，并不是领导者的战略和计划。领导者必须以身作则通过直接的参与和行动，才能够赢得作为领导者的权力和尊重。

（2）创造梦想，使人追随

愿景，是造就未来的力量，领导者的愿景要具有团队特点，要体现追随者的希望和梦想，要激发追随者的能量，领导者要能够生动、形象地沟通梦想，并能够激发团队共享愿景。任何一个伟大的国际领先公司，都有非常远大的愿景和战略，思科公司的战略愿景在近30年没有发生太大的变化，就是要通过互联网改变人们的工作、学习和生活方式及商业模式，其企业愿景良好且稳定。领导者要有愿景和梦想，要对梦想有全心全意的信仰，对自己实现这些梦想的能力有信心。

（3）挑战现状，不断创新

挑战现状体现的是不断思考、不断创新、不断追求卓越的梦想。领导者乐于进入未知领域，寻找创新、增长和改善的机遇，他们经常着眼于长远以及组织之外，寻找新的产品、服务和流程。他们不安于现状，甘冒风险进行试验，同时不断制造小的胜利和从经验中学习。

（4）协作信任，团队共赢

思科努力打造由最高层领导驱动的参与文化。伟大的梦想要变成现实，不能单靠一个人的行动，而要靠团队的努力。这要求信任和关系，要求能力和自信，要求团队协作和个人责任。领导者要通过建立信任和关系来促成协作，这种协作关系包括员工、顾客、供应商、媒体等，即在愿景中有一席之地的所有人。同时能够给予他人自信、给予他人成长、给予他人信任，让他人感受到责任和信任。

（5）激励人心，勇往直前

钱伯斯先生常说，他最关注的只有两件事：一是市场、客户的需求变化，二是员工的工作状态。他的日常工作中的重要内容是保持聆听，一方面聆听重要客户的信息反馈，一方面聆听内部员工的工作诉求。领导者要让追随者继续前进，就必须懂得如何激励人心。懂得赞美追随者的成功和付出，能够将赞美和奖励完美的结合。员工取得良好业绩和行为表现时，给予及时的赞美和反馈，让员工体会到自己的努力和表现得到了认可。

2. 企业家精神是领导力建设的核心

“企业家精神”指企业家组织建立和经营管理企业的综合才能，是一种重要而特殊的无形生产要素。埃森哲咨询公司的一项调查表明，79% 的企业领导认为，企业家精神对于企业的成功非常重要，企业家精神是组织健康长寿的基因和要穴。

（1）创新是企业家的灵魂

彼得·德鲁克认为企业家精神中最主要的是创新。创新精神体现为一个成熟的企业家能够发现一般人所无法发现的机会，能够运用一般人所不能运用的资源、能够找到一般人所无法想象的办法。创新是企业家活动的典型特征，从产品创新到技术创新、市场创新、组织形式创新等等。创新精神的实质是“做不同的事，而不是将已经做过的事做得更好一些”。所以，具有创新精神的企业家更像一名充满激情的艺术家。

（2）冒险是企业家的天性

没有甘冒风险和承担风险的魄力，就不可能成为企业家。企业创新风险是二进制的，要么成功，要么失败，只能对冲不能交易，企业家没有别的第三条道路。对众多知名企业而言，虽然企业创始人的生长环境、成长背景和创业机缘各不相同，但无一例外都是在条件极不成熟和外部环境极不明晰的情况下，他们敢为人先，第一个跳出来吃螃蟹，才成就了一番伟大的事业。

（3）合作是企业家的精华

尽管伟大的企业家表面上常常是一个人的表演，但真正的企业家其实是擅长合作的，而且这种合作精神需要扩展到企业的每个员工。企业家既不可能也没有必要成为一个超人，只有带领自己的团队，充分发挥集体的智慧，挖掘相关方的资源并且充分利用，才能得到最佳的效果。

（4）敬业是企业家的动力

马克斯·韦伯曾说：“这种需要人们不停地工作的事业，成为他们生活中不可或缺的组成部分。事实上，这是唯一可能的动机。但与此同时，从个人幸福的观点来看，它表述了这类生活是如此地不合理：在生活中，一个人为了他的事业才生存，而不是为了他的生存才经营事业。”货币只是成功的标志之一，对事业的忠诚和责任，才是企业家的“顶峰体验”和不竭动力。

（5）学习是企业家的素养

学习与智商相辅相成，以系统思考的角度来看，从企业家到整个企业必须是持续学习、全员学习、团队学习和终生学习。通过学习才能够获取最宝贵的知识和技能，及时进行知识更新，才能够为企业发展注入活力。

（6）执着是企业家的本色

只有坚持不懈、持续不断地创新，以夸父追日般的执着，咬定青山不放松，才可能稳操胜券。在发生经济危机时，资本家可以用脚投票，变卖股票退出企业，劳动者亦可以退出企业，然而企业家却是唯一不能退出企业的人。

（7）诚信是企业家的基石

诚信是企业家的立身之本，企业家在修炼领导艺术的所有原则中，诚信是绝对不能摒弃的原则。市场经济是法制经济，更是信用经济、诚信经济。诚信是企业立足市场的根本，只有诚信才能带领企业走得更远。

3. 一把手的核心职责

（1）塑造企业文化

钱伯斯认为，企业文化是由领导人塑造的，而不是由人力资源部门或企业文化部门建立的。思科公司董事长和 CEO 亲自参与培训项目，宣讲公司理念、发展战略和产品解决方案。一把手在不断变化、激烈竞争的环境下阐释组织的价值观并界定组织的标准，还要能够以身作则地引导和践行。

（2）引领行业思想

要成为行业发展的领先者必须是行业思想的领导者。企业要引领行业发展的方向，必须重视自身企业文化的建设及传播，要努力成为行业思想的领导者。钱伯斯无论去哪里，都一直在宣传万物互联的理念，这为思科在行业中赢得了商誉及声望。

（3）确定所应该从事的领域和招募人才

企业领导人应该对行业的市场趋势具有敏锐的洞察力，即能在竞争中超前通过技术升级或转型使企业在未来的市场中不被淘汰，决定企业从事什么业务，什么时候该进行业务调整和转型，并建立和培育与业务配套的领导团队。

（4）培养企业文化

思科认为企业文化是不同企业之间形成差异性的根本力量，具有独特性差异化产品是企业获取高利润的保证，它的形成与塑造由 CEO 负责带动。

（5）发挥战略的引领作用

在技术快速更新换代、产业飞速变化、社会从“信息时代”进入“数字时代”的重要时期，加强顶层设计，制定明确的发展战略尤为重要。思科公司的战略强调需求引领、注重用户体验，创新驱动发展，发挥大公司整合资源的能力，快速实施部署，围绕路由器交换机、电子视频、协同业务、数据中心/虚拟化/云、应用解决方案五大核心主业，提出以万物互联（IOE）为倡导的“联天下、启未来”理念，强化基础横向产品和服务，扩大纵向应用合作，制定的“自主研发、联合创新、并购、整合”四项战略举措，保持公司持续的创新能力，全面推进思科公司的“数字化转型”，使自己的始终走在“数字化社会”的前列，主业保持本行业前三甲的有力竞争地位。

（6）将外部世界与内部组织联结起来

内部指的是“组织”，外部则包括社会、环境、经济、技术、市场和客户。组织内部只产生成本，而利润则产生于组织的外部。

4. 依靠职工办企业

思科公司非常注重企业文化建设和人力资源管理，注重提高员工的归属感和自豪感。应该说思科这种人力资源理念并没有什么独特之处，全心全意依靠职工一直是中国企业遵循的和更加注重的。但现实是在一个充满变革的年代中，我们很多具体工作没有做到位，或者很多措施缺乏创新和时代特征，并没有起到应有的作用。我认为，考虑到数字化时代的特征，今后我们首先要把人才的重要性提高到更加重要的位置，要更加牢固地树立全心全意依靠职工群众的理念，同时要借鉴思科的具体方法。在这方面思科公司有一些很好的做法，比如提倡平等，公司高管的办公室和一般管理人员的办公室都是一样大，并且好的位置的办公室基本是分配给一般管理人员；出差乘坐飞机，无论高管还是普通员工，均乘坐经济舱；注意畅通管理层与普通员工的沟通渠道，公司每个月用信息技术随机对部分员工发放调查问卷，了解员工思想，就公司管理中的一些问题听取员工的意见建议；注重员工的福利保障，如果员工的配偶没有工作，那么公司将会为员工的配偶缴纳社会保险。

仔细想来，思科公司的这些做法都是我们中国企业曾经注重的、擅长的，是我们的优良传统，但在被西方企业学去的同时，却几乎都被我们自己丢掉了，我们更加关注市场的作用，却忽视了人文的关怀。西方企业在学习我们好的做法的同时，并没有放弃自己优势的东西。同样的，在建立社会主义市场经济过程中，我们不能一味模仿西方的做法，我们可以借鉴西方优秀的管理经验，但同时更要发扬我们优良的传统，这也是坚持制度自信的体现。

尤其要高度关注80后、90后为代表的员工的特点，采取有针对性的措施。我们企业未来创新的希望，就在以80后、90后为代表的年轻人身上，他们这一代人的成长经历、价值观和兴趣爱好和我们现在企业领导人有很大区别，我们必须尊重他们的特点，善于按照他们的特点进行引导，才能吸引和发挥年轻人才的作用。而这一点能否做好，恰恰是我们企业在新时代能否实现创新发展的关键所在。

5. 提升管理，打造企业核心竞争力

（1）进一步完善公司治理顶层设计

《关于深化国有企业改革的指导意见》提出，要推进董事会建设，加强董事会内部的制衡约束，国有独资、全资公司的董事会和监事会均应有职工代表，董事会外部董事应占多数，落实一人一票表决制度，董事对董事会决议承担责任，以解决部分国企“一把手”说了算的问题。根据思科公司的董事会由行业内一流高手、银行家和知名专家教授组成的运行经验，建议外部董事队伍要进一步扩大来源渠道，提高整体素质。还应继续完善决策流程，简化决策程序，提高决策效率。

（2）打造核心竞争力

当前中国经济形势正经历着结构性变革，国际政治经济形势更是复杂多变。面对充满着不确定性的市场环境，打造核心竞争力已经成为国有企业面临的核心课题。《关于深化国有企业改革的指导意见》明确指出：面向未来，国有企业面临日益激烈的国际竞争和转型升级的巨大挑战。这一指导和推进国有企业改革的纲领性文件，无疑是进一步为国有企业坚定改革方向、推动全面转型升级、做强做优做大国有企业注入了“强心剂”。抓住这一历史契机，成功塑造核心竞争力，国有企业就能在新的市场形势下获得更为广阔的发展空间。国有企业在转型的过程中，一方面要“立足自我，实事求是”，即结合国家发展战略、当前的市场经济状况与发展环境以及自身的资源与能力条件来进行战略部署；另一方面要“面向世界，博采众长”，即充分学习吸收国内外领先企业在转型升级过程中的经验与教训。

二、增强创新驱动力

创新已经成为当代企业生存发展的根本，是实现兴业强企的必由之路。创新充满风险、不确定性和试错，它会否定主流、鹤立鸡群、延迟回报，人们通常容易选择规避创新。而没有创新的企业意味着失去未来。创新需要有效运营来平衡和协同，通过运营体系建设，将创新的风险降低、收益提高。创新虽然不可复制，但创新的机制可以参考、创新思维可以延续、创新体系可以持续。企业应致力于三个方面的创新：商业模式创新、管理机制创新和科学技术创新。

1. 商业模式创新

钱伯斯向来认为：“技术层面的工作或许还算是一个比较简单的部分，新技术并不是确保企业成功的唯一因素。”思科的崛起，不仅是因为技术上的突飞猛进，更是缘于商业模式的革新。

思科不断在市场上收购新兴的技术和团队，然后通过庞大分销渠道，在行业中确保了长久的领导者地位。简而言之，思科专注于成为一个创新科技产品的分销平台。钱伯斯说：他能在 24 小时里完成公司的季度报告，公司的销售数据每天都更换 3 次，经理们能随时发现哪一个地区甚至哪一个销售人员没完成指标。“公司已经由对互联网的机会主义观望转变为核心经营战略，这是我们在 5 年前就把竞争对手甩开的关键原因之一。”

（1）实现公司运营体制的国际化改造

坚持“走出去”战略，向公司注入与国际化相适应的公司管理模式，用世界眼光观察现实，用全球意识思考问题，用战略思维谋划未来，从被动全球化向主动全球化转变，由跨国配置资源向全球配置资源转变，由单一地向国外卖产品、卖服务向产业渗透和本土化经营转变。

（2）由自我独立发展向产融结合转变

产融结合，即产业资本和金融资本的结合，指两者以股权关系为纽带，通过参股、控股和人事参与等方式而进行的结合。产融结合是产业发展的必然趋势，可以增加生产、促进销售、降低成本、提高效益。金融可以实现集团业务的互补，还可以降低企业的风险，同时金融行业所带来的利润可以回报产业发展。产业集团以金融为发动机，实现“金融疏通血液，产业提供利润”的良性循环。

思科在资本市场成功的原因在于：大量优质项目被并购、注入思科；上市公司成长，思科就能成长。思科能被预期成长，股价就能涨，从而有更强的支付能力不断去收购新企业。并购之后竞争力更强、规模更大，行业地位更高，企业就会变得更值钱……这就形成了一个良性循环，或者等于拥有了“发钞权”，其竞争力是别人难以企及的。这种模式是资本运营的重要逻辑和玩法，理解到位了就能玩出奇迹。

（3）加快国际化布局

思科公司的公共业务部门设在新加坡，制造中心建在上海和芝加哥，财务部门设于伦敦、纽约和迪拜，研发中心设在印度，建成了真正的国际化组织机构。企业为了实现全球化运营，必须加快国际化布局。初期，可以多采用收购或直接布点的方式；随着国际化运营能力的纵深发展，可以通过类似思科那样，以产业链布点的方式布局，将整合全球资源、配置全球资产、吸引全球人才、逐步搭建全球网络。

2. 管理机制创新

（1）创新机制常态化

可持续的创新，才是真正意义的创新。像思科一样，通过长期实践和总结，培育孕育创新的土壤，才能让无数的创新活动源源不断地涌现出来。所谓创新土壤，就是允许破除权威，鼓励大胆实践，在大机构内建立众多中小创新团队，让创新成为一项日常工作机制，使创新文化深入企业的每个单元和流程中，最终成为企业发展的基因。企业根基深厚，一般不会轻易垮掉或突然倒掉。但如果没有形成鼓励创新的机制，也会在行进中慢下来，用自己的体重一点点压垮自己。尤为重要的是，企业要尊重创新规律，鼓励探索，允许失败，着眼长远，克服短期行为。

（2）建设适应性组织

在中国企业参与全球竞争的背景下，如何适应国际和国内两个市场的变化、更好地在全球范围内配置资源、更加有效地开拓市场，建立适应性组织势在必行。适应性组织不应被机械地理解为低复杂性、低正规化、分权化的松散结构，而是企业根据内外部环境变化，能迅速做出调整的具有高度灵活性和适应性的组织形式。让人印象深刻的是，为了推进公司转型，重塑公司工作和运营，思科公司创新性地设立首席数字官（CDO）职位，是全球第一家也是唯一一家设首席数字官的公司。扁平化是适应性组织的趋势，企业管理架构复杂、层级多，不利于创新。思科公司实行的是扁平化的管理体制，员工和研发人员与管理层没有很明显的距离感，平等的工作氛围使得研发人员能够集中精力潜心研究。

（3）推进全面风险管理

升级内控管理，由传统的被动合规到主动的风险应对。有效的风险管理体系能帮助企业控制发展的方向和速度，内容包括事前、事中和事后风险管理，但核心和重点是事前风险管理，同时兼顾鼓励创新和容错机制。思科总结了 128 项风险管理指标，它的 CEO 关注其中 20 项指标。通过建立内控与风险管理组织机构，合理分配内控与风险管理职责、权限，树立企业内控与风险管理意识，培养全体员工的控制觉悟和自觉的控制态度，提升风险控制能力，明确全面风险管理责任框架，最终建立全面风险管理组织体系。

（4）改变科研人员管理方式

企业领导人要切实转变思想，给从事研发的科研人员给予充分的理解和关心。思科公司特殊的内部研发机制，造就了一批具有特殊才能的原创型人才。思科设立内部创新基金，鼓励内部年轻人第二次创业，在共享思科基础设施和各项资源的同时，也能享受到小企业的自由、活力和独立性。项目取得成功后，思科通过收购使人才和项目同时加盟。另外，思科虽然是一个大公司，在这里仍然能够感受到小公司创业的宽松环境和自由度，如随时可以打电话找高层讨论创新概念，尽量避免官僚体制等大企业病。

3. 科学技术创新

思科的成功是持续转型和创新的结果。企业要想在激烈的市场竞争存活下来，必须把握住每一次战略转型的时机，通过战略、科技、管理的创新取得发展。企业过久的专注于自己熟悉的领域，安于现状，不敢开拓创新、求新求变，终将会被市场淘汰。

当今的国内外形势下，中国企业的有机增长之路唯有科学技术创新。在技术创新、产品创新、用户体验创新方面，投入更多的成本和精力。思科具有让人难以置信的新品更新速度，曾经一周开三次新闻发布会；在新技术方面，思科鼓励员工试错，鼓励员工创业；关注客户体验，通过各种途径搜寻客户的需求与反馈。这些方面都值得中国企业借鉴。

当前信息技术的更新换代和信息化深度应用已经显现出重塑产业生态链的重大影响力，引发企业进行战略调整和转型，信息产业变革表现出了比过去更大程度的融合和渗透。2015 年 3 月李克强总理政府报告中提出制定“互联网 +”行动计划。“互联网 +”对传统行业来说是借助互联网进行整合升级，实现价值再造，为企业的发展带来增量，给企业创造未来。虽然互联网没有改变经济学的原理，也没有改变商业的本质，但是互联网确实是企业转型的推手。不同于“互联网 +”，“ + 互联网”是给我们带来便利，把互联网视同为一种先进的工具。

无论是“互联网 +”也好，“ + 互联网”也好，无可否认信息化和数字化技术是企业各项创新落地的重要手段。所有创新措施和成果，都要依靠信息化和数字化技术来固化为流程和平台，才能实现反复提取、重复利用，不因人事的代谢而迁移。

尤其进入移动互联网和未来的万物互联时代，云计算、大数据技术应用已势不可挡，企业应该加快推进云计算和大数据平台，借助信息技术，实现更加有效、更加快捷、更加节省的管理成效。制造业数字化将促进生产与消费的智能化，大数据与大计算将催生新的市场空间和经济业态。思科认为，到2020年，全球联网的设备将达到500亿，未来每个人将有46个设备与互联网相连，在智慧交通、智能建筑、智能电网、食品与水供应、医疗保健、智能城市和智能家居等方面，还有广泛的物体互联机会。除了技术和设备有巨大的市场机会外，提供整体解决方案的服务业也有相应的增长空间，万物互联将创造19万亿美元的市场。中国企业应该有意识地抢占先机，提前布局万物互联，在本企业内实现“互联网+”的优化升级，甚至占领万物互联行业标准的制高点。大数据成为企业发展的重要资源。

三、深化收购整合力

收购是每一家企业都会涉及到的管理问题，在拓展产品线、开拓新市场、进入新领域都需要展开收购行为。思科公司的高速成长得益于两个方面，一是自主创新，二是成功收购。收购并不是因为思科没有创新能力，而是思科想把前进的速度变得更快。中国企业的收购大部分偏重资源型或市场扩张，剔除行业因素外，对收购之后的人力资源团队和文化融合准备不足，这是我们事前没有充分评估、事后未进行评价、未形成体系制度的管理缺陷，值得我们在今后的收购活动中充分反思和提高。

产业整合效率在发挥作用是思科在资本市场成功的原因之一。并购进来的项目，镶嵌到思科的系统平台中，强化了系统的整体效益和竞争力。整合出效果了，华尔街给予更多的资本供应，有了资本供应，才能开展下一轮并购。通过并购，形成了更强的技术垄断，公司的价值越高。

1. 确立适合的收购理念

企业的收购筹划，应该确立适合自己的收购理念，从而引导收购行为，提高收购成功率。思科公司独到的收购理念是：一般收购将产生突破性成果的小型创业公司，既可快速进入一个技术领域，又不会出现企业文化的冲突；

收购时更加注重未来愿景的共同性、双方长期战略的一致性和文化的相似性，思科不会收购那些不愿意被收购的公司。

2. 锁定相似文化的收购对象

提倡文化的相似性是为使被收购公司能以最快的速度适应收购公司的文化。如果能够实现“思想认同、战略认同、管理认同、文化认同和情感认同”这五项认同，可以预料收购大概率将是成功的；如果上述5个条件中能满足4个，意味着“黄线”，应该要等一等；如果只能满足3个，则是“红线”，不要去碰它。只有满足了五项认同，才有可能在收购完成后实现“五个自信”，即“战略自信、管理自信、制度自信、文化自信和发展自信”。有了“五个认同”和“五个自信”，“五个自觉”便是顺理成章的事情，即“战略自觉、管理自觉、体制机制自觉、文化自觉和发展自觉”。

3. 设立专职收购整合部门或团队

判断收购是否成功，并不以收购交易完成为标志，而应以被收购企业的融入程度为标志。随着中国企业收购数量的增多，建议设置专门的收购整合部门。思科的首席整合官和整合小组专门处理收购后的融合工作，从收购开始到交易结束一直待在被收购公司，能在30天内收编一家完整的公司而又不破坏它的生产力。

4. 建立高效标准的收购整合流程

为了实现文化整合、价值观整合、人及岗位的整合，收购整合部门应该建立一套高效标准的流程，更好地为被收购公司提供服务。思科拥有一套完美的收购流程并不断进行完善，流程使思科的收购快速而有序。思科的首席整合官曾开玩笑地说，“我打算使公司达到自助融合，我只需要把我讲话的录像带送过去就行了”，思科收购整合流程的标准和严密可见一斑。

四、构建人才保障力

应该承认，国有企业在薪酬、社会责任、历史担当中有其特殊的一面，对人力资源的引、用、育、留、退方面目前无法实现全面市场化；职业经理人的使用还存在“一国两制”。对比思科公司，国有企业在人力资源的各个方面均有差距：在人员退出方面办法不多，留住核心人才的手段不足，培育人才方面循规守矩，使用新人方面空间有限。同时也要看到，国有企业固有的人才资源池相对充足，传统文化中也有很多正能量的激励约束观念，国有企业发展空间巨大，能够为核心人才进行职业规划。

1. 赋予一把手充分的用人权

钱伯斯担任了20年的思科公司CEO，今年已经65岁，思科公司董事会用了16个月的时间为他找好了接班人罗卓克，钱伯斯保留董事会执行主席职务，将帮助新任CEO完成交接，并继续帮助思科公司维护全球的政府和客户关系。罗卓克于2015年7月26日正式上任，到我们访问思科时，刚刚上任了两个月的时间。罗卓克在这两个月的时间里，做的最主要的工作，就是对经理层的大换血，他调整了一半的经理层成员，非常引人关注。我们在与罗卓克交流时，问他：“你对经理层进行了大幅度的调整，做出这个决定难吗?”他说：“做出对经理层进行调整的决定很难，但后来觉得必须要作出这样的调整时，也就不觉得难了。实际上调整的过程比较平稳，被调整的经理层成员平静地接受了。这些经理层成员原来都是钱伯斯挑选的，但在调整的过程中，钱伯斯对我没有任何的干预。”

国务院国资委成立以来，在积极推进国有企业建立现代企业制度方面做了大量工作，目前国有企业的法人治理结构已经形成了比较稳定的模式，并且已经取得明显成效，但在很多方面做得还不到位，还需要不断完善。罗卓克对经理层的调整，在思科公司能够平稳地进行，但在国有企业是很难想象的，因为总经理上面还有董事长，董事长是企业事实上的一把手，经理层怎么调，一是由上级组织定，二是要充分听取董事长意见，总经理的意见基本上占不到太大的比重。另外，对经理层做一些补充比较容易，但要把谁拿下来就很难。这样就可能会造成一种局面，即总经理带领着他可能并不认可或者不太喜欢的人在一起工作，工作效果肯定会打折扣。《中共中央、国务院关于深化国有企业改革的指导意见》提出，要坚持党管干部原则与董事会依法产生、董事会依法选择经营管理者、经营管理者依法行使用人权相结合，国有企业要进一步转变观念、创新工作方式，把中央要求真正落实到位，进一步激发企业领导班子的活力。

2. 完善人才使用机制

为了打造高素质团队，思科对新员工严格把关，要求员工坚持遵守组织利益高于个人利益的原则，领导力不能局限在一小部分人的圈子里，组织应尽力培养未来的领导者，这种注重个人领导力能赋予员工发展的空间，使企业吸引高素质的候选人；缺乏团队合作精神的高级管理人员，不管有多么卓越的才华，都会被要求离开。

（1）建立职业经理人制度

思科管理部门的核心人才，包括人力资源、信息规划、数字化、并购整合等团队的核心领导人员，多是从社会招聘来的专业人才，而不全是从企业内部培训产生。这样可以提高专业化管理水平。中央关于全面深化改革的决议中对国企改革强调要“建立职业经理人制度”，“合理增加市场化选聘比例”。这是一项应大力推进的改革措施。如果有了职业经理人制度，只要建立了制度约束和相应的监督控制机制，那就可以用市场化的方式招聘企业经营者。即使是组织选拔方式产生的干部，在使用和管理上也要增加市场化因素。如果是资产规模比较大，取得一定市场地位的国有企业，可以在国际市场上寻找职业经理人。职业经理人的专业素养、以往业绩以及个人信用等市场都是有公开记录的，这样就使国企选人用人有了较可靠的质量保障，加快高层次人员的流动。2015 年 10 月 15 日中央企业新兴际华集团有限公司召开干部大会，董事长、党委书记刘明忠代表董事会宣布聘任杨彬为集团公司总经理，与之签订总经理聘用合同书并颁发聘书。由董事会选聘总经理，这在中央企业是第一次，意味着央企董事会首次使用总经理选聘权，国企改革再进一步。

（2）落实干部能上能下机制

国有企业应进一步落实 2015 年 7 月中共中央办公厅印发的《推进领导干部能上能下若干规定（试行）》，按照全面从严治党、从严管理干部要求，对解决干部能上不能下问题提出解决措施，规范工作程序，建立工作责任制。干部能上能下关键在于解决“能下”问题，“能下”的机制不形成，就会导致“少干少错，多干多错，不干没错”的错误认识。这样使得整个干部队伍中的平庸者下不来、出不去，有能力的干部和优秀人才引不来。只有能上能下，才能产生忧患意识、激活干部活力，激发干部的干事创业意愿，才能加速改革的推进和事业的健康发展。同时对于优秀干部，应该充分利用其丰富管理经验，通过延迟退休、返聘等形式增加使用年限。

（3）充分合理授权

在思科，不同业务部门都有一定的企业家意识，享有一定决策权。优秀人才通过得到授权，得到领导的高度重视并拥有了施展才华的空间，会极大地激励员工的创造性、敬业度和进取精神。

（4）培养内部人才

思科通过多层次的对话了解员工诉求，提倡领导即老师，帮助员工谋划发展规划。根据员工自己的职业规划目标，企业可以给员工提供福利、技术和发展平台等支持，员工则承诺落实达到企业的要求。

3. 创新人才激励方式

思科的全员期权方案也是激励员工的重要手段，思科全员享有期权，并采取做出贡献，当期实施，逐年兑现。这样既调动员工积极性，又能稳定员工留在企业；思科40%的期权在普通员工手里。

推进员工持股可避开现在的国有企业对于高管薪酬的限制，也能规避由于国有企业工资总额控制造成的激励不足的现象，而更大的意义在于能够更好地实现股权多元化，促进公司治理的进步。不过国有企业员工持股计划不可能遍地开花，应该是先试后推、把握节奏，根据实际情况有选择性地实施和推进。

国有企业还可尝试建立收益分配制度，使科技成果主要贡献者和团队从其成果转化中提取一定比例的合法收益，可以是提成或股权，而非仅仅是奖励和报酬，有效调动研发人员和团队的积极性。

4. 推进国际化人才培养进程

面临着中国企业参与国际化竞争和“一带一路”产能合作的需要，越来越多的中国企业加大国际市场的开拓力度，纷纷走出国门，试图在国际市场上取得一席之地。国际化人才短缺是中国企业面临的最大瓶颈，也是决定中国企业走出去成败的重要因素。因此建立起国际化人才培养体系势在必行，通过国际化的人才培养，提高企业人才的综合竞争力，从而提升国际竞争力。

五、塑造文化凝聚力

思科的成功，首先是源自文化的成功。很多企业不缺人才、资金和技术，也有宏大的远景规划和发展成就，但与思科这一类企业相比，我们的差距更多体现在软实力上。与思科的企业文化相比，中国的企业文化，尤其是一些国有企业的文化往往刻板生硬，既不能体现领导人的经营理念，也不能充分反映企业特质，缺乏文化的感染力、价值观的感召力和吸引力。而且企业文化往往沦为标语口号，未能真正作为员工的行为准则和约束标准，成为“水中月、镜中花”，落不了地。

1. 以传播推广企业文化的内容

企业文化强调的是融入，是一种发自内心的认同与主动跟随，因此企业文化一定要深入人心。为了便于传播，设计企业文化时可参考思科以图文并茂呈现企业愿景的方式，在具体传播时可借鉴前文提到的思科的一些做法，如以卡片记载文化、会前讨论文化、总裁宣贯文化等。

2. 以体系固化企业文化的精神

企业文化不仅是价值观，还需要通过对员工的培训、激励、考核和组织架构及制度将员工的思想和行动统一到企业文化指引的方向上来。用制度、机制来反映文化理念，用规章、制度固定文化建设成果，对员工既是价值观的导向，又是制度化的规范，促进员工对企业文化由认识、认知、认同到自觉践行。企业文化经固化和认同后，才能引领员工的行为规范，对企业的发展起到真正的促进作用。

3. 以奉献社会践行企业文化的价值

《基业长青》的作者、著名管理学家詹姆斯·柯林斯曾说："高瞻远瞩公司能够奋勇前进，根本因素在于指引、激励公司上下的核心理念，亦即核心价值和超越利润的目的感。"企业更应该积极承担社会责任，强调在生产过程中对人的价值的关注，强调对消费者、对环境、对社会的贡献，树立起良好的公众形象，从而形成强大的文化凝聚力。要成为世界一流企业，企业必须把社会责任的理念和要求全面融入企业发展战略、生产经营和企业文化。在不断提升企业核心竞争力的同时，积极塑造良好的社会形象。

4. 以包容实现企业文化的凝聚

思科有可贵的包容文化。从体制上，建立纠错容错机制和创新文化，提出"允许出错，快速纠错"的两"F"思科包容文化。思科公司允许有20%~30%的创新失败。从机制上，建立敏捷开发、创新评估、创新激励、人员竞聘，并购整合等工作流程和机制。从企业文化上，建立鼓励创新、容忍失败的企业氛围。既鼓励员工在企业内部创业，又鼓励员工离职创业。在思科，入职、离职、再入职很平常，再入职时带回新技术、新发明的事例不胜枚举。思科既积极培养内部人才，又通过并购等方式网罗创新领军人才。思科对外来人强调其个性的文化和与思科文化的融合，自2002年以来，思科并购员工续留率稳定保持在80%以上。在晋升机制、发展机遇方面，思科员工完全平等，每个人的平台、舞台、发展空间足够大，有能力的人能得到重用，有贡献的人可以先富起来。思科还宽容失败，将人的因素置于产品、效益以及其他一切因素之上，激发每位员工潜能。

企业应该通过营造鼓励冒险试验、年轻人创业、企业家精神、认可智力资本的价值、英雄不问出处和来路等文化氛围，吸引大量的风险投资和专业技术人员，形成鼓励参与创业、创新的社会风气激励机制，促进产业的发展和繁荣。

国有企业目前缺乏包容的环境，在一定程度上，只允许成功，不允许失败，这样做的结果是，企业领导人员为了避免失败，成功的动力也会受到影响。要改变这种状况，首先需要监管机构从观念上进行转变，在激烈的市场竞争中要允许失败，另外在考核等方面也需要作相应的调整。当然，同时还需要改进和加强对国有企业的监督。树立容错意识，不是允许个人无底线犯的错误，而是基于为企业科学发展的前提下出现的不可控错误，是要坚决摒弃“做得越多，错得越多”的思想，给敢于创新、勇于拼搏的干部免除后顾之忧。

5. 以了解企业促进对企业文化的认同

企业是企业文化的载体，也是企业文化发挥作用和创造价值的平台。员工的爱企之心、敬企之情可以反作用于企业文化，加深员工对企业文化的理解和认同。作为人数过万、机构林立的跨国企业，思科采取了多项有效措施消除信息壁垒，增强员工对企业的了解。如金牌项目、360 项目、3 分钟视频等。企业可因地制宜参考思科做法，确保企业重要信息准确快捷地传递到每一个角落，使员工产生更强的归属感和荣誉感。

[1] 安玉荣，张之梅．产业国际竞争力理论述评．2012（1）
[2] 安德鲁·沃德．领袖的生命周期．北京：经济管理出版社
[3] 陈小洪．产业组织理论及其作用．经济社会体制比较，1987（6）
[4] 陈晓萍．跨文化管理．北京：清华大学出版社，2009
[5] 陈云飞，黄声兰．产业组织理论发展评述．生产力研究，2013（6）
[6] 弗雷德·卢森斯，乔纳森 P. 多．国际企业管理：文化、战略与行为．北京：机械工业出版社，2014
[7] 高遐，井润田，马振中．基于知识整合的企业进入模式研究．管理学报，2009，6（5）
[8] 何文成．企业国际化战略控制能力研究．中南大学，2008
[9] 吉毅，杨乃定，郭晓．复杂性管理对企业核心竞争力的提升．世界科技研究与发展，2011，（1）
[10] 金祖钧，李骏罡．对产业组织理论 SCP 范型的简析与借鉴．中国工业经济，1989（6）
[11] 蓝海林．企业战略管理："静态模式"与"动态模式"，南开管理评论，2007，10（5）
[12] 蓝海林．走进核心竞争力．中外管理．2000（2）
[13] 冷绍升．我国企业核心竞争力培育模式的构建与实施．技术经济与管理研究，1999（5）
[14] 刘林青，谭力文．产业国际竞争力的二维评价——全球价值链背景下的思考．中国工业经
[15] 李福胜．中国企业"走出去"面临的国家风险研究．拉丁美洲与研究，2006（6）
[16] 李海舰，刘建廷．中国企业跨国经营分析．中国社会科学院研究生院学报，2001（4）
[17] 李京文，郭金龙，王宏伟．国际竞争力综合影响因素分析．中国软科学，2001（11）
[18] 李品媛．论企业核心竞争力．东北财经大学．2002
[19] 李向阳．亚太地区发展报告．中国社会科学院亚太与全球战略研究院．2015
[20] 林健，李焕荣．基于核心能力的企业战略网络——网络经济时代的企业战略管理模式．中国软科学，2003（12）
[21] 卢进勇．中国企业的国际竞争力与海外直接投资．对外经济贸易大学，2003

[22] 鲁桐．中国企业国际化实证研究——以工业企业为例．中国社会科学院．2001
[23] 鲁桐．中国企业海外市场进入模式研究．北京：经济管理出版社，2007
[24] 罗福周，薛鹏，李耀朴，朱晓婷．建筑企业核心竞争力识别研究—基于 BP 神经网络与信息熵的方法．Proceedings of the Conference on Web Based Business Management，2010. 9
[25] 马筠强，刘骅宇，满庆鹏．2015 年度全球最大承包商及中国上榜公司解析．工程管理学报，2015（10）
[26] 迈克尔·波特．竞争战略 + 竞争优势 + 竞争论 + 国家竞争优势（上下）．中信出版社．2014
[27] 尚耀华，金维兴．中国建筑企业的战略选择：基于价值链理论的分析．建筑经济，2005（10）
[28] 沈霖．我国产业组织合理化问题．中国工业经济，1993（10）
[29] 王慧炯．产业组织及有效竞争．中国经济出版社，1991
[30] 王丽萍，李创．产业国际竞争力理论及模型研究回顾．广西经济管理干部学院学报，2005，(4)
[31] 王勤．当代国际竞争力理论与评价体系综述．国外社会科学，2006（6）
[32] 王与君．中国经济国际竞争力的基础与前景．中共中央党校．1999
[33] 王智慧．简论企业核心竞争力的博弈均衡．现代经济，2007（12）
[34] 谢地．对企业实施外部资本运营战略的产业组织理论思考．经济纵横，1998（12）
[35] 徐登峰．中国企业对外直接投资进入模式研究．北京：经济管理出版社，2010
[36] 阎大颖．中国企业国际直接投资模式选择的影响因素：对跨国并购与合资新建的实证分析．山西财经大学学报，2008，30（10）
[37] 杨伟民，刘吉丰．产业组织模式及其选择．数量经济技术经济研究，1988（7）
[38] 余红胜．国有企业国际竞争力研究．厦门大学 - 2002
[39] 张金昌．波特的国家竞争优势理论剖析．中国工业经济，2001（9）
[40] 张庚淼，柯大钢．企业国际化经营理论的比较研究．青岛大学学报：工程技术版，1996（1）
[41] 张明玉．中国企业技术跨越战略分析．科学学与科学技术管理，1999（12）
[42] 张一驰，欧怡．企业国际化的市场进入模式研究述评．经济科学，2001（4）
[43] 张宇．解读 2015 年度 ENR 国际承包商 250 强．工程管理学报，2015（10）
[44] 张维迎．企业的企业家—契约理论．上海：上海人民出版社，1995
[45] 钟平昌．中国企业国际化经营模式和战略研究，2001
[46] 邹超，王欣亮．企业核心竞争力的文献综述．兰州大学学报：社会科学版，2011（2）
[47] A. D. Chandler，(1962)，Strategy and Structure：Chapter in the History of Industrial Enterprise.
[48] Agarwal，S.，& Ramaswami，S. N. (1992)，Choice of foreign market entry mode.
[49] Aguilar Francis J. (1967). Scanning the business environment. Macmillan press in New York.
[50] Ahmed，Z. U.，Mohamad，O.，Tan，B.，& Johnson，J. P. (2002)，International risk perceptions and mode of entry：A case study of Malaysian multinational firms. Journal of Business Research，55，805 ~813.
[51] Anand，J.，& Delios，A. (1997)，Location specificity and the transferability of downstream assets to

foreign subsidiaries. Journal of International Business Studies, 28, 579 ~603.

[52] Andersen, O. (1997), Internationalization and market entry mode: A review of theories and conceptual frameworks. Management International Review, 37, 27 ~42.

[53] Anderson, E., & Gatignon, H. (1986), Modes of foreign entry: A transaction cost analysis and propositions. Journal of International Business Studies, 11, 1 ~26.

[54] Anderson, E., Coughlan, A. T. (1987), International Market Entry and Expansion via Independent or Integrated Channels of Distribution, Journal of Marketing, 51 (1): 71 ~82.

[55] Andrews Kenneth R. (1971) . Concept of Corporate Strategy, 1971, Richard D Irwin Press.

[56] António, Nelson Santos. (2006), Organizational Strategy: from Positioning to Movement, 2nd Edition.

[57] Baek, H. Y. (2003), Parent – affiliate agency conflicts and foreign entry mode choice. Multinational Business Review, 11 (2), 75 –97.

[58] Barney, J. B. (1991), Firms resources and sustained competitive advantage, Journal of Management, 17 (1), 99 ~120.

[59] Barney, B. J. (1991), Firm resources and sustained competitive advantage, Journal of Management, 17 (1), 99 ~120.

[60] Barney, J. (1995), Looking inside for Competitive Advantage, Academy of Management Executive, 9 (4) .

[61] Bartlett, C. and Ghosal, S. (1991), Global strategic management: impact on the new frontiers of strategy research, Strategic Management Journal, 12, 5 ~16.

[62] Bhaumik, S. K., & Gelb, S. (2005), Determinants of entry mode choice of MNCs in emerging markets. Emerging Markets Finance and Trade, 42 (2), 5 ~24.

[63] Blomstermo, A., Sharma, D. D., & Sallis, J. (2006), Choice of foreign market entry mode in service firms, International Marketing Review, 23 (2), 211 ~229.

[64] Bradley, F., & Gannon, M. (2000), Does the firm's technology and marketing profile affect foreign market entry? Journal of International Marketing, 8 (4), 12 ~36.

[65] Brass, D. J, Galaskiewicz, J., Greve, H. R., & Tsai, W. (2004), Taking stock of networks and organizations: A multilevel perspective, Academy of Management Journal, 47, 795 ~817.

[66] Brouthers, K. D., & Bamossy, G. J. (2006), Post – formation processes in Eastern and Western European Joint Ventures, Journal of Management Studies, 43, 203 ~229.

[67] Buckley, P. J, Casson, M. C. (1998), Analyzing Foreign Market Entry Strategies: Extending the Internalization Approach, Journal of International Business Studies, 29: 539 ~562.

[68] Buckley, P. J. and Casson, M. C. (1976), The Future of Multinational Enterprise, Holmer & Meier Publishers, New York, NY.

[69] Buckley, P. J. and Pearce, R. D. (1979), overseas production and exporting by the world's largest

enterprise: a study in sourcing policy, Journal of International Business Studies, 10, 9 ~ 20.

[70] Burke, M. C. (1984), Strategic choice and marketing managers: an examination of business – level marketing objectives, Journal of Marketing Research, 21, November, 345 ~ 59.

[71] Caves, R. E. and Mehra, S. K. (1986), Entry of foreign multinationals into US manufacturing industries, in Porter, M. E. (Ed.), Competition in Global Industries, Harvard Business School Press, Boston, MA.

[72] Coase, R. H. (1937), the nature of the firm, Economica, 4, 386 ~ 405.

[73] Conner, K. R. (1991), A historical comparison of resource – based theory and five schools of thought within industrial organization economics: do we have a new theory of the firm?, Journal of Management, 17 (1), 121 ~ 54.

[74] Cool, Schendel, (1988), Performance Differences Among Strategic Group Members, Institute for Research in the Behavioral, Economic, and Management Sciences, Krannert Graduate School of Management, Purdue University, 1988

[75] Cox, D. R. (1970), Analysis of Binary Data, Methuen & Co., London.

[76] Cross, J. C. and Walker, B. J. (1987), Service marketing and franchising: a practical business marriage, Business Horizons, 30 (6), 50 ~ 8.

[77] Daniel Sullivan. Measuring the Degree of Internationalization of a Firm. [J], Journal of International Business Studies, 1994, 25.

[78] Davidson, W. H. (1982), Global Strategic Management, John Wiley & Sons, New York.

[79] Dunning NY, J. H. (1977), Trade, location of economic activity and the MNE: a search for an eclectic approach, in Ohlin, B. et al. (Eds), The International Allocation of Economic Activity Proceedings of a Noble Symposium Held in Stockholm, Macmillan, London.

[80] Dunning, J. H. (1980), toward an eclectic theory of international production: some empirical tests, Journal of International Business Studies, 11, Spring/Summer, 9 ~ 31.

[81] Dunning, J. H. (1988), the eclectic paradigm of international production: a restatement and some possible extensions, Journal of International Business Studies, 19, Spring, 1 ~ 31.

[82] Dunning, J. H. (1993), the internationalization of the production of services: some general and specific explanations, in Aharoni, Y. (Ed.), Coalitions and Competition: The Globalization of Professional Business Services, Routledge, New York. NY.

[83] Dunning, J. H. and McQueen, M. (1982), The eclectic theory of the multinational enterprise and the international enterprise and the international hotel industry, in Rugman, A. M. (Ed.), New Theories of Multinational Enterprise, St Martin' s, New York, NY.

[84] Dunning, J. H. (1998), Explaining International Production, Allen and Unwin: Lodon.

[85] Dwyer, R. F. and Welsh, A. (1995), Environmental relationships of the international political economy of marketing channels, Journal of Marketing, 49, November, 397 ~ 414.

[86] Edwards, (1955), 1955 Supplement to American Constitutional Law, Foundation Press

[87] Eicher, T., Kang, J. W. Trade (2005), Foreign Direct Investment or Acquisition: Optimal Entry Modes for Multinationals, Journal of Development Economics, 77 (1): 207 ~ 228.

[88] Ekeledo, I. and Sivakumar, K. (1998), Foreign market entry mode choice of service firms: a contingency perspective, Journal of the Academy of Marketing Science, 26 (4), 274 ~ 92.

[89] Elango, B. (2005), the influence of plant characteristics on the entry mode choice of overseas firms, Journal of Operations Management, 23 (1), 65 ~ 79.

[90] Elango, B., & Sambharya, R. S. (2004), the influence of industry structure on the entry mode choice of overseas entrants in manufacturing industries, Journal of International Management, 10 (1), 107 ~ 124.

[91] Erramilli, M. K. and D' Souza, D. E. (1995), Uncertainty and foreign direct investment: the role of moderators, International Marketing Review, 12 (3), 47 ~ 60.

[92] Erramilli, M. K. and Rao, C. P. (1993), Service firms' international entry – mode choice: a modified transaction – cost analysis approach, Journal of Marketing, 57, July, 19 ~ 38.

[93] Galliers, R. D. (1991) Choosing appropriate information systems research approaches: a revised taxonomy.

[94] Grazia Letto Gillies & Robin John, Global Business Strategy, International Thomson Business Press, 1997.

[95] H. I. Ansoff, (1957), International Marketing: Strategy, Planning, Market Entry & Implementation, Kogan Page,

[96] Hall, R. (1992), the strategic analysis of intangible resources, Strategic Management Journal, Vol. 13, 135 ~ 44.

[97] Hamel, G. (1991), Competition for competence and interpartner learning within international strategic alliances, Strategic Management Journal, Vol. 12, Winter special issue, 83 ~ 103.

[98] Harzing, A. W. K. (2007), Publish or Perish, version 2. 3. 2808. Retrieved October 10, 2007, from /http: //www. harzing. com/pop. htmS.

[99] Hennart, J – F. (1989), Can the 'new forms of investment' substitute for the 'old forms'? A transaction costs perspective, Journal of International Business Studies, Vol. 20, Summer, 211 ~ 34.

[100] Hill, C. W. L. (2002), International Business, McGraw – Hill Irwin, New York, NY.

[101] Hirschheim Rudy A. (1985), Office automation: concepts, technologies, and issues, Addison – Wesley Pub. Co., 1985

[102] Hofer, C. W. and Schendel, D. (1978), Strategy Formulation: Analytical Concepts, West Publishing Company, St Paul, MN.

[103] Horst, T. (1972), Firm and industry determinants of the decision to invest abroad: an empirical study, Review of Economics and Statistics, August, 258 ~ 66.

[104] Hunt, S. D. and Morgan, R. M. (1995), The comparative advantage theory of competition, Journal of Marketing, Vol. 59, April, 1 ~ 15.

[105] Hymer, S (1960), the International Operations of National Firms. The MIT press, ambridge, Mass, Previous Unpublished Ph. D Dissertation.

[106] Hymer, S. H (1976), The International Operations of National Firms: A Study of Direct Investment, Cambridge, MA: MIT Press.

[107] Hymer, Stephen (1972), The Multinational Corporation and the Law of Uneven Development, Economics and the New World Order. World Law Fund, New York.

[108] Impact of ownership, location, and internalization factors. Journal of International Business Studies, 23 (1), 1 ~ 27

[109] Johanson, J. and Vahlne, J. E. (1977), The internationalization process of the firm - a model of knowledge development and increasing foreign market commitments, Journal of International Business Studies, Vol. 8, Spring/Summer, 23 ~ 32.

[110] Johanson, J. & Wiedersheim - Paul, F. (1975), The internationalization of the Firm - Four Swedish Cases, Journal of Management Studies.

[111] Johanson, J. Mattsson, L. E. (1988), Internationalization in Industrial System: a Network Approach, in Hood, N., Vahlne, J. - E. (Eds), Strategies in Global Competition, Routledge, London.

[112] Kachigan, S. K. (1986), Statistical Analysis: An Interdisciplinary Introduction to Univariate and Multivariate Methods, Radius Press, New York, NY.

[113] Kaplinsky, Raphael & Morris, Mike & Readman, Jeff, (2002). "The Globalization of Product Markets and Immiserizing Growth: Lessons From the South African Furniture Industry," World Development, Elsevier, vol. 30 (7), pages 1159 ~ 1177, July. Easterby - Smith et al (1997)

[114] Kim, W. C. and Hwang, P. (1992), Global strategy and multinationals' entry mode choice, Journal of International Business Studies, Vol. 23, 1st quarter, 29 ~ 54.

[115] Kimura, Y. (1989), Firm specific strategic advantages and foreign direct investment behavior of firms: the case of Japanese semi - conductor firms, Journal of International Business Studies, Vol. 20, summer, 296 ~ 314.

[116] Kiyoshi Kojima, Direct Foreign Investment: A Japanese Model of Multinational Business Operations, Taylor & Francis, 1978.

[117] Kogut, B. and Zander, U. (1993), Knowledge of the firm and the evolutionary theory of the multinational corporation, Journal of International Business Studies, Vol. 24, 4th quarter, 625 ~ 45.

[118] L. Wrigley, (1970), Divisional Autonomy and Diversification. (Ph. D Dissertation) Harvard Business School.

[119] Lehmann, D. R., Gupta, S. and Steckel, J. H. (1998), Marketing Research, Addison - Wesley,

New York, NY.

[120] M. Gort, (1962), M. Gort, Diversification and Integration in American Industry (Princeton University Press, Princeton, 1962

[121] Madhok, A. (1997), Cost, value and foreign market entry mode: the transaction and the firm, Strategic Management Journal, Vol. 18, 39 ~ 61.

[122] Mahoney, J. T. and Pandian, R. (1992), The resource - based view within the conversation of strategic management, Strategic Management Journal, Vol. 13, June, 363 ~ 80.

[123] Markowitz, H. M., (1952), Protfolio Selection, The Journal of Finance, Vol. 7, No. 1, March.

[124] Mathe, H. and Perras, C. (1994), Successful global strategies for service companies, Long Range Planning, 27 (1), 36 ~ 49.

[125] Melin, L. (1992), Internationalization as a strategy process, Strategic Management Journal, Vol. 13, 99 ~ 118

[126] Meyer, K. E., & Nguyen, H. V. (2005), foreign investment strategies and sub - national institutions in emerging markets: Evidence from Vietnam, Journal of Management Studies, 42, 63 ~ 93.

[127] Meyer, K. E., & Peng, M. W. (2005), Probing theoretically into Central and Eastern Europe: Transactions, resources, and institutions, Journal of International Business Studies, 36, 600 ~ 621.

[128] Montgomer, Hariharan (1991). Diversified Expansion by Large Established Firms, Journal of Economic Behavior and Organization, 15, 71 ~ 89

[129] NY. Day, G. S. (1994), The capabilities of market - driven organizations, Journal of Marketing, Vol. 58, October, 37 ~ 52.

[130] Palmer, A. and Cole, C. (1995), Services Marketing: Principles and Practice, Prentice - Hall, Englewood Cliffs, NJ.

[131] Pampel, F. C. (2000), Logistic Regression: A Primer, Sage Publications, Thousand Oaks, CA.

[132] Patterson, P. G. and Cicic, M. (1995), A typology of service firms in international markets: an empirical investigation, Journal of International Marketing, 3 (4), 57 ~ 83.

[133] Pease, S., Paliwoda, S., & Slater, J. (2006), The erosion of stable shareholder practices in Japan (Anteikabunushi Kosaku), International Business Review, 15, 618 ~ 640.

[134] Penrose, (1959), The Theory of the Growth of the Firm, Oxford University Press,

[135] Peter Reina, Gary J. Tulacz. The Top 250 International Contractors. Enr. com. 2015. 8. 25/9. 1.

[136] Peter Reina, Gary J. Tulacz. The Top 250 International Contractors. enr. com. 2014. 8. 25/9. 1.

[137] Peter Reina, Gary J. Tulacz. The Top 250 International Contractors. enr. com. 2013. 8. 26/9. 2.

[138] Peter Reina, Gary J. Tulacz. The Top 225 International Contractors. enr. com. 2012. 8. 27.

[139] Peter Reina, Gary J. Tulacz. The Top 225 International Contractors [J]. Engineering News - Record, 2011 (8): 46 - 57.

[140] Peteraf, M. A. (1993), The cornerstones of competitive advantage: a resource - based view, Strate-

gic Management Journal, 14 (3), 179 ~ 91.

[141] Porter M. E. (1986), Changing Patterns of International Competition, California Management Review, Vol. XXVIII, No. 2, winter, 10 ~ 11.

[142] Porter, M. E. (1988). On Competition. Boston: Harvard Business School Press

[143] Porter, M. E. (2008). The five competitive forces the shape strategy, Special Issue on HBS Centennial. Harvard Business Review 86, no. 1

[144] Porter, M. E. (1980), Competitive Strategy: Techniques for Analyzing Industries and Competitors, Free Press, New York/Collier Macmillan, London.

[145] Porter, M. E. (1985), Competitive Advantage: Creating and Sustaining Superior Performance, Free Press, New York/Collier Macmillan, London.

[146] Porter, M. E. (1990), The Competitive Advantage of Nations, Free Press, New York/Collier Macmillan, London.

[147] Prahalad, C. K. and Hamel, G. (1990), The core competence of the corporation, Harvard Business Review, 68 (3), 79 ~ 91.

[148] R. P. Rumelt, (1974), Strategy, Structure and Economic Performance, Boston Harvard Business School.

[149] Rajan, K. S. & Pangarkar, N. (2000), Mode of entry choice: An empirical study of Singaporean multinationals, Asia Pacific Journal of Management, 17, 49 ~ 66.

[150] Rasheed, H. S. (2005), Foreign entry mode and performance: The moderating effects of environment. Journal of Small Business Management, 43 (1), 41 ~ 54.

[151] Roberto, B. (2004), Acquisition versus greenfield investment: The location of foreign manufacturers in Italy, Regional Science and Urban Economics, 34 (1), 3 ~ 25.

[152] Root, F. R. (1994), Entry Strategies for International Markets, D. C. Heath, Lexington, MA.

[153] Rugman, A. M. (1980), Internalization as a general theory of foreign direct investment: a reappraisal of literature, Weltwirtschaftliches Archiv, 116 (2), 365 ~ 79.

[154] Saaty, T. L. (1980), The Analytic Hierarchy Process: Planning, Priority Setting, Resource Allocation, McGraw – Hill: London.

[155] Sabi, M. (1988), An application of the theory of foreign direct investment to multinational banking in LDCs, Journal of International Business Studies, Vol. 19, Fall, 433 ~ 48.

[156] Sanchez – Peinado, E. & Pla – Barber, J. (2006), A multidimensional concept of uncertainty and its influence on the entry mode choice: An empirical analysis in the service sector, International Business Review, 15 (3), 215 ~ 232.

[157] Somlev, I. P. & Hoshino, Y. (2005), Influence of location factors on establishment and ownership of foreign investments: The case of the Japanese manufacturing firms in Europe, International Business Review, 14 (5), 577 ~ 598.

[158] Stephen Young, James Hamill, Cohn Wheeler, Richard Davies (1989), International Market Entry and Development, Harvester Wheatsheaf, p. 2.

[159] Tallman, S. B. (1991), Strategic management models and resource - based strategies among MNEs in a host market, Strategic Management Journal, 12, 69 ~ 82.

[160] Teece, D. J. (1981), The market for know - how and the efficient international transfer of technology, Annals of the American Academy of Political and Social Science, Vol. 458, November, 81 ~ 96.

[161] Teece, D. J. (1988), Capturing value from technological innovation: integration, strategic partnering, and licensing decisions, Interfaces, Vol. 18, May - June, 46 ~ 61.

[162] Teece, D. J., Pisano, G. and Shuen, A. (1997), Dynamic capabilities and strategic management, Strategic Management Journal, 18 (7), 509 ~ 533.

[163] Terpstra, V. and Sarathy, R. (1994), International Marketing, 6th ed, Dryden Press, Fort Worth, TX.

[164] Thunen, J. H. Von, Isolated Stated in its relation to agriculture and national economy, Oxford, New York, Pergamon Press, 1826 (original version)

[165] Weber Alfred, Theory of the Location of Industries. Chicago: The University of Chicago Press, 1929

[166] Weinstein, A. K. (1977), Foreign investment by service firms: the case of multinational advertising agencies, Journal of International Business Studies, 8 (1), 83 ~ 91.

[167] Welch, L. S., and R. K. Luostarinen (1988), Internationalization: Evolution of a Concept, Journal of General Management, 14 (2), 34 ~ 55.

[168] Wernerfelt, B. (1984), A resource - based view of the firm, Strategic Management Journal, Vol. 5, 171 ~ 80.

[169] Wernerfelt, B. (1989), From critical resources to corporate strategy, Journal of General Management, 14 (3), 4 ~ 12.

[170] Williams, J. R. (1992), How sustainable is your competitive advantage, California Management Review, Vol. 34, Spring, 29 ~ 51.

[171] Williamson, O. E. (1979), Transaction - cost economics: The governance of contractual relations, Journal of Law and Economics, 22, 233 ~ 261.

[172] Williamson, O. E. (1975), Markets and Hierarchies: Analysis and Antitrust Implications, Free Press, New York, NY.

[173] Williamson, O. E. (1981), The modern corporation: origins, evolution, attributes, Journal of Economics Literature, Vol. 19, December, 537 ~ 68.

[174] Williamson, O. E. (1985), Assessing contract, Journal of Law, Economics, and Organization, 1, 177 ~ 208.

[175] Williamson, O. E. (1993), Calculativeness, trust and economic organization, Journal of Law and Economics, 36, 453 ~ 486.

[176] Woodcock, C. P., Beamish, P. W. & Makino, S. (1994), Ownership – based entry mode strategies and international performance, Journal of International Business Studies, 25, 253 ~ 273.

[177] Young, S. (1989), International Market Entry and Development: Strategies and Management, NY: Harvester Wheatsheaf.

[178] Zacharakis, A. L. (1997), Entrepreneurial entry into foreign markets: a transaction cost perspective, Entrepreneurship Theory and Practice, 21 (3), 23 ~ 39.

[179] Zikmund, W. G. (1997), Exploring Marketing Research, 6th ed., The Dryden Press, New York, NY.

[180] Zou, S. and Cavusgil, S. T. (1996), Global strategy: a review and an integrated conceptual framework, European Journal of Marketing, 30 (1), 52 ~ 69.

第一版后记

历经三十多年改革开放，中国取得了举世瞩目的成就，从突破原有的计划经济理念，到引入市场经济的概念；从制造业链条的全球分工增加，到三来一补、引进外资；中国不仅要“引进来”，更要“走出去”，向外投资，要把中国企业的触角往外伸，把中国的产业转移到国外去。

2012 年，中国人均国内生产总值超过了 6000 美元，按照约翰·邓宁（John Dunning）的直接投资发展路径理论，当一国的人均国内生产总值超过 3000 美元时，该国将进入净对外投资为正的阶段。按照该理论，中国已进入了对外投资快速增长阶段。在此阶段，中国企业产业外移，在国际上争得话语权是亟需解决的首要问题。

我从 1988 进入中国水利水电建设集团到 2010 来到中国交通建设集团至今，已有 25 个年头在和企业打交道，也有幸参与了这两家中国 500 强大型建筑企业集团里程碑式的发展节点，有机会了解这两家公司扎根国内市场、拓展国际市场过程中的运行方式。我深感在国际化的大趋势下，中国企业需要按照一种新的全球化理念和规则来运营企业，需要在当前的大背景下取势、明道、优术，培养自己的世界一流企业。

我从 2008 年开始博士学习，延续了对企业国际化这一课题的探索，并在博士学习期间对该课题进行了系统研究。最近在大家的鼓励与支持下，将自己的博士论文和实践经验结合整理成书，与大家分享。本书《从竞争力到核心竞争力——中国企业集团国际化的理论与实践》以中国大型企业集团为研究对象，分析了国际化经营的内外部环境及战略选择，对企业国际化经营市场进入模式选择的概念和分类、内在属性、影响因素进行阐述。聚焦于中国大型企业的代表——中国交通建设股份有限公司（简称中国交建），构建中国交建国际化经营的SWOT分析框架及权重体系，进行战略定位，基于国有大型建筑企业的国家背景，提出了市场进入模式选择的三大前提及理论框架，以中国交建进入肯尼亚和安哥拉市场为例，验证了理论框架的有效性和适用性，以期弥补企业国际化经营市场进入模式选择理论的空白，为企业市场进入实践提供一些参考。

同时，借此机会我要特别感谢一些多年的朋友，他们曾对本书提出过不少评论和修改意见。近些年来我的一些观点，尤其是在中国企业国际化战略方面的看法，多是在与这些友人交流过程中形成的。这里要特别感谢我的葡萄牙籍导师Nelson Santos António教授和他的妻子Virginia Trigo教授，他们曾经在澳门大学工作过很长时间，并在中国北京大学、交通大学等多所大学任教和做讲座，是国际上研究中国问题的知名专家。这本书初稿原用英文编写，Nelson教授和Virginia教授成为我文章初稿的第一读者。他们的许多看法和文字修改都进入了这本书的最终定稿，并为这本书写了序，我从他们那里体会到的开阔的国际视野、严谨的学风、务实的作风将让我终身受益。

这里要特别感谢我的导师井润田教授。井教授虽然很年轻，但已经是我国管理理论方面的著名学者，被认为是中国管理理论界的希望之星。井教授在管理理论方面的造诣令我敬佩，也正是在他的引导下，我才对管理学产生了浓厚的兴趣。井教授不但是我的良师，更是我的益友。

我要特别感谢我的领导和同事，在工学矛盾的情况下，他们给予了我理解和帮助。这里要特别感谢中国交建孙子宇总工程师、中国路桥的文岗总经理、杜飞副总经理、肯尼亚区域总部的李强总经理、中国港湾安哥拉区域总部的李懿总经理、中国水电国际的苗军总经理助理，中国路桥的高级翻译李聚广硕士。他们在百忙之余，为我提供了大量研究信息和一手资料，让我顺利完成了调研、访谈、问卷调查以及案例分析等工作。

最后，我要将最深的感谢致以我的妻子丁岳敏和可爱的女儿，是你们的爱和鼓励，让我的人生充满了力量。

中国正处于发展进程中的关键历史时期，就让我们一起向“中国梦”出发，完成新的目标，迎接自我新的改变，做一个对国家、家庭、同事、朋友和人民负责任的好公民，努力使自己变得更加渊博、厚重、淡定、健康、从容和洒脱！

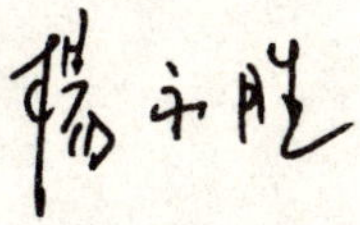

2013年9月10日下午于北京

后记

2013年12月、2014年3月，在朋友们的鼓励和帮助下，分别在四川金堂贺麟（原北京大学教授、中国著名哲学家）故居、北京大学英杰交流中心成功举办了“杨永胜新书《从竞争力到核心竞争力》研讨会”。两次研讨会共聚集了全国40多位成功企业家、20多位知名学者教授、20多位博士同学和同事，大家对新书给予了很高的评价，同时也提出了许多建设性意见，并一致建议尽快修改完善后再版，以弥补第一版之不足。于是，在过去的两年时间里，我努力克服工学矛盾，坚持完成了第二版的写作。回首往事，让我印象深刻的是，一路走来得到了许多朋友和同事的帮助，可以说，和第一版一样，本书亦然凝聚了许多人的心血，不然60%以上的新增内容将难以完成。多年来，通过研究学习，与企业家、专家学者相互讨论，以及自己的工作实践，我获得了许多新的启示，本书第二版就是近两年学习、思考和实践的结果。

本书的重点推荐阅读对象是：从事企业国际化战略研究的专业人才；高等院校、管理学院（商学院）的广大教师和在校生；立志于“走出去”的企业管理者和企业员工；中国企业的各级管理者、政府经济管理部门和外贸管理部门人员。

2016年春节长假后的第一个工作日，北风起，霾已散，天转晴。就在前些天，急于寻路的中国经济，刚刚从纪年上告别了这个异常凛冽的寒冬，继续在冰辙上艰难蛇行。没有人能精确断言，下一个春天何时降临。面临外需低迷、内需不足、产能过剩的困境，被称为旧动能的传统优势正在喘息。产能过剩如幽灵般挥之不去，钢铁、煤炭、有色、石化无一幸免，几乎全行业挣扎在亏损的边缘。房地产库存一再刷新峰值，二三线城市的书记、市长们为遍布郊区的空房子发愁，并默默承受土地无法继续变现的后果。看似风光的银行业被互联网撬开了一个口子，正在快速逼近风险警戒线，而资本市场已享受完短暂牛市的最后一次狂欢。

事实上，中国经济并没有悲观派断言的那么糟，他们放大了人们对现实的悲观情绪。经过近40年的改革开放，中国已发展成为世界最大的发展中国家和世界第二大经济体、第一大贸易国和第一大外汇储备国。全球经济的健康发展有赖于中国的国门开放、中国的和平崛起以及中国的大国胸襟。中国人民为促进世界经济发展和世界和平进步做出了杰出贡献。中国对世界经济增长的贡献率达到了30%，可见，中国已成为世界经济增长的动力源之一。

中国政府定下了“十三五”期间GDP达到17万亿美元、人均GDP达1.2万美元的目标，中国面临与1999～2002年类似的供给侧改革机遇。广义的消费需求，包括居民对金融服务的需求，将在中国经济的下一发展阶段迎来蓬勃的机遇。

伴随着经济和文明的进步，中国的发展正逐渐被世界认可，国际声誉和影响力也与日俱增，中国已经从世界舞台的边缘走向中心，正深度参与全球治理，弘扬共商共建共享的开放理念，以积极有为的姿态发挥负责任的大国作用。

中国正在经历从工业向服务业、由投资及出口驱动向消费主导的转变，中国国家领导人警告称人们要适应中国经济在几十年飞速增长后慢下来的节奏（即适应“新常态”）。

在中国大陆，国内市场基于低价的红海之争，或是劣币驱逐良币的恶性争夺，在五大发展理念（创新、协调、绿色、开放、共享）引领下，变革的浪潮将席卷每一个角落，如同水会渗透进每一处缝隙，或许有些行业至今尚能安身一隅，未受其波及，但相信被破局只是时间上的问题。

在本后记结束时，我斗胆借用史学家钱穆先生的名言，“艰险我奋进，困乏我多情”，来献给因多情而至深眷恋的流光岁月，期待春光来增万花流彩，并以此来喻意中国经济的明天一定会更加充满活力和希望。

2016 年正月初八